国家社科基金项目

批准号：07XMZ008

西北民俗文化研究丛书　赵宗福 主编

神圣建构与世俗秩序

——土族民间信仰与社会生活互动研究

文忠祥 著

中国社会科学出版社

图书在版编目(CIP)数据

神圣建构与世俗秩序：土族民间信仰与社会生活互动研究/文忠祥著.
—北京：中国社会科学出版社，2012.11
(西北民俗文化研究丛书)
ISBN 978-7-5161-2655-4

Ⅰ.①神… Ⅱ.①文… Ⅲ.①土族—信仰—研究—中国②土族—社会生活—研究—中国 Ⅳ.①B933②K283.1

中国版本图书馆CIP数据核字(2013)第104272号

出版人 赵剑英
选题策划 刘 艳
责任编辑 刘 艳
责任校对 吕 宏
责任印制 戴 宽

出 版 中国社会科学出版社
社 址 北京鼓楼西大街甲158号(邮编100720)
网 址 http://www.csspw.cn
中文域名:中国社科网 010-64070619
发行部 010-84083685
门市部 010-84029450
经 销 新华书店及其他书店

印刷装订 三河市君旺印装厂
版 次 2012年11月第1版
印 次 2012年11月第1次印刷

开 本 710×1000 1/16
印 张 19.25
插 页 2
字 数 356千字
定 价 58.00元

总　序

赵宗福

2011 年秋天，在印第安纳举行的美国民俗学会年会和在潍坊举行的中国民俗学会年会上，我提出了推进“地方民俗学”的学术设想，意在实实在在地发展繁荣区域民俗文化学事业。

中国民俗文化不仅源远流长，而且由于地域辽阔，民族众多，文化样式繁多，民俗文化更是丰富多彩，多元一体是中国民俗文化的一大特色。正因为此，钟敬文先生在 20 世纪 90 年代就总结出了中国民俗学的独特性格是“多民族的一国民俗学”[①]。即使是分布区域很广，人数近十亿的汉族，也由于极为广泛的分布与地方化，其民俗文化也具有极强的地方性。所以各地民俗文化的地方性特点极其明显，不可一概而论，或者说一言以蔽之，需要更有针对性地对具体对象进行研究。这就需要有地方民俗学的存在。我理解的“多民族的一国民俗学”就是我国诸多地方民俗学的整体概括。

由于各地的民俗学研究队伍状况和学术兴趣点不同，逐渐就形成了富有地域性的学术个性和研究倾向，形成了不同风格的地方民俗学。特别是已经成立了地方民俗学学会和有高校民俗学学科点的地区，往往在学会或学科点的主导下，基本上有自己的学术侧重点和表述风格，成果也相对集中在某些方面。如青海民俗学界的成果往往集中在 6 个世居民族的民俗文化和在青海具有代表性的民俗文化上，古老的昆仑神话、多民族民歌花儿与花儿会、土族狂欢节纳顿、藏族史诗格萨尔、热贡文化、各民族婚礼以及歌舞风情等等，是当地学者特别关注的研究对象。这也说明事实上具有地域特色的“地方民俗学”是客观上已经存在的。

---

① 钟敬文：《建立中国民俗学派》，黑龙江教育出版社 1999 年版，第 29 页。

但是，不论地方民俗学如何发展与繁荣，都不可能与全国民俗学界绝缘，孤立地闭关而自得其乐。而是作为中国民俗学的有机组成部分，自愿地聚集在中国民俗学的大旗之下，至少与国内同行频繁交流，相互切磋，共同进步。同时，不同风格、多彩多姿的地方民俗学，也有力地支撑了中国民俗学这座学科大厦，丰富了中国民俗学的学术内涵，其地位贡献是不可忽视的。

正是以上这种局面，才形成了真正意义上的中国民俗学学科建设与学科繁荣。这里借用日本学者佐野贤治教授的一句话："21 世纪的民俗学应当在乡土、国家、世界三者的关联中推进自己的学科研究。"① 我暂且把他说的"乡土"理解为地方民俗学。就是说中国民俗学的繁荣发展离不开地方层面的民俗学研究和民俗文化土壤，同时也离不开国家层面如中国民俗学会及其相关学科点的整体发展规划、组织协调和引领指导，以及世界前沿的学术眼光和理论方法创新。

事实上三者之间是相互交叉甚至融汇的，因为民俗文化资源是大家共享的，同时地方的民俗文化所面临的问题和价值基本上也是全国性的甚至是国际性的。所以对某一地方的民俗文化研究不仅仅是本地区的学者，往往有外地（特别是北京）甚至国外的学者来直接研究，其成果既是全国性的，也是地方性的。比如青海的花儿、格萨尔、黄南六月会、土族纳顿会等，国内外的学者都在研究，而且与地方学者相互借鉴，甚至相互合作，共同建构起了青海民俗文化研究的事业。

民俗文化是我们的父老祖辈们在生产生活中创造的最具有历史底蕴和生活气息的文化。她既是历史的，也是现实的，还是未来的；既是传统的，也是现代的，更是我们的文化 DNA。自从我们降临到这个世界上，就被自己所处的民俗文化所熏染、所教化、所塑造，最终把我们社会化成了一个民族文化的享用者、传承者和创造者。而我们作为民俗文化工作者，不仅仅是一个个民俗生活者和文化传承者，还是一个个民俗文化的田野者、探索者、诠释者，我们肩负着重要的历史责任和学术使命。

地方民俗学者研究的对象虽然大多是地方的民俗文化，但其意义不凡。一是科学地挖掘地方民俗文化内涵，弘扬地方优秀传统文化，为保护

① 佐野贤治、何彬：《地域社会与民俗学——"乡土研究"与综合性学习的接点》，《民间文化论坛》2005 年第 4 期。

发展民族文化传统尽到一个地方学者的责任；二是通过民俗学的学术资源，参与和支持地方文化建设，发挥民俗文化在构建和谐社会与促进文明进步方面无可替代的作用；三是通过民俗研究与学科建设业绩，推助中国民俗学科的发展和国家学术事业的繁荣。这就是作为一个地方民俗学者对民俗文化应有的情感认知和责任担当。

作为地方民俗学者要真正实现以上的目标，首先必须要遵循学术规范，追求学术品质。唯其如此，方有可能以优异的业绩来实现学术愿望，否则就只能是理想上的巨人，成果上的矮子。

学术品质基于学术规范，而学术规范对学术来说就是道德品格，学术与非学术的最大区别在于是否遵循学术规范。就跟一个人一样，对社会对他人没有诚信，没有感恩之情，没有敬畏之心，没有正确的耻辱感和是非观，这个人就不可能是一个有道德的人，他所做的事情也就不可能真正有益于社会，他也不可能得到绝大多数人的认同。所以，人品是一个有道德的人的基本保证，而学术规范就是学术品质的基本保证。我们的民俗文化研究必须要自觉遵守学术规范，不断提升学术品质。

这些年来，由于整个社会大环境的影响，学术浮躁之风盛行，一些人把天下利器当成了“不食人间烟火”的玄学游戏，从概念到概念，不切实际，洋洋数十万言，管用的没几句；有的人把学问当成了坑蒙拐骗的黑市场，复制加粘贴，抄袭加改编，洋洋万言不见一个文献出处，不见自己一点个人见解，人云亦云，甚或以讹传讹，严重影响了社会科学应有的学术严肃性和文化软实力。这种现象自然也不免污染到了民俗学界，“民俗主义”乃至伪学术甚至部分地占据了神圣的学术殿堂。这是值得警惕防范的。我们主张在民俗文化研究中要“仰望星空，脚踏实地”，提倡经世致用的学术价值取向和扎实严谨的学风文风，坚决反对学术不端，严格遵守学术伦理。我相信学问无愧我心，公道自在人心。

在我们的民俗文化研究中，不仅要自觉遵守学术规范，还要大力鼓励学术创新精神。文化的发展繁荣要靠创意，科学的发展繁荣要靠理论观点方法的创新。创新是人文科学的使命和责任，人力、物力、财力的投入必须要有理论观点上的新收获，没有创新的科研过程实际上就是一种资源的全方位浪费，甚至是一种犯罪。所以我们的地方民俗学者必须要始终不渝地追求学术创新，以创新的高质量的成果来为民俗学学科建设和文化强国建设增光添彩。具体地说，就是要坚持立足地方民俗文化的实际，放眼国内国际的学术语境，以地方民俗文化研究为内核，运用学科前沿的理论方法，推出一批代表地方学术水平乃至在全国具有一定影响，能够经得起实践和历史检验的民俗文化调查研究的优秀成果，让我们的民俗文化研究走出地区，走向全国，在国内外学术平台有一席之地，从而体现出地方民俗学者应有的价值。

青海民俗学会推出这套《西北民俗文化研究丛书》，就是以严谨的学术态度，在学术规范和学术品质上下功夫，试图从较高学术层次来展示青海地方民俗学的业绩，同时也从地方民俗学层面来为中国民俗学学术事业添砖加瓦，共同推进“多民族的一国民俗学”建设。

青海是中华民族文明的发祥地之一，是中华民族文化的交融地之一，是中华民族精神的展现地之一。而以昆仑文化为主体的多元一体民族民俗文化就是这三个“之一”的鲜活表征。从古老的昆仑神话到丰富多彩的各类非物质文化遗产，都给世人留下了神圣、神奇、神秘而令人神往的大美青海印象，同时也彰显出了极为丰厚的文化内涵和十分鲜明的文化特色。因此历来得到学人们的关注和重视，至少在唐宋以来的大量古籍文献中就有对青海民俗事象的诸多记载，而在20世纪前叶，出现了像杨希尧的《青海风土记》、逯萌竹的《青海花儿新论》、李得贤的《少年漫谈》等民俗志记录和评论文章。新中国成立后，民族民俗文化得到了空前的重视，英雄史诗《格萨尔王传》、青海花儿、藏族拉伊、各民族民间叙事诗、民间故事、民间歌谣以及其他民俗文化的搜集整理出版卓有成效，至今惠及学界。特别是改革开放的30多年里，不仅整理出版了“民族民间文化十套集成”等大型资料丛书，而且高层次高质量的学术研究成果也不断涌现，呈现出了前所未有的繁荣局面。尤其是近年来，青海民俗学者先后推出了《青海花儿大典》、《昆仑神话》、《土族民间信仰解读》以及《青海省非物质文化遗产丛书》等一批富有特色的成果；还连续举办了“昆仑文化与西王母神话国际学术论坛”、“昆仑神话与世界创世神话国际学术论坛”、“昆仑神话的现实精神与探险之路国际学术论坛”、“格萨尔与世界史诗国际学术论坛”、“土文化国际学术研讨会”等高端学术会议。而青海民族大学民族学学科点、青海师范大学民俗学学科点的建设，为青海民俗文化研究队伍的学历层次提升、学术成果的规范起了重要的作用。

特别是我们多年来对昆仑神话和昆仑文化的研究与论证，得到了青海省委省政府的认可和采纳。2011年11月召开的全省文化改革发展大会上，把青海文化定位为“以昆仑文化为主体的多元一体文化”，正式开启了建设青海文化名省的新征程。这既是对青海民俗学界研究成果的认同，同时也为青海民俗文化的研究带来了历史性的发展机遇。

于是，青海省民俗学会在2012年5月应运而正式成立。中国民俗学会、美国民俗学会、日本民俗学会、中国社会科学杂志社、台湾“中国民俗学会”、“中华民俗文化研究会”、中国少数民族文学学会、中国艺术人类学会等国内外50多家学术单位以贺信贺函方式进行了支持。学会的成立，为青海民俗文化研究从零散无依、各自为阵形成学术合力、走向集约化发展奠定了良好的学术环境和组织基础。

青海省民俗学会是目前青海省各学会中学历层次和学术阵容最强大的学会，目前有会员100多人，其中拥有民俗学或相近专业的硕士博士学位者近80人。理事会27人中，博士8人，硕士16人。在地方学会队伍中，这无疑是一支专业素养很高、学术研究潜力很大的难得的精良部队。如何调动全体成员的积极性，真正形成具有团队精神的地方民俗学学术力量，充分展现他们民俗文化研究的优势，发挥为地方文化建设服务的功能，为中国民俗学学科建设和中国的学术大厦实实在在地尽一份力量，这是我重点思考的问题。

青海的民俗文化是青海乃至国家的重要文化资源，是青海文化软实力的组成部分，发展文化产业离不开民俗文化，“非遗”保护离不开民俗文化，建设文化名省离不开民俗文化，建设新青海也离不开民俗文化。青海民俗文化的研究任重而道远，民俗学会当然要顺应时代，乘势而上，发挥自己的学科优势和学术优势，在文化名省建设中积极进取，做出应有的贡献。

在我看来，青海民俗学会作为本土的地方民俗学会，首先立足于青海的民俗文化实际，以青海民俗文化为研究对象，以田野作业为基本功，深入基层调查研究，推出为地方文化建设服务的调查研究力作，这是毋庸置疑的。但是，立足于青海不等于学术视野局限于青海地域，而是要把青海民俗文化放置在全国乃至全世界的民俗学学术视野中。惟其如此，才能做出具有国内国际水准的学术成果来，也才能真正建设好具有青海特色的地方民俗学，在学坛上才能赢得话语份额。事实证明，没有自己的学术话语，就没有相应的学术竞争能力和文化输出能力，就不可能成为一个有实力的学科或学术团体。所以，必须立足青海民俗文化实际，面向国内外民俗学领域，追踪本学科前沿，了解相关学科及整个学术界的发展动态，兼容并蓄，提升品质，努力形成具有青海特色的理论表述风格和学术研究实绩，不断增强学术软实力，不断赢得学术话语权，真正树立起青海地方民俗学者的形象，树立起以昆仑文化为主体的多元一体民俗文化形象。

正是出于这样的思考，自学会成立之日起，我就把学会的奋斗目标定为立足青海，放眼国内国际学术语境，努力推进具有青海特色的地方民俗文化研究。也就是在采用民俗文化学及其相关学科的普遍性学术理论方法的同时，坚持青海民俗文化研究的本土化与民族化，致力于青海特色、民族特色、时代特色的民俗文化研究，以独到而不俗的学术业绩来形成具有青海特色的地方民俗学。这样的定位也得到了同仁们一致的认同。

按照学会“开展学术活动，追求卓越品质”的原则，学会对学术发展做出了具体安排。一是以不同形式不同规模开展民俗文化田野工作，摸清青海民俗文化家底，重点研究具有代表性的民俗文化事象；二是每年至少召开一次年会，选择某一主题进行民俗文化研讨，力求推出一批新成果；三是积极参与青海省各级各类学术活动，多方位地为地方文化建设服务；四是积极策划主办或者协办全国性乃至国际性的学术会议，借以提升学术层次和学会影响力；五是积极与其他学会合作开展民俗文化调查和学术研究。同时提出集中力量办几件学术实事。其中之一就是在会员成果中精心遴选组织，争取由国家级出版社出版“民俗文化研究丛书”。这套丛书就是根据这一思路，从会员中的国家社科基金项目结项课题、优秀的硕博论文和个别确有前期研究基础的自选项目中筛选，然后统一规划，统一目标，并根据出版社和编辑的要求进行修改完善，再统一推荐出版。我们的目标是做成一套具有较高品质和学术含量的纯学术丛书，计划出版 20 本左右。

需要说明的是，这并非是简单的把大家的成果集中出版。这些年来，我们以学会筹备组和青海师范大学民俗学学科点、青海省社会科学院为核心，每年积极组织省内民俗学者高标准地策划申报国家社科基金项目，从选题确定到申报文本写定，从获批立项到开题论证，做了大量艰苦细致的工作。比如在 2012 年青海民俗学者获批国家基金项目 10 余项，几乎无一例外地是通过我们的“民间”形式组织学者反复开会论证申报文本的，一遍遍地修改完善，个别文本甚至经过了三到五次论证才完成，最后以学者所属各单位的“官方”程序上报获批。这就是有同仁开玩笑的“辛苦归我们，荣誉归别人。”作为民间团体的工作，不仅仅是开会的费用，还有到处找会议场所、邀请专家学者、牺牲大家的休息时间、一次次地修改和打印文本，其中的酸甜苦辣，只有当事者才能体会到。当然天道酬勤酬善，多年来我们帮助策划论证后申报的民俗文化方面的项目也几乎是“无一漏网”地被获批立项。几年来的会员课题研究中，我们也是多次以不同形式参与讨论，甚至相互合作，共同完成。而一些优秀硕博论文，也基本都是在学会学术骨干的指导或协助下完成的。因此，可以问心无愧地说，我们组织出版这套丛书，在一定意义上是青海民俗学会（前期为筹备组）多年来学术成果的一次集中展示，也是我们从一个侧面对“多民族的一国民俗学”做出的一点微薄贡献。

丛书的策划在青海民俗学会成立之前就已经开始，我在2011年5月应中国社会科学出版社领导的邀请赴该社座谈中，就提出了出版青海民俗文化研究丛书的设想，得到社长总编们的赞同，回青海后与同仁们开始商量具体的丛书规划。之后在曹宏举副社长的关心下，我与编辑刘艳女士多次沟通协商，同时各位同仁按规划进行撰写或修改。2012年5月，我拜访了赵剑英社长和曹宏举副总编，正式汇报丛书立意和学术标准以及进展情况，两位领导听后大加鼓励，于是进入了正式实施阶段。在编辑出版过程中，刘艳女士认真负责，一丝不苟，专业素养和敬业精神令人钦佩；宏举副总编多次过问，具体指导，关心支持学术事业和西部文化的情怀也让我感动。所以我当然无法脱俗地要真诚感谢中国社会科学出版社的领导和刘艳女士，同时也感谢多年来与我兄弟姐妹般亲密合作的青海民俗学界同仁和本丛书的各位作者。

2012年9月20日于西宁上滨河路1号

目　　录

绪　言

——喇家遗址引发的思考

四千年前。

黄河上游，现今青海省民和回族土族自治县官亭镇喇家村，亦即目前主要土族聚居区之一。

四千年前，在灾难来临前几天，天空乌云翻滚，大雨倾盆。面带恐惧的人们蜷缩在房屋里，无奈地听凭连绵大雨瓢泼。更为可怕的一刻突然降临，地动山摇，地震将大地撕开一条条裂缝。一瞬间，撕心裂肺的哭喊声响彻山谷，青壮年男子跌跌撞撞地跑出窑洞，而孩子们躲在母亲怀里瑟瑟发抖。刹那间，窑洞的残墙断垣将一个个鲜活的躯体埋葬，而跑出窑洞外的人们也没能逃脱厄运，在强大的震动下，积蓄了多日的山洪如猛兽般向山下扑来……

中央电视台《四千年前的恐怖之夜》（2006 年 8 月 6 日）通过技术手段，对喇家遗址当时灾难来临时的情景进行了重现。

喇家遗址，地震、黄河大洪水以及山洪袭击的多重灾难遗迹，被认为是极为难得的史前灾难遗址，誉为“东方庞贝古城”。发掘人体骨架 22 具，其中仅 4 号房址内就有 14 具。遗址中，骨架姿态各异，保存了灾难来临瞬间的反应姿势：一对母子的遗骸，母亲双膝跪地，臀部落坐在脚跟上，双手紧紧搂抱着幼儿，母亲脸面向上，颌部前伸，冥冥中似乎还在祈求苍天赐予年幼的孩子一条生路；有更多的母亲在突如其来的灾难面前，同样用身体掩护着幼小子女——一对母子，母亲俯卧在地，在她的左肩上方，露出一个小孩的头颅。她们有的匍匐在地，有的侧卧一旁，有的相拥而死，有的倒地而亡。在死亡来临的时刻，母亲紧紧地护卫着自己的孩子，至死也没有松开。一个成人用手臂护卫着 4 个幼童。母抱子、大护小、人们相拥相护的姿态震撼人心。突发的灭顶之灾使生命倏然终止，它在被毁灭的那一刻也同时被永远凝固。据初步分析，灾难事件是地震在先，洪水在后，强烈地震导致房屋坍塌，人们被埋在房内，随后大洪水侵袭，洪水携带的大量沉积物覆于房屋之上。地震造成了灾难性重创，而大洪水造成了灭顶之灾。地震，洪水，以及由此而形成的喇家遗址，4000年后向人们以考古遗址方式展示了当时人与自然之间极不和谐的关系。

这种不和谐的人与自然的关系，在带给人们灭顶之灾的同时，人们开始思索：是什么导致这样的灾难？如何避免这种灾难的发生？

我们不难理解，正是这样的追问，开启了人们面对人与自然的不和谐状况时，追求改善生存技术，追求和谐生活的历程……

通过发掘发现，喇家遗址在4000年前曾是聚落文明中心。2001年发掘出一个小型广场，还出土了象征至高权力的“黄河石磬”以及国内最大的玉刀。同时还发现了大型环壕。随后出土的一座土台，初步分析认为应该是一个不断有祭祀性埋葬和祭祀仪式的祭坛。类似信仰遗迹，正是当时的先民为了调和不和谐的人与自然关系的不懈努力的物质见证！

历代生活于黄河、湟水谷地，祁连山脚下的土族先民，在同样的生存环境下岂不同样面对这些问题，并试图控制、解决这些问题？他们在不和谐的人与自然关系面前，追求和谐，要达成和谐！

面对这样的自然背景、社会背景，也促使我们就土族地区的民间信仰展开思索……

民间信仰是一种古老而又复杂的宗教文化现象，直到今天在许多民族、许多地区仍然具有普遍的意义。在土族历史上，民间信仰具有很高的历史社会地位，它是民族文化史发展的固有基石或根源，是祖先创造和积累下来的文化财富。从现实的角度讲，它并非仅仅是表现于外在的组织形态或形式主义，而是植根于人们心理的思维活动。今天仍有许多民间信仰群体分布在土族生活的区域，世世代代传承着他们的信仰观念、信仰习俗的多种方式和手段，继续着他们异常丰富而沉重的信仰生活。研究这些民间信仰的起源和发展、流布，可以最大限度地研读当时社会的最为本质的面貌。

在土族研究领域，目前需要正视的现实是，民间信仰是一项亟待发掘和引起重视的重要课题。在过去的文献中，对于土族宗教信仰的定性是不太清楚或者明确的。可能是因为当时的社会环境的原因，只是给土族宗教信仰提供了一个笼统的说法——多神信仰或多神崇拜。但仔细考察后发现，土族宗教信仰里面既有原始信仰，诸如萨满教遗迹、本教因子，也有藏族信仰文化尤其是藏传佛教的内容，道教的影响也有很大比例，更吸纳了许多汉族民间信仰的成分。因此，期望利用仅有的历史文献资料，结合广泛深入的田野资料分析土族民间信仰的发展历程，探讨广大土族民间信仰的现状与构成、广大崇拜者的所作所为对其自身的意义之所在、广大崇拜者在信仰行为中的感受及体验，探讨民间信仰与土族社会之间的互动关系。从这种意义上来说，作为关于土族民间信仰的研究，本选题具有保留传统文化、抢救即将消失的文化现象的意义，更具有理解现实社会并为现实生活应该如何去发展提供思考的现实意义。

那么，如何界定“民间宗教”、“民间信仰”、“民间宗教信仰”的概念，如何与藏传佛教、汉传佛教、道教等正式宗教相区分？他们之间的关系又是怎样的？

关于民间信仰的属性众说纷纭，莫衷一是。传统观点认为，民间信仰与制度化宗教相比，其区别主要在于没有系统化的仪式、经典、组织及领导等，不具有宗教性。如《辞海》定义民间信仰是“民间流行的对某种精神观念、某种有形物体信奉敬仰的心理和行为。包括民间普遍的俗信以至一般的迷信。它不像宗教信仰有明确的传人、严格的教义、严密的组织等，也不像宗教信仰更多地强调自我修行，它的思想基础主要是万物有灵论”①。《中国民间信仰风俗辞典》认为，民间信仰是民间存在的对某种精神体、某种宗教的信奉和尊重。它包括原始宗教在民间的传承、人为宗教在民间的渗透、民间普遍的俗信以至一般的迷信。它有自发性、功利性、神秘性、民族性、区域性、散漫性等特征，与人为宗教相互渗透，相互影响，呈现出复杂的情况②。乌丙安指出民间信仰与宗教信仰的十大区别③。他们明确认为民间信仰不具有宗教性，并把民间信仰基本看作是古代社会的残留，而不是一种动态演进的现象，而且确信它必将会随着时代的发展而最终走向消亡。这样，把民间信仰排除在宗教信仰的范畴之外。

但是，近年来随着研究的进展，在学术界出现了数种不同的观点。吕大吉认为中国的宗教是国家—民族宗教，即“宗法性传统宗教”，并引用牟钟鉴对其性质、内容和源流的说明：“在中国历史上，于佛道儒之外，

① 《辞海》，上海辞书出版社 1999 年版，第 5120 页。

② 王景琳、徐匋主编：《中国民间信仰风俗辞典》，中国文联出版公司 1997 年第 2 版，第 10—12 页。

③ 乌丙安：《中国民俗学》，辽宁大学出版社 1999 年版，第 271—274 页。

确实存在过一个绵延数千年的正宗大教，我称之为宗法性传统宗教。它以天神崇拜、祖先崇拜和社稷崇拜为主体，以日月山川等百神崇拜为翼羽，以其他多种鬼神崇拜为补充，形成相对稳固的郊社制度，宗庙制度，以及其他祭祀制度，它的基本信仰是‘敬天法祖’。它没有独立的教团，其宗教组织即是国家政权系统和宗族组织系统，天子主祭天，族长家长主祭祖，祭政合一，祭族合一，既具有国家宗教性质，又带有全民性，故也可以称之为传统的国家民族宗教。它的崇拜对象大致有天神、地祇、人鬼、物灵四大类。”① 把民间信仰归入宗法性传统宗教。另外，按照他关于宗教四要素说来考量民间信仰，民间信仰同样具有神灵观念、情感体验、崇拜行为以及一定的组织，亦可划入宗教的行列。欧大年认为，在传统中国社会，“汉族人所共有的宗教传统包括年节习俗、祖先崇拜、葬礼仪式、风水和许多其他的活动”，并认为“几乎所有中国的宗教传统如儒家、道教与汉化的佛教最初都不外是由这些古代民间信仰原则中决裂出来的”。“许多中国和西方的学者始终否认民间信仰传统是真正的宗教，因为被他们所认可的宗教是以欧洲基督教的模式为基本点的。”认为中国古代在儒、释、道之外存在着第四种宗教，即民间宗教，而“民间宗教应该包括两个方面：一是教派信仰的宗教，如白莲教、一贯道等；一是流传于民间的为普通民众所共同崇信和奉行的宗教戒律、仪式、境界及其多种信仰”②。这里所说的“流传于民间的为普通民众所共同崇信和奉行的宗教戒律、仪式、境界及其多种信仰”可以理解为指“民间信仰”。“如果从宗教学意义上说，民间宗教也可以说是与儒、释、道三教并列的中国第四大宗教；从发生学意义上说，民间宗教又是位列儒教之后的中国第二大宗教，这是因为民间宗教早于佛教在中国流行，又先于道教或可说是道教的母体。”③ 显然，认为民间信仰具有一定的宗教性。还有一些观点则更强调中国民众信仰行为的宗教体系性及草根性（非文本性），认为它独立地存在为一种“民间宗教”（Popular Religion），其内容主要包括“（1）神、祖先、鬼的信仰；（2）庙祭、年度祭祀和生命周期的仪式；（3）血缘性

① 吕大吉主编：《宗教学通论新编》，中国社会科学出版社 1998 年版，第 564 页。

② 欧大年：《解读辽宁民香，解读中国民众宗教意识》，载侯杰等：《世俗与神圣：中国民众宗教意识》，天津人民出版社 2001 年修订版，第 390 页。

③ 濮文起：《解释与改造：中国历史上与现实中的民间宗教问题》，《天津社会科学》2004 年第 6 期。

的家族和地域性庙宇的仪式组织；（4）世界观和宇宙观的象征体系”①。这种观点代表了一批从事中国民间信仰研究的汉学人类学家的观点。前一种观点实际上在一定程度上包含了后者，反映了传统中国学研究者对自身研究视野的调整，也正体现了以社会人类学为主的社会科学理论对于中国民间信仰研究的影响。共同的是，他们都承认民间信仰具有宗教性。

在我国学术界，目前对中国民间信仰是否是宗教的问题一直很模糊。“由于我们说不清我国的宗教形态，弄不清我国现代化进程中的文化背景，所以很难知道现代化的文化基础是什么，现代化的基本准则为何物，现代化的内在精神力量该从什么地方产生。”② 因此，我们不能因为西方主流观点的影响而否认民间信仰的宗教性。在确认了民间信仰是否具有宗教性之后，也就可以得出我们对于民间信仰的结论：必须承认的是民间信仰内在的宗教性。

本书认为，民间信仰与制度化宗教的本质相近，皆为“支配着人们日常生活的外部力量在人们头脑中的幻想反映”（恩格斯语）；民间信仰在原始性、零散性和地方性之外，同样具有长期性、群众性和特殊的复杂性；其信仰圈亦与制度化宗教相交叉，二者是互相补充、互相影响的关系。因此，需要承认民间信仰具有一定的宗教性，是区别于正式宗教的一种信仰方式。民间信仰之独特处，则在于其信仰内涵和祭祀仪式都是十分松散的。民间信仰就是民间流传的一种普及而又松散的综合性宗教生活整体。这种信仰现象随着一个民族的历史文化而演进。一是民间信仰不求真实绝对，只求灵验实用的特质；二是民间信仰有别于任何一种宗教信仰就是它融合不同的宗教和哲学思想。民众在其信仰心理中往往不拘来处，各路神明都可能为我所用，三教混融。对普通百姓而言，神仙、菩萨、鬼魂都可以是崇信的对象，而信仰目的则强调“灵验”。

确切地讲，民间信仰是对民间拜神活动的归纳和概括，以拜神为最基本特征。它有广义和狭义之分。从广义来说，民间一切拜神活动都是“民间的信仰”，亦即民间信仰。从狭义来说，现阶段的民间信仰专指制度化宗教佛教、道教、伊斯兰教、基督教、天主教等之外的民间拜神活动。

---

① 王铭铭：《社会人类学与中国研究》，广西师范大学出版社2005年版，第132—160页。

② 程世平：《文明的选择：论政体选择与宗教的关系》，中国社会科学出版社2001年版，第232页。

此外，“民间信仰”与“民间宗教”，虽然有部分学者相互混用，“对于大多数村民来说，他们历来信仰各种鬼神，信仰祖先；伴随着这些信仰，并且还会有一系列的祭祀、禁忌、占卜和巫术的行为方式；这种带有信仰内涵的民俗甚至还表现在节日和人生仪礼的各种活动之中。凡此种种，一般称之为民间信仰，也有人称其为民间宗教。这是和宗教信仰既十分相似而又有所区别，既有密切联系而又并不相互隶属的一种民俗文化事象”。① 但这里要区别开来。笔者在民间宗教的概念使用上认同，民间宗教普遍的指称中国历史上形成于明清时期的与得到朝廷承认的正式宗教相对的流传于民间、具有反对当时社会秩序倾向的、有一定组织和教义的组织形式②。民间宗教是流行于社会下层和民间的各种宗教，一般不为政府所承认，活动呈秘密状态③。我们这里要讨论的民间信仰并不属于任何宗教性的组织，只是一种习惯性的民间的仪式、活动以及其中所呈现出来的信仰与观念，包括心理上的一些信仰，诸如禁忌等，与民间宗教存在较大的区别。民间信仰是在万物有灵观念基础上产生的没有至上神的自然崇拜、祖先崇拜、鬼灵信仰的综合体，包括在这些信仰基础上产生的以巫术为基本逻辑的各种祭祀仪式、禁忌、占卜等活动，具有较为松散的组织体系。

另外，需要区别民间信仰与迷信、俗信，村落中的信仰与村落信仰等概念。

“民俗信仰又称民间信仰，是在长期的历史发展过程中，在民众中自发产生的一套神灵崇拜观念、行为习惯和相应的仪式制度。”④ 虽然民间信仰被认为是指一定时期民间广泛流传或者说为多数社会下层民众崇信的某种观念，与那种登堂入室的正式宗教相对而言，它从未取得过可以与之比肩而立、堂而皇之的地位。但它却是古代下层人民精神需求的一个中心，是民族文化传统中一道颇具特色的人文景观，它的影响绝不小于任何一种曾经广为流传的宗教，即使在现代社会中，民间信仰在广大人民群众中仍有广泛的市场。鉴于民间信仰的广泛性和弥散性，有些学者指出，民间信仰是流行于民间但未成为正式宗教的各种信仰的总称，即通常被称作“迷信”的部分。它往往渗透在日常生活中，尤其是在比较落后和封闭的

① 顾希佳：《社会民俗学》，黑龙江人民出版社 2003 年版，第 111 页。

② ［俄］马良文：《中国民间宗教刍议》，《世界宗教研究》1994 第 1 期。

③ 王景琳等主编：《中国民间信仰风俗辞典》，中国文联出版公司 1997 年第 2 版，第 10—11 页。

④ 钟敬文主编：《民俗学概论》，上海文艺出版社 1998 年版，第 187 页。

地区，更是体现于人们生产、生活的各个方面①，指出了民间往往将“民间信仰”与“迷信”相混同的事实。“由于从古代原始思维那里代代传袭下来大量的神奇的思考和观念，经过不断变异，人们往往不了解它们最初的朴素特点，采取了盲目接受和崇信的态度，于是构成了种种信仰形式。从唯物主义观点和无神论观念出发考察民间的信仰习俗，应当说大部分属于信仰中的迷信成分，只有很少部分与社会生活密切结合，转化为社会心理的因素，属于信仰中的俗信部分。信仰习俗的迷信与俗信是在民俗发展变异的历史中逐渐区分出来的。”把迷信和俗信当作民间信仰的两大组成部分，认为迷信与俗信虽然在构成的类型上极为相似，但其性质和手段却有明显区别。迷信“是对事象的因果进行歪曲认识的观念或施行歪曲处理的神秘手段，它具有十分浓重的自发性和盲目性”；俗信与迷信不同，“俗信原来在古代民间传承中曾经是原始信仰或迷信的事象，但是随着社会的进步，科学的发达，人们的文化程度的提高，一些迷信事象在流传中逐渐失去了原来的神秘色彩，失去了神秘力量，人们在长期生产与生活的经验中找出了一些合理性，于是把这些事象从迷信的桎梏中解放出来，形成了一种传统的习惯。这些传统习惯无论在行为上、口头上或心理上保留下来，直接间接用于生活目的，这便是俗信”②。“俗信，亦可称为民间俗信，作为民俗的重要组成部分，是主要以民众生产、生活经验的累积和对未来事物发展及生产、生活前景进行预测所形成的，一般在特定时间、地点、条件下发挥作用，并为一定范围内的民众群体广泛认可和遵行的一种心理信仰现象。……主要以心理信仰为特征。其典型表现形式，一是观念性崇拜，包括畏惧性崇拜、敬仰性崇拜和祈求性崇拜；二是心理性禁忌；三是判断性预测；四是经验性描述。”③ 民俗信仰目前具有俗信化趋势。迷信和俗信，作为一对相互关联的概念，在学术上可以进行区隔，但在土族民间信仰调查中，或者土族民众的民俗生活中很难把二者予以明确的区隔，二者互相纠缠在一起。而且，土族民间信仰中，广大民众对于各种民间信仰的内容都视之为“迷信”。因此，本书对这些事象进行调查时，进行忠实的记录，并不刻意进行区隔。

---

① 安德明：《农事禳灾：一种特殊的农事信仰活动》，《民俗研究》1997 年第 1 期。

② 乌丙安：《中国民俗学》，辽宁大学出版社 1999 年版，第 268—269 页。

③ 刘德龙等：《论俗信》，《民俗研究》2001 年第 2 期。

"村落中的信仰"与"村落信仰"，前者范围很大，乃信仰民俗学研究的主要内容，"我们不妨把村民们的一些对于认为宗教的信仰和村民们在日常生活中经常会涉及的各种民间信仰统称之为'村落中的信仰'"。而把"'村落信仰'定义为村落保护神信仰。这是历史上村民们对本村地方保护神的一种共同的信仰"[①]。村落信仰的种类有几种：一是从祖先崇拜或英雄崇拜演化而成的；一是出于生产和日常生活某一方面的需要，被村民们从传统的民间信仰中选定了某个神灵作为该村的保护神而加以祀奉的，由于需要的多元化，导致保护神灵信仰的多元化。与村落的历史文化变迁有关，是民众文化心理的折射[②]。

土族民间信仰的研究在方法上，尽力采取多学科交叉。

"历史人类学主要以记述历史上各民族状况的历史民族志（Historical Ethnography）资料为依据，它着眼于民族及其文化的过去"，"主要是对历史上某一时期、某一民族或族群的社会经济、生活文化和习俗信仰等方面进行的横向的剖析和比较研究，而且资料的来源往往是亲身经历或当时人对当时事情的记述"。他同时还提出了历史人类学研究方法的三个结合，纵横研究相结合即历时性（Diachronic）与共时性（Synchronic）相结合，民族传统文化研究与生态环境研究相结合，文化变迁与民族关系的研究相结合[③]。"研究中国的文化与社会，所应采用的方法应是多学科的综合，有必要结合'上层的'历史研究与'下层的'民间社会及文化的研究，并使历史过程的描述与社会—文化形态的分析得以融会贯通。"[④]注重日常生活，挖掘社会生活的文化意义，立足地域考察历史。人类学研究方向对我们十分重要，因为我们得以更好地理解人们日常生活的历史，一切人的历史，而不单纯是理解社会上层的历史。从研究视野与方法来看，新中国成立前对民间信仰的研究基本可分三类：第一类是传统史学的理路，其特点是完全从史料出发，引经据典，考察一种信仰或仪式的来龙去脉。第二类以顾颉刚、费孝通等为代表，特点是注意与其他学科，特别是社会人类学、民俗学的结合，注重田野考察与理论探讨结合。第三类是专

---

① 顾希佳：《社会民俗学》，黑龙江人民出版社2003年版，第111页。

② 同上书，第112—114页。

③ 宋蜀华：《论历史人类学与西南民族文化研究——方法论的探索》，《思想战线》1997年第3期。

④ 王铭铭：《走在乡土上：历史人类学札记》，中国人民大学出版社2003年版，第45页。

门从民俗学的角度对民间信仰进行考察①。

方法论原则，一是利用民俗研究成果以及方法，将历史文献解读与田野调查相结合。文献对历史的记载总是片面的、零碎的，而作为社会大众日常行为规范的民俗习惯，具有世代相承和相对稳定的社会特征，它不仅在现实的日常生活中可以被观察到，而且在一定的空间范围里自成完整的体系。作田野调查、作民俗研究，就可以将那些看似毫不相关的零碎的历史文献资料置于完整的社会生活体系中，找到它们之间的内在联系，并揭示其历史内涵和文化特质。

二是横剖研究与纵贯研究相结合。纵横结合的“十字研究法”是民族社会学研究方法的基本特点。从横的方面把握问题的精确状况，而从纵的方面探寻其产生、发展的民族文化渊源关系。而在把握问题的民族文化渊源、分析民族文化影响时，可采用文化分层剖析方法，吸收文化学、民族学、历史学、人类学等学科的研究手段。

三是历史、现在和未来研究相结合。中国民族学家在强调田野调查资料的同时，也强调文字史料。民族社会学既要以历史的态度对待民族发展过程和现象，又要在现实研究的基础上预测未来。改革开放以来，各民族的社会、经济、文化、宗教都发生了巨大的变化，在这样的情况下：民族关系朝着什么方向发展，表现在经济、文化方面的差距是逐步缩小还是不断拉大，宗教对政治、社会的影响会不会越来越大等问题，都要求我们作出回答。我们只有通过研究，采取有效措施，不断进行调控，才能使民族社会和文化朝着健康、进步的方向发展。

四是描述、解释和应用性研究相结合。从研究的目的看，民族社会学的研究可以分为三种类型：描述型、解释型和应用型。现在民族社会学一方面要充分利用现有材料，继续收集新材料做好描述性研究；另一方面要加强学术研究，由资料形态向学术形态转化，努力解释各种文化现象产生和长期保留的原因，探讨事物的规律性和深层的本质的东西。另外，要高度重视应用型研究，也就是使研究由学术形态向应用形态转化，充分显示学术研究的社会价值，实现其社会功能。让我们的研究成果，为决策部门提供高层次的建设性意见。

---

① 王健：《近年来民间信仰问题研究的回顾与思考：社会史角度的考察》，《史学月刊》2005 年第 1 期。

五是多学科的方法论的借鉴。通过民俗学、民族学、文化学、人类学、历史学、社会学等学科方法的有机结合，完成对土族民间信仰与社会互动等问题的较为全面、深入的考察，使多学科方法的结合服务于研究主题的深入，如历史学与人类学在新的历史背景中整合的实践，不仅超越了传统学科之间的樊篱，更重要的是，它使传统的历史学研究增大了“现场感”和“共时性”，使人类学研究添加了“厚重感”和“历时性”①。比如以人类学的“文化残余”以及“大/小传统”互联互渗的观念考察，就能够揭示民间信仰在偏远民族地区形成、变化与延续的过程。今天欠发达的土族地区，尤其是民和土族聚居区，在现代交通发明、开通之前，是重要的族群交往场域和文化交流通道。通过多学科的交叉研究，期望得到一些新的发现。

民族社会学在研究每一个具体问题时应该把它放在社会这一统一整体中去做综合性探索，联系多种有关的社会因素以至于自然因素加以考察。这样才能从整体上把握一个民族的现代化进程，才能在更高的层次上建立理论体系。

具体将采用以下的研究方法：

实地田野调查　民族学的生命力在于田野调查，已是学术界的共识。因此，扎实的、持久的田野调查成为中国民族学走向未来，参与国际对话的最可宝贵的资源。在田野调查中注重“共时性”与“历时性”相结合的方法，自觉地将各民族置于特定的环境中进行动态研究的传统。而且，“田野研究不是一种走向田野的姿态，而是一种学术主体能动性的实现，能够帮助我们去发现对象本质、去提炼出更切近对象、更符合对象实际，同时又能烛照其社会文化语境和传统规定性的学理性阐释”。② 而且，为了避免在田野工作结束以后的文本制作过程中的层层伪饰与诡笔，使人无从厘清田野与文本的真实联系，呈现民俗生活是怎样“表情”和“达意”，巴莫曲布嫫提出田野研究的“五个在场”——史诗传统的在场、表演事件的在场、演述人的在场、受众的在场、研究者的在场。对于我们的田野工作是具有很好的借鉴和指导意义的，可以解决研究者怎样进入、怎

① 彭兆荣：《田野中的“历史现场”——历史人类学的几个要件分析》，《云南民族大学学报（哲学社会科学版）》2004 年第 3 期。

② 廖明君、巴莫曲布嫫：《田野研究的“五个在场”——巴莫曲布嫫访谈录》，《民族艺术》2004 年第 3 期。

样把握、怎样理解田野工作的“文化空间”，怎样在田野研究中实现并证实自己的“在场”[①]。可以分：全面调查、重点调查、典型调查、配合访问调查、问卷调查、观察调查等方法。

背景分析法　所谓背景分析法，就是试图把某一具体行为或社会现象置于更广阔的文化和社会背景中，在解释民族过程的社会现象时，要把它与广泛的背景联系起来。把任何民族社会现象当作一个由相互关联、相互交织的风俗习惯织成的网，置于广阔的文化背景中来描述和分析，探讨其赖以产生和发展的社会政治、经济、文化诸要素以及其产生的历史根源与未来的发展趋势。具体的做法有：第一，将单一的事件或现象置于更广大的社会体系之中，置于更广泛的社会次序中来观察、分析。这样，这些具体的事件不再是独立的事件，从这些具体事件或现象出发揭示它们背景的政治和社会动力，从而提高反射观察能力。第二，将一个民族的社会生活置于与该民族相关的民族的文化背景中来考察。在我国各民族长期形成的大杂居、小聚居的分布状态下，一些民族共同生活于同一自然区，出现了大量的“文化共生”现象。显然，孤一、独立地研究某一民族的文化与社会，而忽视其相邻和周边民族的文化与社会，一些问题和社会现象是很难理解的。因而当研究某一民族时，还要研究与之相邻民族的社会、文化、风俗和语言。第三，以历史和生态学为尺度的背景分析，在研究民族社会时，从群体之间的横向研究，即把每一群体描述为无时间性的、有明确的固定的界线的部落实体转到对过程的研究，即打破静态研究的局限，从历史的角度，把民族实体放在生态环境中去研究[②]。

交叉文化分析法　所谓交叉文化分析法就是比较分析法，是指研究者要跨越某一特定文化的界限，与大量不同的文化进行比较研究，在研究过程中建立假说，控制可变因素，并检验、接收或抛弃假说，进而分析不同民族社会的行为模式的相似性和差异性[③]。为了区分共性和差异性，可以分为纵向比较（以认识研究对象的产生、发展、演变过程和规律）和横向比较（以揭示研究对象的区域差异、为区域分类提供依据）。

---

① 廖明君、巴莫曲布嫫：《田野研究的“五个在场”——巴莫曲布嫫访谈录》，《民族艺术》2004年第3期。

② 吕青：《试论民族社会学的研究方法》，《西北民族学院学报（哲学社会科学版）》1998年第2期。

③ 同上。

分析与综合　通过因果分析法、综合分析法、区域分析法、历史地理法等方法的运用，力图对土族民间信仰做一个较为全面的分析，期望在分析深度上有所突破。我们今天所看到的诸多民间信仰事象既是该民族历史上的延续，但又不可能完全是该民族的历史原貌，要在当今的民族中寻找一种“原生状态”的文化也许注定是徒劳无功的。但是，民族的历史文化又无时不在影响到该民族当今的社会生活。历史与现实之间本没有泾渭分明的界限，却有着有时清晰、有时模糊的内在联系。所以，运用这些方法可以在一定程度上达到恢复部分历史原貌的作用。

社会心理学方法　从 20 世纪起，学术界开始运用心理学原理和方法介入宗教现象的研究工作。心理学的核心问题是自我意识的心理机制和动机力量，因此，从某种意义上来说，心理学方法的介入对宗教现象的诠释更加逼近内在经验的真相，因为它强调信仰者个人内在的心理活动在信仰活动中的意义，并把信仰者个人的主观性的感受和体验视为信仰的最为本质的东西和信仰的真正秘密所在。行为主义者认为，宗教是一整套公认的形态（如祈祷、崇拜、神秘体验等），把宗教行为看成是“刺激—反应”机制的深层结果。另外，从人本主义的立场出发，认为宗教是人格整合、精神完善、自我升华的基础，是制约人类之整体性或完善性的因素。因此，采用心理学方法对于民间信仰的研究会有很大的解释能力。

在方法论的借鉴上，中国民族学者在研究方面不免受到西方理论范式的影响，甚至以它为依皈。“我们所探讨的对象虽是中国社会与中国人，可采用的理论与方法却几乎全是西方的或西方式的。在日常生活中我们是中国人；在从事研究工作时，我们却变成了西方人。”① 有鉴于此，在借鉴西方社会学、社会人类学、民俗学、文化学等相关学科理论与方法分析问题时要灵活运用，防止死板硬套，随意套用其他学科概念，因为这些理论与方法并不能替代研究本身，所以对一些概念的运用必须谨慎从事，以免导致研究本身的异化。

① 宋蜀华：《中国民族学的回顾与前瞻》，《中央民族大学学报（哲学社会科学版）》2003 年第 1 期。

第一章　土族民间信仰的文化语境

土族，是中华56个民族之一，主要分布在青海、甘肃两省。青海境内主要居住在青海省东部湟水流域和祁连山以南大通河两岸及与之相毗邻的地区。其中，互助、民和、同仁为三大集中分布区，在乐都、门源、都兰、乌兰、贵德、共和、西宁也有零星分布。甘肃省主要分布在天祝藏族自治县，此外积石山保安族东乡族撒拉族自治县、卓尼县、永登县、肃南裕固族自治县、古浪县等地亦有少量分布。土族人口最多的青海省有土族人口204413人，占青海总人口3.36%（2010年）。

土族来源问题至今仍然是一个众说纷纭的土族研究的热点问题。在经历了自20世纪80年代初的热烈讨论后，经过近30年的深入讨论，目前基本上是“吐谷浑说”与“蒙古说”为主，支持吐谷浑说的更多一些的局面。

土族有语言而无文字。土族语言属阿尔泰语系蒙古语族，分互助、民和、同仁、卓尼四大方言区，四者之间既有联系又存在一定的差异。在长期的发展过程中，不断受到周边民族的影响，各地区土族人民的风俗习惯也产生了一定的差别。同仁土族世代生活于热贡地区，与周围的藏族交往密切，熏染藏文化程度较甚，在服饰、岁时节日乃至族群认同方面表现出了藏化趋势，卓尼土族也有类似境遇；民和土族周边生活的多是汉族群众，土汉文化交流密切，表现为明显的汉化倾向；而互助土族生活区域相对集中，周边有汉族，也有藏族，文化中藏文化含量稍多于民和土族的同时，更多地保留了土族的文化特性。而散居的土族，大多处于汉化状况，多已经失去母语，只保留族别认同心理和一些民俗。

第一节　土族民间信仰的生态环境

土族分布主要以互助、民和、同仁、卓尼等聚居区为核心成为几个大的聚居区域，我们分别论述青海省互助、大通、民和、同仁以及甘肃省天祝、卓尼土族聚居区的生态环境状况。

互助土族自治县，1954 年成立互助土族自治区人民政府，1955 年将自治区改为自治县。土族主要分布在东沟、东山、丹麻、五十、松多、红崖子沟、威远等乡镇，基本呈连片分布，聚居于互助县行政区划的东南部。聚居区东南与青海乐都县接壤，南以湟水与青海平安县为界，北与藏族聚居的加定、松多等乡相接，西与汉族分布区接壤。聚居区地势北高南低，达坂山西北向东南横亘北部，其中龙王山 4200 米，最低湟水河谷 2100 米。聚居区大部属于高山地带，地貌东西排列的沟谷与黄土梁峁相间分布，山川相间，岭谷交错，地貌复杂，沟谷两岸阶地发育，为主要农业区。主要山岭有龙王山、黑山、康烈尖山、克麻岭、过色山、俄博岭、加浪亚豁等。气候属于大陆性气候，冬季受西伯利亚季风和寒流影响，夏季受东南沿海季风的影响，春季干旱多风，气温上升缓慢，夏季凉爽，秋季雨量集中，冬季寒冷少雪。年均温 0—3.4℃，无霜期 110 天左右。降水 530 毫米上下，集中于 6—9 月，占全年的 73%，伴有暴雨、冰雹；年蒸发量 1235.6 毫米，为降水量的 2.3 倍，属于干燥气候，春夏连旱的概率很高。聚居区被互助县冰雹路径所覆盖，为冰雹多发区，重雹灾年份危害超过干旱。由于互助土族聚居区多在浅山、脑山地区，海拔高，气候凉，多雨雪、霜冻，适宜农作物为青稞、燕麦、洋芋、油菜，部分地区可种植小麦、豌豆、蚕豆、胡麻等，耕作制度一年一熟，但随着农业技术的提高而不断演变。

大通回族土族自治县，属西宁市辖县，东临互助土族自治县。土族主要分布在青林、青山、多林、逊让、宝库、西山、城关等乡镇，基本连片分布于大通县域中西部。聚居区海拔 2570—4622 米之间，处于基本东西走向的大坂山和西北东南走向的娘娘山之间，绝大部分地区属于脑山，年降水 500—600 毫米，年均温 1℃左右，无霜期 60—80 天。区域内山峦重叠，沟壑纵横，地形复杂。气候阴湿冷凉，长冬无夏，春秋相连，四季不明，无霜期短，“春已暮而草始生，秋未深而霜已降”。3200 米以下地域的脑山地区可以种植农作物，而 3200—3800 米为高山地区，多为草甸草原、灌丛草原，为放牧区，3800 米以上地区多为裸露石山，尚无法利用。区域内宝库河、黑林河穿行。霜冻、冰雹、秋季雨涝、大暴雨等自然灾害多发，霜冻严重影响脑山地区作物产量，而冰雹常因来势猛，强度大，又正值麦类作物成熟阶段，造成严重损失。土族聚居区刚好位于大通冰雹次数最多的北路和中路。种植作物以小麦、蚕豆、青稞、油菜、豌豆、洋芋等为主，有些地方种植青饲料。耕作制度基本为麦类、豆类、油料类轮作的一年一熟制。过去，耕作方式简陋粗放，广种薄收。针对雹灾多的事实，从乾隆年间开始到20世纪60年代初，新城地区每年在西山用“长龙炮”打雹云。1962年成立防雹办公室，专门指导农村运用土炮防雹，1966年土炮发展到土火箭，1978年在发展为三七高炮，射程远，瞄准率高，控制面积大，效果好。

天祝藏族自治县地处甘肃省中部，位于河西走廊和祁连山东端，西邻青海省门源、互助、乐都3县。位于县境中部的乌鞘岭横亘东西，是古丝绸之路的咽喉要道，河西走廊门户。天祝各个乡镇均有土族分布，但土族主要集中分布在天堂乡、石门镇，这里集中了全县土族人口的一半。天堂乡位于天祝藏族自治县西部，南隔大通河与青海省互助县相望，辖天堂、朱岔等13个村民委员会和天堂寺寺管会，54个村民小组，总人口2564户、11025人，其中土族4008人。境内地势北高南低，海拔在2200—3891米之间，年均气温4.2℃，年均降水量约500毫米。属大陆性高原季风气候，气候带垂直分布十分明显，小区域气候复杂多变，常有干旱、冰雹、洪涝、霜冻、风雪等自然灾害发生。天祝自然条件严酷，农业生产基础薄弱。改进耕作方法，引进优良品种，推行科学种田，提高机械化水平，促进了农业的发展。大通河谷、朱岔河川是主要川水耕作地区，主要农作物有小麦、洋芋、蚕豆、油菜籽等。天祝自古以经营畜牧业为主，是甘肃省九大重点牧区之一。主要畜种为牦牛、山羊等。森林生长云杉、松、柏、桦、杨等树种，并种植苹果、花椒、李等经济树种。境内建有科拉水库。聚居区周围高山围绕，交通不便，信息闭塞。

民和土族主要聚居在官亭地区。官亭地区，惯称“三川”，史书有“巴暖三川”之称，盖因该地区有自北向南注入黄河的杏儿河、大马家河、前河（当地亦称桑布拉河、民主沟）三条较大的河道。黄河从盆地南缘奔流向东，过去丰富的水资源得不到有效利用，三条河是三川人民灌溉田地的重要水源，并由此而建设了赵木川渠、吕家渠、王家渠、朱家渠等引灌渠，但是大部分旱塬上的土地仍然是旱作，“靠天吃饭”。现今，凭借官亭泵站工程结束了“黄河沿上渴死人”的历史，万亩旱地变良田。随着灌溉条件的极大改善，农民增产增收，精神面貌发生了极大变化。三川地区，东与甘肃永靖县毗邻，南以黄河为界与甘肃积石山东乡族保安族撒拉族自治县相望，西与青海化隆回族自治县相接，西南与循化撒拉族自治县接壤，北为民和县境主体。海拔 1720—2000 米，盆地周边山峦起伏，南部濒临黄河，形成沟壑纵横的浅山区围绕盆地四周。盆地中心平坦的川水地区被大红山和杏树山依次自北向南分割成三大区域，即上川、中川、下川。三川气候温和宜人，秋冬长，春夏短，四季不分明，降水较少且四季分配不均，年降水量 300—400 毫米，多集中在 7、8、9 三个月，夏季最高温度 32℃，冬季最低温度 -25℃，无霜期 180—200 天。自然灾害中以干旱和雹灾较为常见，一般三年一小旱，五年一大旱，且多为春旱和伏旱。土地肥美，有“金田”、“美田”之誉。《秦边纪略》记载，三川在明嘉靖时，“水溉田畴，”“枣梨成林，膏腴相望，其地水草大善”。清代园艺业进一步发展，每至杏林春暖，花开烂漫，落红如雨，随风翻卷，流动如泉，千家万巷，一片锦绣，平川园林，烟云笼罩，美景如画。

同仁县位于青海省黄南藏族自治州。同仁土族聚居区集中在隆务河流域同仁县城段。主要集中在年都乎乡、保安乡。地势西高东低，属于凉温半干旱气候区，冬季寒冷干燥，春季冷暖多变，干旱风大，夏秋两季温暖凉爽，降水少而集中。年均温 5.2℃，降水量 492 毫米，无霜期 130—152 天。主要作物有小麦、青稞、豌豆、油菜等。聚居区内土族多从事农业，种植业早期普遍采用畜力耕种、一种一歇的倒茬轮作制。干旱、霜冻、雹灾也是常见常发的自然灾害。

卓尼县，位于甘肃省南部、甘南藏族自治州东南部。勺哇土族乡地处卓尼县境北部，北靠白石山与临夏县接壤，西为扎尕草原和夏河县美武乡，东连临潭县冶力关镇，面积 100 平方公里。2002 年年底总人口 1751 人，土族 640 人，占总人口的 36%。主要聚居在乡政府周围，聚居点周围山高沟深，白石山海拔 2800 米，交通不便。属高原性大陆气候，寒冷湿润，四季不明，山高林多湿度大。草场广袤，植被完好，发展畜牧业得天独厚。冶木河下游一带切割较深，形成支离破碎的高山地貌，多悬崖峭壁，河谷两岸绝壁矗立，为峡谷地带，植被覆盖较好。“卓尼县勺哇土族居住的环境，东有冶力关，山狭壑深，北有白石崖山，终年积雪，高不可攀，西有茫茫的扎尕草原，南有茂密的原始森林，四面凭险，形成了当时吐谷浑人免遭战乱、长期隐居的有利条件。也正是这一特殊的地理条件，形成了勺哇土族，保存了这个人数极其有限的土族部落千百年沿袭而未灭。”①

地球上人类今天的现实，是自然界长期发展与人类社会长期发展交互作用的产物。地理环境是人类生活的家园，是人类社会的载体，也是社会历史发展的重要背景和舞台，为人类社会提供了永恒的物质条件。然而，它不只是人类社会发展的消极衬托物，自从人的因素渗入地理环境之后，地理环境已经成为各民族、各国度文化有机体的重要构成部分，成为锻冶社会文化合金的重要元素，并且在不同时间和空间范围内成为给人类社会提供福利或造成阻难的强大物质与能量，它对于人类社会的存在与发展，具有物质的制约力，是人类社会从事社会生产须臾不可脱离的空间和物质——能量前提。② 土族地区的地理环境，构成了土族先民乃至当今群体文化的外环境，影响和孕育了土族文化的产生、发展。

基于以上自然环境，现在的土族地区基本上是以农业生产为主，人们大都仍然经营着“日出而作，日落而息”的自然经济生活模式，并在此基础上形成了土族特有的一些农业文化事象。由于农业对自然环境因素具有很大的依赖性，人们对区域内的土地、河流、雨量、日照等自然因素给予了特别的关注。在长期的关注下逐渐发现其中的规律性的时间节律，相应地使自己的农业节奏与之相适应。这样，各种季节性的随着农时节律而动的农事祭祀活动系列也就形成了。而且，建立在乡土社会的这些农事活动，由于其发生基础没有发生多大的变化，且与外界接触很少，社会群体生活在一个相对闭塞的社会中，无法了解不同的思维方式、生活方式，以他们自己的生活方式、思维方式为准则，文化保持极高的均质性，逐渐使行为方式、价值观念趋向稳定、守旧。

人地关系，在某种意义上，为人们的信仰提供了最为基础的自然根源。正是人与自然的须臾不可脱离的紧密关系，才导致了人们思考人与自然的关系，并因为自然力量的强大而产生崇拜，产生民间信仰。所以，自然环境是土族民间信仰形成、发展、演变的基础。民间信仰最初的产生，

① 李占忠等：《甘肃土族文化形态与古籍文存》，甘肃民族出版社2003年版，第24页。

② 曹诗图等：《社会发展地理学概论》，中国地质大学出版社1992年版，第1页。

在一定程度上就是考量人与自然关系、追求人与自然和谐相处为目标的结果。所以，在考察土族民间信仰时，不能不对孕育土族民间信仰的自然环境给予一定的关注。

第二节 土族民间信仰的人文环境

土族聚居地区，自古以来一直是人类活动的区域。由于古代先民在这里留下了丰富的文化遗迹，使得这里拥有丰厚的人文历史资源，也成为后来的土族文化发展的基础。

互助、大通、民和、同仁等土族聚居区，早在4000年前就有人烟。同仁年都乎、保安等处发掘出马家窑文化和齐家文化遗址。大通考古文化丰厚，有马家窑文化、齐家文化、卡约文化、辛店文化等文化遗址多处。考古发掘的舞蹈纹饰彩盆为国宝级彩陶。追溯民和土族地区的人文历史，自古是人类繁衍生息之地。1999年，在官亭喇家村发现一处4000多年前的史前灾难遗址。在此之前，在三川地区发掘了数十处古文化遗址，有的时代早到仰韶文化时期（6000年以前），数量最多的是新石器晚期的齐家文化遗址（距今4000年）。在三川的遗址多分布在官亭盆地黄河北岸的二级阶地、三级阶地上，基本呈一带状分布，乃三川地区丰厚的文化积淀的基础。

互助、大通、民和地区在秦汉之际为羌人居住之地。汉代随着屯田有部分汉人进入，与早期居住的羌人、月氏人从事农牧。魏晋之际，鲜卑人的足迹到了这里，民和地区在东晋十六国时期相继属于前凉、前秦、后凉、南凉、西秦、北凉等政权。唐时，吐谷浑游牧于此，又有吐蕃尽辖此地。宋有唃厮啰政权崛起，元代蒙古人进入并有一部留居此地。明清后，又有众多汉人从邻近甘肃、中原迁入，从事农牧业生产、商业活动。土族地区处于青藏高原的东北边缘，是黄土高原、内蒙古高原与青藏高原的过渡地带，属于农牧交接地带，也是藏文化圈与汉文化圈的交接、融合的区域。无论自然条件还是人文环境，都为土族地区的文化历史处于开放的、宽容的、融合的状况提供了基础。土族地区早在古代就是亦耕亦牧的地区。汉代时，虽有赵充国大力推行屯田，但当时当地的居民尚未完全放弃自己的畜牧祖业；三国、魏晋南北朝时期，吐谷浑进占河湟，主要从事生产水平相对较高的农业或半农半牧；唐宋时期，吐蕃经营河湟；元明清时期，蒙古族、汉族等统治这里。可以说，这里一直是多民族繁衍生息的地区，每个进入这里的民族都会传播本民族的文化，遭遇文化冲突与适应的问题。经过长期的选择、淘沥、适应、传承、发展，最终形成了今天土族的文化现实。

民和三川自古也是兵家必争之地。《河州志》云："河为临巩外蔽，唐以制吐蕃，宋以制西夏，必争之地。""然则积石之硖，诚天险也，自昔重门击析御暴，以为重地。西通吐蕃。东障熙河，北界龙支，南接洮水，汉属枹罕县。"① 这里成为了吐蕃与中原的缓冲地带，也是防守的天然屏障，自古是兵家相争的要冲。

民和土族地区自古以来又是交通要道的必经之地。东晋时期，高僧法显、慧景、道整，南朝宋武帝时僧人昙尤劫（法勇）去印度等地取经求法，都经过了三川地区。隋大业五年（609）炀帝西巡，自临津渡（今民和官亭西）过黄河西进。自唐起，民和土族地区成为唐蕃古道必经之地，文成公主进藏曾经三川。11世纪中叶，宋人进入青海的第一站，即过黄河入三川，再到青唐城（西宁）。明起，西宁卫与河州卫之间设立七个驿站，民和有巴州驿、古鄯驿经三川达河州。永乐年间，宗喀巴弟子经过三川进京。目前，省级川官公路连接县城川口，横贯三川，并从官亭延伸到大河家与临夏—大河家公路联结。区内乡间公路亦初具规模，四通八达。

土族民众崇信佛教，普遍送子为僧。"番人、土人有二子，必命一子为僧。且有宁绝嗣而愿令出家者。"② 虽然土族先民信仰萨满教，并接受了藏族本教的一些成分，后来随着藏传佛教的兴起和传入皈依藏传佛教，主流信仰格鲁派。三川地区自明代起修建的藏传佛教寺院林立，卡迪喀哇寺、鸿化（红花）寺、崖寺等在整个藏区或藏传佛教史上享有一定的声誉，有"不到卡迪喀，何来三大寺"的说法。目前，宗教氛围仍比较浓厚。

互助、大通土族聚居区，同样笃信藏传佛教。新中国成立前，主要寺院有白马寺、佑宁寺、天门寺等。永乐七年至二十二年间（1409—1424），格鲁派传入今互助地区。根据土观三世《郭隆寺创建记》和五世

① 《河州志》卷4，临夏博物馆影印本。

② 乾隆《西宁府新志》卷15，青海人民出版社1988年版，第385页。

王佛阿旺钦饶嘉措的补充记载：元末明初，郭隆地区未建黄教寺院以前，在西宁东北部（即威远堡地区）还没有一座藏传佛教格鲁派寺院，只有十三处部落的尕日哇（僧侣聚集地）从事宗教活动。随着藏传佛教的传入和兴盛，政教合一的地方统治形式也开始在互助地区出现。昂锁、博勒混、红布等管理本地区宗教事务，也与当地部落头人联系，处理地方重要行政事项。随后，格鲁派势力在互助地区得到了发展。

土族部分群众同时信仰道教。三川土族由“阴阳先生”（土族道士）主持各种仪式。另外，信奉“法拉”（土族巫师）、“法师”（土族的“萨满”），请他们判断吉凶、驱疫祛病，有时从邻近地区约请“本本子”（藏族巫医）来参与法事。可以说，三川土族的信仰是开放的、兼容并蓄的，只要认为对自身有益便来者不拒，有时在同一活动中喇嘛、阴阳先生、法拉、法师甚至本本子、“眼见鬼”等同场作法，为主人家驱疫禳灾。互助，道教传入时间在明代。明崇祯十五年（1642），在互助五峰山修建道观一座。大通、互助汉族不论打庄廓、盖新房、立大门、选坟地都要请印符道士（即在家行道的老师傅）选吉辰、看风水，娶亲要看八字、合生辰，人死后请他们设坛开醮，唪经祈祷，超度亡灵。但是互助土族并不信仰道教，不请老师傅。

同仁县境内的土族，主要居住在年都乎、尕撒日、郭麻日、吴屯上下庄和保安下庄，即历史上的保安四屯（季屯、李屯、吴屯和脱屯），并以此为基础形成了同仁土族聚居区。起初，在宗教信仰上分为两部分，一部蒙古人和回民信仰伊斯兰教，另一部分信仰佛教，开始，尚能相安无事。进入清朝后，宗教的进一步发展，各教争夺教民、争夺地盘，信仰冲突，导致教民群众间的摩擦，酿成大规模的冲突，迫使信仰伊斯兰教的群众迁出同仁地区，远走他乡。新中国成立后，迁出的部分认定为保安族，留居的部分也就是信仰佛教的部分，被认定为土族①。

同仁土族聚居区交通便利，靠近州府所在地，而且这些村落又是热贡艺术的发源村落，依靠技艺收入比较稳定，经济发展水平较高，人们生活比较富足。同仁地区藏传佛教氛围浓厚，在隆务寺统辖下，各个聚居村落都建有村落寺院，年都乎寺、吾屯上下寺、郭麻日寺、尕撒日寺属于隆务寺属寺，建寺年代较长，规模较大。但是，区域内道教信仰成分也比较多，

① 同仁县志编纂委员会：《同仁县志（下册）》，三秦出版社 2001 年版，第 928—929 页。

境内保安、隆务镇上分布有二郎庙、关帝庙、城隍庙、土地庙。另外，本教、宁玛派等教派影响一直存在。又因信仰伊斯兰教的历史，使得信仰变得格外复杂。但是，藏传佛教的影响日益渗透和扩大，对于群众信仰生活的干预程度越来越多。土族群众熟练掌握藏语、土族、汉语三种语言，在村内或土族之间使用土语，与藏族群众使用藏语，与汉族等使用汉语。

天祝境内早在新石器时代亦有人类活动。夏商周时为戎、羌驻牧之地，秦为月氏地，汉初被匈奴所据。汉武帝时建河西四郡，纳入西汉版图。天祝是一个以藏族为主体的多民族聚居区，是华锐藏区的主要组成部分。这里自古以来就是藏族先民的驻牧之地。经过长期的融合演变，形成了以吐蕃为主体的华锐藏族。土族是天祝县人数仅次于藏族的少数民族。藏传佛教在天祝的宗教中占主要地位。20 世纪 50 年代中期，有寺院 22 座，僧人千余。三世章嘉·若贝多吉，青海省互助县佑宁寺五大活佛之一，就出生在天祝县旦马乡。亦为佑宁寺五大活佛之一的三世土观·罗桑曲吉尼玛也出生于天祝县朵什乡。十三世达赖喇嘛的经师华锐·饶布萨出生在天祝县石门镇。

卓尼县历史悠久，文化底蕴十分丰富，境内遗存着新石器时期齐家文化、寺洼文化、马家窑文化类型的许多文物，并有多处古墓葬、古城堡、古寨堡等文化和历史悠久的藏传佛教寺院。勺哇寺就在勺哇土族聚居区。寺院规模虽然不大，但是在某些方面的影响力遍及甘南、青海东南，乃至于四川藏区。卓尼的土司文化也具有一定的影响。

从文化圈角度看，由于处于藏文化圈与汉文化圈的过渡地带，深受二者文化的熏染，构成文化变迁的重要因素。从自然地理环境考察，地处黄土高原与青藏高原的过渡地带，具有两种自然环境的影响的烙印。从区域地理环境来看，基本封闭的环境造就了这样一个相对封闭的文化产生区域。区域内文化变迁的速率相对较慢，变化内容相对单一。从社会经济类型来分析，处于游牧生活类型与农耕生活类型的过渡区域，接受了二者适合自己文化发展的文化因子。从生存的社会环境来纵向分析，在封建社会中由于民族压迫、民族斗争，无论长距离的民族迁徙还是小范围的迁移，在土族历史上都抹上了浓重的一笔。每一次迁徙都会造成他们或多或少地失去一些原有的文化因子，同时，融入一些新的他民族的文化内容。

一个民族的文化传统由人们在其所处的自然与社会人文环境中创造的文化要素凝聚而成。由于人与环境交互作用的多样性，形成了文化传统的原初模式的差异。土族亦不例外。土族生存的独特的地理环境是传统文化产生的基础，它给生活、生产于其上的土族人民提供了最初的生存空间、创造文化的场所和物质可能。但是，也要看到地理环境中对于人类无法把握而又对人类构成危害的各种地理要素，正是这些不可控制的自然力量促发了他们的各种信仰方式，并试图以各种信仰方式来消解这些自然力量的危害，构建和谐家园。因此，考察土族传统文化时有必要对其形成有重要影响的地理因素给予足够的重视。只有这样，才能够准确地把握土族民众在人与自然不和谐的状况下如何追求和谐的努力，才能完整地考察土族传统文化的形成史。

第三节 土族民间信仰的展演场域

村落，是土族民间信仰得以传承、发展和展演的具体空间单位。

一 土族民间信仰发生的基本单元——土族村落

土族先民在从游牧生活逐渐转向农耕定居生活以后，适应农耕文化，建立村落并赋予村落自然环境以独具特色的文化意义，并在不断发展的过程中形成了现今的土族村落的面貌。

第一，聚族而居。三川土族村落大多以自然村的形式存在。村民常是毗邻而居，住得比较集中。自然村多以单姓构成，即使由多姓构成也是呈某一姓占绝对优势的状态，而该优势姓氏人员大多存在血缘联系，即每个自然村存在很大成分的血缘因素。“血缘是稳定的力量。在稳定的社会中，地缘不过是血缘的投影，不分离的。……地缘上的靠近可以说是血缘上亲疏的一种反映，区位是社会化了的空间。”① “农业生产对土地的依附和农耕制度的年度周期，使农民的生存空间相对地固定在一定的区域。在特定的时空制度下，血缘与空间结合在一起，形成了具有人文意义的一个个村落。”② 具有共同血缘的家族共同体几乎是自然村落存在的基础，也是区别不同自然村落的标志。

第二，大聚居，小分散。民和回族土族自治县的土族绝大多数居于三

---

① 费孝通：《乡土中国》，生活·读书·新知三联书店 1985 年版，第 72 页。

② 刘晓春：《自然村落：客家乡村社会研究的基本单位》，《赣南师范学院学报》1999 年第 1 期。

川，因而土族村落也集中分布在三川地区，形成了大聚居的格局。互助土族自治县的土族也是聚族而居，形成了一些相对聚居的土族村落。在此格局之下，每个自然村村落又是相对分散而居，每个村落之间一般都以农田、山林、小溪、河谷等地貌类型中之一种或数种相隔。村落之间交错分布、紧密连接的现象极其少见。他们的耕地围绕着村落，大多保持比较适当的距离，即活动半径基本确定。

第三，内向封闭性。在自然村落的组织结构中，地缘关系与宗族血缘关系并重。土族村落在特定的自然、社会生态环境中形成一定的内向封闭性。其内部空间结构，每个家庭以庄廓为一个单元的四合院式的建筑形式亦构成了其空间形式上的封闭性。唯有大门为出口，一旦大门关闭，则庄廓成为一处独立的私人空间而与外界彻底隔绝。

第四，村落内部和相互之间文化的均质性和同质性。土族村落人口数量不多，人口密度不高，社会分工不明显，不存在专业化产生的基础。在人和人的关系上，每个人之间非常熟悉，每个孩子都是在人家眼中看着长大的，在孩子眼里周围的人也是从小就看惯了的。这是一个熟悉的社会，没有陌生人的社会。有时看见陌生人进入他们的村落，大家会给予极大的关注。有别于传统的文化因子进入村落也会产生很大的反响，成为大家茶余饭后的话题，给予或褒或贬的评价。同质性加上同样的生活方式导致他们对异质性文化的不可容忍，社会舆论压力旺盛。但正是如此，他们间的社会距离很近，并不存在“鸡犬之声相闻，老死不相往来”的情景。

“人类文化群体各自占据一定的地球表面，在文化的发展过程中依托自然环境为背景，在文化与自然环境、文化与文化的综合作用中，创造出各种人文景象——文化景观。可以说，文化景观是人类文化综合作用的地域表现。不同地域文化形成不同的文化景观，每种文化景观都是特定文化的反映，是地域文化在空间上的差异和时间上的继承的景观表现。”① 聚落景观是文化观念的物化表现，它受到自然环境以及社会经济发展水平的制约。土族民居，是与多民族长期接触，民族文化多元共存，外来文化与本地文化融合发展的结果。就如庄廓建筑四四方方，与北方的四合院一脉相承，受汉族建筑派系的影响特别深。同样，土族村落和其他村落一样，具有空间结构的特征和时间的特征，具有独特的文化意义。

① 陈慧琳主编：《人文地理学》，科学出版社2001年版，第105—106页。

那么，如何来理解土族村落的文化意义呢？引入“时空设置”来指称或许是一个比较理想的办法。“时空设置是一种社会文化关于时间和空间的划分、标志和安排。时空设置是生活世界的基本结构。生活世界是日常活动的经验世界，是可以直接了解和观察的世界，而时空设置是其中的时间设定和空间布置。”①

某一特定区域气候、地形、水利等因素的相近性，构成该区域的自然生态特征，并成为社会历史变动的载体。土族地区，不仅自然—生态条件大体相同，而且长期的历史发展又使该地区内部社会经济联系紧密，经济水平接近，社会风俗相似。土族的聚居方式反映他们在适应地方自然基础上，将自己的传统文化叠加在自然上而逐步形成有其自身特色的村落的发展历程。土族村落称为“阿寅勒”、“亦么格”，其称呼本身就蕴含丰富的历史文化意义。而其传统民居建筑及其聚落形态在大多数情况下是自发形成的，没有严格意义上的统一规划，但就其与自然环境相互适应、和谐相处，表达自身理念的形式来看，总体上统一和谐，又灵活多变、富有生机。

二 土族村落的空间结构

所谓空间结构，是指对地面各种活动与现象的位置、相互关系及意义的描述。英国地理学家 D. Gregory 定义为“空间经由自然或社会过程的运作，而被组织起来的方式”。即空间与空间之间的关系以及这些不同空间是如何被结构起来的，强调各个空间的相互关系、组织空间的方式，以及组织空间的过程与背后的力量。② 这一定义不仅是地理学的，同时还是社会学和人类学的，它同样适用于本文的研究。只是具体到本书，其空间主要是指与传统土族村落社会生活密切相关的重要“空间”，如村落的住宅、寺庙、祖坟等的组合关系。村落的空间结构实际上是当地居民生活方式与文化背景的具体展现，亦即空间结构与文化、生活方式相互呼应的外在表现。村落空间结构存在的一定意象可以让我们用与其相对应的“语言”来进行解读。因此，通过对村落不同层次的考察，可以从中摄取

① 高丙中：《现代化与时空观念及其设置的转型——以土族为例》，载乔健等主编：《中国人的观念与行为》，天津人民出版社 1995 年版，第 96—97 页。

② 刘大可：《传统客家村落的空间结构初探——以闽西武平县北部村落为例》，《福建论坛（文史哲版）》2000 年第 5 期。

“语言”来破译当地居民社会结构、社会生活及社会意识的密码。笔者试图将土族村落空间结构分三个层次，即村落与村落之间、村落内部、庄廓及其内部进行分析。

（一）村落与村落之间——村落的边界及其文化意义

杜赞奇强调村落共同体的内聚性本质，这种内聚性包括具有明确而稳定的边界；具有很强的封闭性，存在明显的“排外”现象，本村人与外村人具有明显的身份差别，获得村民身份具有比较严格的条件；具有高度的集体认同感和高于个人层次的集体生存利益；内部具有比较密切的互动关系；是下层合作的中心，存在集体的行动和仪式；道义的权威中心。总之，中国传统社会的村落是一个封闭的结构完整、功能完备的基本社会单元①。土族的每个村落也是具有自己明确而稳定的边界。边界的文化意义可分为两类，一类是因为边界而导致内聚，一类是因为内聚而产生边界。第一类包括村落、基层市场和行政区划，第二类包括宗族、宗教、通婚圈、水利协作和武装自卫。

宗族始终是传统社会一个非常重要的基层行动单位。土族社会中，村落之间的跨宗族、跨村落的地域组织和地域团体基于这样的道理而形成，亦即“联村组织”。“在传统社会里，出于地方治安、兴修水利、崇拜某个地方保护神，或是械斗的特殊需要，若干个自然村落自动联合起来，结成联盟，这就是通常所说的联村组织。”② 如，纳顿时的村际合作及其反映的村落之间紧密联系的历史记忆、水利设施建设中的合作等。但是需要明确的是，村落之间这样的合作是具有明确的实际界限和心理界限的合作，在合作在中存在竞争，在竞争中完成合作。

村落的内向封闭性，并不意味着村落间的绝对分离。一个最基本的事实是，为了种族的繁衍、私有资产的继承、血脉的延续，婚姻成为基本手段。由于村民的社会经济活动范围有限，婚姻关系的范围也相当有限。过去，三川土族的婚姻圈就以三川为限，极少有超越此范围的。目前基于特殊原因有极少的女子外嫁，以及外出务工、工作原因接触面扩大而娶外地女子，但绝大多数仍然限于三川地区。

---

① ［美］杜赞奇：《文化、权力与国家——1900—1942 年的华北农村》，江苏人民出版社 1988 年版。

② 顾希佳：《社会民俗学》，黑龙江人民出版社 2003 年版，第 91 页。

同一神灵的信仰，各村落的居民在感觉上有较密切的关系，容易有村落与村落之间的合作。这可能是地理的因素，如地理位置相邻。也可能是宗族的关系，即两个或三四个相邻的村落，其中主要居民在若干世代以前是由同一个宗族分化而来。“一旦一个神灵在一个村落安身立命，它就成为该村落最为重要的象征符号之一，与该村落个性和村民的日常生活密切相关，是村民生活空间的重要组成部分。因此，对村落神灵的侵犯就是对该村的侵犯。围绕神灵、庙宇、庙会等象征资源而起的村落之间的斗争也在此类传说中得以展现。”[①] 有的虽然距离较远，但因历史上是同一宗族、信仰同样神灵而一直保持密切的联系。

（二）村落内部——封闭内向的生活样式

封闭内向型的村落组织结构反映了三川土族村落的一个重要社会生态特征。村落之间的地理界限、人际关系分明，每个村落形成相对独立的封闭性社区。“乡中农忙时皆通力合作，插莳收割皆妇功为之。惟聚族而居，故无畛域之见，有友助之美。无事则各爨，有事则合食。征召于临时，不必养之于平时；屯聚于平日，不致失之于临时。”[②] 礼俗社会具有强烈的内聚性，人们彼此关心，团结一致，亲密无间。这种关系为共同的语言和传统所维系，其基础是共同的利益、目标、价值和规范，亲属关系、邻里关系和朋友关系是它的基本形式，它们支配了礼俗社会的一切[③]。费孝通在《乡土中国》也论及礼治秩序，认为乡土社会是安土重迁的，生于斯、长于斯、死于斯的社会，维持礼的规范的是传统。

中国农民聚村而居的原因大致说来有下列几点：一、每家所耕的面积小，所谓小农经营，所以聚在一起住，住宅和农场不会离得过远；二、需要水利的地方，他们有合作的需要。在一起住，合作起来比较方便；三、为了安全，人多了容易保卫；四、土地平等继承的原则下，兄弟分别继承祖上的遗业，使人口在一地方一代一代的积起来，成为相当大的村落[④]。采取这种聚落形式可能与生产、自卫、心理安全需要密切相关。土族村落内部的空间结构，表现明显的是村落格局，以及住宅、寺庙、祖坟之间等

① 岳永逸：《乡村庙会传说与村落生活》，《宁夏社会科学》2003 年第 4 期。

② （清）黄钊：《石窟一征》卷 5，转引自刘晓春《仪式与象征的秩序》，商务印书馆 2003 年版，第 19 页。

③ 郑杭生：《社会学概论新修》，中国人民大学出版社 2003 年第三版，第 310 页。

④ 费孝通：《乡土中国》，生活 · 读书 · 新知三联书店 1985 年版，第 4 页。

的组合布局关系。

村落的空间结构体现着的祖先崇拜、神明崇拜、经济交往是传统村落社会组织的三大动力。村落格局，多建于山脚向阳缓坡或阶地过渡地带，利于日照、避风、排水等。在田野调查过程中，我们发现村落四周山头建有“鄂博”，村内有“崩康”，村周围立有“插牌”，村口及庄廓门口有“雷台”。村庙一般建在村落周围的山头或边缘，极少的建在村落中间。祖坟多选择在高地上，位置较高，多与村落中心较远。这样，土族村落的住宅、寺庙、祖坟之间构成各自的分布区域，构架成为村民日常生活尤其是精神生活的活动框架。祖坟是一个宗族、房支的维系标志，也是宗族、房支精神文化的象征。在祖坟的地点选择时讲究风水观念。限于传统社会对自然界的认识水平，风水被披上了神秘的外衣，把祖坟地点的优劣与人的祸福以至子孙后代的兴亡相联系。村庙成为了村民的精神庇护所，因为人们将民间信仰中的神癨赋予了一定的超自然的防御意义，因此，源自宗教意识的心理空间成为村民寄托希望与平安的象征。土族村落的寺庙基本可分为：整个村共同所有——一个宗族或一个聚落所有——相邻多个村落共同所有等几个层次。从整体上讲，中国传统文化村落源自宗教意识的心理空间比不上西方村落那样强烈，最为重要的原因就是在“乡土中国”，人们信奉的不是一神教，而是多神并存的民间信仰。民间信仰以中国古代精灵崇拜为基础，经过长久的发展，糅合了儒、佛、道的教义而形成。其中以道教成分最重，因为道教与古代的精灵崇拜有本质上的一脉相承关系，容易演绎附会。在中国民间信仰的宇宙观里，包含了三个世界——人间现实环境与超现实的天庭和冥府——人、神、鬼居住的境地。人间阳世，是人所居住的现实环境，是一个中性境地，神仙可下凡，阴间之鬼怪妖魔也时常出没、骚扰生人。所以人必须祈求神明保佑，不时举行祭神、酬神仪式，希望借助神力驱妖逐鬼。同时，还要做一些安抚阴间鬼魂的工作，希望他们安心做鬼，不要来人间惹是生非。中国历史文化村落追求一种理想的“人界”，既祈望得到天庭神灵的赐福、解厄，又希望阴间鬼魂安分守己，不致侵扰人间[①]。按照文化学家的观点，人类都具有向心感，人群存在趋同的心理归属，并由此形成秩序中心和群体意识。没有中心，

① 刘沛林：《论中国历史文化村落的“精神空间”》，《北京大学学报》（哲学社会科学版）1996 年第 1 期。

社会内部就是混乱的。中心是人类创造的，是人类根据自己特有的目的而设计的。无论是较小的乡村还是稍大的市镇，中心的存在，对居民的心理认知，定位定居，秩序建立都有重要意义，也控制着聚落在一定领域内的生长发展。由于传统村落自给自足的经济状况，相对自由的宗教信仰和人与人交往的平等关系使村落中呈现出多中心的结构。同其他地区一样，土族村落中心分为“礼神中心”和“世俗中心”两大类。如上所述，祖坟、村庙或寺院成为人们的礼神中心，而目前随市场经济发展而逐渐兴起的个体商业点、道路中心或村庄中心的麦场等成为了世俗中心。

村落的空间结构在一定程度上还反映了村落、宗族发展的历程和宗族力量的对比。聚族而居是村落空间结构的一个重要特征，它决定了不同宗族或房支之间的地理界限。聚族而居的基本含义是同宗族或房支生活在特定的地域之内，在特定的地域之内形成特定的地缘关系。这种地缘关系成为一个宗族或房支生存发展的基地，宗族或房支一旦离开了这个基地，它的存在就会改变形式。一般而言，这些宗族的开基祖最先居住在当地村落的边缘或依附于当地村落的先民，接着在肇基地开始建有房屋。后来随着宗族人口的增长和经济的发展，遂成聚落。随着宗族的发展，宗族产生裂变，开始分房。一部分房支留居原地，另一部分则迁居有较大发展空间之地。伴随着宗族的进一步发展，房支下又分支，又另择他处，甚至在单独的新的自然村建立脱离原来宗族的村落。这样他们之间仍然保持血缘上的联系。沿着这一规律，村落宗族形成自己的特定聚居区。

不仅如此，村落的空间结构还明显地透露出当地村落宗族力量的对比。小姓弱族居住在当地村落的边缘或一个独立的小自然村的现象，实际上小姓弱族居住在村落边缘的原因与他们在当地村落所处的社会地位是密切相关的。在姓氏斗争中，小姓弱族自然处于劣势。一方面，如果小姓弱族在历史上曾经居住在村落的中心，伴随着强宗大族的兴起或自身的衰弱，它必然遭到排挤，逐渐退居到村落的边缘；另一方面，如果小姓弱族本来就居住在村落边缘或外迁而来，那么，在巨姓大族面前它更无法抢占富于发展空间的有利地形①。

村落作为共同体，是村落作为民间信仰单位的结果。“纳顿”在三川

① 刘大可：《传统客家村落的空间结构初探——以闽西武平县北部村落为例》，《福建论坛》（文史哲版）2000 年第 5 期。

地区的村落中起了关键的作用。纳顿的活动体系中，田间管理是比较重要的一项内容，与内地的“看青圈”相类似。“为了明确村与村之间财政权与管辖权的界限，青圈亦成为村界，是村庄在历史上第一次成为拥有一定‘领土’的实体。”[①] 在共同信仰之下，农民具有强烈的村庄认同观念，而守护庄稼的功能使村庄有了明确的边界。关于水利组织，土族村落组织仅限于集体的水利行动，灌溉工作基本是由独家独户承担的，只是在旱改水田的灌溉时基于水份的安排以村为单位进行，而且时间多在半天左右，大家在时间上是共同参与了，而为了保证本村的水份不被他人偷用，安排部分人员巡视水渠，而其他人替他们浇灌他们的田苗。牌头（纳顿活动的负责人，一年的任期内同时负责村内田间管理等工作）负责安排修缮水渠、水份等，一定程度上可以认为他们是本村落的民间政治组织及其领导人。

“被称为‘村’的‘一个民居的集团即宅地所有的部分’位于中央，其周围广布着‘村民耕作的水田旱地’，再往外侧，便是‘其利用的山林原野’，呈现出三重的同心圆结构。位于中央的‘村’乃是聚落，是作为定居点的领域。与此相对，其外侧是耕地，是作为生产地带的领域。”[②] 根据这样的思路，启发我们，土族村落其实也是符合这样的情形的。而且，土族民众的心理上也是存在这样的划分。从一个村落向某村落走去时，已经进入了该村村境，但又没有进入定居点，这时他们会说某村怎么还没有到，到某村还有多远，心理上认为只有进入该村的定居点才算到了该村。此即同心圆结构之第一层。雷台，大多安排在村落周围关键地点、进入村落的岔路口等位置。其用意很明晰，并非仰慕神灵之威仪，而是为了图得对村落安全的保障，被动性地防止凶神恶煞进入本村落的举动大多以村落共同的力量来实施。至于家庭周围的类似于雷台的“煞桩”，是以家庭为单位设立的。其位置正好处于第一层与第二层的界限处。并且，土族村落一般划分有耕地区，居于第一层之外。最外层是放牧用地及墓地，也离定居点最远。一般在禳除仪式上，将恶神驱逐出定居点之外就意味着驱逐出村了。比如正月十五跳火把，大多都将火把集中燃烧的地点选择在

---

① ［美］杜赞奇：《文化、权力与国家——1900—1942年的华北农村》，王福明译，江苏人民出版社1988年版，第187页。

② ［日］福田亚细男：《村落领域论》，周星译，《民间文化论坛》2005年第1期。

村落边界处。一个村落的村民对于本村的村境是熟悉和了解的，知晓本村各方位的功能，即什么位置是坟地，什么位置是火葬的地方，什么地方是放牧用的，也明白什么地方干净什么地方不干净。

按照同心圆结构，人们对于各圈层的使用权利、所有权利也是有区别的。第一层的土地领域是严格划分的，各个家庭拥有的地块界限是明确的；第二层，耕地是严格划分的，各自耕作自家耕地，但道路、水渠、耕地之间的荒地、空闲地是公用的；第三层基本上是全村公用的。

村落里对于耕地的处理方式也是有限制的。土地转让只能在本村范围内进行，一般不准向外村人员转让。即使转让成功，本村的人员处处给予限制、刁难而难以顺利耕作。故此，外村人一般也不会接手。把土地视为村落的公共财产，具有村里的土地只能由本村人来耕作的观念。

同心圆式结构的“这些领域，不只是基于土地利用的差异而进行的分类和区分，还应考虑到各自空间的实质性差异。村落不只是指作为定居点的领域，也不只是为了使其成为安全及和平空间而设定的物理性装置与设施，而是一个象征性观念，它根基于村民们的世界观。至于作为生产地带之领域的‘田地’、作为采集地之领域的‘山林’，也可作同样理解。可以说，三种领域的此种同心圆式构成乃是传统的日本村落社会世界观的表现”①。“如此，我们就应考虑到在村落领域的构成和村落信仰之间当存在着更为深切的关联。”②

“村落的守护神及氏神向来都被视为一种万能之神而赋予其地位。正如人们祈求或感谢五谷丰登时所常识性地考虑的那样，守护神及氏神被认为能够保护村落的所有生产与生活。但‘村’这一用语如果只被用来指称以村境划定的作为定居点之内的领域，则可设想坐镇于其内部的守护神及氏神也就是只守护聚落部分的神。守护神及氏神是在村内守护着村民们的。其信仰者一旦离开村落到外面也就得不到神的保护了。”③ 但是，土族对于村落的地方神的信仰还是有区别的。土族人认为他们的地方神威力是超越村境的，而且扩大到本村村民所到达的地域，外出的村民仍然可以得到地方神的保护。

---

① ［日］福田亚细男：《村落领域论》，周星译，《民间文化论坛》2005 年第 1 期。

② 同上。

③ 同上。

山神信仰，是在山林处设立山神庙，供村民祭祀。但对于山神的重视程度已大为减弱。这与农耕生活的不断加深有关。“如上所述，对应于村落的三种领域，被人们分别祭祀有守护神及氏神、野神（田神）和山神。相对于守护神和氏神而言，守护领域不同的野神、山神乃是相对独立的存在。但就现在各地所能看到的情形而言，守护神及氏神乃是庞大的存在，野神及山神只不过略受祭祀而已。特别是田神无祠，各地都仅有一些仪式。这大概正是守护神、氏神的强大以及伴随着这一过程的野神（田神）和山神信仰凋零的结果。可以推测，此种变化当是来自经由近世初年的‘检地’普查、田地和宅基一起被登录于检地账目使作为统治单位的村落与田地宅基出现了合而为一的趋势。由于村落包括了田地在内，村落守护神及氏神的灵力也就扩及田地，使野神和田神的存在价值受到了影响，并进而成为从属于守护神及氏神的无力之神。山神大概也步野神、田神之后尘，随后经历了同样的过程。”① 土族民间信仰中同样存在类似现象。

（三）庄廓及其内部——私有空间的文化因素

在统一和谐的中国传统宗法思想影响下，围合的院落式住宅为大部分地区所接受。这样，中国传统民居在平面布局上就处于一种基本控制状态。中国传统建筑多为土木建筑，建筑材料自身的物理性质在一定程度上限制了建筑向高处发展。院落式的基本布局形式和高度不大的外观使传统民居很容易与大自然融为一体。传统民居的主人们在当时的条件下不可能大规模地改造自然环境，他们的选择只能是寻找一块满意的房基地，一旦选定，就只能尊重自然环境，努力使住宅建筑去适应它。适应地区气候和地形的建筑，保证了统一风格的形成。如土族村落的民居建筑随地形变化而随高就低，与自然环境巧妙结合。同一地域的民居由于都大量使用本地的天然建筑材料，建房的结构方法也基本相同，这就不仅使建筑物的形式、色彩和质感保持统一的风格，也使民居建筑物与自然环境十分和谐。传统社会交通不便，各地交流很少，守旧思想根深蒂固，在长期发展的积淀中，逐渐形成了一定区域内民居建筑风格接近的模式。

土族的居住院落（即汉族的庄廓）在互助称“日麻”，在民和称“囊托”。土族庄廓的空间构成规律是：为了适应当地的自然环境，庄廓平面布局大多采用比北方四合院更为封闭的形式。每个家庭均有自己的“庄廓”，

① ［日］福田亚细男：《村落领域论》，周星译，《民间文化论坛》2005年第1期。

而且庄廓一般都有一定的规格要求，占地多在半亩左右，方形，围墙以土夯筑而成，高度四米上下。而与此形成鲜明对照的是，三川土族村落的村庙门一律朝向北方。庄廓内部的布局，一般在北方建大房（正房），是最好的房屋，具体依个人条件而有差异。东西两边为厢房，规格低于大房，东北角多建厨房，西北角多为仓库，而西南角、东南角多为畜圈、厕所等。有条件的人家建南房，多为草房。为了强调正房的地位，正房要高于其他房，将门窗做得大而精致，两侧厢房的门窗要逊于正房，而南房等门窗是简易、粗陋。“庄窠”均以“群”布置，用高墙来强调私有空间的范围，用周边的房屋突出“空”的院落。其内部空间以明空间处理为主，空间序列先抑后扬，以曲求伸，先由小的入口和回转的门廊压缩空间，然后进入小中见大的院落并结束于正堂，形成一种水平回转、以院落为中心的空间布局①。“庄窠大门向外以正对神山、神树为吉祥，忌正对墙角、空物。因此，大门常与所在墙面成一小角度斜设于庄窠一角。进门后穿过一处角房才进入内院，从而较好地避免了风沙和视线对家庭内部活动的直接干扰，并针对外土内木、外粗内精的建筑形式起到欲扬先抑的作用，达到有收有放的空间效果。”大门方向多向南，亦有东、西开的，而精确的方位约请阴阳先生按照风水观念来确定，但没有向北开门的习俗，有些还在门前修有照壁。“庭院是家庭的公共活动中心，土族庄窠庭院的特点主要表现在设于庭院正中的嘛呢台上。台由黄土筑成，圆形，直径2米左右，高1米左右，正中竖有一高达数米的‘达日加克’（嘛呢杆），上挂经幡（嘛呢旗），台上设有小煨桑炉（柏香炉），终日香烟缭绕。”② 像三川土族就非常讲究“中宫”，在庭院正中位置约请喇嘛或阴阳先生埋设“崩巴”（宝瓶一类）以镇家宅。庄廓墙头四角放置白色卵石用来避邪。

家庭空间的设置，反映主人的观念及生活方式。比如，家庭私人空间的设立是人们的伦理道德观念和性别观念在房屋结构中的表现。而家宅作为日常生活空间，是土族民众最为关注和重视的活动空间，他们对家宅周围进行了多重的防护设置，以达到最为安全的效果。从宅基地的选择到庄廓的修筑、庄廓内部房屋的修建以及整个庭院的布置过程中，都具有浓厚

① 王绍周总主编：《中国民族建筑》（第二卷 青海编），江苏科学技术出版社1998年版，第219页。

② 同上书，第221—222页。

的信仰意识。互助土族在选择宅基地地点时，求家神问卦，让家神来决定家宅的位置、方位以及破土动工的时间等。而在开始修筑时，首先要煨桑祈求土地神允许修建；而佛堂、中堂的设置和中宫的设置、房屋“宝梁”的设置、大门朝向的选择及相关的一系列设置都是为了一个目标——家宅的平安、安全。

文化的研究，一定要放在特定的时间和空间中去进行研究。将“文化”看作一整套的思想观念和价值观念，它们使不同的生活方式产生了意义，生活中那些物质的形式和具有象征性的形式产生于这些思想观念和价值观念。每个民族在具有可见的不同的物质生活方式外，还有不同的世界观、不同的等级观念、信仰体系、理解世界的方式，即各民族不仅具有物质文化的差异，也有精神文化的差异。实际生活中，更是难以严格区分哪些是纯粹的物质文化，哪些是纯粹的精神文化，就像村落文化，表面是物质的、自然的，但是经过不同民族的文化改造之后，就具有了文化意义，完成了自然空间的民族化过程。土族村落通过象征性的地理景观，诸如村庙、鄂博、崩康、雷台、插牌等，完成了对自然地理空间的民族化的文化改造过程。而如家庭空间——庄廓的布置，是将日常生活空间的家的各个方位赋予了不同的文化意义而加以利用和安排。

一个特定的场所如何获得文化意义，以及文化又是如何利用这些场所实现其意义的？民族文化如何赋予自然空间以文化意义、如何阐释和利用地理空间，空间和地点是如何保留了产生于这里的文化？而人们又是如何通过模式化的方式来构建具有意义的文化空间？文化与地理空间之间存在的联系，在土族村落中得到了一定的回答，我们对土族村落的考察中可以得到相当一部分的答案。文化与地理空间之间存在的联系都是需要我们进行深入探讨的有趣课题。

三　土族村落的时间制度

杜尔凯姆认为空间与时间是社会构造物，而哈洛威、列维·斯特劳斯、霍尔、布迪厄尔和莫尔等都确证不同的社会制造了性质有所差别的空间与时间概念。空间与时间的社会定义，跟任何个人和制度皆须回应的客观事实的全体力量一起运作；客观空间与时间的定义，深深地纠结在社会再生产的过程之中。群体对应着特定的空间与时间的组织模式，来统整其阶层、性别角色和分工。空间与时间的特殊呈现方式，引导了空间的与时间的实践，进一步又确保了社会秩序。每个社会形构都需要建构客观的空间与时间概念，以符合物质与社会再生产的需求和目的，并且根据这些概念来组织物质实践①。其中，布迪厄尔认为，在现代化以前，农业村落的时间不仅是一种抽象的认识论体系，还包括了不同的社会文化体系，通过研究农村的时间观念，可以看出文化不仅是象征体系，还是社会经济的体系，是象征与实践结合的产物。② 也就是说，乡土社会的时间制度是与其生产制度的年度周期及仪式周期密切相关的。时间上的共同概念或者制度，为集体的共同的社会行为模式提供了基础。共同的时间制度是在历史进程中逐步形成的合作的产物。时间制度具有集体性、普同性。社会中事物按时间排列所需要的基准点都来自于社会生活。土族的时间制度具有土族社会集体活动的节奏。人们在自然的时间框架中，赋予了自身的时间文化意识。

高丙中认为时空设置是一种社会文化关于时间和空间的划分、标志和安排，是生活世界的基本结构，是生活世界中的时间设定和空间布置，并提及其理论依据是卢克曼《生活世界的结构》中关于空间设置和时间设置的论述，介绍从自然时间转化为社会时间而组成的季节和日历，对现在、过去及未来的安排，日常和一生的主体经历等三个方面来界定时间设置，并依此就土族的时空设置在描述的基础上进行了现代化转型的研究③。本书从其思路中摘取时间制度之中的从自然时间转化为社会时间而组成的季节和日历，就民和土族农业生产的时间制度、一年的生活安排、一天的生活安排作进一步研究。

（一）关于时间制度

所谓时间制度，就是从时间安排的视阈研究民族文化表现，主要是研究特定区域中特定人群的时间安排，研究他们的各种仪式、日常活动随时间变化的状况，对时间安排的发生、发展、变迁过程及其相关因素进行分析。也可称为时间结构。由于时间角度上的研究总是在特定的空间范围内进行，时间与空间是紧密联系的，依不同规模的空间尺度，其时间安排的组成要素变化亦随之变化。同时受地理位置、自然资源和社会经济文化因

---

① 大卫·哈维：《时空之间——关于地理学想象的反思》，载包亚明主编《现代性与空间的生产》，上海教育出版社 2002 年版，第 375—377 页。

② Pierre Bourdieu.，*Outline of a Theory of Practice*，Cambridge University Press，1977，p. 97—108.

③ 高丙中：《现代化与时空观念及其设置的转型——以土族为例》，载乔健等主编《中国人的观念与行为》，天津人民出版社 1995 年版，第 96—107 页。

素等的影响，在不同时间尺度上呈现出不等效性。这主要由于生产力水平的提高，社会经济文化因素的影响，使得区域时间制度的变迁亦具有不等效性。地理位置好、自然资源丰富的村落往往由于生产方式、经营方式等的变革，而比其他村落变化更快。另外，时间尺度也存在着阶段不等效性，典型如在长江流域人们耕耘了两多年才把当地从原始村落改变到典型农业村落，而中国南方少数传统农业村落向现代农村转变仅花了二十几年时间。自然村落作为乡村研究的最小单位，由于人口更少，面积更小，受社会经济文化因素影响更强烈，组成要素的改变在一年或几年，甚至在一年内也能发生重大改变。在此意义上，选择自然村落作为时间制度研究的单位，同样可以体现家族社会活动的时间制度的变迁历程。“村落不仅仅是血缘群体的聚落，也是由具体制度所制约的生存空间，在这样的时空坐落中，村民实现了对自身的认同，也使一个个具体的村落得以为外界所区别和认识。在某种意义上，村落又是自足的生活空间，村民在各自的生存空间创造自己的历史，文化也因此在统一中表现出多样。”[①] 生活在具体时空条件下的不同家族，既具有区域共同的制度特征，也实践着自己的制度创造，不同的家族在具体的生存环境下创造了确立自身存在的时空制度。时空制度包括传统的年节、村落社会自身发明的祭祀周期，以及村落社会发展中形成的独特的仪式与规范。自然村落的存在，不仅体现了家族的界限，也反过来说明了村落的历史与发展有一个制度化的过程。具体的时空制度是对村落的认同，村民们在一定的时间共同举行仪式和庆典，这些区域性的活动突出了家族的凝聚力，加强了村落成员与亲属之间的联系，与此同时，家族的影响得以进一步扩大。而村落社会中独特的仪式与规范，或是对村落历史的记忆，或是对普遍性制度的一种变通[②]。有些时间制度就具有岁时性质。岁时是人们为适应自然时序而进行的主动的文化创造，是古代中国人对时间的感受以及对时间进行切分操作的人文标记，它是依据自然变化的规律提炼出来的时间系统。在传统中国人的观念中，岁时包含着自然的时间过程与人们对应自然时间所进行的种种时序性的人文活动。因此，岁时既具有自然属性又具有人文属性[③]。

---

① 刘晓春：《仪式与象征的秩序》，商务印书馆2003年版，第23页。

② 刘晓春：《自然村落：客家乡村社会研究的基本单位》，《赣南师范学院学报》1999年第1期。

③ 萧放：《岁时——传统中国民众的时间生活》，中华书局2002年版，第5—6页。

（二）土族的年度农业生产的时间制度——以民和土族为例

民和土族在由游牧的生计方式转向农业以后，逐步借鉴汉族的历法，并结合当地的气候条件，形成了具有自身特色的农时体系，其中就自然时间赋予了相当浓厚的文化意义，从自然时间转化为社会时间，形成了土族农业生产的时间制度。在春天将要播种时举行开种仪式，祭祀田神；之后举行堂运/罚香仪式，即宣告各项农事时间制度的正式启动，要大家注意管护青苗；浪青苗仪式，是在明确本村地界，让地方神巡游以后更加加力保护本村生产安全；二郎神装脏仪式，是更新神力的方式；立插牌、答俄博，在村落周围一些制高点上设置插牌（树立用祭祀神灵的山羊皮扎成类似的十字架）、俄博（即敖包），是制止雷暴、冰雹袭击庄稼的巫术措施；夏至嘛呢（在夏至期间全村念诵类似于宝卷的民间经文），更是人们齐心合力来祈祷神灵保佑庄稼丰收的活动；纳顿活动，是主要农作物获得丰收以后举行的庆祝活动，酬谢神灵保佑之功；九月九祭祀活动是在庄稼收获结束以后，不再需要神灵保佑时请神灵安心歇息的活动。此时间制度如同一个时间链条，在一个生产年（应该短于一年，基本上是播种起至完全收获为止，一般是春节过后到农历十月）内按部就班地展工，相应地举行相关的仪式活动。

在每一年的具体特定时间，村民举行共同的仪式和庆典活动[①]。他们按照长期总结的时间节奏，有规律地安排他们的各种祭祀仪式。这是基于长期的有规律的自然节奏而产生的祭祀节奏，是有预期的对于一些可能发生的危机、灾害等提前采取的破解办法。“村落不仅仅是血缘群体的聚落，也是由具体制度所制约的生存空间，在这样的时空坐落中，村民实现了对自身的认同，也使一个个具体的村落得以为外界所区别和认识。在某种意义上，村落又是自足的生活空间，村民在各自的生存空间创造自己的历史，文化也因此在统一中表现出多样。”[②]“然而，生活在具体时空条件下的不同家族，既具有民系共同的制度特征，也实践着自己的制度创造，不同的家族在具体的生存环境下创造了确立自身存在的时空制度。时空制度包括传统的年节、村落社会自身发明的祭祀周

① 文忠祥、辛海明：《仪式的整合与升华——民和三川土族“纳顿”的前期准备活动》，《青海民族研究》2004 年第 3 期。

② 刘晓春：《仪式与象征的秩序》，商务印书馆 2003 年版，第 23 页。

期，以及村落社会发展中形成的独特的仪式与规范。自然村落的存在，不仅体现了家族的界限，也反过来说明了村落的历史与发展有一个制度化的过程。具体的时空制度是对村落的认同，村民们在一定的时间共同举行仪式和庆典，这些区域性的活动突出了家族的凝聚力，加强了村落成员与亲属之间的联系，与此同时，家族的影响得以进一步扩大。而村落社会中独特的仪式与规范，或是对村落历史的记忆，或是对普遍性制度的一种变通。”① 土族人民在长期的生产生活过程中，尤其是完成生产方式由游牧向农耕的转变以后，他们借鉴汉族历法，并按照本地气候变化，主题围绕农耕这一核心，总结实践经验，把重要的生产节气作为农业生产的界点确定下来，产生了具有自身特色的农事活动链环。给每个时间点又赋予文化意义，诸如春天开耕仪式、夏至嘛呢、大暑和小暑的祭祀等农事祭祀仪式形成了链环式的农事祭祀节日体系。这样，他们将自然时间转化为社会时间，他们的季节和日历也就有了人文意义。这些活动是承继了历史上共同的信仰活动和公共社会事务而成的，突出反映了家族凝聚力，强调和明确了家族成员的关系，周期性加强村落成员之间，尤其是外出成员与留守成员之间的联系，为亲属之间的联系提供了带有一定社会舆论强制性的聚会机会。

上述一系列都是由纳顿的负责人组织实施，农事、农时与各类活动之间存在极为密切的关系，构成整个农事祭祀系列。他们在构建系列活动的同时，也建立了系列仪式的象征符号，并由此构筑了他们象征性的生活世界和共同确认的社会秩序观念。而这些与他们的日常生活实践之间存在着密切的特定关联。按照他们生活需要、精神需要的建构，一系列的活动整合成为农事祭祀系列，并随着时间空间的转换，到庄稼获得丰收时，它们所有的意义全部会聚，上演激情洋溢的纳顿。虽然这些活动比不上纳顿那样热烈、浩大，但经过上述一系列活动的铺垫，使大家的信仰意识逐步地积累、加强，才有到纳顿时情感的全面迸发。笔者认为，纳顿当天只是整个三川土族农事节庆祭祀体系中最后的高潮和谢幕，纳顿其实还包含许多平凡而又不可或缺的日常组成部分，是由这些组成部分按照时间顺序逐步铺垫、准备、升华的结果。

“物候历的产生经历了漫长的岁月和生产实践的反复检验，它直接服

① 刘晓春：《自然村落：客家乡村社会研究的基本单位》，《赣南师范学院学报》1999年第1期。

务于生产实践。而原始萨满教祭祀总是与人类的生产活动相伴随，这就使萨满教祭祀与季节划分和物候历法发生了联系。这一点正鲜明地体现出原始萨满教所具有的社会功能。原始萨满教祭祀最终是为了人类的生产与生活，与人类的生产活动密切相关。不仅各民族崇拜的对象依其生产重心的不同而有别，萨满祭礼本身也与生产活动有着直接的联系。人们在大规模的生产活动之前举行萨满祭祀，从中获得生产的信心和精神力量，为物质生产作了必要的准备。”“祭祀与生产、季节的联系，在萨满教世界中具有普遍意义。”① 追溯土族时间制度的发展形成过程，当然不能不考虑土族先民历史上萨满教盛行时期萨满祭祀活动与生产活动、时间制度的关系。虽然目前的祭祀仪式中还部分地保留有萨满教成分，但过去萨满充分参与各项活动还是成立的。自从土族先民的生产方式由游牧开始转向农耕以后，他们借鉴汉族历法，并按照本地气候变化，主题围绕农耕这一核心，总结实践经验，把重要的生产节气确定下来，产生了具有自身特色的农事活动链环，并与农事祭祀相结合，逐步修正完善而形成了链环式的农事祭祀体系。在这个链环上，纳顿又以其总括一年的收成好坏的祭祀内涵，报祭今年而祈请来年好收成的祭祀方式，犹如农业生产的界点、农耕祭祀意识的大会聚，从众多的祭祀活动中升华出来，成为独具地方特色、民族特色的隆重的节庆仪式。而其前的一些生产、节气临界期举行的诸如春天开耕仪式、夏至嘛呢、大暑和小暑的祭祀等仪式与其构成整个链环。围绕农耕节令形成的链环式的农耕祭祀链，构成土族农业文化的重要特点，并且以纳顿这种典型的农事节日形式完成它的显性化。“季节的划分和人们对各季节的重视程度取决于他们的生产特点。随着生产重心的转移，人们对季节的观念和物候历法也发生了一些相应的改变，与此相伴随，萨满教祭祀活动也有所变化。”② 土族社会的时间制度的变化亦是如此。

如同其他农业社会一样，农耕生产周期以及四时节庆在土族社会里变成了决定时间观念的主要来源。土族社会普遍实行的时间制度是阴历为主辅以阳历，阴历和二十四节气是中国传统的历法，阳历有二十四节气和公历两种。公历由于在城市里广泛使用才普及于乡村，但不是主要的时间制度。二十四节气以阳历体系即以太阳与地球的关系作为衡量时间变迁的准

① 郭淑云：《北方物候历与萨满祭祀》，《西北民族研究》2005 年第 1 期。

② 同上。

则，但与西历不同，是参照农事周期及季节性变化做出的，仍以其作为预测天气气候变化的指标之一。除了阴历和二十四节气的时间制度以外，村落时间还被一年中的节庆和仪式活动划分。三者常常互相作用，共同塑造村落的年度周期。我们看到，一年中节庆主要是按阴历来走的，最重要的两大节分别是春节、纳顿。按照阴历，牌头的选任、"叶尔将"、九月九祭祀、春天开耕仪式、堂运、浪青苗、立插牌、答鄂博、夏至嘛呢、庙神装脏等构成农事祭祀系列的特殊日子分别标示着特定的季节性变化以及特定的祭祀或社会活动。

我们可以就生产制度与仪式制度、时间制度的相互作用得出结论：如前所述，农时、农事、仪式三者之间相互作用，共同塑造村落的年度周期，存在很好的相关性。三者之间，以农事为主线，农事的需要主导仪式活动的安排，即仪式活动的执行目的归根结底是为农业生产服务，而农时决定仪式活动的具体举行时间，即农时决定祭祀系列的时间制度。

（三）土族对一年、一生及一天的时间设置

1. 年历的时间设置

民和土族日常的劳动日程，就是农作日程。节庆活动分为节和会两个系列。互助和民和的土族对节俗的安排大多相同，而对会俗的安排有很大的差别。详细可参阅高丙中《时空设置的构造与重构：以土族为例》[①]，此处只是简略地列出一些与民间信仰有比较密切关系的时间简表。

民和土族在一年中，进入腊月后，"快腊月，慢正月"，大家慢慢开始准备过年。腊月八，各村的牧羊人到山里炸油饼，祭祀山神。而村民们食用腊八粥。

腊月二十四，送灶神，三十晚上接灶神回宫。

十五晚上，送堂屋（正房）供献的钱粮、天地牌位。之后，打扫庭院，在门口放置七堆麦草。家里点燃火把，从堂屋开始进每一个房间，后面紧随的是"打醋坛"。火把到门口点燃麦草堆，不送火把的家人都要从火堆上跳三次，口里念着"去了，散了"，意思是一些不干净的东西从此消散。说是这样以后一年平安，无病无灾。在十五下午一件重要事情就是要扎火把，扎好以后放在门背后，准备晚上点燃。

---

① 高丙中：《时空设置的构造与重构：以土族为例》，载王铭铭等主编《象征与社会：中国民间文化的探讨》，天津人民出版社 1997 年版，第 216—251 页。

二月二，龙抬头。土族家庭会炒各种粮食（小麦、豌豆、蚕豆、玉米等）吃，意思是可以消除田中各种虫子，免除危害。这些是否与惊蛰节气的临近有关？与汉族的节日或讲究发生什么关系？需要进一步研究。

“寒食”，土族民众祭祖的节日。时间不是固定的，要推定。即，从立春算起，五十天左右到寒食，选择一个天干属于黄色的日子才可。“社不离戊”，即社日必须是一个戊日。目前，大部分村庄将社日固定在春分日，一是社日基本都在春分日左右，二是方便在外工作、打工人员有明确的时间按时回家祭祖，方便女儿有准确的时间回娘家祭祖。

他们认为，一年中的每一天、每个月份都有类似于人的性别的区分。例如，天干甲乙、丙丁、戊己、庚辛、壬癸，为五组，每一组代表一色，如甲乙为一种颜色，但甲为男，乙为女。月份一般以奇数月为男性，偶数月为女性。

端午节，吃韭饼、菜包子。人戴荷包，系五色线；门口插柳枝、艾草、沙枣枝（当地叫香柳，在端午节时刚好开花，放出浓浓的香味）。“五月端午三角儿，八月十五圆垛儿。”即端午节吃三角形食品，八月十五吃圆形食品。这与内地吃粽子、月饼相关联，是一种高原化的变异。

六月六，喝药水。过去，“六月六，浆衣裳”，在这天浆洗衣裳。现在仍然保留了在六月六这天到邻近的认为是药水泉的泉水处，接上泉水，泡上新鲜花椒，擦洗身体，意在祛除疾病。这种习俗可能与汉族的端午节的习俗相类似并有变异。

七月十二起到九月十五各村断断续续地过纳顿会，庆祝丰收，酬谢神灵。期间，举行安神仪式，九月九祭祀等活动。

八月过中秋节，祭拜月亮。

互助土族，腊月初八起也开始准备过年，购置、准备过年用品。腊月二十三或二十四由主妇送灶神。

除夕夜，接灶神，吃团圆饭，打醋坛，守岁。正月初一鸡叫头遍，开始新年的迎神工作，到鄂博煨桑，互相拜年。初二起走亲戚。正月十四，佑宁寺观经会。十五，一些人家在门口点十五堆火，全家老少从每一个火堆跳过，共跳三轮，说是百病不生。

清明节，祭祀先人。

端午节，人们把柳枝插上门，在堂屋神柜敬献鲜花。

六月，有六月六五峰山花儿会、六月八佑宁寺观经会和花儿会、六月八至十一东山花儿会、六月十一至十五丹麻花儿会等。

八月十五中秋节，土族大多数过节，蒸月饼，迎接月亮。但部分土族不过中秋节，在八月十五这天，从灶堂抓一把灰向月亮撒去。这源自“八月十五杀元兵”的传说，他们把自己的祖先与蒙古人、元兵联系在一起。

“在中国，我们还可以看到国家时间体系和民间时间体系之间的竞争，国家承认的时间体系是西洋引进的阳历和钟表计时体系，而民间沿用的时间体系是中国传统的农历，一方面国家推行阳历时间体系，用阳历体系作为社会历史事件的坐标，革命节日、政府计划、新闻出版、对外交流、社会性活动等都按照阳历体系进行，另一方面又要兼顾民间习惯，如春节放假等。对每一个中国人来说，阳历只是一种外在的东西，而农历才是具有浓厚的生活意义，不同的节日代表不同达到寓意。”① 而对于土族社会来说，国家规定的节假日和公休日几乎没有任何意义。仅有的一些影响，表现在电视时间、学校时间。

2. 一生的时间设置

土族人对于一生的时间设置，从出生起至死亡为止大致可以划分出生育仪式、婚姻仪式、贺寿仪式、丧葬仪式等。土族的人生礼俗设计广泛吸收了汉族和藏族的文化因素，但不同地区的土族吸收的因素和侧重点不同。

孩子一出生，就要向舅家报喜，舅家派人探视。等到满月，摆满月，认阿舅。到一岁时，进行抓周仪式，来判断孩子以后的志向。

到婚姻年龄，进行订婚、结婚仪式。土族人家过去有早婚习俗，而且在很小的时候就订婚，请阴阳先生合八字。结婚仪式包括会东、娶亲、改发、上马、下马、拜天地、待客、吃请到、回门等内容。

到一定年龄，即进入老人的行列后，要参加嘛呢会，初一、十五、三十或者一些特定时间到庙念嘛呢。

贺寿，一般在六十花甲时过六十大寿。规模依家庭条件不同，条件好的，要请整个寺院的喇嘛来为其念经，叫“扎桑包尕”②，还请嘛呢其③

① 汪天文：《社会时间研究》，中国社会科学出版社2004年版，第192页。

② “扎桑包尕”，“扎桑”是藏语，为大型寺院的一个单位，如“僧学院”，而在小寺院中指称整个寺院，在目前土语中意思是“一个寺院全部的喇嘛”。“包尕”，土语，“请来”之意。土语与藏语结合的“扎桑包尕”，就是请一个寺院全部的喇嘛到家里诵经，反映了土族接受藏传佛教的事实。

③ 土族社会中老年人在逐渐脱离主要劳动以后，参与村落念诵类似与汉族“宝卷”的活动。他们这些人统称为“嘛呢其”。详见第三章第六节神职人员。

来念经。亲戚朋友前来祝贺。之后，一般每年的生日都要过，但是规模较小，到七十过七十大寿，也以七十三、八十四为过大寿的时间。有些人家选择闰年时的生日为老人打造棺材。老人可以看到后人为其准备的寿材，土族人一般称之为“大房”，即到地下住的屋子。

人死亡后，民和与互助的葬法有较大差别。民和土族一般采取土葬，但对喇嘛、非正常死亡者采取火葬，对夭折的小孩进行水葬。

3. 一天的时间设置

“人的行为模式并不是一个简单的日常现象的重复：以人们在社会生活中的最基本的日常生活安排作为研究的起点和基点，便可使那些看来琐碎零散的材料体现出其充分的价值。”以“天”为周期对人的日常生活安排进行考察便是对应了这种研究的角度。在通常情况下，代表一个人的“生活节奏”的便是他在一天内的作息时间排布，有着相同“生活节奏”的群体往往能反映出其一定的文化背景及社会定位；反之，处于不同文化背景下的人对一天中的各项事宜在时间上的安排就会有一些差异。从这个意义上来说，以“天”为周期的考察方法便可以把一般生活中的“人”解放成为独立的主体，让他们每天的所作所为说话①。

老人们的安排，每日早晨，第一件事就是煨桑敬神。待洗完脸，要在煨桑台上煨桑，点香，口念六字真言，叩首祭拜。而在初一、十五、三十等日子，还要点上油灯。附近有寺院的要到寺院叩头，转“斯果拉”（围绕寺院或者经堂等顺时针步行转圈的活动）。

有些老人早晨起来饲喂家里的牛羊或者到外面牧地放牧，或者干一些家务事。一般没有严格的时间观念，视工作进程决定休息时间。比如牧羊要到早餐时间（9—10点）或晚一些才回家。早餐后，参加一些家务活如饲喂牲口，或者休息，带孙子孙女。到午后又去牧羊到黄昏回家。他们一般负责家里牲口等的日常饲喂，有些大牲畜要早晚按时饲喂。在晚饭后，或者闲暇时间，手捻嘛呢（念珠），口念六字真言。民和的土族老人，现在一般年过60岁要参加“嘛呢会”，在初一、十五等日子到村庙集体诵经。平常有人家约请参加嘛呢活动，随时到人家进行诵念嘛呢活动，为主人家祈求平安，或超度亡灵等。

① 司佳：《从岁时到天时：明清移民以后土著苗民在日常生活上的安排——以黔中、黔西南地区为例》，《中国历史地理论丛》2000年第4期。

年轻人的一天的时间安排，早晨起床先要干一段时间的活儿，等到了早餐时间用餐。后继续做农活，到中午（2点左右）用午餐。下午到黄昏用晚餐、休息。

土族社会的一天的时间安排，没有严格的时间观念，仍然实行的是“日出而作，日落而息”的典型的农村生活。他们决定出工时间是以太阳的高度为准，在阴天猜测太阳的高度。

学龄儿童的时间安排以学校时间为准绳，严格执照学校的安排进行，这也是国家的时间在土族乡村贯彻的最为彻底和严格的一个时间。

“土族的形成历史相对来说比较晚，它的文化又是一种开放（特别是向汉藏文化开放）的环境中丰富起来的，因此，其时空设置在来源上的多元性更加突出。土族处于汉族和藏族的连接地带，其文化是一种典型的连接地带文化。土族人置身于汉藏之间，他们在文化发展道路上也走了一条中间路线。土族时空设置是一种典型的兼收并蓄的产物，这是土族先民从畜牧转向农耕的过程的特殊结果。他们的农耕转向提供了时空设置重构的时机，以农业为基础的汉藏时空设置是他们所能企及的最便利的文化资源，它们在土族社会落地生根可以说是恰逢其时。土族时空设置的特点主要表现在对汉族和藏族文化的组合与熔铸，并且，在不同地区和不同时期，构成因素的来源、组合方式以及融合程度也各不相同。……土族时空设置大致有两种类型。其一，汉藏因素二元并列……其二，汉藏因素一主一辅。”“土民虽然把大部分时间用于农业生产，但是，他们的心思主要用于协调自己与神佛的关系。在他们对人生和岁月、时辰的时间设置所体现的程序中，处理好与神佛的关系是一切活动的前提，并且，处理这一关系的仪式在各种重要活动中占据中心位置。”① 土族的时间设置，是把一年庄稼的收成好坏寄希望于上天神佛的保佑，把自己以及家庭幸福平安同样寄希望于神佛的保佑。这种状况在过去基本靠天吃饭、农业科技生产力水平低下的情况下原本是无可厚非的，符合普遍的民间信仰的规律。但是，需要省思的是，进入21世纪，农业科技阔步发展，水利事业得到巨大成就，农业防灾体系日益健全的同时，土族民众仍然沉浸在神灵佛光之中，身影跪倒在弥漫的神烟里面，严格按照文化控制的时间设置来行事，

---

① 高丙中：《时空设置的构造与重构：以土族为例》，载王铭铭等主编《象征与社会：中国民间文化的探讨》，天津人民出版社1997年版，第242—243页。

在一年又一年地循环往复。这里，是不是还是存在科技关怀、人文关怀的极大缺失？

综上所述，时间制度在任何社会都是必需的，对时间的感知能力并非是人的一种自然本能，而是人的社会性和文化发展的直接结果。在社会和文化对时间制度的建构过程中，仪式起着举足轻重的作用。仪式的时间功能在传统乡土社会的时间制度中还能够明显地起作用。

“土民过分重视宗教，未能培育推动现代化所必需的社会理性。土民生活在宗教气氛之中，在自己的活动范围内，设立了一层又一层的宗教防护体系。庄廓是设防最严密的宗教堡垒：周围墙头有白石镇邪，院中有嘛呢旗不停地祈福，佛堂或堂屋神柜供有法力无边的神佛，再加上每天煨桑祈祷，土民确实能感到庄廓是安全的。村庙的保护神和村边的崩康带给全村人畜平安，村子四周地界内的鄂博和镇在抵御天灾人祸，附近大寺庙里的喇嘛保证神佛为这一方的百姓赐福。另一方面，土民的时间设置也排满了宗教内容。一生中的结婚和安葬都要挑选吉日良辰，一年中的重要日子都要安排宗教活动。”① 通过对于土族村落的时间和空间的考察，我们可以发现，土族民众是如何赋予自然物（包括时间和空间）以丰富的文化意义。他们把自然物首先认为是具有神秘的性质，赋予时间和空间神秘的力量。这样，造就了生活环境中的信仰空间和信仰时间。进一步，对于信仰的时空进行禁忌化、民族化、象征化，形成了土族的时空观，反映了出土族的世界观、价值观和人生观，也反映出区域内部或群体内部某种秩序的维持机制，长期以来继而固化为土族的特定文化模式。文化模式既然已经固化，反过来影响、制约着土族民众的思维方式、行为方式，指导他们处理人与自然、人与社会乃至于人与人之间繁复的关系，力图构建一个和谐生活的状态。

① 高丙中等：《现代化与民族生活方式的变迁》，天津人民出版社 1997 年版，第 160 页。

第二章　土族民间信仰横剖

民间信仰作为历史发展过程中民众传承的一整套神灵崇拜观念、行为习惯和相配套的仪式制度，内容丰富多样，类型繁多。其中，主要包括崇拜的对象、信仰媒介和信仰方式等。

土族民间信仰继承先民原始信仰基础上，吸纳青藏高原区域民间信仰内容，经历元、明、清以后，其信仰格局基本定型，形成了以萨满教为基础，结合苯教、佛教、道教及汉族民间信仰的多元信仰体系。

第一节　土族民间信仰的对象

土族民间信仰的对象现在看来，古今掺杂，多族混合，兼容并蓄，内容繁多。大致分自然崇拜、人格神崇拜两大类。

一　自然崇拜

（一）动物崇拜

土族社会中，有些动物得到很高的礼遇，理应属于动物崇拜之列。

原始宗教的一个最大特点就是动植物的崇拜，从一开始，人们对于自己身边的亲密相关的动物倾注了极大的关怀。“人在自己的发展中，得到了其他实体的支持，但这些实体不是高级的实体，不是天使，而是低级的实体，是动物，由此就产生了动物的崇拜。”（《马恩全集》）。一些动物为人们的衣、食、住、行提供了某种方便。可以说，如果没有这些动物，人们的生存就会受到威胁，特别是在经历一个漫长而蒙昧的原始时代时，低下的生产力，残酷的自然环境，使他们对自然界产生了一种敬畏感和神秘感，在此情况下人们对其身边的万物赋予一种超自然、超现实的力量而加以神化并崇拜，祈求得到它们的保护和恩赐。狗与狗血在土族生活中被赋予镇邪驱祟的神奇作用。给予狗一种无比强大的威慑力，可以镇服、驱除一些鬼怪邪恶，保护人的健康安全。而且，土族民众历来禁食狗肉。在现在的土族地区还有在“崩康”里埋活狗的习俗。可见，无论以狗保平安还是埋狗驱邪恶都是人们对狗的敬畏和崇拜的生活折射。

蛙崇拜，可以从土族的创世神话《阳世的形成》中获得一些痕迹：起初，地球上尚没有陆地，到处是一片汪洋。一位法力无穷的神人一直想在阳世上留下一块陆地，但是找不到任何能撑住土地的东西。有一天，他忽然看见一只金蛤蟆漂游在水上面，便从空中拿来一把土放在金蛤蟆的背上，可是金蛤蟆立刻沉下水底，一把土也被水冲得无影无踪。神人生气了，取下弓箭，等金蛤蟆再次浮上水面时，朝它射了一箭，射穿了金蛤蟆的身体。趁这时，神人又拿来一把土放下去，金蛤蟆翻过身来一把抱住了这把土，再也没有沉下水底，阳世终于形成了。同时金、木、水、火、土五行也形成了。神人在东方，射出去的箭把是木头做的，所以东方为木。金蛤蟆朝南方，挨了一箭便从嘴里喷出火，所以南方为火。箭头是铁，西方为金。金蛤蟆挨了一箭便撒了尿，所以北方为水。中方才是土，即金蛤蟆抱着的阳世。产生上述这个神话的原因，与土族祖先的原始宗教观念——图腾崇拜有关。目前已有的许多土族民间习俗和民间传说方面的材料证明，土族的祖先曾经崇拜过蛤蟆。每年端阳节，这里的土族妇女不挑水。据说端阳节这一天是蛤蟆洗澡的日子，因此这一天的水喝不得。这一天，人们还把牛羊也赶到河里洗澡。这可能与蛙崇拜观念有关①。

另外，幡杆顶上粘贴的长达数米而宽仅十几厘米的剪制成锯齿形的纸品，称为“莫盖”（蛇）。与在纳顿节上供神的蒸饼上缀饰的“面蛇”等联系起来，可能也与土族和东北民族在信仰上具有渊源关系有关。据说，“在满族民间祭祀中，对蟒与蛇的区别是以其尺度为区分标帜的。俗云‘九尺为蟒，八尺为蛇’，它们都是太阳与光明的象征……。赫哲、达斡尔、锡伯、鄂伦春、鄂温克族等族萨满也崇拜祭祀蛇神、蟒神，萨满服饰上也有蛇形图案……这些蛇神象征春天，象征太阳与温暖”。② 至今，土族民众对于在家宅中出现的蛇具有一神敬畏感，认为它是家神的实体，不能打死，只能诱出家宅。

此外，土族民间还有一定的虎崇拜的遗迹。

① 马光星：《关于土族神话“阳世的形成”》，《青海民族学院学报》1981 年第 4 期。

② 笠阳：《对萨满教文化内蕴的思考》，《北方民族》1999 年第 2 期。

（二）植物崇拜

土族现在对于柏树、柏木的崇尚，实际上就是源自于历史上对树木的崇拜，尤其是对于柏树、松树等的崇拜。《史记 · 龟策列传》云："松柏为百木长"，并认为松脂入地千年，化为茯灵（苓），食之不死，为长生之药。而柏树则被人们俗信可镇鬼除秽气，故而汉族先民夏人以松木制作社主的牌位，殷人以柏木制作社主的牌位。还有对于桃木可以制百鬼的说法[①]。这些很大程度上是对于汉族的这种信仰的接受。目前，土族老人在对于自己寿材的选择上，只要条件允许他们最佳首选就是柏木，能够用柏木制作自己的棺材，是他们今生的荣耀。

祭祀是早期人类神灵崇拜的表现，而祭祀时所选用的祭物又具有神秘性，这些被赋予某种灵性的祭物，往往是某种崇拜的延伸，或者这些祭物本身就是崇拜的对象。柳树曾在中国古代各民族的祭祀活动中作为祭物加以运用，是各种祭仪中的"灵物"。古鲜卑人和匈奴人在秋天进行祭祀时，要使用柳。《史记》、《汉书》的《匈奴传》云："秋，马肥，大会蹛林。"颜师古注曰："蹛者，绕林木而祭也。鲜卑之俗，自古相传，秋祭，无林木者尚竖柳枝，众驰骑绕三周乃止。此其遗法。"历史上生活于北方的高车族，在祭祀时亦用柳枝。《魏书 · 高车传》："喜致震霆，每震则叫呼射天而弃之移去。至来岁秋，马肥，复相率候于震所，埋投羊，燃火，拔刀，女篮祝说，似如中国袚除……人持一束柳桋，回竖之，以乳酪灌焉。"满族人在祭祀时，柳是必不可少的，无论是朝祭还是家祭都要安神树——柳枝[②]。

清朝和民国时期各地的祈雨形式虽有不同，但很多地区的祈雨都离不开柳。杨柳是祈雨仪式中不可缺少的重要的灵物，在古人看来杨柳具有行云降雨的神奇力量[③]。土族在求雨仪式中也是要戴柳枝帽，给地方神扎柳枝的神轿。在祭祀仪式中广泛使用的幡杆上顶部必定是柳枝。幡杆顶部的选材，除了鞑子庄地区用芨芨草（此可能与蒙古族有关联，尚待深入研究）以外全部用柳树枝。此外，会手队伍中，老年人的小斜旗也是系在柳枝上。笔者估计这种习俗可能与"柳树信仰"有关。据《满族萨满教

① 徐杰舜：《论汉族民间信仰的原始性》，载赵嘉文等主编《民族发展与社会变迁》，民族出版社 2001 年版，第 351 页。

② 孙文良主编：《满族大辞典》，转引自郭康松《论中国古代的柳崇拜》，《中国典籍与文化》2005 年第 3 期。

③ 郭康松：《论中国古代的柳崇拜》，《中国典籍与文化》2005 年第 3 期。

研究》，《大金国志》记载辽代女真人“重五则射柳祭天”。金代女真人清明时分“儿童插柳、祭扣坟茔”，“坟墓插遍‘佛多’以祭”。《北平风俗类征》记云：“清明，妇女儿童有戴柳条者，斯时柳芽将舒卷如桑葚，谓之柳苟。”又曰：“清明戴柳于发。”《白虎通》中记载：“鞑靼地面极寒……能种柳一株；土人以异卉，春时竟至观之。”这里透露出往昔塞外、漠北的边民曾视柳为神奇之物的历史信息[①]。《卜奎风土记》犹云：“城南独柳，土人皆神祀之，戕其枝辄病。”这说明当地土著民族对柳的诚敬。鄂伦春、鄂温克族人崇敬柳枝，鄂温克族老萨满教新萨满仪式时要祭柳树；鄂伦春人新萨满跟老萨满跳神时，要搭一个较大的“仙人柱”，中间直立两根柳木条，作为学神的重要通天神物。赫哲族早年举行鹿神祭—跳鹿神时，跳柳圈儿。跳进柳圈则意味着神威范围之内，灾病邪魔不能侵犯，永保平安，柳被赋予驱邪除病的神力。黑龙江、吉林等地满族的求子仪式就是在佛多妈妈神位立一柳枝[②]。赛音塔娜在《试论满族始祖女神》中说：据《御制五体清文鉴》记载，“Futa”一词指的是“绳子”，因此“Futamama”的含义直译则为“绳子女神”。“Fodo”指的是“祭祀器用：求福柳枝”。因此“Fodomama”则音译为“佛托玛玛”，直译则为“柳枝娘娘”。并论证蛇神为满足始祖女神，而柳枝是神座，是求福器用[③]。另外，幡杆顶部用新柳枝，被认为是北方诸民族崇拜“宇宙树”、“天树”、“萨满树”观念的反映。他们认为“宇宙树”、“天树”、“萨满树”长在天穹中心，通贯宇宙，根须部通地界，树干部为中界，枝头为神界。这与三川“法师”安神时的说法相一致。他们说，从幡杆顶上神可以下来，而在最后放倒幡杆后的地洞上焚化香表并念诵咒语，将恶魔鬼祟用石镇压地下。土族幡杆用柳枝与满族祭天神杆、蒙古族答鄂博插柳堆石等习俗有一定联系。

在土族聚居地，今有些树下有点火烧纸的痕迹，或挂一条红布于树干，这实为神树崇拜。土族语称“神树”为“热当干”。一方面，觉得时间长了之后，树中便生出精怪，故而具有灵异性；另一方面，又有一些怪异传说，如某人听见有女人在树中哭泣，或某家女人在树上上吊自杀等，

---

① 富育光等：《满族萨满教研究》，北京大学出版社 1991 年版，第 199 页。

② 笠阳：《对萨满教文化内蕴的思考》，《北方民族》1999 年第 2 期。

③ 赛音塔娜：《试论满族始祖女神》，《内蒙古大学学报》（人文社会版）1998 年第 1 期。

于是又增加了神树的诡异性。因此，如果有孩子病了、胡言乱语等症状出现，便去“神树”旁点火，焚香烧纸，祈求“神树”饶过自己的孩子等。在土族人心目中，“神树”一般是具有精怪性的神。

中古时代的人们对大自然的崇拜程度降低，不再将大多数的自然物神灵化，而只将它们精怪化；对人体自身的重视、肯定有所增加，不再将精怪视作单纯的物，而赋予精怪以大量的人的成分。精怪尽管与物神一样有着奇幻性，但又不同于物神：一则其超自然力比物神小，二则其社会性比物神多①。目前，土族社会中，对于动植物崇拜现象减少乃至濒临绝迹的境地，与人们自我意识极大提高，认识到这种崇拜是没有任何益处有很大关系。但是，看到一些古树等周围发生一些目前依照他们的认识水平还无法回答的现象时，又不自觉地对这样一些古树产生畏惧、敬仰的心理，随之把这古树精怪化，相应地制造、传播一些关于这棵树的神奇的传说或者“事迹”。例如，民和对于一些古树认为成精以后，其上栖息鬼灵。人们还能够绘声绘色地讲述因为树上栖息有鬼灵，所以周围发生了比别的地方多的一些事故。甚至，能够联系到近期死亡的人的灵魂栖息在该树上。因此，人们也禁忌在这样的树下休息，以免染上晦气。

至今，人们依然认为大树具有灵力。在伐树后，立即在锯出的树根撒上土盖住，不能让此面新裸朝天。否则，会家宅不安。而且，最好的处理方式是将树根彻底挖出。一般取巧的办法是在树根上面煨一堆火，将其烧掉。

（三）非生命体崇拜

在非生命体崇拜中首属天神崇拜。土族语称天为“天格热”，源自于阿尔泰语系的突厥语族和蒙古语族语言中表示天的同源词汇——腾格里。土族把整个天空称为“天格热”，称大气层为“库果天格热”，把更上层的天空称为“卡让古天格热”，称天神为“天格热帝”。土族人认为，“天格热帝”是至高无上的，主宰着上天、人间、阴间的所有神鬼人众、万事万物，它无处不在，无时不在，褒善惩恶，洞察一切。所有神灵，全部是它的化身，履行它的使命。所以，土族在正月初一迎神仪式中，开首的祈祷词就是：“啊！我的万民万物的阒格热迪，您的黑头皇间的黎民众生

① 刘城淮等：《简论怪话》，载上海民间文艺家协会等编《中国民间文化（95/2）——地方神信仰》，学林出版社 1995 年版，第 352 页。

向您祈祷!”① 在其他的祭祀仪式中，也同样首先祷告“天格热帝”，其次才是众神众将、祖神家主。人们在危难之际，呼唤“天格热帝”并向其许愿（土语为“阿玛格尔”，出口许愿之意）后会得到保佑。而得到保佑之后，要按照许愿时的诺言来完成。虽然天神崇拜无时无处不在，时时得到人们的信仰，但是没有天神形象，也没有被供奉的塑像，是一尊虚拟的神。

火崇拜在土族民众信仰生活中同样占据重要地位。游牧民族的火崇拜蕴含着原始价值观、原始伦理道德、原始美学、原始艺术等各种原始思想文化。在崇拜形式上与天、地、日、月、星、山、水等崇拜交叉融合，这就是与后期人为的祆教所不同的特征。诸民族的火崇拜是原始文化的综合体，它不单纯是火崇拜，而是涉及各民族生产生活的各个方面，成为他们物质生活和精神生活的重要组成部分，是他们特有的民族精神文化。

在土族人的传说中，火是牛创造的②！土族人十分珍惜火，视火为宝贵吉祥的圣物，即使到了现代化的今天，土族人家也不轻易熄灭自家火塘里的火，一旦火自灭便认为是很不吉利的事，如果此时有人送上火种，主人家便认为送来了兴旺发达，挽救了衰败的命运③。

三川土族的婚嫁丧葬与火是密不可分的。婚礼中，为新娘举行“下马”仪式时，有一项内容就是让新娘跨过事先在男方家门口煨好的火堆，方可进入家门。认为从火中穿过，可驱走新娘带来的“煞气”。而在葬礼中，火更具有它深刻的含义。在土族看来，火是最圣洁的象征，用火为非正常亡故的人举行葬礼，是为他们进入冥府之前的一次洗礼，用火的魔力，驱除在世间的一切污秽，以求得他们灵魂的超度。当然，在土葬中，还有几项与火相关的内容，诸如，在挖坟破土之前，先要烧一堆火，用以祭礼土神；出殡时，亡人棺材路径的本村各户门口都要燃一堆火；送走已故亡人的骨灰之后，要在大门口燃一大堆火。同时，凡参加过葬礼的亲朋好友们回到各自家时，也要让家人在门口煨堆火，待他跨过火堆后，方可进入居室。由于人们对火在观念上有所意识，在体验上有所感受，在情绪上有所敬畏等情感，体现在自己行为上就是对火的禁忌。比如，不可在神

① 吕建福：《土族中的萨满教遗俗》，《（青海）社会科学参考》1985 年第 14 期。

② 歌行：《土族风情画》，青海人民出版社 1983 年版，第 105 页。

③ 徐长菊：《话说土族的太阳崇拜》，《中国土族》2004 春季号。

灯前打喷嚏、咳嗽，对着灯说话；不可往火里吐唾沫或烧禽类的羽毛；不可让小孩随便玩火，等等。如此，因对火神圣观念而伴生的火禁忌，它反过来又强化着火的神秘性，把火置于神秘莫测、神圣不可侵犯的地位，以火禁忌为火的神性支撑。

土族民族意识中的火是有生命的，是具有人一样的思想、感情，具有人一样的好恶和爱憎，喜好人的尊敬，厌恶对它的亵渎。土民们每逢过年过节时，首先让有生命的火神享受炸好的油香，这就是敬火意识最明显的表露。他们认为火是怀有善意的有灵性的神物，火可以帮助对它尊善的人①。其次，相信万物有灵和灵魂不灭，是原始宗教的思想基础，在这种思想基础上建立起来的敬火文化中，自然会将与人躯体并存独立的“灵魂”和火连在一起。在三川土民中，认为火与人的运气有着很大的关系。土族老人们说男人的运气是两盏燃烧的灯，这两盏灯分别位于他们的左右肩膀上。因此，就不允许妇女拍打男人的肩膀，否则会扑灭男人肩上的灯，男人的运气会随之流走、甚至生病。火依然是预兆丰年的一个重要方面，正月十五火把火的颜色是判断来年收成好坏的一个依据。火焰呈红色认为是预示来年有充足的雨量，是丰收年；呈淡黄色则预示来年歉收；呈白色，则流行疾病和瘟疫。土族过元宵节有一种特别的方式，就是“送火把”。

如同其他民族一样，土族民众历来传承着神圣的太阳崇拜。在土语中，太阳称“那拉”，土族人自认为是那拉的门徒②。对光和热的渴求产生对日神的信仰，吞日神话则是进一步强调太阳对人类的作用，在太阳被吞吃以后，人间“天昏地暗，冷风飒飒”，在土族儿歌中，有专门在日食或阴雨天呼唤太阳的儿歌：“天气儿（即太阳）天气儿你出来，我给你炸给个油馍馍，你吃着我晒着，你的娃娃我看着。”人们对太阳有着明显的乞求、讨好的呼唤。太阳具有善恶的思想，而她的形象是散发着金光的一个火球。由此可以看出，这个神话反映的是土族先民早期对太阳神的信仰与崇拜！③

太阳崇拜与火崇拜的融合，是土族地区原始宗教信仰的主要特征。从

① 何吉芳：《民和土族民俗中的尚火文化浅谈》，《青海民族研究》2000年第1期。

② 歌行：《土族风情画》，青海人民出版社1983年版，第103页。

③ 徐长菊：《话说土族的太阳崇拜》，《中国土族》2004春季号。

前文的太阳神话可以看出，太阳的形象，在人们心目中是一个散发着金光的火球，是燃烧着的。另外，在土族民间还有这样的传说："在远古的时候，鸠是鸟王，乌鸦是他的王妃，当时的乌鸦浑身雪白，因为鸠憎恶世上万物都尊崇太阳，而与乌鸦商议如何除去太阳，他们最后决定去把太阳吃掉。在鸠闯入太阳的卧室要吃太阳时，太阳射出万丈强光，将鸠烧成了灰烬，乌鸦转身逃之夭夭，但它一身雪白的毛被烧焦了，从此变成了黑的。"① 可见，在土族人心目中，太阳是神圣的，她是不可侵犯的。火来自于太阳，火和太阳的颜色是一样热烈的，都是可以燃烧的。

土族对于天神、风、雷等的崇拜，实际上表现的是他们对自然现象无穷威力的恐惧心理。历史上，从事游牧生活时，天神、北斗七星为生产生活具有重要的作用；转向农耕后，靠天吃饭，自然灾害、风雨雷电成为了令他们恐惧和崇拜的对象。他们对于天界的构思，实际上反映人间社会秩序。因为不了解其自然本质，将这些自然现象神灵化。这个过程，是他们要了解自然、掌握自然的努力的表现。而抽象的神灵又需要形象的符号来展示于世人，在形象和符号中渗入了他们造神的原创意识，加入了社会力量与心理情感。

对月神也不可怠慢，小孩晚上不得对月亮指指点点，否则月亮就要割耳朵（农村将小孩耳朵根部发炎溃烂看作是对月亮不恭所致）。每逢月蚀、日食之时，亦有各种方式进行所谓的"救太阳、救月亮"。八月十五中秋节，土族民众要在月下供奉油灯，上香，供献各色果品，以及自己制作的月饼，并给月亮叩头，接迎月神。

"天上一颗星，地上一个丁"，将天上的星与地上的人对号入座，是古代对日月星辰等大自然崇拜所造成的宇宙观。突厥语系诸民族对星星的信仰由来已久，……天空中每划过一颗星星便认为人间死去一个人，年老的人并为此而祈祷、惆怅，甚至落泪。满族也有祭七星、祭三星的传说与突厥语族相同，满—通古斯语族也普遍认为，天上有多少星，地上有多少人，每人头上一颗星，天上落下一颗星，地上便死去一个人。土族老人看见流星滑落，就说地上又有一个人死了，而且从星星的亮度判断其地位。歌谣《十二吉星》："东有东头星，南有六郎星，西有过天星，北有北斗星，中有紫微星，不立斗口坐斗星，立的文曲星，斗口外的武曲星，天河

① 《土族民间故事选》，中国民间文艺出版社 1985 年版，第 135 页。

里的黑虎星，大星宿名字昂卫星，二星宿名字九女星，三星宿名字太白星。"① 反映土族人们对于星星的崇拜。

对于天、地的祭祀和财神、祖先等一道进行，一般是在农历正月进行。从正月初一（也有从腊月三十）开始直至正月十五，每天都要上供烧香，一天三次，没有正式的祷告形式。"广阔的大地对阿尔泰语系诸民族的先民来说也是非常神秘的。上面生长着世间万物，大地有时也发生剧烈的震动，危及人畜的生存、繁衍。有水的地方就没有土地，这使先民们认为，大地是漂浮在水面上的，于是认为，水下有某种巨大的动物（龟、牛、鱼、蛇、象、龙）支撑，待这巨大的动物因疲劳而改变姿势时，便发生地震。于是大地也是一种自然力的象征，成为崇拜的对象。""行走时突然摔倒，则要在爬起身后啐唾在地上，以示惩罚。"② 土族继承了这样的信仰内容，并保留至今。

过去，播种之前到首先要播种的地块，架上牛，举行"栽种"仪式。届时，架好牛，准备好种子焚化香表，答报田神后开种。答报上天，答报方神，祈求保佑一年顺利丰收。播种的第一天，要选择日子。一般，在"地嘴"日（属于地中物的生肖日，如猪拱地，蛇在地中，就属于"地嘴"）。忌开种，要选择认为适宜开种的马、虎等日子。因为在"地嘴日"开种，播种的农具非常容易出现问题，被损坏。并依照各节气，播种各类作物，如"谷雨种糜谷"、"芒种种糜子"。过去，土族一年中播种的作物种类比较多，各类杂粮均有所播种，而且每个家庭耕种的土地数量也多，民间均有播种时节的农谚来确定具体播种时间。立夏左右，开始锄草，一般选马日，意思是锄草速度一如马一样快。

"山的崇拜是与天的崇拜密切相联系的，高耸入云的山峰，被认为距天神最近，从远处看，呈蓝色的山岭对崇拜苍天的民族来说是苍天的化身或者是天神的居所。陡悬的峭壁，阴森的山洞，都被认为是天神或山神使然，深山中的回音被认为是山神对人和兽的模仿和戏弄。人们深感恐怖和恐惧。""蒙古人也是崇拜山的，阿尔泰山是他们崇拜的主要山脉。祭'敖包'是山岳崇拜的异化形成。'敖包'是蒙古和满—通古斯语族的人

① 民和回族土族自治县民间文学集成编委会：《民和歌谣集》（下）（内部刊物），1992年，第385页。

② 迪木拉提·奥玛尔：《阿尔泰语系诸民族萨满教研究》，新疆人民出版社1995年版，第55页。

们的称呼，原意为‘土包’或‘堆砌物’。蒙古人认为祖先的灵魂栖居山中，当他们从山岭走向相对平缓的草原从事游牧生业之后，便用石头或土块等物堆砌‘敖包’，其上插栽树木，作为山的替代物。"[①] 山神观念的形成，直接源于早期人类以原始自然崇拜为基础的山崇拜。

在萨满教宇宙观中，联系天地的“宇宙中心”的最重要的意象是山。这在萨满教中被称为“宇宙山”或“世界山”。法国萨满教研究学者艾利亚德曾对萨满教的宇宙山或世界山作过详尽的分析[②]。杨士宏沿着藏族社会发展的轨迹探寻“Lartse（山神）”（当地汉族等称这种活动为“插箭”或“造山神”）产生的真正原因[③]。这样的分析，为我们更加深刻地理解山神崇拜是有很大启发的。

山神信仰不但具有空间层次，而且也有其时间层次。山神信仰的时间层次即指山神信仰的古往今来，也就是山神信仰的产生、发展、变迁过程。从时间的角度看，山神信仰是多层次的，是由历史上众多不同时期的文化层累积而成的。土族的山神信仰，从时间层次上看，其中许多要素最初来自于与狩猎、采集经济生活相适应的文化层，如来自巫术文化层；而在进入农牧业社会以后，其信仰的观念、仪式中，又打上了农牧文化层的烙印，一些与农牧业生产相适应的文化要素如自然崇拜和祖先崇拜，被吸收进了土族的山神信仰文化丛中。这样，旧的文化层次上又出现了新的文化层次，二者相互整合，旧文化层中仍然具有功能的文化元素继续存留下来，而失去功能的文化元素则被自然淘汰。两层文化之间相互渗透、相互交融，逐步形成了土族的山神信仰的文化整体。

敖包崇拜实际上是山神崇拜与树崇拜的有机结合。一方面，敖包崇拜源自于树崇拜，是树崇拜的衍化，宇宙树/世界树的观念对萨满教有关宇宙的起源的概念起过非常重要的作用。一方面，又是山神崇拜的变异。其实，敖包崇拜与山神崇拜、树崇拜随着原先崇拜环境的改变，有机结合后形成的一种崇拜方式。在远离了产生山神崇拜的大山、远离了产生树崇拜

① 迪木拉提·奥玛尔：《阿尔泰语系诸民族萨满教研究》，新疆人民出版社 1995 年版，第 64—65 页。

② 参见汤惠生《神话中之昆仑山考述—昆仑山神话与萨满教宇宙观》，《中国社会科学》1996 年第 5 期。

③ 杨士宏：《Lartse（山神）的底层文化——藏族社会发展史上的一块里程碑》，《西北民族研究》1991 年第 1 期。

的大山中的森林后，在无垠的广阔的平缓的原野上，只有垒起象征性的敖包，将山神崇拜、树崇拜结合在一起，共同信仰，以满足已经失去了原生态的信仰的需要。敖包本身，形似山体，象征着山体，但敖包上树立的树木、经杆等是树崇拜的象征形式。

现今土族的“敖包”就是典型的三个信仰系列组合的产物：其一，它们的修建由喇嘛或阴阳先生负责皆可；其二，敖包所用的柳枝、白石和弓箭是萨满教遗存；其三，它们地底下起巫术作用的东西是萨满教、汉族民间宗教惯用的驱邪避鬼物件的混合；其四，嘛呢杆是藏传佛教的工具①。

《思不吾拉》是土族女性在新娘出嫁之夜演唱的一支古歌，歌颂土族神话传说中的神山“思不吾拉”②。这里散发的仍然是土族对于神山的崇敬，具有山崇拜的特征。

腊月初八进行的牧羊人在村子收取包谷面、青油等到山里做饭吃的考察，实质上是山神崇拜，是与山神聚餐同乐的意象的表达。腊月初八，牧羊人自发组织起来祭祀山神和巴蜡爷（专管虫类之神）。他们从各家各户收取青油、面粉、香表、柴禾，带上灶具，到山里野外起灶，炸油饼，敬献山神土地等神后大家分享。将剩余的油、面再做一锅油面疙瘩，舀上一碗用树枝边沾边撒，口中祷告：“天泼洒，地泼洒，保佑挡羊娃娃平平安安，给山神泼洒，狼的眼睛麻洒洒，给巴蜡爷泼洒，害虫不伤人和庄稼。”之后，又分享，烧香祭拜后回家。

雷台，大多安排在村落周围关键地点、进入村落的岔路口等位置。其用意很明晰，并非仰慕神灵之威仪，而是为了图得对村落安全的保障，被动性地防止凶神恶煞进入本村落的举动大多以村落共同的力量来实施。至于家庭周围的类似于雷台的“煞桩”，是以家庭为单位设立的。

白石崇拜，即在土族庄廓的大门顶部、庄廓墙的四个角都置有一块椭圆形如篮球大小的白石，以镇宅避邪。这是在新庄廓打成后，要做的第一件事情。一时没有找到合适的白石也可以青色石头替代。镶嵌白石有固定的仪式：首先要请村庙的神箭“切什羌”择定镶石吉日，届时有家中的

① 高丙中等：《现代化与民族生活方式的变迁》，天津人民出版社 1997 年版，第 141 页。

② 民和回族土族自治县民间文学集成编委会：《民和歌谣集》（上）（内部刊物），1992 年，第 189—190 页。

男主人净手、煨桑后上墙镶石，也有个别人家请“家全人全”的人（上有父母，下有子女者）来镶石。关于白石崇拜，羌族“然比娃取火”的神话传说云，火神将火种藏在白石中，让然比娃带到人间。从此羌人便奉白石为火神，禁跨火，禁止烤不洁衣物，崇尚敬火。“羌族最早是从直接崇拜白石为原始崇拜起点的，逐渐崇拜白石为天神，以后又转化为各个有助于羌人的神灵的象征；在羌族聚居的地方，无论山林中、田地间、屋顶上、火塘边、几乎无处不供奉白石。”① 羌人青海地区最早的游牧少数民族，土族的先民们来青海以后，在生活习惯、信仰等方面定会受到其影响。土族对白石崇拜、火崇拜的内容和习俗都与羌族很接近，说明羌族文化与土族文化间有一定的渊源关系。土族还保留着白石互相打击以取火的生活经验。

水崇拜，在土族民间信仰中也有一定遗存。某些土族村落仍然视自己村落的泉为神水，禁忌人们随意向其中抛撒杂物，忌在泉眼里面洗衣、洗物。土族人忌往水中撒尿，如果尿了会在母亲的乳房上长疮。

“嘛呢日勒”是一种仁丹大小的炒面颗粒，由法术较高的喇嘛抟成。一般在宗教节日或讲经施法的时候，赠予前来拜佛的信教群众。作为接受者，要用干净的棉花把它包好，带回家后放在茶叶或米粒中，敬献在佛堂中的粮堆上。据说，一年后打开棉花包，炒面颗粒具有繁殖能力，一生十，十生百。人们认为，将经过“嘛呢日勒”感生的粮食象征性地播撒到田里，庄稼会大获丰收②。“嘛呢日勒”在民和土族中称为“悟仁仁”，目前专门用于亡者刚要咽气时，放入口中，意思是这样做后亡者可以顺利到达阴间，也有人说来世会托生为人身。

“自然崇拜是人类社会发展史上最为普遍的共同信仰形式。作为一种信仰的历史形态，它是产生最早，延续时间最长，甚至流传至今，且与人类的生产生活关系至为密切的崇拜形式。”③ 土族中存在的自然崇拜亦显示其悠久性，从其崇拜内容的方式、方法、来源看，受到各种文化的影响。土族先民中有来自北方草原的，他们带来的萨满文化吸收了当地的羌藏文化甚至汉文化后，形成了今天土族融合各民族文化的自然崇拜。而且

---

① 乌丙安：《中国民间信仰》，上海人民出版社1995年版，第55页。

② 白晓霞：《从“丰产”信仰看土族文化》，《青海民族学院学报》（社会科学版），1999年第3页。

③ 乌丙安：《中国民间信仰》，上海人民出版社1995年版，第55页。

今天的土族自然崇拜之中，还体现出游牧文化与农耕文化并举的特点，如山神崇拜，一方面，它是游牧民族对大山的神秘性赋予神性的遗留，另一方面，土族人在祭祀“拉什则”时所说的吉祥之语，又体现出山神成为除能保佑牛羊茁壮成长之外，亦能保佑村庄在一年风调雨顺、五谷丰登的地方保护神。

二　人格神崇拜为主题的多神崇拜

土族的民间信仰中，在万物有灵观念的指导下，产生了各种自然崇拜现象。而在长期的历史发展过程中，伴随着人们思维方式的进步，对于自然物的崇拜逐渐叠加各种人类社会的痕迹，并将一些与自身生产、生活密切相关的自然神灵加以拟人化，赋予人类的性格，具有一些世俗社会的特性。这样，一些自然崇拜物被改造为具有人类形象和性格的人格神。以各种人格神崇拜为主题的信仰活动在目前的土族社会民间信仰活动中仍然占有很大的比重。这构成了土族民间信仰的一个重要的特征，就是多神信仰和崇拜。

（一）各种神灵

土族民间信仰的各种神灵，主要有超越村级单位的联村信仰的区域神灵，各村落的村落保护神，有些家庭的家神，如法师的黑马家神、箭神，等等。

互助地区治病的神，有勒木（骑骡天王）、路易加勒（老爷）、尼答克桑（三台护法佛）、柴俩布桑（山神）、丹木煎桑（羊头护法佛）。勒木与路易加勒是供在村庙或喇嘛寺中的白脸泥像。求神治病时，由病人家找四人用小轿将两个神像中的任何一个抬到家中供起、求问。尼答克桑、柴俩布桑、丹木煎桑这三个神外形相仿，作用相同。其形状如铁矛，矛杆上点缀有许多布条。求神治病时，则由患病人家请巫师将其中一个请到家里求问。

祈雨求晴的神，也可分为勒木、路易加勒与尼答克桑、柴俩布桑、丹木煎桑两大类。祈雨时，将前一类神，抬到河中或泉水处转几圈，然后停放在水边，舀一瓶水放在神像前，并给泥神像盖上席子等遮雨物。求雨之外，还要转山，巫师抱着尼答克桑、柴俩布桑、丹木煎桑，或由人抬着勒木或路易加勒，每家出一男子绕村庄附近的山转一周，以祈求禾苗茁壮成长或避免冰雹灾害。转山时，也有的请本本子来念经。土族人认为，所有的神都能保平安，降福祉，但有时遇有疑难，也要向勒木、路易加勒或尼答克桑、柴俩布桑、丹木煎桑等神求问，请神解答。

地方神中，土族人对“娘娘”和“龙王”的崇拜，可谓方兴未艾。其中“龙王”崇拜多在东山、丹麻、东沟等土族聚居地，“娘娘”崇拜除上述的外，五十也有。“娘娘”和“龙王”在土族人心目中，是以地方保护神的角色出现的，它能保佑一个村庄或某一片地区的范围中一年风调雨顺，并能替人禳解灾、病，降福于人。日常生活中，“转山”、“插牌”、“安镇”等祈求风调雨顺、庄稼有收成的活动，都可由其进行操作。此外，婚嫁合“八字”，选嫁娶之日，给孩子取名等事，也可请其完成。

除上述外，互助土族还供有三宝佛、救世佛、绿脸菩萨、白脸菩萨。

因为天祝土族多从互助迁移而去，且多与互助毗邻，信仰神灵基本一样。而且，比如娘娘信仰还互有来往。

民和土族供奉最为普遍的是“清源妙道护国崇宁真君川蜀大帝威灵显化天尊”。当地人普遍称“二郎爷”。在所有举行纳顿的村庄的调查中发现，除了前河沟区域、中川虎狼城不供奉二郎神以外，全部信仰二郎神。二郎神在他们心目中，是最高一级的神，其神威无比。各村自己供奉的庙神威力在二郎神之下。所以有些人称二郎为“三川的总神”。关于二郎神进入三川的来源有不同的说法。一说甘肃河州一带的脚夫下四川做买卖，为了逢凶化吉，崇信二郎神，从四川偷来二郎神牌位，修庙供奉。1928 年，西北发生战乱，二郎庙遭火焚。朱家八户民众将二郎神牌位从河州迁来，用柏木雕像，供在村庙；一说清同治年间河州回民起事，汉民逃难时把二郎神抬到黄河北岸的赵木川，寄存在郭家庙。后来逃难的人没有回来，二郎神就未能回本庙而长期留在三川了。至今认为二郎神的本庙在甘肃省积石山县四堡子乡朱家村。也有人说二郎神是从河州偷来的。还有说二郎神是很早以前朝廷派到此地的一位名将，因治理地方有方，死后人们为其塑像，供奉敬仰的说法。

二郎神，除在三川大面积供奉之外，在同仁土族乃至于藏族中也有供奉。如，土族村落年都乎村村庙名为“二郎神庙”，供奉“果茂日朗”（二郎神），尕沙日村供奉“素和日朗”（二郎神），郭麻日村供奉“伯哈日朗”（二郎神）。在当地，虽然这三个村供奉的都是二郎神，但还是具有一定的区别，据说是三兄弟。在同仁的四合吉村、保安尕队、隆务镇藏族也信仰二郎神，或建有庙宇，或与其他地方山神共同供奉于一庙，有的塑有塑像，有的仅在侧殿绘有画像。不过，在这里二郎神无论从形象还是称谓上，都发生了巨大的变化，二郎神已经变成了藏传佛教的护法神形象。一般为忿怒像，怒目圆睁，第三只眼在这里不复得见。

关于二郎神，在同仁土族、藏族之间流传很多相关传说。关于果茂日郎神的传说，“二郎神、古木日郎神和贵德县藏民供祭的某神，原来是兄弟三人，均是被皇帝放逐到青海来的。古木日郎原是皇宫里掌管财务的官员，是年都乎村供祭的财神。人们外出做生意，都要在出发前向古木日郎神祈求保佑，许愿挣钱回来后要献绸缎，无数次地念诵《礼赞》、《酬补》。由于古木日郎神的保佑，外出者大都能挣钱回来，因此，年都乎村的生活不错。古木日郎是外来神，对年都乎村的外来户更为关心。年都乎村有一从果洛来本村成家定居的外来女婿，名叫赤博。赤博1996年年初外出做生意，回来时遇到大雪。他怕回不到家，连尸首都遗弃外乡，万般无奈，祈求古木日郎神相救，许愿回到家后一定供献蒙古袍和绸缎，无数次地念诵《礼赞》和《酬补》。结果，他们所乘的车翻了。曲麻村的同行者死了，其他四人受伤，唯独赤博安然无恙。”“二郎神原是一名武将，有一次战败后被皇帝处死，灵魂被发配到二郎山，修行后成神。它先是被汉人信仰，后来被当地藏民供奉。二郎神，藏语称为‘阿米木洪’，住在四川境内二郎山，藏族原不供祭他。100多年前的一次战争中，当地藏民供祭二郎神祈求护佑他们打胜仗，因为二郎神是战神。结果，他们果然打了胜仗，便认为是二郎神护佑助战的结果，开始供祭二郎神。‘六月会’上，舞者手持三角旗（战旗）、刀、矛，口喊‘唉哈—唉哈’（胜利之意），跳方阵舞，庆祝他们的胜利，表现对二郎神的敬仰。二郎神喜欢血祭，是善神。人们只要信仰他，按时供祭，他对什么部落都加以保护。”①二郎神的外来属性没有人持怀疑态度，而且二郎神在进入同仁以后与当地民间信仰发生了较大程度的整合。

民和土族除了二郎神为大多数村庄供奉信仰外，各村有各村的庙神。多供奉洪石宝山摩竭龙王、九天威方太乙圣母元君、花果山水帘宝洞锁劫大帝、积石岷山显圣通雨大王、黑池龙王等诸神灵。有些神是被若干个村庄共同信仰的。这些村庄之间在过去均存在一定的联系。比如，前河涉代

① 陈景源等：《青海省同仁地区民间宗教考察报告》，《西北民族研究》1999年第1期。

沟，聂家庙从喇家庙分出，王家庙又从聂家庙分出，故视喇家庙为老庙。在过去三个村共为一庙，随着村庄规模扩大，出现了分庙，但仍然供奉老庙神。在纳顿刚恢复时，杨家、文家、祁家三村同一个庙同一个纳顿，在两年以后由于三村合起来规模过大，出现矛盾导致了分庙，所以目前两个纳顿供奉同一个庙神。而且，赵木川、前河沟两大区域供奉的神灵基本相同，这可能与相同的地缘有关系。

在上述各个庙神的传说中，都涉及庙神是被“偷来”的这样一个共同现象。为什么会普遍出现这种现象呢？引起了笔者的注意。这种现象可能与人口迁移存在密切联系。过去，自河州进入三川的人口定居下来以后，在从事农业过程中肯定会以过去传统的信仰方式来进行农事祭祀等活动。起初，只是书写牌位供奉。随着他们逐步适应三川的环境，人口的不断增长以及生活水平的不断提高，便产生了供奉塑身的愿望。大家都认为塑身比牌位更加灵验，在可能经受若干干旱的折磨以后，这种思想更加得到强化，而且付诸实践。那么，怎么样才能得到塑身呢？在当时的条件下，唯有从家乡去偷回来一个是最直接、有效的办法，而且老塑身肯定比新的灵验。在调查的老人中都有一种说法，过去普遍有偷神的习惯，因为，当时大家比较贫苦，维持生计都很困难，而制作一个塑身的花费很大，无力承担。更有趣的是，至今在土族人民中流传着“神是偷来的灵”的说法，认为神如果是从正常渠道请过来的，那么，他既不会久留，也不会那么灵验。实际上是文化接触中发生的采借现象。

民和地区有村神和家神两类，除了以上的村神外，家神是每家所供奉的一位特殊的神，作为该家的保护神。家神有祖师爷、灶君娘娘、白马天将、金丝绵羊、牛头护法、丹煎他母爷、他母爷等。丹煎他母爷与他母爷是喇嘛神，必须家中有人当喇嘛方可供奉，每年农历除夕至正月十五日展开，其他时间卷起。对于家神，除了初一、十五烧香点灯，年节上供外，每隔三年举行一次大祭，赵木川地区是每年祭一次。祭时，须请法师跳舞请神，点香烛，烧黄表纸。这时可向家神求问一些问题，如年成如何、家宅人口平安否等。此外，赵木川土族人家，大多供有“打拉尕”（护法神箭），这是一根箭形木杆，上有羽毛，箭头向下。“打拉尕”一般插在装有各种粮食、纸钱、棉花、茶叶等物品的木斗中，供在菩萨旁边，象征五谷丰登，粮食钱财像箭一般飞入家中。有的养羊人家，还将其供奉在羊圈中，以祈求保佑羊群平安、兴旺。

土族人家，尤其是老家（一个扩大家庭的最初的庄廓）基本都有家神供奉。家神，土族语称“却康”，虽然如今不是每家每户都供奉家神，但认为在需要的时候只要祈求，家神会莅临祈求的家庭来保佑的。据说，文家村的村民原来居住在现今文家寺的位置，在今之香康（文家寺后一高台）上供奉有“牯虏旦箭”（山羊神），亦即当时文家村的“却康”。后来遭遇洪水，二十六户（今中川乡马家村十户，杨家文家祁家六户，鄂家八户，甘家一户，石头沿一户之合计）在今之文家寺位置修建喇嘛寺，而原先居住在这里的文家村民被劝说进入今之文家沟内居住。这里，隐含一个历史记忆，就是在藏传佛教进入该区域之前，这里信奉的宗教是属于萨满教/抑或本教的神灵。二十六户至今仍然是文家寺开展与世俗交流活动时的范围的指称名词。如今马家十户，杨家文家祁家六户，鄂家六户已经发展成为几百户人家了，但实际生活中仍然用二十六户来说明、指称这些村庄，以及属于这些村庄的人口。

因此，文家家神全为“牯虏旦箭”神。据说旦箭为铁匠，对铁器看管、追踪得十分仔细，而且对于铁特别重视，不容有丝毫的流失。有一则传说：文家村一村民的旧房卖给一外村人，因为是旧房，在拆房时主人没有将门上的铁链取下而顺便带到了买房人家。后来，旦箭神追踪不懈，让买房人不得安宁，最后在别人指点下将门上铁链送还以后才得以解除疾患。

在家人心中祈念旦箭神时，神就会保护家宅平安，不让邪灵恶气进入家宅。而一旦开罪了旦箭神，就会导致神不在其位，离开家宅而去，使家宅失去保护。这样，家宅就会闹疾病，家宅不安。

旦箭神的形象，被描述为骑着山羊，即山羊是其坐骑。村民们家里赡养的“乞调尔乙麻”[①] 就是为旦箭神供献的坐骑。一般，每年腊月让喇嘛颂经喜神，给“乞调尔乙麻”换上新装饰，即更新。有些家庭向旦箭神供献“乞调尔乙麻”后，神灵也就记住了该人家的供献，即习惯了该人家每年定时的供献。这样，如果供献的人家不再按时更新，旦箭神就会生气而让家宅不宁。如果从最开始就不供献“乞调尔乙麻”，旦箭神也就因为习惯了而不会怪罪于没有供献的家庭，仍然会保护家宅。这里，不是家神直接让家宅不宁，而是家神脱离保护的家宅，致使其他恶灵进入家宅而

① 被专门仪式列为专供神灵使用的山羊，每年腊月择日由喇嘛念经并更新栓与头上的五彩布条，乞调尔，即彩色布条的专称，该仪式称为“乞调尔护俩”，即系彩色布条。

致。其实，“乞调尔乙麻”是放生的变异形式。

同样是属于二十六户，各村的家神是不一样的。例如，鄂家、宋家、甘家家神为“塔木”，即骡子天王；祁家为“广布”；杨家与文家同，但杨家村的小姓张家的家神为“羊四爷”，也是藏传佛教的神灵。有些村落、家庭供奉黑马神、杂神等家神，实际上是藏传佛教的神灵系统中的神灵。应该是在土族民众皈依藏传佛教以后，各村分配了不同形象的神灵供奉。至于不同，是否是因为大家供奉同样一个神灵，会觉得他忙不过来而会耽误对各家各村的保护的原因呢？

对于灶神，农历腊月二十三“祭灶”，俗称“过小年”。据传说，灶神是玉帝派往各家监督过家之道的神祇，一般都供在灶上。汉族在腊月二十三下午，每家都用秫秸篾子扎成三匹马，在面箩里放些草料“喂马匹”，边“喂”边诵道：“大马驮金，二马驮银，三马驮聚宝盆”，意谓送灶神上天述职后给该户驮来财宝。晚饭后，全家在灶旁边祭祀，将灶神像从墙壁上取下来放在马背上，然后用糖瓜粘在灶门口上（意谓以糖瓜糊住了灶神的嘴，灶神无法在玉帝在面前说坏话）并祷告：“灶王上天，好话多说，坏话少说，破的烂的给瞒着。”祷告完毕，焚化纸马。祭毕，家人分食糖瓜。七天后的腊月三十，灶王下界，家人将一幅新的灶神像贴在灶墙上。灶王像边上对联一般是“上天言好事，下界降吉祥”，横批为“一家之主”。

民和土族的祭灶活动，已经不这样完备了，但仍然保留着燃灯、点香、供奉牌位、钱粮，以及接送程序。送时，揭下旧灶爷像（印板印制的），烧钱粮及旧像，说“上天言好事、下界降吉祥”之类的话语。送走灶神以后，才可以大扫除。迎接时，在三十晚上，在庭院洒扫结束，煨好桑，贴上对联、钱马，点上香灯，叩首请万神万将降临享受香、烟。迎接后，供上新的灶神像，其前供上香、灯。这些与汉族的送灶神习俗基本没有很大差别。故此，新年初一、初二、初三三天在还没有送神灵归去以前，洒水时要特别注意不能洒得太高，要求贴近地面，因为家中这三天到处是神灵，防止将水洒到神灵身上。请万神万将降临后，这三天每天早晚要点灯、上香、叩头对神灵致敬。初三早上送钱马、送万神万将。三十晚上贴上钱马以后，追债人不能向欠债人催债，要待到新年结束，即十五以后才可催账。

供奉的灶神，或在灶神牌位上写上“供奉东厨司令灶君娘娘之神位”，或在厨房正中墙壁上，点上一圈白点，中间贴上黄表纸。铲去白点即为送灶。祭灶时间大多为农历腊月二十四，由男人主持。

互助地区供奉的灶神是在厨房的墙上抹一块黄泥，上面再用石灰或白土点满成圈或三角形即成。祭时铲去白点为送灶神，重新点上为迎灶神。届时在神位摆上五个左右馍馍，点一盏油灯，把神位的白点用泥涂掉，再用白面竖向点三点，以头触地叩头，就把灶神送走了。次日早晨把灯和馍馍拿走。送灶神由家中主妇主持，忌姑娘主持和食用供饼。这与汉族不少地方不准妇女参加祭灶活动有区别。

互助地区农历除夕接财神，届时在院中煨桑、点灯、磕头。民和地区每家所供财神，是用黄表纸写着“供奉金轮福禄寿三大财神之神位”，农历初一、十五烧香、点灯、烧黄表纸，年节时加供馒头。

互助、民和地区供奉的门神都没有像，初一、十五和农历除夕点灯、供馍都放在门后面，认为门神在门后。现在，随着接受汉文化程度的日益加深，一般在除夕前一天贴五色门神像于门上，两尊门神，一为尉迟敬德，一为秦琼，均作怒目而视、杀气腾腾之状，认为门神可防止凶魔进宅。

木匠、铁匠等在过年时，将自己的工具摆上供桌，敬奉。从本质上讲，“祖师情结”是中国民众根深蒂固的祖先崇拜的延伸。在各个行业中，“师徒如父子”。父母养成，师父传艺，那么，徒弟对师父也就应该像儿子对待父亲一样，毫不怠慢地加以供奉。崇拜祖师与祖先崇拜具有很大的相通性，加上祖师开基立业，功泽后世，后人从报恩的基础上又油然而生敬仰之心，正如周庆云《盐法通志》所说：“古圣人开美利之源，以贻万世。后人必有报祀之典，以答其功。下至贩夫佣竖，亦知求其始事之人而奉祀之，若酒则杜康，茶则陆羽，其类甚多。”① 行业神崇拜是民间信仰的一种类型。在社会分工和行业产生之前，神灵崇拜就已经产生了。但是当时还没有行业分化，也就谈不上行业神灵及其崇拜。可以说，行业神崇拜是随着社会分工和行业发展以及行业观念在人们心目中的逐步确立而出现的。有了社会分工和各种行业也就有了自己的利益要求，这就需要制造出适应本行业特点和需要的、用来护佑本行业利益的行业神。

土族中也有文昌帝君的信仰。文昌由魏晋以前的司命之神转变为隋唐

① 傅才武：《中国人的信仰与崇拜》，湖北教育出版社 1999 年版，第 42—43 页。

以后的主管文章仕进之神，其间经过了一次神职转换，是文昌与梓潼神合二为一的产物。梓潼神本来是蜀中民间俗神，但是后来扶摇直上，成为天下奉祀的神灵，原因一是梓潼神响亮的名声，二是其神祠据蜀道之地利，让南来北往蜀道之人竞相顶礼膜拜。而唐代受到帝王敕封是其神格地位发生转变的契机。南宋时期梓潼神随着蜀中士人外出而流溢江南，元代敕封为文昌帝君更是凸显起主文运的职能。明清时期达到信仰的极盛期。在作为民间信仰道教化的重要时期的宋代，民间的梓潼神也被道教经过一番理论改造后吸纳进入道教神系①。在土族民间信仰中，文昌帝君成为文昌爷，被赋予主管疾病。如果遇到小孩生病，向文昌爷焚化钱粮、宝盖，祷告。在村庙中多有供奉。

土族民间信仰中的人神关系，实质上表现为一种实用关系，人神之间表现出明确的功利目的。一、人们对于神的崇奉，并不是真正意义上非常投入的真心的信仰，而是出于一个明确的而且直接的利益的驱使；二、故此，大多数人的求神活动，是在认为需要神灵的时候才会想起神灵，利用神灵，而且在需要的时候神灵会按照人的要求准时出现在求神现场；这样表现了人的求神的急功近利性；三、神灵能够满足人的愿望时，人就会好好敬奉神灵，而不能满足愿望时人们会逐渐认识到它的无能而主动疏远它，荒废其庙宇；人对于神的崇拜是出于功利目的，人神之间的关系为互相交换的对象而存在交换关系，人在得到神的保佑后要向神进行酬谢报答，并以实物形式进行。对神物化的报答中如献祭是人神互惠互利观念的集中展示；四、当感到是鬼神在危及人们时，又会采用驱神赶鬼的办法。这是民间实用主义的极端表现，人制造了鬼神，人利用了鬼神，人还可以驾驭鬼神。为此，人们发明了各种法术、法器，诸如道符、咒、神剑等来驱赶鬼神、驾驭鬼神、控制鬼神。

（二）祖先崇拜

中国是一个看重祖宗和子孙的社会，个人是上下、前后联系的一环。中国文化的特点之一，就是将个人纳入祖先与后代的历史连续性之中。“只有将祖先崇拜视作整个家庭和亲属关系的组成部分，祖先崇拜才能得到清楚的理解。鬼神对他们的后代拥有权能，它们在后人中发挥着对行为施加道德约束力的作用，监视着后人彼此之间履行义务，如果后人没有这

① 张泽洪：《论道教的文昌帝君》，《中国文化研究》2005 年秋之卷。

么做，便惩罚他们。”[①]

在土族社会中，维系家庭、宗族、村落社会的基础仍然是基于宗法制度的血缘亲情，并在此基础上建立起相互依赖的社会人际网络。置身这种人际网络中的每一个人，父母与子女间、家族成员之间乃至整个村落被认为均存在生物性的血缘关联，并确定村落成员之间的辈分关系。因此，他们都是一个以血缘为基础的整体，祖先的功德是繁衍了子孙，没有祖先也就没有后人。人的灵魂是不灭的，即使祖先仙逝，其灵魂仍与大家同在，他（她）应该受到特别的崇拜和尊敬。享福之人是在收获自己或前世清白人生的成果，而身处逆境则是在为自己或祖先前世的恶孽赎罪。因此，祖先在宗法制度和小农经济的价值观念中被奉为神明而有了祖先崇拜。以家庭为单位进行定期的祭祀，也使家庭具有了信仰与祭祀的功能。一个人可以不信其他神灵，但他一定会崇拜祖先，在逢年过节时对祖先进行祭拜。土族人进行祖先崇拜的缘由，认为生人的苦痛或幸福源自于祖先，一个人在仕途、学业、生产生活诸方面的成就，均为祖先之灵的荫庇；反过来，他的成就也能为其祖先增光添彩。其次，已故先人仍然具有与生人同样的欲求。为了使先人庇护生人，生人就得尽义务和责任供奉祖先。根据个人或者家庭能力，他们在先人忌日要为先人诵经祭拜、纪念，烧送纸钱等各类冥界生活用品，以便其在另一个世界舒适生活。其三，先人和生前一样一如既往地帮助、照看着阳间亲属。生人的生活可因祖先在阴间的某种努力而有所改善；祖先在阴间的福祸，也会因阳间后代的世俗言行而增减。土族人与祖先的关系如同阳间家庭成员间的关系，他们像对待在世亲人一样对待先人。

祖先崇拜与中国集体意识浓厚的联系起来[②]。祖先崇拜，将祖先神化而居于一端，一端是子孙的繁衍之线，中间是在世的人们。在整个祖先崇拜的框架内，个人只是一件小小的构件而已，祖先崇拜是整个集体的反映，是集体意识的体现。古代，最早的舞蹈是集体舞蹈，音乐是集体鼓噪，神话是集体的百科全书。以宗族关系为核心的集权文化，其观念是以社稷为重，强调“亲亲”、“人伦”、“位序”为本的集体规范模式和因袭

---

① ［英］E. E. 埃文斯·普理查德：《原始宗教理论》，孙尚扬译，商务印书馆 2001 年版，第 133 页。

② 邓启耀：《中国神话的思维结构》，重庆出版社 2004 年第 2 版，第 133 页。

规范模式的集体意识。这里，个人的意识被淹没在集体意识的潮流之中。祖先崇拜的实施，是建立在宗族等集体之上，对于个人，尤其是个人主义极为强烈的人，是谈不上祖先崇拜的。所以，祖先崇拜在一定程度上，反映的就是集体意识。“许烺光认为：中国人的家庭、亲属中有一种持久恒定的关系，每个人都被固定在这个关系网上。他的所有社会性需要都能在这里得到满足。由于自己集团内的东西和集团外的东西对他来说具有根本不同的意义，他通过人生体验认识到不同的状况存在着不同的真理，故这种类型最基本的文化心理指向是情境中心，即个人对世界的反映不是统一的，而是根据自己的集团和外部集团采取不同的标准。在这种文化下，人的基本的行为模式是相互依赖，即在亲属关系网络中，别人依赖他，他也依赖别人。每个人都十分明确自己的义务和责任，也十分明确对被赋予的东西要回报（尽管回报的时间也许很迟）。”①

充满伦理意义的祖先祭祀中，既满足了生者追念亡人的感情需求，又使子孙与祖先的血脉象征性地联系在了一起，个体的生命在这一瞬间获得了无限延伸，实现了永恒和不朽。这就是在孝的伦理学背后所潜藏着的巨大的宗教心理动因。尤其是对于那些立德、立言、立功“三不朽”于其都不现实的普通百姓而言，“不朽”只能在世代繁衍的血脉相连中实现。子孙的传承、生命的延续，不仅是稳定父权家长制社会的中流砥柱，而且是对个体有限生命的超越，是对死亡的超越。血脉传承中任何一个个体生命的中断，都可能会导致整个血脉的断流。家族香火的永恒延续和族类生命的无限传承，正是以祖先崇拜形式表达的孝道的实质性内涵。只有从这个意义上，我们才能深刻理解孟子“不孝有三，无后为大”的中国人心目中的分量。在个体小农自然经济和宗法封建制的社会中，祖先崇拜是人们感情的一种归依和寄托。它远比一般的神灵崇拜更为普遍和深入，同时也更合乎人情。

土族人对待诸神的态度完全不同。大多数人对于祖先只有个人感情的投入，而对其他神祇则是承担一定的义务和责任。春节的鞭炮和团圆饭，只是这个全年最重要节日的表象，其本质意义不仅是于现世生人的全家团圆，也包括生人与先人的团圆。从农历腊月三十到正月初三，与天地等神灵一同供奉的祖先每天都要受到祭祀。在大年初一凌晨，到祖坟祭奠，焚化纸钱、尚阔（油炸薄方形面饼），还加上茶叶、香烟、棉

① 杨知勇等：《神圣的解构——民族文化研究的多维审视》，广西教育出版社1998年版，序。

花、香以及各种节日食品，燃放鞭炮。初一至初三每天黄昏时到祖坟或向祖坟方向焚化同样的物品。这种与祖先象征性的团聚，在清明节进行的上坟祭祀活动是一年中最为隆重的一次。届时，所有家庭成员要为先人扫墓，为坟墓添土修整，平整周围环境，改善坟墓周边环境，供奉食品，燃放鞭炮，焚香叩头；有些村落至今仍然在村落公共墓地上，与祖先共进野餐。目前也有分化为只在村落公共墓地祭奠后在家族墓地聚餐的状况。如果因为认为是祖先护佑而得子，则在墓地进行还愿祭祀活动，为祖先献牲致意。将活牲在祖先墓地让祖先领牲，即在祖先墓前向活牲头上、身上洒上净水、白酒，如果活牲摇头摆尾则表明祖先已经领牲，后宰杀并煮熟以后，又在祖先面前将祭牲各部分拼成整体形状，并以其心脏一剖为二作为占卜用具进行占卜，决定祖先是否领牲。领牲以后，在墓地聚族而餐，饮酒作乐，意在与祖先相聚同乐。有些家族还给祖先坟墓披红挂彩，在坟墓上覆盖崭新被面让祖先欢喜。另外，在土族的重要节日如纳顿等时也要给祖坟烧纸。

相互依赖的社会关系原则也渗透到了祖先崇拜的意识中。靠祖先的荫庇可以得到阳世的富足；而祖先之灵也希望获得祭祀，以免荒野游魂之忧。有些人经常会做梦，梦见自己的祖先在向自己诉说他受冻挨饿，或者说受到别人的抢夺，等等，就会马上烧纸奉送纸钱以及在梦境中提到的需要物品。有时梦到自己在不停地捡到钱币，认为这是在收受后人给你烧来的纸钱，也推论出自己前生也是人，即前生的自己今生也托生为人了。因为根据转世投胎的说法，如果前生作恶过多，死后会托生为畜生、下地狱，而积善做好事，会托生为人。

土族人还认为，在安葬祖先时发生差错（如没有按照既定的穴道安葬、没有严格按照长幼顺序安葬、违背不能在墓穴中存在金属的禁忌）、有时得罪了祖先，祖先也会殃及家人，必须进行禳除。届时在请法拉、法师或者阴阳先生测算、占卜、跳神而知道事情的缘由之后，进行禳除仪式免除对家人的危害。

对祖先的崇拜，不仅涉及了一个家庭、家族的利益，其基本原则已经深深植入了土族民间文化的深层结构中。他们认为，某家族人丁兴旺、势力发达也和其始祖的善行及其墓地风水好密不可分。由此可见，祖先崇拜在土族人的精神世界中占据着多么重要的地位。

祖先崇拜中，不容忽视的一个内容是，对于坟墓的观念。坟墓作为死者埋葬的标志，是生人为死者建造的，但其意义却是为生者服务的，它是生者与死者沟通的一个固定场所。在特定的时间，人们通过到坟墓祭奠已经逝去的祖先，来回忆死者，并通过祭奠活动强化家族的礼俗和教化。在建造坟墓后，死去的人的“虚无”通过坟墓这种具体的形象，将“虚无”转化为了实在的存在。

尽管在20世纪80年代起经济结构上开始有了一些变革，人们思想观念得到不断进步，一些受到新式教育的人，对祖先崇拜开始有了一些新的思考。例如，有些人开始关注子女对老人在世时是否孝顺，而不提倡在世时不孝顺而死后过度铺张办丧事、祭祀祖先，“活时没孝顺，死时干哭声”。主张“祭而丰不如养之厚”，提倡老人在世时要尽孝，尽力服侍周全。但整体而言，长期以来形成的祖先崇拜意识依然稳固。

相比之下，土族人对其他神灵的态度是，他们在灾难临头时马上会向传说可提供援手的神灵祈祷，献上供奉并举行祭祀。

“祭鬼与祭祖，从被祭的对象、祭祀者的感情态度以及祭祀的地点、祭品的数量品种看，存在着一定的差别。例如祭鬼所祭是外鬼、野鬼，祭祖所祭的则是家鬼、祖灵；祭祀者对野鬼、外鬼的感情态度表现为恐惧、厌恶，对家鬼、祖灵则主要表现为敬畏。但家鬼、祖灵从根本上说，也属于鬼的范畴。基于这种认识，我们在研究中一般将二者放在一起进行考察。”① 指出了鬼灵崇拜与祖先崇拜的联系与区别。但是，本书从祭祀方式、规格、在日常生活中的影响范围等考虑，祖先崇拜从鬼灵崇拜分化，已经成为了一种可以与鬼灵崇拜相并列的方式。而且从行文考虑，将祖先崇拜另外划出，利于考察和篇幅的安排。

（三）鬼灵信仰

原始先民由于无法正确解释梦、影子、昏迷、濒死体验而产生了人具有灵魂的观念。推人及物，灵魂观念由人类本身扩大到了自然界的万物，产生了万物有灵观念。万物有灵观念为鬼魂、神灵的产生打下了理论基础。但是起初人魂与物魂、人鬼与物鬼浑然一体，并未截然分开。随着人类社会的发展，原始先民的鬼魂观念从灵魂观念中分化出来，成为与自然物灵魂相区别的一种范畴，在灵魂观念、鬼神观念中加入了等级观念，认为鬼神、灵魂有善恶、有等级。

① 赖亚生：《神秘的鬼魂世界：中国鬼文化探秘》，人民中国出版社1993年版，第80页。

萨满教在土族民间信仰中遗留了很多内容。“在萨满教中，灵被分为神灵、魂灵、鬼灵三种。神灵是人们对自然界的万物之灵加以神格化的产物，是对自然现象、自然物等背后超自然力量的崇拜，是萨满教崇拜的最主要的对象。人们只能对其崇拜、献祭，而不能利用和控制，在神灵面前人是懦弱的。魂灵则是存在于人或动物体内的超自然力，随着人或动物的死亡，魂灵也离开人或动物身体，或去天界成神，或去下界为鬼，人们可以利用一些魂灵，以达到自己的某种目的，人在魂灵面前处于既崇拜又利用（控制）的一种既被动又主动的双重地位。鬼灵则是人间一切灾难的祸根，在鬼灵面前人既表现出恐怖的情绪，又有因厌恶从而控制、驱赶的行为。它是萨满在宗教活动中驱赶的对象。”① “有些研究萨满教的学者认为萨满教信仰中有三种魂灵，并分别称为‘生魂’、‘游魂’、‘转生魂’。……笔者认为，上述萨满教的‘三魂说’是不能成立的。这三种形态的魂，实际上是一个魂灵的三种存在形式。‘生魂’是魂灵在人体或动物体内的存在形式，‘游魂’是魂灵暂时脱离人体，在人体外的活动形式，而‘转生魂’则根本不是萨满教固有的东西，只是佛教轮回转世的观念在萨满教中的影响。”②

关于灵魂，土族民间认为人有三魂七魄，在人死亡以后从天灵盖离去。在人刚刚死亡之初，看见人们哭丧，会在每个人面前观望，尚未意识到自己已经死亡。直到听到喇嘛诵经超度的铃铛声，才会意识到自己已经死亡的事实。三魂，其中一个守尸身，一个超升离去，一个为守尸身的寻找吃食。梦时，梦到的经过的路径、见到的东西等是灵魂出去游历时见到的东西。

灵魂观念是一切宗教观念中最重要、最基本的观念之一，是整个宗教信仰的发端和赖以存在的基础，是全部宗教意识的核心内容。如果没有超自然的不朽的灵魂观念，就不可能有超自然、超人间的神灵观念，从而也就不会有所谓的信仰本身。

灵魂信仰的核心有二：一是灵魂可以外出游荡，离体外游；二是肉体虽死而灵魂还在③。灵魂离体三种情况：一是暂时离开，导致疾病，失

---

① 迪木拉提·奥玛尔：《阿尔泰语系诸民族萨满教研究》，新疆人民出版社 1995 年版，第 103 页。

② 同上书，第 116 页。

③ 马昌仪：《中国灵魂信仰》，上海文艺出版社 2000 年版，第 121 页。

神；二是离体寄存于他处；三是永久离体，即人死亡。

土族的宗教观认为，人患疾病有三种原因：一种是碰上煞气或祟气；一种是被鬼魂所害；一种是丢失灵魂。煞气被认为是一种恶气，人若碰上，便出现绞肠、胀肚、曲体、死亡等症状。而若碰上不干净的人，如行路疲倦者，披麻戴孝者，即患祟气病。鬼魂如行乞，乞者无得便害人，使人头痛、不进饮食，如能送鬼食物、阴钱，患者即愈。还有一种野狗鬼使人昏迷、头晕，治这种病，用面做一野狗，上搭五色长钱三个，将其赶出门外。若有神经错乱，口中胡语者，认为这是鬼魂入身，是鬼借人嘴说话，治此患疾，或斩草人，或刺患者虎口，或将患者两指并拢，用倒捻麻绳紧紧捆住，使鬼不忍痛苦，离身逃去。娘娘鬼入身，使人唱哭嫁歌不止，这时，用碎布做一出嫁的小姑娘，医者数人按出嫁习俗将其送至十字路口烧掉。亡人鬼常使人畜死亡，家道衰败，认为这是犯了丧门，请萨满掘其先人之墓，用粗柴棍破其棺，鞭其尸，将死尸火化再埋，可治丧门①。

灵魂，土族语称“素尼斯”。在民间尚有招魂之俗，土族语称“苏捏斯道达”。他们认为，每个人都有一个灵魂附体，若魂不守舍，这个人便会死亡，所以人们最怕丢魂。一旦某人没精打采，不思饮食，精神委靡，软弱无力，小孩会啼哭不止，认为丢了魂，需要招回来。若是平时受了惊吓，则就地撮土入怀，以防丢魂，对孩童更是如此。举行的招魂仪式，用面做一小狗，身搭红线，埋于灶洞热灰中，并拴在木桩上。在灶君神龛下立一擀面杖，搭红线。数人成队，领头一人在地上拖患者衣物一件，从厨房出发走至十字路口，边走边喊招魂词。招魂仪式中，常见的“招魂词”（汉译）如：“快点家里来，不要怕猪狗，不要怕妖魔，外面挨冻受冷，家中有热茶好饭。”一队人走回厨房门前时向站在门口的人问：“回来了吗？”门口的人回答：“回来了！回来了！”“在这里，喊魂要有人答应，亦是巫术之模拟手法。人的名字，在巫术的理解中与其人是连在一起的，名即其人，其人即其名，由此引申，其名即其魂，其魂即其名，因此，喊魂则要喊名，而喊名有应，才算喊着了魂。如无应，则魂是否听见无法断定，因此应声的环节在喊魂中便很要紧。有呼有应，魂灵应了，则必为喊者所牵回。这里固然有交感之原理，但也是对生活的一种模拟。因此，既

① 吕建福：《土族中的萨满教遗俗》，《（青海）社会科学参考》1985 年第 14 期。

是喊魂，必要应答，只有喊了，应了，方能起到效验。”① “人是现实的存在，失落的魂灵也被想象为和他们是一样的现实的存在，因而人用自身的生活和体验，去揣摩所失之魂，如同迷路人、失家人一样，所可能遇到的各种情景。”② 而验证灵魂回来没有时，在提前准备的内盛凉水、放入红枣三颗的锅内，用搭红线的擀面杖搅动凉水，看三颗红枣分布情况。如聚集在一起，说明灵魂叫回来了；如散开，则没有叫回来。这时，将擀面杖横放在锅口，盖上锅盖，到第二天看埋于灶洞灰里的面狗在不在，如还在说明灵魂已回来了，如不在，则认为面狗从烟囱内出走，灵魂还未回来。也有这样的方法，叫魂回来后，在厨房的地上，铺上患者的衣服，从不远处向衣服上滚去面筛，如果面筛倒扣在衣服上，灵魂就回来了，而扣不上或者滚出衣服外，说明灵魂还未回来。

“鬼”，实即取象于人，这个人的身份为巫师，巫师或披头散发，或戴了面具进入事神弄鬼的状态；或者说“鬼”字取象就是巫师事神做鬼的奇异形态。这位事神做鬼的巫师在招祭死者灵魂之际，自身又就是所招祭之鬼；在进行驱鬼逐怪的巫术仪式中，自身又须扮成怪异可怖之鬼，也就是所被驱赶之异物；是二是一，亦此亦彼；人鬼同体，神怪一源。③ 说祖先神灵本来属鬼。“对祖先的崇拜，是鬼魂观念的进一步发展。就信仰对象而言，祖先的本质仍是鬼魂，所不同的只是与信仰者有血缘方面的关系，被视为本氏族、本家族的神秘保护力量。”④ 土族人心目中，鬼、神、祖先灵魂还是有区别的。

在村民看来，祖先的性格是可以捉摸的，与他们生前的性格一样。他们给子孙的伤害是偶然的，在子孙做了不道德的事时才会惩罚子孙。在祖先与鬼的区别上，可以从烧的纸钱多少、祭祀地方、时间上区分。鬼的最大特点是欺软怕硬。被鬼撞着的人通常是那些八字不硬、性格懦弱、胆小怕事的人，村民说这样的人“火运低”，走起路来没什么脚步声。而相反“火运高”的人八字硬、胆子大、刚强，走起路来风风火火的，脚步声很响，鬼是不敢惹的。经常被鬼作祟得病的是小孩子。鬼出没的地方是不固定的，通常是某些偏僻的地方，但具体是哪里就不清楚了。人们会告诫那

① 张紫晨：《中国巫术》，生活·读书·新知上海三联书店 1990 年版，第 125 页。

② 同上书，第 152 页。

③ 臧克和：《说文解字的文化说解》，湖北人民出版社 1995 年版，第 336—337 页。

④ 赖亚生：《神秘的鬼魂世界：中国鬼文化探秘》，人民中国出版社 1993 年版。

些所谓“火运低”的人不要去那些偏僻的地方。但是在鬼面前人是比较被动的，只能给些钱打发他们离开，有点像打发乞丐。因为鬼是比较厉害的，难以捉摸，人没有力量与之对抗。人们对鬼是厌恶和畏惧的。同样在外面太软弱会被人欺负，这种对鬼的态度影射出人们对外在的危险的态度。

由此可以归纳出人们对祖先与鬼的观念。祖先是家庭现世的权利义务关系的延伸，子孙有义务祭祀祖先，延续家族的香火，而祖先在享受子孙祭祀的同时也有义务保佑子孙。人们与祖先的关系是纳入一个权利义务编织的网中，而鬼是死后无人祭祀的，不受权利义务关系的支配，是在这张网之外的。所以人们用整扎或整包的纸钱来象征与祖先的紧密联系，而用散的纸钱来暗示鬼的飘忽不定性。而且，互助土族叫鬼为“夜列矣”，民和土族虽然叫“都古里”，在说人漫无目的的游荡时用“夜列”。“夜列”，土语有“游荡”、“居无定所”的意思。从语汇上反映出鬼的飘忽性。

民间信仰中关于人、鬼、祖先及神灵之间的转化关系，呈现出人际关系网络所类比的认知系统在鬼神信仰中的投影。失去社会关系网络而不能得到祭祀的鬼灵，成为家族和社会的禁忌，但是由于禁忌与神圣的一体两面性，民间使用祭祀的手段，将禁忌的鬼煞纳入社会关系网络中，而达成人与鬼灵之间的和谐①。

土族社会至今仍然存在驱鬼、捉鬼的仪式。

鬼灵信仰，是土族信仰中对“半神半鬼”之物的崇拜，亦与精怪信仰雷同。“精怪，本来是指各种自然物——山川土木、飞鸟潜鱼、走兽爬虫，老而成精，便能通灵变化；而且常常参与到人的社会生活中来，多数是为害作恶，捣乱生灾，有时又能佑护致福。以后，又与自然界各种反常现象的总称妖怪会聚在一起。再晚一点，又与印度传来的‘魔’相混合。于是便有妖怪、妖魔、精魔等称呼。它们都有自然物做原形。这些自然物，古人泛称为百物。百物变出的精怪，周代的人叫它们做物彪。彪即魅。物彪有时又简称为‘物’。”② 在互助，“汉里且”的土族

---

① 吕理政：《天、人、社会——试论中国传统的宇宙认知模型》，中央研究院民族学研究所1990年版，第220页。

② 刘仲宇：《中国精怪文化》，上海人民出版社1997年版，第1页。

人说起“夫拉那然”土族的“猫鬼神”，脸上会变色，故而两地人做亲戚的较少；但“夫拉那然”的土族对“汉里且”的这种态度非常反感，他们说：我们的“猫鬼神”厉害，你们的“德德那”和“什达浪”更厉害。

民和土族聚居区的某些村庄同样也有这样的说法。也是谈“鬼”色变，尤其忌讳在被传说有“猫鬼神”的人面前谈及“猫鬼神”。

关于“猫鬼神”，在土族民间故事“黑马张三哥”中可见其蛛丝马迹：“……他们家里养了一只猫。三兄弟上山前再三叮嘱三姊妹吃饭不要忘记喂猫。人吃啥就给猫喂啥，不然猫生气后会把火弄灭的。三姊妹一直都按照他们的话做，人吃啥就给猫吃啥 。可是有一天她们炒麻麦吃，忘记了喂猫。猫生气，在尾巴上蘸水往火上撒，把灶火弄灭了……”由于没将所吃之物喂猫，导致猫弄灭了火种，这件事体现了猫的精怪性。在土族中，有很多关于有人被“猫鬼神”上了身，然后犯精神病，胡言乱语，之后请村庄上的神驱赶“猫鬼神”的传闻。在调查中，人们都认为猫鬼神是《封神演义》中的姜子牙所封，是一个半神半鬼之物。从“猫鬼神”是“某些人家所供养之物”来看，它其实是一种家神。作为家神，其主要职责是护佑家庭平安、发财致富。某些时候，还可以是战神和财神；另外家神还有一个重要职责就是守住自家财产。正如丹珠昂奔所言：某某家的家神厉害，仇家某人的或死或伤是被某家的家神推下悬崖或使了绊子，或使了咒而导致的传闻故事屡有耳闻。在土族人中，类似这类事情是“猫鬼神”所为的传闻亦很多。如惹恼了养“猫鬼神”的人家，晚上走路时，明明眼前是一条路，可一脚走下去，前面或许是陷坑，或许是悬崖。有时猫鬼神附体后，会导致人精神错乱，胡言乱语，处于一种“迷离”之状。从其胡言乱语中，告诉家人，它来自何处，为何而来，想干什么，等等。之后，这家人必须按其所吩咐的将它好好送走。如果对所供奉的“猫鬼神”毕恭毕敬，它还会帮助主人找来急需、所缺之物。如“猫鬼神”从别人家偷来肉、拿走锅中的饭等传闻也很多。但却无法偷走钱，故今天，土族人家面柜的提手下都置有一枚麻钱（圆形方孔铜钱），据说就是为防止“猫鬼神”偷走面粉而置。另外，还有“猫鬼神”将石头、土块、污秽之物扔到主人的仇家的说法。“家神也是一个心眼很小的神。他能兢兢业业地帮助你，但需要你点点滴滴地伺候周到，稍有差错、闪失，他就会发怒。家神发怒，不但不守护这个家，而且可以把自己家里的东西任意糟蹋或送给别人。因此，为了伺候好家神，主人要使家中保持清洁，污垢之物不能随便乱扔，好吃好喝的要请它先尝。”① 在调查中类似的传闻亦很多。据说，“猫鬼神”所住人家一般要特别干净，且家境要稍好。它想去住到一个家里，先会去试探，一般是将七种粮食（如麦、豆、米等）上下摆成一撂，放到堂屋间面柜中央，如若不想供养此时必须将其扔到离家较远的偏僻处，才会免去此灾。土族人对“猫鬼神”特别忌讳。日常中，不跟认为养有“猫鬼神”的人家来往，不准小孩与这家小孩一起玩，论及婚嫁，此为土族人忌讳之最。

作为家神的“猫鬼神”在土族的先民中，并不是一般平民家庭所供养的，而是家境比较殷实的贵族家庭的家神。这是因为养“猫鬼神”的人家，一般经济条件比较好，家中收拾得很干净；对养“猫鬼神”的人家，土族人都敬而远之，都不与他们做亲戚；养“猫鬼神”的人家，一般都与有类似传说的人家做亲戚；人们都不敢得罪养“猫鬼神”的人家，若行走间无意中碰面，必绕道而行或避在一面，不直接与其面对面而行，也不敢多看他一眼。从这种迹象可看出，以前的贵族家庭，为了维护自己贵族的身份，为了维护自己的利益，为了能更加便利地统治剥削平民，且不让平民有怨言，便以自己的家神为武器，将之强加于人们的心理之中，让人们对他们产生敬畏、恐惧的心理，从而被迫服从。“人类进入文明时代以后，随着社会分工的扩大，宗教与意识形态的其他形式和上层建筑的其他部门日益分离，与政治的界限也日益明显，但是二者的相互联系和影响依然存在。同时，随着阶级对立的加深，政治日益成为‘阶级之间的斗争’，益加需要利用包括宗教在内的各种斗争手段，于是宗教逐渐沦为阶级斗争的工具。”② 从此统治阶级开始利用家教来巩固自己的统治秩序，而神鬼观念亦成为统治阶级维护自己统治利益的工具。

“猫鬼神”本不属藏传佛教。日常生活中若给“猫鬼神”念经，“班爹”或“欢爹”们一般将其视为藏传佛教中之“特让”而给其念经。“特让，西北汉族地区成为魔鬼神，它是本教神祇在汉族中传播较广，影

① 丹珠昂奔：《藏族神灵论》，中国社会科学出版社 1990 年版，第 28 页。

② 吕大吉：《宗教学通论》，中国社会科学出版社 1989 年版，第 664 页。

响较大的一位，尤其在河湟洮岷等地。藏族称它是铁匠和小孩的保护神。喜欢骰子游戏，有天特、空特、地特之分。”① 从这部分内容来看，一方面，土族信仰中的“猫鬼神”与藏族信仰中“特让”的定义完全不符，根本不是“食肉的独足饿鬼”，更非“铁匠与小孩的保护神”；藏传佛教中有“八部鬼神”之说，在土族民间根本无此说法，也没有这么多的鬼神。此外，在土族人意识之中，也不可能将山神、“龙神”和“猫鬼神”归于一类。“猫鬼神”之所以成为特让，是藏传佛教在互助地区占据统治地位后之所为。关于“猫鬼神”的传闻，除在土族聚居地外，青海农区的藏族中也有，且也有人供养，汉族中也有传闻，但却没有供养者（在互助）。在民间传说中，“班爹”只能通过念经，对到人家中作祟的“猫鬼神”用好听的或威胁的语言劝；而“欢爹”和“勃”却能捉住它，并将它彻底地消灭，尤其是当“猫鬼神”和其他作祟的鬼怪听到“勃”的单面扇形羊皮鼓敲响或鼓柄下的小铁环发出的撞击声时，便会一溜烟地跑得无影无踪。故“猫鬼神”到底从属于本教还是萨满教，有待进一步考证②。鄂崇荣通过广泛的比较论证，猜测性地认为土族“猫鬼神”（独孤里）信仰中隐含着古老的“历史记忆”，告诉我们“猫鬼”信仰很有可能是古代鲜卑族的信仰遗俗，这种信仰文化随着鲜卑族与历史上多民族的融合汇入到一些民族的信仰文化当中③。

第二节　土族民间信仰的信仰媒介

虔诚信仰的人们认为人和鬼神组成世界，但是人神异处，又存在联系。信仰媒介，是沟通人与鬼神的桥梁。

一　土族民间信仰媒介概述

土族社会中，各种神职人员的文化程度均不是很高。信仰藏传佛教的喇嘛们，由于出家为僧，对于通过学校教育传播的汉文化的掌握水平十分有限，大多为小学以下水平；法拉、法师等基本是处于文盲，他们很少使

① 吴均：《论苯教文化在江河源地区的影响》，《中国藏学》1994 年第 3 期。
② 杨卫：《互助土族的信仰文化》，硕士学位论文，青海民族学院，2003 年，第 38—40 页。
③ 鄂崇荣：《土族民间信仰解读》，甘肃民族出版社 2009 年版，第 292 页。

用文字，对于经典的传授、技艺的传承都是依靠口授完成，也基本没有文字形式的经典，而且目前很多法拉等都是老年人，他们没有年轻的继承人，他们的整体文化水平十分低下；嘛呢其，是老年人的诵经组织，他们中有一部分人稍识文字，但也是勉强认识他们的“嘛呢干本”（嘛呢其的吟诵的经典），而且由于经典较少，即使不识字的嘛呢其在跟上诵念多遍以后，能够背诵下来，他们中绝大多数是文盲；阴阳先生，是土族神职人员中相对文化水平比较高的一种，他们要大量地使用汉字来书写道符、神牌等文书，没有一定的汉文字水平是不能胜任该项工作的，他们大多能够识文断字，但是水平基本偏低。神职人员的文化程度，决定着他们对于经文的理解以及对其信仰的“正确”而恰当的传播状况。由于主祭人员是土族民间信仰，尤其是信仰仪式程式化、系统化的主要载体，充当着解释者、承载者的角色，引导和影响着土族民间信仰的现状或者以后的走向。

民和土族的神职人员有法拉、法师、阴阳先生、眼见鬼等，互助土族的神职人员有勃、什典增、古什典等。由于区域差别，在名称上看起来有较大的区别，但是实质上是相同的。例如，法师与勃可对应，什典增与法拉可同等对待，民和过去也有古什典，只是现在已经消亡，而在互助还有保留。

二　土族的法拉、法师

土族的法拉、法师，是与汉族巫师同样的角色。法拉和法师，均为土族民间神职人员，有些文献中将二者混为一谈①，实际上按照二者的职能仍有相当大的区别。而其区别根本上可能由于其承载的文化来源的不同而有所不同。法师，类似于萨满，可能源自于土族传统文化的传承；法拉则有可能是随着接受汉族民间信仰的内容，而随之进入土族社会，即是汉族巫师的变异。巫师的产生是基于人类有了生死两个世界的观念以后。人死亡以后，生者希望死者的生命在另外一个世界中还能够得以延续的愿望下，人类有了沟通生者与死者的世界的想法，并产生了沟通两个世界的专门人员——巫师。巫师沟通天地，是作为人神之间的中介，借助于法器（诸如神山、神树、神鸟、各种动物等），在助手的帮助下能够上天见神，也能够把天上的神请到地上来。一般认为，高山是巫师借以登天的梯子，

① 刘凯：《青海民和三川地区土族“纳顿”新识》，《青海社会科学》2000年第2期。

神树是巫师借以上天的工具，鸟、鹰、虎等动物是巫师与神沟通的助手。土族法师在作法时，就是要借助于这样的工具、助手来与神灵沟通。

最早的巫师都是女巫，没有男巫。女巫的本领是能事无形，其所用的通神手段则是舞蹈。土族法师虽为男性，但在做法事时作女人打扮，至今仍然以狂舞通神。通过歌舞来达到降神通神的目的，歌舞是巫术的一个组成部分。通过舞蹈的巫术力量来影响自然界，改变自然界，也通过舞蹈来祈求或感谢天神地祇给他们带来风调雨顺、庄稼丰收的年景。

对异己力量的恐惧是原始神秘信仰产生的根本原因。人们既然将控制异己力量的希望交给了巫师（法拉、法师），而且巫师也应运而生，在社会中成为了沟通人神、人鬼关系的人物，而且由于其特殊角色，成为知识贫乏的社会中仅有的掌握少量的科学知识、天文知识、历史知识的人物了，自然也是当时社会中的关键人物或中心人物了。他们能够得到这样的待遇，不过是这样的一些原因而已：他们借用巫术"互渗律"的原始思维，充当沟通人神、人鬼的中介者，并以此角色转移了人们对鬼神的崇拜，将崇拜鬼神转换为部分的崇拜巫师；凭借多种发神巫术，给信仰者以一种神秘感；利用一定的"法术"来取得权威或信任；巫术与医术的结合。

土族群众认为法拉是人和神之间的媒介或沟通者，因而对其信仰颇为普遍，也受到普遍的尊敬。《民和县志》载："法拉"被视为当地"方神"的替身。他们平时居家务农，接受人们约请后或至神庙祈求风调雨顺、五谷丰登，或到人家中"捉鬼念咒"、"驱灾祛病"。其降神活动称之为"发神"："先由信徒焚香央告，继之法拉作神佛附身状，晃首打呵欠，忽脱衣赤裸上体，连翻跟头数个，两肋穿插铁制'铁签'一枚（粗长如拨火棍），时而用钢鞭（长约 80 厘米，由铁把、铁扣、铁棒构成）自捶肩背，时而说些与'发神'有关的话语。如果是二月二在神庙中发神，法拉还要用月牙形有刃铁器竖置额头并击出血来，名叫'开光'或'开龙眼'。"① 法拉的产生，据云做"法拉"的不是由于自己情愿，而是由于某个"神佛"的特别挑选。被哪一个"神佛"看中后，虽然自己不愿意做也无法躲避。例如宝家村有一个青年"法拉"，据他自己说：在 1953 年九月六日庙会的一天，因不愿去赶庙会，正在屋中抱小孩时，忽然被二

① 民和县志编委会：《民和县志》，陕西人民出版社 1993 年版，第 595 页。

郎神的法力摄住，他便迷迷糊糊地跑到庙中，被以前的老“法拉”在颊上插上签子，他便跳起神来。事后，他自己对这件事一无所知，插签子的颊上虽然流了些血，留下一个疤痕，但一点儿也不疼①。调查中，下马家法拉王西英（74 岁，2002）说，他们家的法拉始自他太爷，辈辈相传。他太爷当时作为筏子客在黄河上放木时，在危难中向方神许了祖祖辈辈给方神收钱粮宝盖的长愿。而他在年轻时得病打了 120 针都不见好转，后有古鄯驿的算命先生指出家中有法拉，让他发神即可治愈。自此，向方神许愿当了法拉。而王家法拉祖上并无法拉，只是其父常从事“抓松木棒”（在法拉的指导下，手持松木棒发神，但非法拉）活动，他是在纳顿恢复以后才当的法拉。巷道祁家法拉据说是最近几年才提的，是到小甘沟淘金时感到难受（即感受到了神的折磨），那年到庙里时发神上签，成了新法拉，其祖上亦无法拉，祖父为阴阳先生，目前其兄为阴阳先生。但一般群众仍然相信法拉会祖传，且多祖父传孙子。据说老法拉死后，会从他的家族中提一位新法拉。不论如何产生，法拉第一次发神时都会上签子。

过去，法拉常被请去跳神占卦问事治病，宗教活动相当忙。而且每村的庙中都要有一个或两个法拉，而在山区一带甚至更多，在纳顿上代表各自的神轮番上场发神。但目前已很少有人请法拉。在较为发达的川水地区只有几个老法拉，有的村已经多年没有法拉了。在山区都有法拉，且有后续的年轻法拉，如巷道祁家的法拉三十多岁（2002）。

法拉发神前，要在其所供奉的神前烧香、烧黄表纸、点灯并默默祷告。笔者亲自见到了王家法拉在纳顿开始前的发神过程。法拉到神帐内，手执三张黄表纸点燃，取点燃的“把香”熏净口舌，出神帐面南默祷并叩首三个，然后面对二郎等众神轿抱拳闭眼默立。在锣鼓声中，先由腿脚抖起，逐渐上升，中间夹有蹶状，持续几分钟左右，突然癫狂、跳动，伸出二指要签子。在庙倌的祷告及请求下，没有上签，掷卦一次（卦象为神许可之意），庙倌给钺刀，法拉右手执钺刀开始吩咐一些问题。在纳顿结束时的发神，在面具舞结束后进行，无前期准备。这次发神，依当天天气情况随时会发神。如果天气突变，如有雷阵雨等，在面具舞没有结束时也会发神提前收受钱粮宝盖结束纳顿。他会突然跳

① 国家民委、民族问题五种丛书编辑委员会青海省编辑组：《青海土族社会历史调查》，青海人民出版社 1985 年版，第 42 页。

起跑向神轿前，要签子，如果大家请求不给签子，要掷卦看神是否同意。之后手执钺刀转向钱粮宝盖处收受焚化钱粮宝盖。回到神轿前，在跳动之间忽然用钺刀在供桌上砍一下，表示要说话，锣鼓停止，法拉就一些问题吩咐，说完之后锣鼓大作。法拉在以一定姿势跳动一阵，又用钺刀砍一下供桌，锣鼓停，又讲话。如此几次该说的说完以后，庙倌等人请求庙神回马回乡。这时法拉在跳动中如晕厥，大家扶起后向神轿磕三个头，恢复常态。

法拉在纳顿上的装束，不戴帽子，多穿猩红色滚黑边坎肩，腰系绫条，裤腿扎起。大多右手拿一把钺刀，部分还同时左手拿钢鞭。

法拉跳神之姿态、步法随所请之神的性质而不同。每个不同的神，都各有不同的跳法。所以由法拉的跳舞姿势，即可分辨出他请的是哪一位神。例如请的是九天圣母娘娘时，则必然要作女人的步态；请的是龙王爷时，必定要频频点头；请的是黑池爷时便要向后摆头；摩竭爷要跛着走跳等。

关于法拉到底从属于何种宗教有不同看法。有学者倾向于将此归属于萨满文化，与土族先民鲜卑吐谷浑人或蒙古人的民族宗教有关联①；亦有学者认为“法拉”明显是一个汉藏合璧的名称，“法”是汉语，而“拉”则是藏语译意，意为“神”。考虑到河湟地处藏区边缘，文化上更容易受到藏族影响，因此，河湟汉族民间的巫神“法拉”更有可能与藏族民间宗教有文化上的渊源关系②。河湟地区法拉不管汉族还是土族，具有明显非汉族特征。

法师是萨满教中萨满的变异。法师多为祖传，他们只能请黑马祖师爷以及各种家神而不能请其他的神。在请神时要穿上裙子，头戴假发辫，扮女人状。法师在纳顿体系中，是在九月九为各村庙喜神、安神。笔者曾在中川辛家庙中考察了目前三川最有名的法师为他们庙神举行的安神活动。安神活动一般需要二天至三天时间。第一天，法师剪裁整个活动所需要的纸品。而牌头等人搭神棚、立幡杆。在桑布拉庙的安神中，不搭神棚而直接在侧房中进行。在棚顶或屋顶周围粘贴几种剪裁的纸品。晚上，法师请

---

① 高丙中：《文化影响与文化重构》，载［比利时］许让（Schram，L. L.）《甘肃土人的婚姻》，费孝通、王同惠译，辽宁教育出版社 1998 年版；李克郁《甘青特有民族形态研究》都有此看法。

② 杜常顺：《论河湟地区多民族文化互动关系》，《青海社会科学》2004 年第 4 期。

神。第二天，法师着装，其装束与满族萨满的装束十分相似。将神轿请至庙外，法师边舞边唱拜五方。内容涉及一年十二月、二十四节气、五方崇拜的神物、二十八宿、六十花甲子、庙神等。主要为请神下凡。后法师为庙神进行开光点主、踏七星仪式并将庙神安置于原处。晚上，举行送神仪式。

法师与“勃”是同一神职人员，只是一个采用了汉族名称，一个保留了原来的名称。民和地区目前采用“法师”，互助地区仍然采用“勃”的名称。这是因为民和土族汉化更深的缘故。民和土语称法师作法为“勃拨里”，其中，“拨里”是动词，有跳、作法之意，而“勃”即为法师过去的专有名称。

在有些地方，法拉和法师同时出现。木家寺纳顿的小会上，法师导引神轿到田家和小寺村，晚上在庙中迎神喜神，在正会上负责迎接、安神。在最后焚化钱粮官幡时，法师和法拉同时出现，法师执行焚化钱粮官幡的任务，而法拉负责审察法师焚化是否正确。因为法拉是方神的代言人，自然要以法拉的言行为准。

法拉、法师都能结婚成家，平日参加各种劳动，只是在受到约请时才进行宗教活动。宗教活动一般在夜间进行，他们的报酬都较低。

法师的宗教活动中，具有原始思维、原始崇拜的遗迹。虽然原始宗教中的万物有灵思维下产生的各种自然神已经褪去了不少，但至今仍保留有天神、地神、水神、山神等，并将其具体地人格化。具有明显的七星崇拜、二十八宿崇拜等自然崇拜成分。神器、服饰是法师的思想的物化形式，赋予了特定的象征性，部分地保持着远古社会的风貌。神器、服饰合为一体成为法师法力的宝库。与法拉相比，法师在安神活动中具有相当稳定的祭祀仪式程序和祭祀辞。

法拉和法师在土族社会中的出现，与土族社会历史背景密切相关。他们属于巫术系统。“巫术所担负的都是人的现实能力所不能及的事，都是用人们一般生产和生活技能不能控制的事。越力所不能及，越不能直接控制，便越产生出控制的要求，于是便借助巫术来达到这个目的。”[①] 土族社会自古运用巫术并延续下来保留在纳顿中，纳顿实际上是各种原始观念、崇拜仪式与民族舞蹈的交织，纳顿体系中各种祭祀活动为巫术提供了

---

① 张紫晨：《中国巫术》，上海三联书店1990年版，第60—61页。

存在和活动的基础。同时也表现出三川土族特有的历史文化心态。其中，巫术成为人神沟通手段，成为趋吉避凶的法式，也成为民族民俗文化的基本要素。人们运用它，不是一种消极屈从，而是一种积极的进取。"标准的和传统的巫术并非他物，乃是一种制度。这种制度将人心加以安排、加以组织，并使它得到一种积极的解决方法，以对付知识及技能所不能解决的问题。""巫术不仅对于个人言，可以促成人格的完整，对社会言，它也是一种组织的力量。""在个人方面，巫术可以增加自信，发展道德习惯，并且使人对于难题抱着积极应付的乐观信心与态度，于是即处危难关头，亦能保持或重作个性及人格的调整。在社会方面，它是一种组织的力量，供给着自然的领袖，把社会生活引入规律与秩序，它可以发展先知先觉的能力，并且，因为它常和权势相连在一起，便成为任何社区中——特别是初民社区——的一大保守的要素。所以，由发展社会风俗，巩固社区和文化的组织，而使变改与暴动不易发生和各种活动更有效率的进行，巫术就尽力表现一种重要的文化功能。""它（巫术）总是一种保守力量，吓人的手段，常常用来推动习惯法的推行和保障统治者的利益。"① 土族社会至今仍然通过法拉、法师代替笃信的神灵，行为正是在统一组织松散的农村社会，但其保守性也暴露无遗。法拉的吩咐大多是以社会的习惯思维为指导而产生。2002 年巷道祁家法拉在吩咐中就说"今年不修庙是万万不行"并当场指派到人了。在赵木川的赵家庙开始大修，而许多村的庙宇是本地修的最富丽堂皇的建筑，这些大多是凭借法拉之口而统一大众的认识的。

法拉的发神，实际上是法拉本身宗教信仰意识与集体宗教信仰意识的极度契合。法拉们均说在发神之前有预感，要发神而有意不发时，心中十分难受，犹如撕心裂肺，一旦发完之后则十分舒畅。在年事已高时可以提前几个月向神提出请求推辞不干，是可以的、允许的，并会提新法拉。而临近纳顿才想推辞一般不能达成一致。从中我们可以看出，时间长短是一个关键因素，提前几个月，在心理上有足够的缓冲、消解已经形成的意识的时间，而时间太短，不足以缓冲、消解既成定式的思维模式。成为新法拉，是个人心理意识在整个民族信仰意识大背景上极端表现的结果。在个

① ［英］马林诺夫斯基：《文化论》，费孝通译，中国民间文艺出版社 1987 年版，第 68、70、73、72 页。

人的社会化过程中受到的各种关于法拉的教育知识（包括科学的和非科学的）的影响下，自我定位就是法拉，自然地表现出法拉的形态。是否成为法拉，完全决定于个人意愿。土族社会中有一种在法拉的指导下由常人进行的发神活动，叫“抓松木棒”。据抓“松木棒”的人讲，如果个人不配合根本不会完成。例如，抓松木棒时，发神的人在堂中手拿松木棒进行默默祷告，而法拉在旁边指导。在默立祈祝时，逐渐进入状态，产生发神的感觉（握棒时手握的较松，来感觉时在棒头上开始有“噗—噗—噗”吹气的感觉。此时，如果本人有意识地握紧松木棒，此种感觉马上消失）。有的手拿一支香发神，祝香时发神感觉从腿肚上来，当时感觉到腿肚肌肉“突—突—突”抽跳，此时有意识地收紧肌肉或调整站姿，感觉消失。其次，法拉都有一定的神经质或心理暗示作用特别敏感。他在发神前的祈祷实际上是在进行自我心理暗示——自己就是神的代言人法拉，而且在暗示下马上每个进入神灵附体的状态。自我心理暗示起着至关重要的作用，据说如果不愿发神时，将女人的裤腰带等视为不洁之物带在身上就可以达成，其实就是通过心理暗示来完成的。关于上签子，不管法拉本人还是群众，都广泛地认为，在刚刚神灵附体的癫狂状态高峰时将签子给予法拉，当时法拉眼中的签子只有绣花针一样粗，插上去一点感觉都没有，而过了高峰期后，眼中的签子超乎寻常地粗而宽，心中产生恐惧感。法拉比别人具备的超常能力，正是由于他个人心理定位下达到癫狂状态，此时疼痛感相对减轻，是一种心理上的转移。法拉也是通过上签子的超常能力来维系他在土族社会中的威望，保持人们对他的信任和尊敬。像虎狼城新法拉在刚发神时仍不忘别人对他这个“新发的底子”不太信任，一开始发神吩咐时就说：“啊！——我新发的底子，众人半信半疑！”而且从他的吩咐中明显地感觉到，他没有师承关系，所以吩咐时有些语无伦次，对所发的神前后矛盾，缺乏发神技巧。此外，当时环境的营造对于他们的发神具有推动作用。如纳顿时急促、猛烈的锣鼓声，无疑在激发他们的潜意识，为尽快进入状态具有帮助作用。

法拉或法师的活动，作为三川土族民间信仰的一大内容，随着物质文明的发展和科学技术的进步，在许多方面相应削弱，甚至有些不合时宜的观念和行为遭到淘汰而灭绝。但是，“作为有着悠久传统和深刻影响的神秘超凡魔力的崇拜，还会在中国广袤的山野村寨中继续遗存和延续下去。只要民间生活处于天灾人祸的侵害之中，生老病死处于无可奈何的状态之下，人们对超自然力的畏惧和祈愿就不会停止和终结”。[①] 正道出了三川法拉和法师的发展趋向。目前，在川水地区法拉只剩下几位老法拉，而在周边山区仍有较多年轻的法拉来继承。

在 13 世纪特别是 16 世纪以后藏传佛教对萨满教的冲击和影响过程中，首先烧毁翁衮；其次，用喇嘛的职能取代萨满的职能；第三，用古尔塔木（喇嘛）代替萨满驱邪，“为了取代萨满，各地出现了古尔塔木。这些喇嘛是在接受神学训练、经受特别艰苦的考验后，担当驱邪角色的。为了驱邪降魔，蒙古人常召请进入兴奋狂舞和鬼魂附身状态的喇嘛来充任此职。这种已成为神和巫师的喇嘛，大部分时间都居住在喇嘛寺中。由于他们在寺院长期进行驱邪活动，便使喇嘛寺具有特殊的声望，大批善男信女也慕名聚集于此。在寺院的各大节日中，每年年初和年中都要跳宗教性的假面具舞蹈；而在每年的 9 月和 12 月间，在对富裕家庭的神进行火祭时，都要邀请古尔塔木喇嘛致祭。在蒙古人的观念中，古尔塔木是著名的巫师，在各种宗教活动中，他常常显得神秘而又令人望而生畏。他们和各尊可怕的神都有些瓜葛，自己在进入神鬼附身状态时也是各种神的代表和表现形式。古尔塔木的喇嘛教原型肯定是拉萨护法寺喇嘛教之帮的权威人物。他每年都有数次被迫为一些具有决定性意义的事件进入兴奋狂舞和神鬼附身状态。在仪式开始时，古尔塔木恍恍惚惚，似乎已由守护神护身。然后，他抓住一把剑或刀，口中流出带血的涎沫，全身战栗，用剑在四周随意胡劈乱砍，表示已附其身的守护神正在与恶魔进行殊死的战斗。在这种神情恍惚的状态中，他甚至还可以作出神启预言。蒙古人络绎不绝地向他们奉献供品，并就疾病和贸易前景等事项提出一连串的问题。神灵所作出的回答，是为一般人所能理解的，也有一些是为一般人所不能理解的，这就要由古尔塔木的助手进行解释。这是西蒙古喇嘛教的情况。”[②] 现代土族中不可否认地包括了很大一部分蒙古族成分，历史上土族与蒙古族在经济、文化上的交流是十分密切的，藏传佛教兴起以后在蒙古族中对的传播情况与土族中的传播情况具有相似性。这个过程中，喇嘛首先从本教继承其兴奋狂舞的形式，并以这种形式赋予古尔塔木以取代被排斥的正在衰

① 乌丙安：《中国民间信仰》，上海人民出版社 1995 年版，第 300 页。

② 陈光国等：《喇嘛教在蒙古地区的传播和萨满教的衰落》，《西北民族学院学报（哲学社会科学版）》1995 年第 4 期。

落下去的萨满。

从这段论述中，我们可以发现这样的线索：这里的“古尔塔木”就是现在土族社会中的古什典。而土族社会中的古什典是受到藏传佛教兴起的影响比较大而替代萨满的神职人员。一般认为，古什典是在寺院中发神的神职人员，但是其作法手段、形式等与法拉、法师很像。实际上在替代的过程中继承了萨满的一些做法。

法师/勃、古什典、什典增/法拉是土族的三种神职人员，其间有联系也有区别。首先，他们都是巫师，是神与人之间交流、沟通的使者。其次，勃所用的法器中有一根麻鞭，而“古什典”在驱邪活动中也用相同的麻鞭。再次，“古什典”为证明其超自然法力，用剑刺自己的身体或舌舔烧红的犁铧，吞食火焰等；勃在其法会上也有让众人割破自己左臂流血的活动；“什典增”的活动更骇人听闻，例如，他们除了舌舔烧红的犁铧，吞食火焰外，还可以从火炉中徒手抓烧红的石块并咬住喷出火星；在开水锅中摸铜钱或石头，可抓起烧红的一堆铁链，吊在脖子上甩动；治病时可用这些烧红的东西烫病人，甚至将得病的小孩放进开水锅里，并用开水给小孩洗澡等。这些令人费解的活动中，一方面，透露出他们之间的渊源关系，另一方面包含着巫术的内容。巫术在原始社会是自发形成的。“巫术曾被称为魔术，但和现在游乐厂中的魔术玩要并不是一回事。在原始时代，人类对于大自然的认识和改造能力极为低下，对于大自然的千变万化有着一种强烈的恐惧和敬畏。于是便相信有一种超自然的力量在支配着千变万化的大自然。又由于大自然的变化带着不可把握的神秘性，于是便相信有一种神灵的力量在操纵着大自然，由两种力量造成了大自然具有魔术性（Magical Virture）和魔术力（Magical Power)。人类为了生存，便凭借着大自然的一些神秘与虚幻的认识创造各种法术，以期能够寄托和实现某些愿望，这种法术就叫巫术。”[①]土族神职人员使用的巫术，属于巫术的第三种形态神仙鬼怪巫术中的神判巫术。“‘神判’，或称‘神验’、‘神断’，是萨满教中一项庄严的祭程。‘神判’就是本氏族中所发生所遇到的任何重要事宜，要经过极其隆重庄严的祭祷仪式，祈神进行公正的裁决评定，而确定氏族部落中一时无法解决和认定的问题或事物。神判的祀祭手段，主要是通过神卜，

① 高国藩：《中国巫术史》，上海人民出版社1999年版，第39页。

尽管方法与形式各族各地各部落有许多不同，有通过占筮占卜，有通过水、火、猛兽等等，其目的只有一个，通过所谓的神帮助人来判断是非吉凶，从而确定行止。”[①] 它产生于原始社会，但在奴隶社会后期形成了较为野蛮的重生巫术，如沸油捞物，脚踩炽铁，舌舔炽铁，竹针刺手，棒击人头，火中拾物等。迄今为止，土族人中若两家出现难以解决的矛盾时，有去神面前“吃咒”的，以各示清白。据说，在以前为解决矛盾而进行油锅或开水锅中摸石、铜钱的事时有发生。而这些巫术本是萨满教遗留下来的。所以土族的神职人员中，勃、“古什典”、“什典增”其实都是萨满教的巫师，只不过勃受到汉族民间信仰的影响更大一些，而“古什典”、“什典增”受到了藏传佛教的影响大一些，因为“古什典”、“什典增”请求神降临时，要念“索里恰”，这是藏传佛教对其影响较大而造成的；另外，其所请之神现在亦都属于藏传佛教，但必须要知道他们只念音，而不懂所念经文之含义到底为何。

从目前的现状来看，土族的勃（法师）、法拉（古什典、什典增）等正处于一种衰落之势。勃没有自己的经文，且勃是家族相传的，不传外人，唱念之词主要由老者口授给小辈，这也是勃用本民族的语言唱念的颂词消失，之后将汉文化内容引用进来的关键因素，现在勃所唱念的颂词全都是汉语的。由于社会的发展，时间的延续，土族的勃已无法再保留原有的特色，而且像其中的收魂、血祭、献牲等内容，一方面，容易让人产生恐惧感，终出现反感、对立情绪；另一方面，土族的经济生产方式过于单一，献牲等活动可谓劳民伤财，再加上科技的发展、观念的更新，土族人对勃的不信任感已经与日俱增。因此，勃在民间仅以一种曾经有过的仪式而出现，土族人已将跳勃当作一种供消遣、娱乐之活动。作为勃，在民间的地位、名声已是每况愈下，平日与常人无异，仅在跳勃时才露一下脸。土族人心目中已将勃这个职位看得很淡，很平常，以往的那种神秘感已基本消失殆尽，仅在一些偏远山区，家中经济条件较差者，家人生病后，有请勃去祈禳、治病的，其他没有勃的村庄中，已不再有请勃来给家中祈禳、看病的。而且，现在人们得病以后首先要到医院治疗，这些神职人员的“巫医”作用被极大地削弱了，他们只是出现在一些民间信仰活动的仪式中，充当沟通天地人神的中介。

① 富育光：《萨满教与神话》，辽宁大学出版社 1990 年版，第 179 页。

三　嘛呢其

嘛呢其，是土族社会中年龄达到一定程度时，不再掌管家庭事务而以发善念为目的进行诵念经卷、参加集体诵经活动的老人的称呼。由其构成的嘛呢会，是由老人自愿、自发组织的一种集体行动、共同念颂经卷的组织。具有自愿、自发，约束力弱，仅凭个人自觉和嘛呢会内部舆论约束的松散特征。

嘛呢其，可以说是土族社会民间信仰的传承主力之一。他们与其他神职人员相比较，一是有人数上的优势，是几十倍于其他神职人员；二是他们的集会机会比其他神职人员要多而且时间较为固定、方式固定；三是他们多是家庭中的老者，具有一定的威望和发言权，对于家庭其他成员的潜移默化作用是毋庸置疑的；四是他们进入老龄，对于民族的信仰具有很深的认同情感，身体力行，虔诚信仰。从这样的意义上看，他们是土族社会民间信仰的主力军是丝毫不为过的。嘛呢其们诵念的“嘛呢感本”，以汉字为载体，大多以七言韵文为形式，分多种经文文本。“嘛呢感本”实际上应是宝卷受藏传佛教影响，被地方整合而形成的一种民间经文。“中国宝卷是一种十分古老又同宗教或民间信仰活动相结合的讲唱文学形式。讲唱宝卷历来是‘照本宣科’，故称‘宣卷’（或称‘念卷’）。”“宝卷的渊源可以追溯到唐代佛教的俗讲。”[①] 其演唱已同忏礼法事相结合，故底本称“科仪”，对后世宝卷发展影响极大的《金刚科仪》（演释《金刚般若波罗密多经》，明代又称《销释金刚科仪宝卷》）便是宋代的作品。现存最早的宝卷是元末明初彩绘抄本《目连救母升天脱离地狱宝卷》（简称《目连宝卷》），北元宣光三年（即明洪武五年，1372）蒙古脱脱氏抄写施舍。中国宝卷的发展大致可以清康熙为界划分为两个时期：前期为宗教宝卷，后期主要是民间宝卷。前期的宗教宝卷又分两个发展阶段：明中叶正德以前是佛教世俗化的宝卷发展时期；正德以后是新兴民间宗教宝卷发展时期[②]。宝卷结构——开始有炉香赞，皈命佛号，开经偈，结尾有结经回向。“清康熙以后的民间宝卷总是在民间信仰活动中演唱，这种活动称

---

① 车锡伦：《中国宝卷概论》，载上海民间文艺家协会等编《中国民间文化（95/2）——地方神信仰》，学林出版社 1995 年版，第 330 页。

② 同上书，第 331 页。

‘做会’。宣卷开始前要进行焚香点烛、请神（佛）的仪式，宣卷结束要送神（佛），中间穿插进礼星、拜斗、过关、结缘、解结、散花等祝祷活动。现代甘肃念卷的仪式简化了，但念卷先生开始念卷前也要洗手漱口并带领听众点香拜佛。这说明，民间宣卷和念卷虽脱离宗教的束缚，但它仍是一种民间信仰文化活动，不像一般民间说唱文艺那样在公众娱乐场所演唱。”① 民间宝卷中的信仰特征，可以归结为“善有善报，恶有恶报”，执行这种果报赏罚的是居于天庭、人间和地狱的众多的神鬼。玉皇大帝是民间宝卷中经常出现居于天庭的最高神。他是民间信仰和封建国家观念合流的产物。民间宝卷中的地狱由阎王和地藏王掌管，他们手下有判官、小鬼。民间宝卷中的人间神十分纷杂。一类是同平民百姓生活密切相关的神，如灶君、财神等。人间神中另一类是地方性的保护神。还有一类神虽居于天庭，却常在人间，如太白金星。民间宝卷中的神鬼体系虽具有宗教性信仰的特征，但却不能归属于佛教或道教范畴。

嘛呢会一般的行动规律，每月初一、十五以及特定的时间到村庙进行义务念颂活动；在有人家约请时，到人家念颂经卷。在人家念，除念三炷香外，主要念灶经、施主香、灯经、回向经。如果主家近期有亡人，念亡人经，平常只念平安经。在时间允许的情况下，比如夏天白天长，还可以念火丹经、六字真经。在庙中，念三炷香、六字真经、施主香等。

在念颂经卷之前，他们要净手、口，念颂请神经：“会友念了烧香经，永世不踏地狱门。一来报答天地根，二来报答父母恩，金桥过了八百城，蟠桃会上乐逍遥。点灯烧香香又烧，点灯烧香过金桥。千千之佛收香烟，万万菩萨结善缘。净手沐香跪佛前，天水发表金銮殿。”邀请神灵下界。邀请的神灵有：玉皇大帝、二大菩萨、三尊古佛、四海龙王、五皇五帝、南斗六郎、北斗七星、八大金刚、九天圣母、十地阎君、文昌大帝、雷公雷母、巴扎城隍、本寺寺主、西边总神、本庙福神、山神土地、万神万将。

在邀请各路神灵下界后，念《观音妙》：“观音妙山南海南，化身常住普陀山。脚踏莲花千叶现，手执杨柳一枝春。头上顶带弥陀佛，口中常念观世音。朝念观世音，暮念观世音，念念存心起，念佛不离身。慈竹林中观世音，千手千眼观世音。风波浪里观世音，救苦救难观世音。若往西

① 车锡伦：《中国宝卷概论》，载上海民间文艺家协会等编《中国民间文化（95/2）——地方神信仰》，学林出版社 1995 年版，第 341 页。

方金桥过，时时救度难中人。人中难，难中人，人离难，难离人，一切灾殃化为尘。南无大慈大悲圣，救苦救难，广大灵感，观世音菩萨摩诃萨，唵嘛呢叭咪吽，唵嘛呢叭咪吽，唵嘛呢叭咪吽。”

之后，念十八炷香。“一炷香烧与玉皇大帝，烧香了敬玉皇，玉皇请到（南无佛）；二炷香烧与二大菩萨，烧香了敬菩萨，二大菩萨请到（南无佛）；……”依次类推，请前列十八尊神灵。

再后，念三炷香、回向经、灯科经。中间在时间允许的情况下加念地母经、太阳经。

嘛呢其及其组织具有劝善、娱乐、消遣的功能。宝卷的信仰成分的存在、信仰功能，无法摆脱与之共生的民间信仰活动、封闭的生存环境的限制。

宝卷从它的起源到现代，700多年中流传不衰，其原因是它能满足民众的信仰，教化和娱乐的要求。民间的宣卷总是同信仰活动结合在一起的，作为依附民间信仰文化活动的说唱艺术作品，宝卷也构成了一套神鬼信仰体系。前期的宝卷大都以“无生老母”为最高神，以“真空”为彼岸世界，以“入教避劫”作为摆脱现实灾难的（“末劫”）的方法。后期的宝卷，则据民间信仰架构出一套天庭、地狱、人间的神鬼体系，并据“善有善报，恶有恶报”的果报信仰和赏罚，来维护着社会的和谐和秩序。玉皇大帝是宝卷中经常出现的居天庭的最高神，他是民间信仰和国家观念合流的产物。他的手下有天兵天将，同时又指挥人间，地狱的各路神鬼。宝卷中修仙成正的贤人，最后都得到他的封赏；作恶的人，则由他下令惩罚，俨然是封建国家的皇帝。

宝卷与佛教关系密切，宝卷的仪式完全脱胎于佛教的仪轨，音乐都是佛教音乐中的一部分。在卷中的宣讲也处处教人“持斋念佛”修行。而观音菩萨却是一位仁慈化身的女神。在宝卷中她总是以宽厚、慈悯的情怀，满足虔诚人们的种种要求；为无子者送子，为落难者解围。宝卷中人神的关系复杂，演唱最多的是与平民百姓生活密切的神，如灶王，宅神，财神，土地爷等。

从以上我们可知，宝卷的宗教信仰体系，是以民间信仰为基础，仿照封建国家的模式规化出一套神鬼体系，其信仰是适于功利目的及现实生活的需求。因此，本书认为，宝卷正是中国民俗文化、民间信仰、民间社会环境所共同孕育而成的一种音乐艺术形式。宝卷产生于宋，是作为宗教的经卷流传，是属于宗教的讲经活动。也是佛教转向民俗化、世俗化的时代，其间各种民间宗教纷纷兴起，时起时伏。尤其明代以后，各种宗教都利用宝卷作为工具，宣传本派的教义，因此宝卷反映的宗教思想，是宋、元、明、清各种宗教思想的大杂烩，很难将它划为佛教或非佛教。

四　阴阳先生

阴阳先生，亦简称“阴阳”，即土族社会中的道士。阴阳先生自谓属于正一道。他们具有严格的师承关系，并具有一整套拜师、学习、出师等规矩。他们可以娶妻生子。阴阳先生大多具有家族传承关系，多父子相传或爷孙相传。也有少量的阴阳先生，家族中没有阴阳先生的先例而拜其他阴阳先生为师学习而成。土族的阴阳先生，也是不脱离生产的兼职型神职人员，只有在有人家约请的时候才从事法事活动。土族地区没有道教庙宇宫观，他们没有集中的活动和供奉其神灵的场所。

他们在土族社会中，多为婚丧礼仪提供服务：为婚礼出具“婚帖”（说明结婚双方生辰八字、婚礼禁忌及禳解方式等的文书）；在丧礼中，首先为丧家确定出殡时间，即丧礼持续的时间，多为三天，但依死者的具体情况和村庄的“信”，也有长短的区别。在出殡时，亲自主持入殓、点朱，到坟地主持下葬仪式，把握丧家坟墓风水。另，还主持开展斋醮活动，为村落或家庭进行驱鬼禳灾、祈求平安的仪式。也从事民间“驱煞”、“安镇”等活动，为人们提供建房修屋的风水意见，测算失物等。

五　其他信仰媒介

除了以上的信仰媒介之外，土族民间信仰中还有一些影响不大的信仰媒介。

眼见鬼，目前比较少，是一种据说能够看见鬼灵的民间神职人员。他（她）们多在驱鬼仪式上出现，指导捉拿鬼灵。也从事看病禳灾活动。

“耳报神”，民间广为流传，据说此类信仰媒介供奉“耳报神”。“常供奉九天玄女和东岳真君。据说用木头或人骨头做一人形念经以后，用一红布包起来放在肩上，占卜时用耳朵听神谕。说耳报神对过去之事历历如绘，但对将来却不甚了了。”① 耳报神属于民间的“医人”，他们凭借“耳报神”能够获知求助者“不顺”、“得病”等的前因，并据此提供一些“禳解”的办法。

算命先生，在部分土族聚居区也有存在。

六　民间对于信仰媒介的态度

信仰媒介，是在各种祭祀仪式中沟通神圣世界与世俗世界的联结点。他们通过各种手段，与日常的“自然人”相区别而转化为“神圣人”，变成了神圣力量的代言人，是神圣力量的具体化的表现形式。“无论在一神教对神圣的解释中，还是在多神教对神圣的解释里，祭司在主持继嗣或圣仪的特殊场合下，都是展现宇宙终极创造力量的媒介或渠道。”② 在面对不可控制的自然力而产生恐惧、敬仰，以至产生了民间信仰及其仪式时，普通民众对于隐藏在日常事物、现象背后的暗含的一些秩序或者规律缺乏恒常的关注和了解。与神职人员相比而言，普通民众对这些秩序或规律的认识要浅薄得多。法师等神职人员通常较为关心这些自然的秩序或规律乃至于社会规则，并以此为基础来判断民众在生活中遭遇的“自然的威力”。因此，在掌握了较多的认识的基础上的判断，具有较高比例的符合现实的结果，就是“灵验”。由此，既体现了法师等的神通，通天通神，无所不能，又在一定程度上神化了法师等神职人员。

对神职人员的态度，可以反映目前的土族民众对于信仰的理解状态。由于教育的发展，科技水平的进步，传播媒介的急剧拓展，人们认识自然、认识世界的能力得到了很大程度的改善，对于过去视为至尊的神灵开始有了一定程度的反思。此外，某些神职人员受宗教素质的限制，在从事宗教活动时不能完满从事各项仪礼，甚至有敷衍了事的例子。这样，群众对神职人员有一定的责备之心态，但又基于对信仰的强制性的不可推卸，又迫使土族民众不得不约请神职人员来作法祛灾。民众在遭遇困难时，会向任何其认为有用的宗教人士或者神祇求助，而不在乎他们是属于何种

---

① 鄂崇荣：《土族民间信仰解读》，甘肃民族出版社 2009 年版，第 73 页。

② ［美］斯特伦：《人与神——宗教生活的理解》，金泽等译，上海人民出版社 1991 年版，第 90 页。

宗教。

在一般情况看来，为了获得超自然力量帮助，不同的宗教传统形式是相互排斥的。但是，在土族社会之中，并不存在这样的排斥现象。虽然阴阳先生、法拉、法师等各自坚持着自己的宗教传统做法，但在共同为主家作法禳灾时，可能因为其法没有奏效而允许采用别派的方法。而主家是这样的一种态度：只要谁的灵验就信谁而不管是哪个神灵。

特定的宗教从业人员——法师、法拉、阴阳先生、眼见鬼、喇嘛等——都得需要经过一定的训练。他们通过各自不同的学习途径和阶段，获得各自在驱鬼禳灾、医治疾病的实用技术。道士学会了书写符箓、诵念道经以及一些必要的仪式、步法等，可以借助于上天诸神的力量安定一方；喇嘛学会诵念藏文书写的佛经并由此来消解罪孽、超度亡灵；法师、法拉凭借神灵附体成为沟通人神之间的中介，诊断病源并给予禳除。

占区域绝大多数人口的普通民众为了消除比较大的病灾时，在历史上都必须借助于经过特殊训练的上述人员。在选择哪种神职人员时，怎么决定请谁呢？“世俗民众视灵验与否来选择宗教人士与神祇，他们根据自己对人性的认识，来理解神的行为。中国民间宗教的这种简易性，给了信徒与宗教人士以充分的主观发挥余地：不管是谁，只要能够提出最令人信服的解释，就可以说服信奉他（她）所崇祀的神的威力。这一灵活性意味着民间宗教对于信徒们生活中出现的变化尤为敏感。”① 一个外来的神明，要为某一地域的民众所接受，常常要通过灵验故事和占卜仪式等来建立与地方社会的利益关系。民众选择采取何种方式、何种神灵、何种神职人员来祛病消灾，这首先要看那个神对于将要解决的问题比较灵验，另外还决定于费用、他们的声望以及能否请到他们。

神灵的名声、声望由受到它恩惠的、被保佑了的民众来发扬、传播。如何确定神灵的灵验程度？这可能是一个社会性的过程。每位神灵的信徒试图为自己所信奉的神灵赢得美名。但信奉程度，由于土族民众的信仰的博杂性，以及因事而异的选择态度，会因事因时而异。只是对本村的方神的态度是一直适用的。神灵的灵验的表现方式，一种方式就是以托梦于人

① ［美］韩森：《变迁之神——南宋时期的民间信仰》，包伟民译，浙江人民出版社 1999 年版，第 72 页。

来表现。一旦这个人将神奇的梦境讲述出来，实际上就是在宣扬该神灵的灵迹，而不断的宣扬使之进入公共领域以后，会被信服的人再不断的传扬而为神灵赢得更大、更多的名声和信徒。

民间赋予神灵不同的性格。因为神灵缘起于民间，为民间所崇奉，所以民间按照他们自己的性格塑造神灵的性格，不仅将民间大众所具有的喜怒哀乐赋予神灵，而且同时将人间的凡人所具有的一些劣迹也附着在神灵身上，让神灵也具有多变的性格。如果人们对他崇奉有加，他也乐于保佑人们；人们对他有所不周，他就对人们施以报复，危及人们。神灵们被赋予了他们各自喜欢的处世方式等。

第三节　土族民间信仰的表现方式

民间信仰方式很多，基本上可分三大类：预知、祭祀和巫术。预知信仰是根据自然现象或人的行为表现，推测人物或事物将要发生的变化，以便探知神的态度，预卜吉凶、命运好坏。预知分对预兆的信仰、预言、占卜三种。祭祀是民众向民间神祇乞求福佑或驱避灾祸的一种行为惯制，它世代传承，具有相应的仪式制度。祭祀必有明确的祭祀对象，有主祭人和参加祭祀的人群，有一系列祭祀程序，进行奉献，主要为神提供衣食所需。祭祀的祈神活动充满神秘的宗教气氛，但随着社会的进步，祭祀的宗教成分开始淡薄，有些庙会祭祀已不是单纯的信仰活动，祭祀、交易、娱乐等结合起来，成为了民间社会生活的重要内容。巫术是最古老、最普遍的信仰，随着鬼神观念的发展和巫术形式的变化，民间巫术掺入了鬼神观念。预知都是用相应的方法探知未来，力图防患于未然，对厄运、灾异有所回避或防范，在心理上得到一定慰藉。祭祀是通神的主要手段，是祈神、谢神的基本形式，用意在于防灾殃、求好运，同时也能加强家族、民族、部落内部的团结，提高战斗力。施行巫术一般都有一定的功利目的，有一定巫辞和行为，并企图去改变客观事物[①]。土族民间信仰中，祭祀仪式中复合了各种信仰类型，很难进行区分。这里为了叙述方便，首先介绍各个土族聚居区中的大型民间信仰仪式，其次，综合介绍禁忌、占卜、风水等巫术。

---

① 钟敬文主编：《民俗学概论》，上海文艺出版社 1998 年版，第 199—202 页。

一　土族民间信仰仪式

土族民间信仰中的祭祀仪式大多出自生产、生活的需要，目的求得生产、生活的和谐。而举行祭祀仪式，根据举行人的受益范围和仪式规模的大小，可分为家庭、家族、村落这样三个层面。家庭范围内的仪式一般规模很小，有时完全可以由家庭的成年人来完成，诸如“撒送拉”（驱鬼仪式）、“央及拉”（祈求神灵保佑仪式）等，也有一些需要约请专职的神职人员来完成，诸如请法拉发神、请阴阳先生作法等；家支层面的仪式，主要是因为受益者为全家支的成员，或由于全家支的祖先灵魂危及家支某成员而举办；村落层面的仪式，是由于村落的环境、神灵被冒犯，而要求全村进行的仪式。

（一）求雨仪式：化解干旱的民间途径

求雨仪式，是在严重干旱状况下，为了保证具有一定收成而采取的紧急解决办法。土族地区多为“靠天吃饭”的山区，水浇地很少，面对干旱，求雨成为一种选择。

民和土族的求雨仪式，一般是在严重干旱时才举行。以文家村为例，在从冬季到春耕或者播种结束后，一直没有降水、春旱特别严重时，在村中老人们的要求下，让法拉发神决定有什么办法来解决干旱问题。法拉吩咐要回娘家取水，要不没有其他办法。这样，众人开始摊派款项，收集资金，购置所需物品（如仪式中需要的黑碗、敬神用品等），准备进行求雨仪式。

开始，将方神塑像从神轿中取出，安置在小炕桌上，并用嫩柳枝做一轿子状，四人抬着去。据说，这样的布置，意思是让方神也显示出贫困、困难的状态，以取得求水地方的同情。届时，参与求水人员皆赤足，从庙出发一直到八担山烟筒宝佛寺，宿一晚。第二日早起到小岭，有“下马台”，方神休息，当地原来的土民（今为回民居住区）迎接、上香、供奉。再经王台县城，到寺沟大寺（藏传佛教寺院）。临近大寺时，喇嘛们听到响器（锣鼓）特有的求雨音乐，便集中迎接，颂经喜神。再到寺沟峡炳灵寺水帘洞。水帘洞中有菩萨爷坐于八卦轿子中，洞中有一泉，渗出的泉水刚够庙倌一人的日常生活用水。届时，法拉从泉眼中摸出一个鹅卵石，用五彩线一头系于此石后仍潜于泉中，五彩线的另一头置于方神怀中的水瓶。方神以及怀抱的水瓶位置高于泉眼。众人叩头祈拜之下，有

“上水”（相对于水往低处流的规律，从位置低的泉眼中上来的水）到水瓶中。一般很难求到上水，有上水就意味着能够求到雨。不给水的话，可以看见水到别的地方滴下而不到水瓶中来。法拉见到水瓶中有水了，众人用香插到水瓶检验，看见插进去的香的接触瓶底部位仅仅湿润，表明已求到了水。马上用蜡封住瓶口，起身往回走。赶到塔拉坪，经过面草沟到捻子沟时，有从庙中出发来的搭红双羊迎接喜神。有一次，走到鄂家村时，鄂家的方神摩竭龙王将瓶中水偷去了，到庙中发现水被偷后，又到鄂家收水，见树梢上的一抹露水，又收了回来。也因此故，摩竭龙王与锁劫大帝之间有了过节而不睦。不睦的说法，让人联想到纳顿中为什么文家与杨家、祁家为会手关系，而与鄂家、宋家也是相连而没有建立会手关系的解释中的说法。两村神灵之间的不睦，可能反映的就是这些村落之间对于灌溉用水的分配权利的争夺的历史记忆。

周围群众一旦因干旱而不能播种，而听说杨、文、祁家锁劫大帝将去求雨，他们便纷纷干种以待雨水。过去，一旦求水回来，也便会大雨一场，救万民于水火。“就我们的村的地界下雨了，而邻村一点也没有下。”其中显示了村落强烈的内聚力和边界观念。据一位老人讲，这种方式也颇为灵验。

各村的方神不同，求雨的地点、方式略有不同。像摩竭龙王不求雨，娘娘爷到河州取水。一般是按照传说中方神的娘家去取水。

互助土族的求雨仪式也与民和相似。过去，互助土族自治县东山大庄“娘娘（碧霄娘娘）”的求雨活动具有很大的影响力，路途所经之地，即使县太爷遇着也得先下马，躬身让其先通过。“娘娘”去求雨的地点在“阿迈赤勒布”即今东沟脑龙王山，属于祁连山的一支脉，海拔4242.8米，山势陡峭，石壁屹立，山峰顶部多为石灰秃山，下部植被丛生，山上半部凹地处，有一眼清泉，求雨便去此地。求雨过程中，需要108个人，赤足，头戴柳条“凉帽”，背着108部《甘珠尔》经，一步一叩首，抬着神轿往龙王山进发，不遵守规则者，要责打。至李家滩，此地“娘娘”来迎接，晚上停在此处场院上，全体求雨人员必须在一起念经，经文仅一句：“嗡嘛呢叭咪吽。”其饭食由此地村庄供应，吃剩之物必须倒在原地，不许带走。行走途中，路人、车辆让道，特别忌讳遇到挑水者，若遇到，挑水者必须避在远处。到山底后，派人去取水，剩余人围着“娘娘”念那一句六字真言。派去取水的人在路上不准讲话，其中必有一名经法出众的“勃”（土族法师）随行。传说，以前大庄的勃在山凹处的泉水中放上一张写有咒语的黄表纸，等取水的人到山底的泉水处时，此黄表纸亦从地下水道流至此处。取水之人手端从山上取来之水，大家抬着神轿速返，必须把取到之水运到大庄后赶快洒掉，否则所求之雨水便到不了大庄。据说，这种“求雨”活动非常灵验，往往是雨水跟随着取雨之人，一路飘洒下来。现在，已很少有类似于从前的大规模求雨活动了，据老人们言，一方面已经没有以前那样经法好的勃；另一方面现在的年轻人吃不了那种苦，不再听话；更重要的一点，不知何人在一次取水时说错了话，说：“若求得雨来，献一个人也可”，故而传闻若举行这类活动，龙王必收取一条人命，即去龙王山求雨者必有一人丧生，否则便不肯降雨。现在的取雨活动，只是抬着神轿，到村庄附近泉水中去取，已经很多年不去龙王山了。

中国民间祈雨，又叫“求雨”、“乞雨”。祈雨方式有很多，如晒龙王、盗龙王、扛龙王巡回、取水等。土族社会的祈雨方法是“取水”。“人们在‘取水’时，是到雨神所居住或管理的圣池泉汲水，这乃是利用水祈雨的一种原始性咒术，世界上的各民族都曾使用此方法；因此，这可能是非常古老的祈雨方式。而且，这种方法会逐渐形式化而成为复杂的仪礼；有时候，人们将水瓶封起，然后以漏出的水量来占卜雨量的多寡。此外，在水瓶中装鱼类，就是把鱼类视为神的使者或是神附之物，此种信仰也是相当古老。在祈雨仪礼中普遍使用柳木，是因为人们以为柳为阴木，但此种观念是新有的，在古代，人们也可能以为柳木乃神附之物。”①

（二）“勃”仪式：互助土族地区萨满教遗迹

“勃”，土族语，既指法师也指法师做道场，青海汉族人根据会场中的鼓声称其为“Biang Biang 会”。“根据神教的传说故事，很早的时候，神和佛抢占山头，‘勃’骑的是鼓，‘佛’骑的是袈裟，占领山头后，神把山头让给了佛，而‘佛’又让‘神’到各地区居住，于是各地都有跳‘勃’活动。”② 互助跳“勃”的村落和时间，东沟大庄、五十柳家村农历二月二，东沟姚马村、威远镇崖头村、纳家村三月三，丹麻松

① ［日］直江广治：《中国民俗学》，林怀卿译，世一书局，中华民国六十九年十月，第116—117页。

② 蔡秀清：《土族民间宗教“勃”及其民俗功能分析》，《西北民族大学学报（哲学社会科学版）》2007年第3期。

德村三月十三，丹麻索卜沟三月十八，东山大羊圈、吉家岭四月八，五十巴洪村五月初四，丹麻东家村腊月八。大通土族地区、民和县也有类似庙会。

“勃”的传人自称为神教，经文用汉语诵读。跳“勃”的法师实行家族世袭制。“勃”从形式来说，是喜神娱神的庙会，主要神灵为“娘娘”和“龙王”，蕴含着敬畏自然、崇拜自然意识，展示土族人试图协调人与自然关系，并进而协调人与人关系的美好愿望，土族传统文化的积淀丰厚。

据“勃”的传说，法师最初是女性，而现在法师都是男性。法师的服饰有黑色的长袍、花色的夹、黑色的道帽、长辫网帽、红花牌子。随跳“勃”中角色和身份转换，法师穿着的服饰就要变化，念经的时候不戴任何帽子，头戴红花牌子就代表着神，不能表演了，只能跟上下手问答。“勃”的最主要法器是单面羊皮鼓，鼓把手上连着三个铁环，九个麻钱，还有金钻和钢鞭。“跳勃”时，抬“神轿”的四人被称为“马脚”（土族语），担任“马脚”条件是在近期没有去过医院、产房，不准有房事，家中无丧事等，要保证“洁净”。

2008 年 1 月 13 日（农历腊月初六）我们到互助丹麻东家村就跳勃仪式展开了为期一周的田野调查。下面以每年腊月初八开始的为期三天的丹麻乡东家村举行的跳勃为例，介绍土族的跳勃仪式过程。

“立幡设坛”——准备活动。腊月初七清晨八时许，众人陆续来到村庙，先点灯、煨桑、焚香表、叩头等，属于个人层面的敬神行为。大家拿来约八个馒头、青油若干，有的还拿来还愿的鸡等。之后，准备树立幡杆。众人开始在村庙院内粘贴幡杆。8:20 分，一位勃站立在大殿门内面向外，在门口桌上摆放油炸馍馍两盘、面灯三只以及酒、纸钱类若干，先击扇形单面羊皮鼓，唱念颂词。同时，院中立幡杆位置点燃柏香，在院中央立起幡杆。杆最顶部绑扎一束芨芨草，其下部依次粘贴黄色剪纸品、红色折叠的圆形纸品、彩色长纸条、一米多大的斜三角纸旗，之下，套有一圈，叫“南天门”，是众神出入之门；再下，捆绑一根一米许的分叉的横杆，两叉顶上插上一个馒头，馒头上再插上两根燃香、两根贴有黄表纸的芨芨草，叫“万神台”，是安置众神之地。幡杆立起时，从大殿内有人“打醋坛”。之后，再采用升降方式拉上一根两米多长横杆，值得注意的是，从幡杆横杆一端系有一块红布，一个六角形的木杆捆扎的下部挂有彩色纸品的物件，有三股绳引进到大殿内立柱上，三股绳的半空又悬挂了包有糖、红枣、零钱等的布包，即“梁蛋”，它是众神的通道。再在横杆上升上去招请众神的黄色剪贴的“长（幡）钱”。幡杆下供桌上，摆放馒头若干，上插贴有黄表纸的芨芨草各两根，神斗一个，内插五根尺许的纸旗，纸旗杆从顶上依次贴剪碎纸条，或红、或黄、或绿的折叠的圆形纸品以及彩色斜三角旗，供奉“供奉五方五帝五岳天神之位”牌位，另一个神斗也相似，但没有牌位，纸旗形制要小。在杆底部，粘贴“供奉土府九垒高皇大帝 之位”牌位。此外还从杆上拉一根绳子置于西北方向，上有三面纸旗，代表佛、道、神三教，勃称其所奉之教为“神教”。这时，设立神坛完成，并开始献给众神供品，有鸡头、熟的羊的各部位。用红筷子搭成一类似于桥的东西，象征众神出入之桥；敲响庙内大钟，将祭品向空中撒起，请神享用。同时，庙正门、侧门以及院内大殿门上均粘贴申说神灵神威的汉字对联，在幡杆四周呈长方形拉起两米高的线绳，其上贴挂剪空的彩色纸鹿。准备活动就绪后，勃在“娘娘”神轿前卜羊角卦，看准备工作是否得当。否则要查看哪一项没做好，并唱念颂词祈求，之后再卜卦。

约 10:30 分，娘娘神轿被请出大殿，由四个十几岁的男孩抬轿，吹着海螺，打着仪仗，众人伴随向村内出发。此行目的，据说是由庙神自主选择今年的庙官。这里，庙官一年一换。所以，行进路线按照民间说法就是按照神灵的意图，庙神神轿停到谁家门口，家主要出门跪迎，并被确认为今年的庙官。之后，神轿回庙。在庙门口，点燃柏香，小炕桌作为供桌，上供燃香、酒、馒头，一位勃在门内手执羊皮鼓，迎接神轿回庙。之后，将神轿安置停当。初七的准备工作结束。

第二天初八是跳勃的高潮部分，进行大量的娱神仪式。

10:30，一名勃，站在大殿神轿供桌前，念诵经文，意在向神灵交代庙会事宜。此前，众人将一只羊用柏香熏净身，向羊身上浇奶水，献牲。11:00，勃二人，站在大殿门内面向外，唱念经文，并让 10 名男孩站在殿廊，每念一段，向两名孩子手中分发龙茶碗，碗底盛有若干麦子，上面分别放置燃香、酥油灯、梨、盘（馍）、柏香枝、小白花、佛珠、哈达等物。分发完，勃引领孩子们从大殿出发，先在大殿内围绕供桌、神轿逆时针绕一圈后，到院中，逆时针绕幡杆三圈，到庙门外“亡坛”折回院中，顺时针绕幡杆三圈，到庙门外“亡坛”又折回，到大殿廊檐下逆时针一圈后，将各色物品放置到供桌上。此即转供品仪式，目的是向众神、众亡人献供品。之后，勃跪在大殿廊檐下向外击鼓念诵，并拽连到幡杆上的“梁蛋”绳，将梁蛋拽开，包裹其中的糖、红枣等从空中撒下，众人喜抢之。据说，十个孩子拿的物件表示地面上最好的各样宝物，运动着代表将这些东西献到天上，紧接着勃向天上各路神灵汇报，并祈求各路神灵也向人间播撒生活用品，而撒梁蛋即象征天上给人间的各种东西。

12:00，勃来到大殿，“完善”（大法师）朝向神轿，右肩负麻鞭，焚化黄表，偶尔响击麻鞭，其余法师在大殿门口朝向殿内，击鼓，一人击锣。此时，马脚将神轿抬起，两个神轿一左一右，在忽前忽后地摇动。一会儿，大殿左侧神轿下，扣置直径40厘米的黑瓷盆，此时，四个70岁左右的老人抬的神轿逆时针以黑瓷盆为中心快速旋转，若干分钟后，神轿走出大殿。此即“请神灵”仪式，先请“功曹”，后“迎喜(喜神娘娘)”、“迎五道神”，并请四面八方所有神灵看“跳勃”并享用供品。后，瓷盆前置一袋柏香，后置一编织袋，轿杆横搭在了两个编织袋和瓷盆上。神轿出门时，在庙门槛上宰杀绵羊，用黄表纸沾羊血。神轿在仪仗伴随下，“完善”在“神轿”前“挥刀舞鞭”，以示“驱邪”开道，另有两勃击鼓念颂词，紧随“神轿”后。而此时，庙官打扮为武士打扮，披弓背箭，手端“五方五帝五岳天神之位”牌，紧随其后。到麦场，勃击鼓念颂词，“神轿”转动不已，燃麦草及焚化表、纸，众人跪在火堆前。

跳勃舞是娱神活动的最高潮。舞蹈程式主要有踏四门、满天星、凤凰三点头、立马庄、翻跟斗、鸭子偎蛋、黄莺展翅、空中取雨、抬鼓条(用嘴衔细棒)、打车轮等。舞蹈之态，舞鼓、旋转、蹲着行走、前扑立弓步、或独舞、或二人舞、或众勃群舞。舞时，有的勃故意做错动作，其余勃上前挑剔，让其重做，或出难题，并相互指责，嬉闹逗趣。其实，在寓庄于谐的舞蹈表演中，隐含着迎请神灵光临、摆各种阵法喜神的要素。大约三个小时后，“完善”头戴“五皇牌”，将右胳膊露出。用公鸡血滴到净水碗中，“完善”用嘴向神轿喷洒，后用尖刀割破右上臂。据说，血流的越多对村子越好，然后卜卦，看娱神是否达到了目的。若卜卦不顺，又要击鼓颂经，直至卦相顺利。“完善”又上到一个倒放的八仙桌上，在四角上各做倒立姿势。据说，是为了镇压住四方煞气，桌子象征地球四面八方。之后，“完善”带领下，新任庙官抬着神斗，五个小孩手持原来在庙中供奉的神斗中的纸旗，两个神轿请到麦场东南角，前燃麦草，法师唱经文，祭公鸡一只，占卜神会效果。若卦相不好，再击鼓颂经，以示祈求。这里，表示将四方煞气压制、赶走。之后，神轿返回村庙。

回庙时，门口一只方桌摆有供物，另有四位勃立于门旁，击鼓念颂词，以示迎神。此时，神轿停在庙门外，庙官为首引领五个小孩跪在门外，庙官手捧神斗，孩子手持纸旗，法师向他们嘴里塞肉片、馒头等，向脸上抹面粉、酥油，给马脚也“西密利”（脸上抹面粉）。进到院中，一个神轿安置到大殿，一个神轿安置在幡杆底下。庙官坐在凳子上，向众人报平安、吉祥。

太阳下山后，又要进行“讲旗”和“完善”两个仪式，主要在两个勃之间，年长者向年少者询问一些有关历史宗教、天地万物生成等知识，比如问“先有鸡还是先有蛋”，之后两人进行辩论等，实际上是勃在向小辈传播知识，在此过程中，观众不得大声喧闹。过去，这一时间或请神的那晚，会有个别人抱着小孩，牵着羊或抓着一只鸡来换小孩命。原来，“立幡设坛”之时，勃有一瓶用红布封口，据说每进行跳勃活动，必收一位小孩魂。跳勃的这几天，附近村庄中若出现两三岁小孩胡言乱语，精神失常等状况，就认为魂魄被勃收去了，必须用“牲”来换命。勃给这家人卜卦，若卦相不顺，还须颂经祈求，以示禳解。

晚上八点左右，进行送神仪式。跳“勃”结束放幡杆时，众人就去抢“梁蛋”和插在杆头的馒头，据说抢得馒头者能成“状元郎”，得到“梁蛋”则能禳灾避祸。人们还会撕一些幡纸，给孩子避邪。

送神结束后，又送亡人。勃又击鼓念颂词，众人推倒门外杆子。之后送凶煞的“白虎”，一人怀抱代表白虎的馒头，此人脸涂面粉，跪在“神轿”置身的殿门口，勃大叫：“白虎快走，把一切不净、不祥之物都带走，走得越远越好”，并踢此人一脚，用麻鞭击其背后空间，以示驱赶白虎。此人跑出庙门，将馒头扔到三岔路口，跑回庙中，众人立即关闭庙门。最后，勃还要安置此庙中的“娘娘”，点燃剩余纸、旗等物。勃再击鼓念颂词，众人叩首，勃再讲一些平安、吉利的话，众人散尽，跳勃活动结束。

在民和土族的信仰生活中，也有“勃波利”（跳勃）仪式，在村落仪式层面上主要在农历九月九祭祀酬谢村落保护神时进行，在家族层面上由于要解决事由的不确定性具有随机性，但有些酬谢家神的活动多安排在冬季进行。仪式过程与互助基本类似，目前由于民和地区“勃”的数量显著减少，主持仪式的“勃”一般只有一个，需要时由举办仪式的村落民众替代，充当他的助手。

（三）斋醮仪式：民和土族信仰生活中道教的引入

调查中，因互助等地区土族多不信仰道教，而在民和土族地区道教同样盛行，在村落、家庭层面举行醮仪的现象十分普遍。此处，以民和土族道教醮仪为例展开论述。

道教醮仪一般是在认为集体或者家庭有比较大的危机时举行。道教斋醮仪式大都包括以下内容：审序祭祀仪式的时间，举行祭仪主人的姓名、籍贯、住址以及全家人的姓名等，主持祭仪者的姓名；审序祭仪的目的；审序祭仪所请降临祭坛的神灵的名单，即神谱；审序祭仪的程序。内涵基本是：选择一个合适的祭仪场所，布置祭坛，安排一系列程序，迎请各路神灵降临，以达到祈福禳灾的目的。与民间巫术的仪式相比较而言，道教祭仪更正规化，宗教色彩更加浓厚，祭仪场面更加宏大，持续时间更长。这样，实际上经济花费、需要参与的人力、物力更多，故，一般首选是采取巫术形式来解决问题，在巫术看来无法得到圆满解决的情况下才举办道教祭仪。因此，一般举行频率较低。现以 W 村于 2004 年举行的醮仪为例，说明土族地区道教仪式展演在土族乡村并被在一定程度上民间信仰化的状况。

组织斋醮仪式的理由：基于本村 2004 年多事，即户数只有 70 多户，且大多是核心家庭，人口不足 400 人的小村而言，死亡人数较之历年水平高出很多，且其中以年轻人居多。在这样的客观事实面前，全村人等认为村庄有了灾殃，如果不及时禳除，还会作祟，继续危及村内人等安全。因此，大家商议一致大力倡议全村集体举行斋醮仪式，以祈福禳灾，获得平安。如阴阳先生的表言所写：“亿民生于中华富源之地，共享天伦之乐，农牧为本，耕读为业，勤俭持家，节约用粮。自先祖以来，信奉儒道释三教，供圣敬佛，敬天礼地，德义为重，教养子孙，以德为先，安居乐业，承蒙乾坤润泽，朝政荣华，国泰民安。但美中不足，近几年来本庄各户不知何因，多灾多难，或整修路道损坏山穴，或天瘟疾病，或清泉污染，土炁神煞、死魂阴鬼等因，损伤夭亡，民等惶惧惊恐，无门报告，所以合庄大小人等，启发善念，捐凑香资，诚许醮筵于庄建设太上正乙华坛，恭修灵宝答天酧聖修醮祈福消灾荐亲拔度颁简驱治芟邪补穴保安利益道场。”①

该仪式举行时间为2004年腊月十六到二十二，为期七天。由本村阴阳先生作为地主做“承斋”（即负责本次仪式的负责人、牵头人）。

第一天，基本是准备时间。要准备幡杆、书写醮条及对联、“告示”，布置斋醮场所。

第二天，请醮升幡，约庙行香（到庙里降香）。

第三天，上表。上报玉皇大帝举行本次仪式的一切事宜，说明举办原因、意图等。在早上念颂《救苦忏》。

第四天，上表，上救苦表，请救苦爷、地藏王菩萨等神灵。早上念《三元忏》。颁简，为所有亡魂向上上报超度，晚上举行消灾灯灯筵。带宝，召请各路亡灵，为其颁发冥钞府阴钱。

第五天，颂经一天。早上念《雷祖忏》。

第六天，炁邪，驱赶毛鬼神，捉拿收拾各路恶灵，并补穴奠安，架起干坛。晚上举行亡升灯灯筵。与此相似的是，这种邪鬼巫术至今仍在藏区某些地方流行，据在青海农区藏族中的调查，如家中某人突然患病，则认为鬼魂作祟，即请巫师一人至二人到家，进行驱鬼巫术活动。这种仪式藏语谓之“智土”或“邪得”。巫师坐于炕上，对面墙壁上挂一空行母卷轴像；前摆桌，桌上分别供有七个青铜经水小碗，一盏法灯及用炒面团制作的五个“垛玛”。另外，还画上鬼魂像，并标明鬼魂给主人危害的情形，尔后装入一个三角形铁盒内，放在三根黄刺树设立的架子上，上盖黑色布块，再放于火盆中。火盆四周排有各种兵器，多达几十种。巫师闭目摇头，口诵咒语，至天黑则开始逐鬼。驱鬼必备一张山羊皮、一铁锅、一皮袋。皮袋内装有九块阴木及九块阳木共十八块，各写有鬼魂名。皮袋口系长约有一丈的皮绳，由一人接皮绳拖皮袋，右持镰刀，边走边喊“赶鬼了，赶鬼了”，众人相随。有的拿着两块白、黑色石头，边走边敲打；有的拿黑、白色牛尾巴，边走边扇。有一人右手拿着山羊皮，为领头，招呼鬼魂。众人高声喊叫，绕村子转圈。最后烧毁装有鬼魂的三角形铁盒。至此驱鬼巫术仪式即告结束，表明鬼邪从病人身上驱除②。仪式结构上如此相似，是否是与同一地域文化的相似而致？

① 摘自笔者田野调查所得的阴阳先生起草草稿。

② 谢热：《论古代藏族的巫及其巫术仪式》，《青海社会科学》1999年第3期。

第七天，回醮，送神，结束。

本次斋醮要达到的目的是：“伏祈——经功恩力，释罪降福，圣光普照，瘟疫远遁，灾害不生，虫蝗殄灭，口舌消散，火盗不侵，山家龙脉顺稳，土炁神煞回宫，八煞自消，四季静和，八节康泰，人口安宁，子孙繁衍，六畜兴旺，人寿年丰，出门见财，进门见喜，内外庆吉，财源茂盛，各行各业吉星高照，万事如意！再祈——冥阳两利，存殁沾恩，生者禄马亨通，亡者超升仙界快乐无量，二六时中，吉祥如意，大吉大利！”

综观整个醮仪，我们会强烈地感受到，这里大量地运用了象征手法来达到人与神、人与自然力量的沟通。例如，多次举行的灯筵就具有丰富的意象：一说每盏灯是天上的星星，也说是一为神灵，据说亲手点燃油灯会给自己带来好运；第六天炁邪、驱赶毛鬼神，捉拿收拾各路恶灵，架起干坛的驱鬼仪式上，同样具有丰富的象征意象：倒扣而高高悬挂的竹箩、平置地上的面筛，被赋予已经布下天罗地网、鬼灵难以逃脱的象征意义。

民间的驱鬼仪式实际上是社区边界的再确认。在中国民间观念中，鬼隐喻着社区外部的陌生人。仪式化的驱鬼行为试图将这些“陌生人”排除出社区之外，通过这一举措，也创造出社区与其临近地方的界限①。

符，原先并不是道教的发明，它是古代帝王用来发布命令、调兵遣将的凭证。道教兴起之后马上看中了符。既然符在人间可以调兵谴将，具有至高无上的威力，那么在鬼神世界里同样也有符这样的东西存在。这是将历史上的实物挪移到鬼神世界的产物。箓，是天神的花名册，手中有了箓，就等于知道了天神的职责，与符配在一起，就可以代替天神下命令了。符，具有调兵遣将的功能。只要道士在作法术时画上符，点燃之后，神将出现在眼前听凭道士指挥去捉拿鬼神。一张黄表纸上画上各式符号，就可以代表天神发号施令，驱动神灵。

在仪式中，有一个行为引起了笔者的兴趣：在带宝现场、颁简时，村民对于阴阳先生在仪式中使用的符道特别感兴趣，众人对此大有趋之若骛之态，纷纷争着要归为己有。这里，如果不是用现代人的科学的眼光，而是当地人们的立场来看待，他们特别相信在道场仪式中使用过的符道，具备驱邪、避邪的特殊功能。这里，就有巫术思维的指导，认为阴阳先生的符道具有巫术作用，拥有了它，就具有了防止邪灵近身、进入家宅的法

① 王铭铭：《走在乡土上：历史人类学札记》，中国人民大学出版社2003年版，第111页。

宝。就是这样一张简单的黄表纸，无非在上面由阴阳先生画上了一些道符，在拥有以后就会对拥有者的真实生活产生巫术的影响力。

（四）纳顿仪式：民和土族联村酬神的大型信仰活动

纳顿，作为整体以一个生产年为单位，每年重演，周而复始。一个生产年可以说是纳顿的周期时序，其中，纳顿实施之前的自开种到收割结束是整个纳顿体系广义的准备阶段，这一阶段的内容为纳顿的实施做铺垫和前奏，而纳顿活动是这个阶段的总结和高潮。新一任的“牌头”（纳顿负责人）及其他负责人的选举产生，是新一年纳顿体系工作开始的标志。在纳顿结束之后第一件事情就是“叶尔将”。“叶尔将”是藏语音译，当时的喇嘛无人知晓为何意。接下来，是九月九的祭祀活动。直到次年的清明节后一天的“堂运”时牌头们才又恢复的活动。这次活动，宣告今年的纳顿活动正式启动。清明后十天，开始启动“罚香”活动，即从此开始，牌头带领其他负责人开始实施连续的田间管理工作。再过一段时间麦苗已经长高了。这时，各村庙的牌头们组织一次较大型的“浪青苗”活动，是二郎神从宗庙出游各个村庄的活动。立夏刚一结束，立“插牌”。大多数“插牌”立于村界，有“界牌”之意，划清各村之间界线，有利于“罚香”时的认定。另外，插牌被认为能够镇压地方，阻挡恶风暴雨、冰雹。立插牌的具体办法是，先请阴阳先生在一块柏木牌或椿木上书符文以及一个狗头，并用一个画有符文的黑瓷碗，加上砖、羊毛、五金、杂粮、各种花、茶叶、棉花等物埋于地下。上堆起小土堆，插上十字形草把，中间插上上书“敕令封山神土地把守地界”等字样的木条。之后十来天，答“鄂博”，村内各家群众携带石头、柳梢等到“鄂博”，请喇嘛和嘛尼其念经，用一天时间安置“鄂博老爷”。“鄂博”的形式与功用和“插牌”相类似，只是比插牌要规模大，正规一些，地点比插牌所在的地点要高，多在周边中山顶部，或小山顶上，一般是用四根一米五左右，直径五至七寸右的圆木为柱，中间架设横梁，呈正方体，并在周边竖起栅栏，内部地下埋置与插牌相似的物品，并在四方形的木架中垒置每次由群众携带上去的石块，插上柳条，并在四方形中间立起的嘛尼杆上悬挂经幡，由四个方向斜拉线绳，上悬各色印有经文的彩色布条。“鄂博”可以让阴阳先生立，也可以让喇嘛立，效力相仿。

到夏至每个村庙开始持续6—18天的“夏至嘛呢”。在庙神前供献长明灯，用羯羊祭祀庙神，由牌头安排群众轮流到庙念经。这次活动结束后，各村准备收割庄稼，“罚香”活动结束。有些村庄在大、小暑期间，以羯羊给神灵祭祀，祈求众神在临近开镰收割之际，保佑庄稼平安收获。小暑刚过，大暑不到，三川地区就要开镰收麦了，各项祭祀活动暂时停止，直到庄稼收获后，喜庆“纳顿”节。

赵木川地区纳顿之前的宗教祭祀活动与中川、下川有一定的区别。赵木川地区的纳顿负责人“当事”或“水头”上任以后，基本要按时间顺序操办以下事务：三月三祭祀山神，献牲一头猪；四月初开始转青苗（目前，先在四月初八到中川朱家庙请二郎神。四月初九至十一，赵木川七户共同联合在郭家供醮三天。之后，十二日到窦家，十三日在此享受祭祀。十四日到山赵家，十五日进行祭祀活动。赵木川七户按照纳顿时间相反的顺序轮流祭祀）；五月初八，又从朱家庙将刚刚转完青苗的二郎神再次请到赵木川，在五月初十至十三进行隆重的“装脏”活动。

各村庙中的庙神装脏时间不一，但装脏方式相似，也不再赘述。

纳顿的正式实施阶段，三川地区作为一个区域整体，时间分布在农历七月初八至九月十六之间。一般文献中，将纳顿的起止时间界定在七月十二开始，九月十五结束。其实，第一个开始的宋家和面草沟，在七月初八已经开始了纳顿的实施过程。从整体观点看，纳顿并不是说想哪一天跳就能跳的，此前需要缜密的组织工作，而这些工作正式开始是在七月初八。每年七月初八，由鄂家牌头通知牵头，鄂家、宋家牌头七个人（其中鄂家5个、宋家2个）一起到桑布拉（峡口村）庙上，三家牌头集中商议今年纳顿是否进行。一般来说，是否举行纳顿，要依今年庄稼年成而定，庄稼丰收了，纳顿是必定要跳的，如果年成不好，就要决定歇一年。决定做出之后，宋家和桑布拉的面草沟村就开始正式准备纳顿，也就意味着今年的纳顿就要从这两个村庄开始了。

首先准备七月初十的庙神下庙。七月初十，12点以前必须完成下庙酒点活动，即请本村庙神神轿到会场帐房内的神案上供奉，并接受全村人民的叩拜。这时，村内各家各户均会带上自酿酩醯酒或青稞酒以及香、表等物叩拜庙神，众负责人安排纳顿中各项具体事务，收取自罚香活动开始以来所罚款项，安排会手人员配备。安排会手人员，主要是牌头等负责人根据村内人口构成的实际情况，将在纳顿上所用物品（如大旗、锣鼓等）一一分发到户。

初十是宋家纳顿的小会，也是整个纳顿开始的起点之一。这一天，请庙神下庙以后，纳顿各项工作准备基本就绪。“小会”，是相对于“正会”

而言，是“正会”的铺垫、引子或前奏，大多在正会的前二天。

七月十二日，宣告纳顿活动揭开序幕，正式上演狂热的庆祝活动，意味着纳顿这股狂热的旋风将开始一村一村地席卷了。这一天，是朱家庙中走神二郎今年第二次出游的第一天。二郎神出游第一站，就是到宋家纳顿会场。在七月十二日凌晨三时半左右，鄂家牌头八人，宋家牌头四人从宋家起身，由鄂家大牌头鸣锣引路，携带香、表、酒等物，赴朱家庙请二郎神。在临天亮时刻到达朱家庙。由于常年惯例，朱家庙倌在庙中等候，届时请神人员给神酒点、焚烧香表，开始清点需要物品，准备起身。现在将过去的二郎神八抬大轿简省为四人抬轿，有两人执二面大旗、一人执燃香前行引路。动身起锣，且要保证一路锣声不断。七时半许，抵达村口，等候的全村男女老少执香叩首迎接，并将二郎神轿安置在帐房神案上。二郎神轿居中，宋家庙神洪石宝山威灵摩竭龙王居右，后来随会手队伍而来的鄂家庙神洪石宝山威灵摩竭龙王居左。神轿的排列位置与人们日常生活中的客主落座规则一致，中间为最贵，左大右小。

清晨，整个纳顿会场布置停当。在小帐房前约 10 米处，横向排列竖立大小不等的幡杆，其中，最中间的是由集体竖立的官钱粮（制作方法是，先用黄草纸糊成两个直径 50—60 厘米、长 3 米多的纸筒，外侧从上向下重叠约半张粘贴上千张钱马，钱马是规格为 25 厘米 ×10 厘米的用专用印板印制的黄纸祭品，然后在幡杆上以横木悬挂。有些地方称“官幡”），两侧为群众自愿竖立的幡杆。关于群众竖立幡杆，多因过去家中多病多灾时，请求庙神保佑平安、消灾除病而许愿以后成为定制流传下来的，而目前很少有人因病灾向神许愿立幡杆，所以，竖立幡杆的亦大多是老家。竖立幡杆的家庭每年纳顿在相同地点竖立，如若不立，在纳顿临近结束法拉收受钱粮、宝盖时会质问原因，而群众一般也不会无故中断，因为大家认为中断后会给自己带来凶事。另外，如有新添的幡杆立起来，法拉最后也会质问“每年都没有这个幡，是谁家立的，为什么要立？”等问题，待守候左右的幡杆主人就以上问题说明原委后，允许收受。

会手舞，分主队、客队队伍，在大帐房和小帐房之间的场地上由下而上、由上而下的表演，这个过程叫“合会手”。意即两支队伍在此过程中合为一体，亦有象征团结之意。会手舞，动作较为单调，老人们随着鼓点，按照太极图的形式左右侧身弓腰，双手挥舞，左转一极，转身又转一极，完成一个动作需转正反两个圈。头、手、身、腿全部运动，摇摆腰身，双臂一举一落，脚步一虚一实，起落自然，脚步自如，整个舞蹈动作优美、连贯、紧密，舞扇与挥旗一气呵成，有极强的节奏感。尤其是几杯酒下肚之后，酒助人威，平常步履蹒跚的老人白发银须，气宇轩昂，舞姿古朴中透出几分逗趣，喜悦之情渲染四周。而后面的旗手动作更为简单，大多手执大旗，伴随鼓点而已，只是到后面借助酒力时动作有些丰富、夸张而类似于老人的动作了。会手的行进路线，不同村庄有不同的讲究，即通常所说的摆阵法的不同阵式。常见的有一字长蛇阵、二龙戏珠阵、八卦阵、四门兜地阵、太极阵、蛇蜕皮阵、龙退骨阵等。

在若干次的进行之中，夹以唱答酬词、报喜、唱喜讯等仪式，以歌唱形式直接表达对神灵的谢意。

答酬词，是在合会手的第一个回合之后，会手队伍全体跪立神帐前，由推选的两位老人致“神灵词”。待每个喜讯逐一唱完之后，会手开始起锣鸣鼓，进行最后的狂欢，整个会手舞也随之达到高潮。之后，各自退回休息的地方，锣鼓手再次擂鼓相庆。会手结束后，将上演《庄稼其》、《五官》、《五将》、《三将》、《杀虢将》等面具舞[①]。

最后，法拉上场。法拉是神的代言人，上场后，直奔神轿前，在激烈的锣鼓声中，以癫狂的神灵附体状态，首先伸手要“签子”（一种铁制的长约15厘米，宽约0.5厘米，厚不足1毫米的法器），等拿到签子以后，法拉用签子穿透双腮，并进行“吩咐”（即神的指示），之后开始到场地中收受宝盖钱粮，分别在神帐前场地东、西、南、北四方焚化，意在向各方神灵答报谢恩。最后在神帐前，简言总结一年的情况或纳顿上的情况，指出不足，并向大家宣示诸如“今天设下神坛请我来，我心中欢喜，钱粮已经收下。今后你们要诚心崇拜神灵，我去禀报玉皇，保佑你们风调雨顺，五谷丰登，人畜平安”之类的神谕，众人高声应和。在众牌头及庙倌等的侍候下“回马”（请求神灵脱体结束活动），恢复常态，在轿前叩首谢神。

接着，本村的牌头等将二郎神轿抬送一程，交给下一村的牌头等将二郎神轿请至他们的会场，将本村的庙神请回庙内安置，会手队伍（客队）亦将庙神抬回自己的庙中。纳顿当天的活动到此结束。

---

① 详细分析参见文忠祥《土族纳顿面具舞解读（一）（二）》，《青海民族学院学报（社会科学版）》，2007第2、3期。

每个村庄的纳顿当天的活动过程基本如此。从宋家和面草沟开始以后，按时间每个村庄依次进行，只是各个村庄供奉庙神、参与会手队伍的规模以及会手阵法上有些差异。

（五）转山与安镇仪式：镇灾辟邪的巫术仪式

春耕以后的“转山”（土语称“呵观拉”），“安镇”活动“娘娘”、“龙王”、“神箭”均可主持、操作此活动。下面以五十乡拉日村巴士沟为例，论述“转山”（插牌）活动，活动时间一般在公历5—6月，具体哪一天由庄子上的“神箭”尼当桑来定夺，“转山”时是否背108部经，也由尼达桑决定。若不要背经每家去一人即可，家中出了丧事，或生育之事者忌讳去。到了定下的日子后，由“什典增”先请尼当桑，然后众人打着十八面旗各自跟在“什典增”后面去转山，若需要在某地钉桩，即在某地钉下一截嵌有大车轴上的木屑或木条的桩子。上面置一块石头，若农作物长成后天气要变，如刮风等，“青苗头”便拿这块石头砸所钉之桩，据言可避恶风雨。“转山”中，若遇见“拉什则”，必须要煨桑，然后众人大呼“ 嗷，拉什则！什达意拉格，浪什大达日格，卡里盖格。”其意为：嗷！“拉什则”！祝我们运气好、平安、发财。最后转到庄子坟地前，进行摔跤、喝酒等娱乐活动（摔跤最后取胜者称“巴特尔”）。此时，“神箭”被送到家庙中供奉。“转山”（插牌）的目的是祈求所供之神保佑一年中风调雨顺，钉下的木桩据说能挡风雨、冰雹之灾。有时还出现所供之神在山上“坐镇”的状况。即“神箭”或“娘娘”或“龙王”认为今年可能要遭干旱、冰雹灾害，并决定在山中某一位置“坐镇”，以示祈禳。如还无法祈禳，则要请“班爹”来念经消灾。期间，需给神搭一顶帐篷，并将其供在里面，摆上供品。再搭一顶帐篷，由几人守在一旁，等时间够后才下山。另外，如所供之神预言今年的灾害来势凶猛，必须进行“安镇”活动。

“安镇”活动时间、地点等都由庄子上的主神决定。房建昌《土族地区的白虎祭》一文中提及康国泰神父著《甘—藏边境的土族》一书中曾记载1911—1922年土族地区“安镇”的活动，文章认为这是在祭“白虎”，实际上是土族人为挡雹灾进行的“安镇”活动，土语称“班答拉那”。文中提及道士、“欢爹”，Boo都主持此事（尤其是Boo），但现在的“安镇”活动主要有庄子上的“青苗头”和“什典增”主持。“安镇”活动所需之物主要有铁锅、小缸、大车轴、木头、黑碗、猫头鹰头、狗头、蛇、猫头、铁人铁马（用铁皮剪出之形状）等物，也有埋“白虎”牌位的，有时甚至用婴儿的尸体。实际上所用之物都代表着凶煞、邪恶，其中甚至有婴儿尸体。“安镇”时先挖好一个坑，坑下部为三角形，中部为方体，上部为圆拱形。挖坑、“下镇”时，坑中人禁止讲话。将所准备之物置于洞内，上扣铁锅或小缸，底部中间钉一木桩或在木桩上钉一木板，将所备之物置于板上。按东西南北方向各钉一根桩子，最后以四方桩子在坑上堆起一土丘。旁边还有装着一条白狗和一只活公鸡的两个箱子，分别埋下，堆一小丘，有透气处（鸡、狗会活一段时间，最后死去）。“安镇”结束，人们在安镇处朝雹灾所来之地大声呼叫，以示“安镇”成功，安镇的地点会在好几处（一般在山顶或山口处），“镇”中所放之物之内容不同。安好镇后，必须派人守候一段时间，守镇之人住在其旁所搭的看守棚中，不许任何人接近。从“安镇”所需之物大多是带有邪气、凶煞之物来看，其实所谓“镇”的实质就是“以邪镇邪”。冰雹灾害在土族人意识中为凶邪之物，是一种灾难。人们“安镇”时所用之物尽力以凶邪、污秽、阴气很重之物为主。很明显“转山”、“安镇”活动中蕴含有鬼神崇拜，“以邪治邪”等均属神仙鬼怪巫术中的神判巫术。它是土族先民从游牧生活转为定居生活后，萨满教吸收了汉族民间信仰的一些内容与本身一些内容融合之后的遗留和体现。

能保佑地方平安、挡住冰雹等自然灾害的“崩康”和“苏克斗”的设置活动亦属于“安镇”。苏克斗，土族语音译，意为“挡雹台”，系一种圆形土堆子或土台子，由喇嘛来摆，谓之安阵。崩康，土族语音译，意为“十万佛爷”，是一个四方形的亭子，中间是一个没有门窗的土屋，内放一寸大小约数千尊叫作“沙沙”的泥佛像。在民和的崩康中大量使用了“沙沙”。“沙沙”即“擦擦”，脱模泥塑。“8—10世纪，东北印度的密教诸神造像基本确定，来自世界各地的佛教朝圣者从此处带回大量本地的纪念物，也正是在此基础上，西藏人学会了使用擦擦。”[①] 这与土族信仰藏传佛教有直接的关系。

上梁仪式，土族人十分重视建新房时立梁的程序，认为这是建造新屋过程中最重要的环节，所以将新房上梁称为“上宝梁”，并在当天举行隆重的仪式。首先在选定的“宝梁”（即土族三间正房中中间一间的中梁）

① 李翎：《擦擦观音像研究》，《西藏研究》2005年第3期。

中段凿挖一长约15公分、宽3公分的小槽，里面装上五谷、柏树枝、金银、玉石等象征富贵之物，封口并用经过阴阳先生书写有八卦的红色棉布包裹，用麻包扎。上梁后，木匠骑到梁上，唱起《木匠说词》、《上梁歌》。大意就是祝福家庭兴旺，大吉大利，富贵万年。向在房梁底下的人们散发糖果。

民和土族对中宫十分讲究，在庭院当中要埋“崩巴”以确立中宫的崇高地位。“崩巴”是土族人心目中极其灵验的镇宅神物。设置时，在一个没有上彩釉的陶罐里装上青蛙、槟榔、穿山甲、石燕、蜈蚣等五腥，麦、豆、青稞等十二样粮食，十二精药，十全大补的药物。在选择的吉日，上香、点灯、烧黄表纸，由喇嘛或阴阳先生念经后埋在院中。因为“崩巴”是神物，不能踩踏，不能在其上放置不洁物品，所以土族人家在埋设“崩巴”的地方一般修建花坛。

埋设“崩巴”和建新房“上宝梁”仪式一样，与“安镇”、“崩康”一起是土族民众进行改变区域地理环境条件的手段，只是范围上有一定的差异。“安镇”是范围最大的一种，多以联村为之；“崩康”次之，多以自然村落为之；而“崩巴”和“上宝梁”仅是家庭为单位。

民众为改善聚落环境以及自家宅舍气运而举行的安镇活动，是为了吉利的双重保证或必要补充。在无法改变整个自然环境、无法左右天气灾害现象的状态下，人们通过“安镇”获得幻想性的精神补偿。对于崇拜自然的民众而言，安镇仪式其实为他们建立了一套关于“宇宙交感”的合法解释，从而强化了其内心的信仰力度。

充满巫术色彩的“安镇”凸显出民间信仰透过仪式的深层次戏剧表演，来达成一种镇煞目标，从而保证村落和住宅的安宁。“安镇”仪式，无疑是古老的巫术信仰与道教或者佛教相结合并在民间继续发展的现象，为基层生活空间秩序的维护与控制起到了客观作用。“安镇”活动，在不断地激活着他们对时空秩序的人文反省，暂时缓解了对环境无序化的焦虑或恐惧，进而感受到个体存在的有序化。“安镇”显然代表了日常社会生活中某种无形的文化稳定力量，从一个侧面透露了超自然或神秘的法力背后深层的社会心理根源。“安镇”意味着他们在生产生活的时空秩序与生命秩序的建构中，找寻到了某种关于现实生存状态的安全感和秩序感。在这种过程中，防止各类“恶煞”对村落和家宅的侵入。事实上，在这种建构的仪式展演中，民众无形中已克服了对异己力量的潜在焦虑感和无助感，并从而确立了人与自然和谐共处的信仰模式。

（六）丧葬仪式：多元文化混融的人生仪礼

20 世纪 20 年代至 30 年代编写的青海各地风土调查概况中记载，民和土族丧葬“用棺椁衣衾，以求久远，不使土亲肤，寻吉地，择良辰，讽经扬道，为安亲之道”[①]。而乐都土族丧葬“将亡人盛坐于木龛，舁诸旷野，用干柴焚化成灰，然后埋之山麓”。丧服仍着常服，并不带孝。仅以诵经为事，别无用品[②]。互助土族“请喇嘛或本布念番经，超荐毕，用柴火焚化其尸，名曰‘火葬’”[③]。并不与当地汉族土葬一致。

目前，土族的丧葬仪式互助与民和存在一定的差异。互助地区多行火葬，而民和地区以土葬为主。

土族老人的棺材（土葬用）或轿子（火葬用）等死亡后的一些用品都要在老人健在时就要备好。老人以能够在生前就将死后用品准备停当而安心，也算一辈子活得体面。在老人因病卧床时，不愿老人离去的子女们让老人看医生治疗，在医治无效时，请家神、村神来进行民俗治疗，让法拉、法师等驱除鬼怪。在临死时，村里的人们、亲戚等都要前往探视，安慰老人。这也算是临终告别。

在老人弥留之际，直系亲属、子女们都要在周围守候，看最后一眼。在快要咽气时，都要保持安静，静静地看着老人咽气。而在确认已经咽气时，也不能马上哭丧。一说这时哭泣，会影响刚踏上去天堂的道路的亡者因路途泥泞而难以顺利到达；一说这时吵闹，会让前来接应亡者的阎王爷害怕而不敢接近，影响亡者顺利咽气。

在确认咽气后，马上进行整理尸体。在擦洗以后，互助行火葬的，将亡者尸体整做蹲状，民和行土葬的取平躺姿势。将亡者安放在正堂位置。并向村人告丧，有些地区是孝子逐门逐户一一告知，有些是孝子先向村里的如队长等人告知，然后由队长向全村告丧。

在获知某家有丧事了，全村人都要以尽快的速度前去祭奠，并等候有推举的丧官安排治丧事宜。孝子的任务就是守灵，接受吊唁。治丧事宜按照孝子准备的程度，由丧官统一安排。分头进行请喇嘛、请阴阳先生、请

① 王昱等编：《青海风土概况调查集》，青海人民出版社 1985 年版，第 100 页。

② 同上书，第 95 页。

③ 同上书，第 90 页。

外家及主要亲戚等事宜。

入殓，是丧葬仪式中一个重要环节。届时，火葬者，将亡者用一条长布条把遗体捆绑起来，在每一关节处绾一个结，一般要绾7—13个结。然后用斗篷式罩衣“布日拉”套住，下部围布裙，殓入灵轿。土葬者，将遗体正式殓入棺材。此时，裱画一新的棺材被抬至院中，棺中放上柏树干叶等香料，并放入一捆麻，麻捆的一头露于棺外，并由木匠或家伍中人用棺盖紧紧压住，让死者的每个家属依次抓一撮麻，转身肩扛用力抽拉，各自将抽出的麻系于腰间，称之为抽孝。抽孝完毕，将棺材抬至灵堂，遗体被装入棺中，此为入殓。尸底要铺上新缝制的褥子，覆盖新被面等，枕特制的小枕，剪开收尸时用于束脚的麻丝。为防止出丧时遗体晃动，其上下左右用小木块衬垫，最后盖棺，用木楔钉紧。

火葬要修建火化坛。在火化场，大孝子跪地上，点燃柏枝，烧化若干纸钱，磕三个头，请修建火化坛的人开始工作。土葬要挖墓穴，届时孝子与土匠们一道来到家族墓地，煨桑、化纸钱、磕头，然后在确定的墓穴位置用铧划开一个“田”字。然后，孝子向土匠跪拜，请他们为老人掘墓。

出殡火化时，把灵轿抬到事先建好的火化坛内，投五色粮、浇酥油，砸碎灵桥同柴一起化尸。喇嘛当场诵经，超度亡灵西归极乐。3日后拣骨灰于盒中，暂埋于他地，待来年清明祭坟扫墓时移葬墓地。

互助土葬最隆重的丧仪谓之“四门两道”的经事，即由喇嘛、老师傅、吹鼓手、先生各按礼俗诵经、拜忏、奏乐、致祭等。悼祭时，在庭院搭架垒台两座，佛道分台打坐诵经，各显神通，全力为亡灵超度拜忏。一般丧仪从简。

民和土葬在出丧之日，请阴阳先生或者在当地具有威望的人“起材头”。“起材头”的人选，最好是一些为官、为学达到一定层次的人，意在丧家后人能够如“起材头”的人一样。而一般找不到这样的人时，由阴阳先生代为题写了。主人家备好崭新笔墨，给那人搭红。在灵堂门口铺一条新褥子或毯子，棺材前摆一张小方桌。那人在毯子上向亡人行三拜九叩之大礼，礼毕即坐在小方桌上在棺材头部正中空间写上“某某村庄某氏某某之棺”等字样。此时早有一群男性或蹲或跪等候在其身后。起完材头，那人将手中的毛笔杆在棺材底板突出部位轻轻敲击3次，冷不防猛然将笔向身后甩去，身后的人们争着抢材头笔。据说，凡抢到材头笔的人会有子嗣出生或者家里出秀才，因此，没有儿女或没有男孩的人等总是要去抢它。

民和土葬在出丧之前要准备 108 盏青油佛灯，纵横整齐地摆放在一张小方桌上，分别由死者家属点燃。时辰一到，棺材由死者的子孙等至亲男性中的 1 人背对棺材头部，反手从底部抬起，其余至亲从两侧和后部将棺材徒手抬起，慢慢送到大门口地上。村民用绳子将棺材绑在两根直径 3—4 寸、长 1 丈多的木杆上。女亲中一位体质较好的人身穿长袍手提装有碎纸的篮子，一边哭“冤家”（哭丧歌），一边向身后撒纸屑，快步为送葬人引路。村庄的男孩们高举花圈或花篮，结队跟在她之后快步向坟地跑去。若有人高寿而故，花篮、花圈队伍之后还有吹鼓手队伍。棺材要路过的家门口都要生一堆小火并紧闭房门。村中每户必出 1—2 名男性送葬。送葬之人持铁锨三三两两地等候在路旁。棺材被绑缚牢实后，由 4 组人从木杆两头抬起，快步走向墓地。等候在路旁的人陆续加入，很快形成一支庞大的送葬队伍。到了墓地，棺材还要被抬着沿逆时针方向绕墓穴 3 周之后，头朝北放在墓穴下方。解开绑绳，将木杆纵向置于墓口两边以便下葬时踩脚。众人用绳子将棺材吊入墓穴。有数人将专门带去的一条毯子展开拉住四角遮住墓口，事先下至墓底的人打开棺盖，检查在送葬过程中是否由于颠簸而造成遗体倾斜，发现问题则进行调整。调整完毕，盖棺论定。死者家的主人下至墓底进入偏洞，查看是否有铁器遗留在里面，发现这类东西，则必须清理出来。接着由几位年轻人或推或顶，使棺材进入偏洞。而后用事先拉来的土坯或土块堵住偏洞口。最后送葬的人们将墓穴周围的土填下，墓穴被填平并垒起一个三四尺高的坟堆。此时，送葬村民中一位德高望重的人出面，大声规劝在坟前烧纸钱、花圈并哭冤家的亲属节哀，赶紧回家。死者亲属便解开腰里所系的孝麻放入火中焚烧，解开头上所系的孝布，或拿在手中，或装入衣袋，立即返回。下葬前后，家伍中有人抱着事先扯好的孝布分发给那些尚未领到孝布的送葬人。同时，所有送葬的人也解下孝布陆续返回。

埋葬毕，人们一齐祭奠跪拜。抬过棺材的木杆以及铁锨等葬具一般拖在地面拉回（忌讳扛抬）返回。抵丧家门口，门前备水盆（盆口放一把刀，刀口朝外）、燃一堆火，人们洗手、越火入家。

民和地区火葬用于两种人，一是僧人，一是非正常死亡者。未成年人死亡或者尚无子嗣的成年人死亡，则以水葬处理，即经过一定的法事之后，送至黄河岸边，推入水中，任其向下游漂去。如果尸体在近处被冲上岸，它再次被推入水中，直到冲走为止。天葬用于夭折的婴儿。如果出生不久的婴儿死亡，不作任何法啄食。在民和土族地区处理丧事最主要的形式是土葬，火葬、水葬和天葬并不常见。

服孝期为“朵浪”（即“七七”）。每个“七”时，在家里请喇嘛诵经，结束后将纸钱等到坟前烧化、祭奠。结束“七七”后，举行“百天”仪式，为亡者诵经。周年在举行诵经活动。一般认为念三个周年即可，但也根据个人情况而定，部分人每年都念经纪念。在一年内不串门走亲，不参加宗教活动，不剃头剃须，周年内不过春节，不贴春联[①]。

（七）“於菟”仪式：同仁年都乎村土族的巫风古韵

年都乎，既是乡政府名称，也是行政村和自然村落名称。本书采用自然村落概念。年都乎村，位于青海省黄南藏族自治州同仁县县府北1公里处。属于历史上“保安四屯”之一，是由分兵屯田的军士定居转化而来。早期军屯的古城至今保留较为完整，东、西、北三面夯筑土墙，南面临年都乎河，将河岸修整垂直而替代了城墙。年都乎古城东西长300多米，南北100米许，有东、北两门，进得城门，城内巷道窄深，随着巷道前进，一户户庭院相连，感觉密集而又有序。后来，随着人口增加，城内容量饱满，随之在城外开始筑庄廓而居，形成目前城内、城外的居住格局。全村人口300多户，1600多人，分属四个小自然村、8个生产队，是同仁土族主要村落之一。

年都乎村，于每年农历十一月二十日定期举行“於菟”仪式。作者在2010年对於菟进行了实地田野调查。当日中午14时许，村里人开始到达位于村后山腰的二郎庙，来人多手提煨桑袋或酒瓶，先在庙前的煨桑台上煨桑，后进到庙内或向二郎神叩头。有人敲击悬挂于庙门顶上的钟，同时吹响海螺，半小时后，组织者开始招呼要扮演“於菟”的人脱去上身全部衣物，将裤腿上挽至大腿根，在腰间捆扎红色腰带，其间插上一把腰刀。随后，在法师等人的帮助下，开始从头至脚涂抹香灰。据说，这是一种老办法，就是为了在於菟表演结束后，洗去画在身上的墨汁时比较容易洗干净。在浑身都涂抹上一层以后，开始画虎纹或豹纹。从脸部一直画到脚踝处，前胸后背都要画上斑纹。最后，在每个於菟头顶上还要粘上或绑上折起的白纸条，看起来像虎耳。之前，已经准备好了用竹竿或木杆制作的串於菟馍馍的杆子。在一米五左右的竹竿底部十多厘米处，横向捆绑一

① 关于土族丧葬的具体过程，可参阅李克郁等《土族丧葬文化》，青海人民出版社2002年版；何峰《民和土族丧葬习俗之调查与研究》，《西北民族研究》1997年第2期。

根十五厘米左右的竹竿，与主干垂直成十字，作为档杆。最后，在两个大於菟要拿的杆子顶端，在缝隙中安插进白纸多次来回折叠后两端相粘连而成的圆形大“凯特日”，其下位置粘贴“库鲁”。“库鲁”，是在尺许宽，二尺长的白纸上，折叠、剪裁出镂空的特定图案的纸品。在五个小於菟的杆子顶上，只插上“凯特日”即可。在七个“於菟”全部化装好以后，法师开始装扮。法师头戴五佛冠，身穿紫红色长袍。待一切准备妥当以后，法师召集七个於菟集合，先依次给每个於菟口中灌酒，后向他们传达命令，布置小於菟的分组情况，以及进村后的行进路线。五个小於菟分两组。之后，法师带领於菟们来到庙中大殿前，面向大殿，大於菟在前，小於菟在后，成纵向两列排列。法师进入殿内，敲起单面羊皮鼓，向神灵“报告”抑或祷告。稍许，法师出殿，向每个於菟再依次灌酒一次，准备出发。此时，七个於菟向后转后，成为小於菟在前，大於菟在后，法师和助手在最后的阵势。此时，於菟们开始禁止说话。七个於菟，五个小於菟在前成单列，两个大於菟在其后，而法师手拿羊皮鼓，助手在后敲锣在队伍最后。在锣和单面鼓的节奏下，於菟双手持杆，以不断交叉抬腿的舞步，逐步舞出庙门。在庙门外的小广场上，顺时针舞动三圈后，鸣放鞭炮。在一鼓一锣伴奏下，於菟以跑、跳、垫步吸腿等拟虎动作为基本特征，吸腿垫步、跳跃，左右侧身摇摆模拟猛虎状，节奏相对单一，垫步吸腿跳是整个仪式过程的主要动作，且因舞者双手持约两米长的杆子，限制了上身及手部动作，具有古朴粗犷的特点。五个小於菟闻听鞭炮声，迅速向山下村内跑去，而两个大於菟和法师及其助手，仍然以以前的节奏，一步一点，向村内缓慢出发。

疾奔下山的小於菟，进村后，按预先分派分为两组，一组两人，一组三人，分开从古城西北角翻越城墙直接进入到城内住户的屋顶上，接受住户早于前一天准备好的“於菟馍馍”（当地人对外面人介绍时多称“於菟馍馍”，当地人称“看子”）套于於菟手持的杆子上，有些人家在於菟来到时鸣放鞭炮，同时给於菟喝酒，嘴里塞上生肉片或者熟肉片。一般分南北两路，从西北角进入古城以后，一组沿北路向东门方向逐门逐户行进，一组沿南路向东门方向前进。前进过程中，一般都有多年进行下来的习惯行进路线，於菟进入人家只能翻墙而入，禁止从大门进入，但可以从大门出去。由于城内户户比邻而居，多采用从一家房顶到另一家房顶，有时候两家之间的巷道也不过一米多，多跳跃而去。

这里，只穿越古城内的人家。唯一例外的就是拉哇仓（法师家）。拉哇仓处于北路行进路线，在临近拉哇仓时必须避让绕道。这里，拉哇仓向广大民众显现其特殊地位。拉哇，就是主持於菟仪式的法师。在其主持下，於菟仪式的主旨就是要驱除村内各家的“不洁”。这里存在一个民间逻辑的预判——法师主持仪式，法师基于法师独有的法术首先能够保证其家庭是洁净状态，没有必要去驱除“不洁”。而在这样的预判之下，也告诉或者暗示广大民众法师在法术的保障之下能够驱除村内其他人家的“不洁”，法师是具备驱除“不洁”的能力。在树立法师民间威望的同时，又给予民众普遍的心理慰藉。

那么，目前的城外人家是如何融入於菟仪式中来的呢？多采取在於菟必经路段守候，在於菟到来时将“於菟馍馍”套到杆子上，让於菟把城外人家的“不洁”同时驱除。於菟只针对城内串户入室，是一种民俗稳定性或者滞后性的具体表现。在古城建成之时，年都乎民众起初应该都居住在城内，城内的住户是年都乎最早的居民。这样，於菟活动举行时最初也就针对城内住户进行驱疫纳吉仪式。后来人口增加，在城外的新住户因为民俗稳定性或者保守性，并未将这些住户完全纳入到於菟的仪式过程中来，但是，进行一定变通，他们可以将於菟馍馍沿途串在於菟的杆子上，表示把他们也纳入整个仪式过程中来了。古城和於菟穿越区域的固化，说明古城与於菟仪式之间的确定关系。

在两路小於菟逐户穿越向东门前进，在快到达东门时，缓缓而来并不进入人家的大於菟和法师及其助手，也行进到东门与小於菟们会合，列队缓步起舞。在快要舞至东门门洞时，再次鸣放鞭炮，众於菟作惊散状，急速冲出城门，径直跑向村落东南角的年都乎河边，将手持的杆子和其上所串的“於菟馍馍”抛弃到河水中，用冰冷的河水洗去脸上、身上的画纹。此时，於菟恢复言语，可以说话了。此后，穿戴好衣物，在离河滩50米处，在法师主持下，於菟们来到火堆前，一个个跳过火堆，意在驱除身上所有邪气。再在东门下的路上燃气一堆火，大家从上跳过，於菟仪式结束。

需要注意的是，过去众於菟在仪式结束后并不能直接回家，要在河边的水磨房中过夜。现在，水磨房消失了，人们也在变通了，有的说现在可以直接回家，也有的说众於菟要到宾馆住一夜。

（八）六月会：土族、藏族共享的祭神乐舞盛会

“六月会”，是分布于青海省黄南藏族自治州隆务河流域土族与藏族

共享的最为盛大的岁时节日。每年农历六月十七日至二十五日在隆务河流域的土族和藏族村落次第举行，成为隆务河流域历史最为悠久、参加范围最为广泛的全民性宗教节日。土族称“六月会”为“六月纳顿”、“吉如恭撒让”（土语，六月之意）。六月会供奉、祭祀各村地方神，以祭祀活动为主。同时，贯穿一系列歌舞表演，人神共舞，以歌舞娱神，祈求神灵庇佑。因而，六月会是展示各个村落民间信仰的内容及其形式的重要方式。薛艺兵将六月会定性为“部落型祭神乐舞”，“明确的血缘关系和地缘观念使得同仁部落组织的每个成员都具有强烈的集体意识，而这种集体意识正是以部落村庄为单位的六月会得以长期保存的社会基础”[①]。我们根据具有代表性的土族村落年都乎、郭麻日、尕撒日等为调查对象，对六月会信仰仪式予以介绍。

六月会依各村实际，展演时间不同，年都乎村为农历六月十八至二十四，郭麻日村六月十九至二十三，尕撒日村六月十九至二十四。各村六月会均持续若干天时间。六月会基本内容主要包括在本村法师的带领下进行的法师沐浴、请神、诵经、煨桑、祭“拉卜泽”[②]、歌舞娱神和送神等基本仪式过程。可以分为准备阶段、歌舞娱神阶段、送神结束三个阶段。

准备阶段，村民按照日常规矩，男性到本村村庙打扫卫生，制作、摆放供物，准备煨桑用的松柏枝等；女性则在家里清扫庭院，准备节日期间饮食，尤其要特别准备六月会期间供祭本村神庙诸神和自家神灵的供物和祭品。集体准备的请神活动，法师和管家带领男孩子们抬着柳条装扮好的神轿前往河边，放在河边浅水区，或对神轿泼洒河水，意在对神轿进行净化。各村供奉神灵，如年都乎村供奉阿尼玛卿神、阿米夏琼神、古木日郎神、占堆旺秀神、阿米年钦神。郭麻日村供奉阿米夏琼神、伯哈日郎神、阿米年钦神、苏和日郎神、阿米自尊神。尕撒日村供奉阿米香香、阿尼玛卿、二郎神、阿米夏琼。

歌舞娱神阶段以举行祭“拉卜泽”仪式为开端。六月会正式开始的当日清晨，全部男村民都要到本村的山神庙集合，然后在法师的带领下，从山神庙到“拉卜泽”去煨桑祭祀山神。

---

① 薛艺兵：《神圣的娱乐：中国民间祭祀仪式及其音乐的人类学研究》，宗教文化出版社2003年版，第187页。

② “拉卜泽”即敖包，用石头垒砌的石堆，上面插着高高的旗杆，杆上系有箭杆、哈达、经幡等物，旗杆下设有桑台。

"六月会"以献祭舞蹈为主体内容，而歌舞娱神阶段的舞蹈表演，因各村而有一定差异。目前举办六月会的藏族、土族村庄中的祭神乐舞分为"勒什则"（龙舞）、"莫合则"（军舞）、"拉什则"（神舞）三大体系。其中，浪加村为勒什则（龙舞）体系；尕撒日和郭麻日两村为"莫合则"（军舞）体系；其余各村，包括年都乎村均为"拉什则"（神舞）体系。对于舞蹈表演者的一般要求，本村45岁以下的青年男子必须全部参加，45岁以上男子视身体状况在节目之间担任一两个串场节目。25岁以下的未婚女子也要全部参加。其余村民则为观众，可以说全村人几乎都参加了这种祭神活动。

军舞"莫合则"在两个土族村落郭麻日和尕撒日村比较具有代表性。郭麻日村与尕撒日村为村落联合合祭形式。之前准备工作类似，郭麻日村在农历六月二十进行请神准备。这一天，庙门悬柏枝，意为忌门，不让外人进入。庙内准备节日食物，后打扫卫生。约下午5点，将殿内两个神轿请到院中，一会，抬着神轿，一人击锣，到城外河边自来水处，向神轿顶上绑新柳树枝，向神轿象征性洒水，之后进入城内，分别进入几户人家接受祭祀，法师法神，四人跳简单的军舞。后，到庙中，法师宣谕，结束。

二十二日上午，郭麻日村舞队赶往尕撒日村，途经日合德村时，该村村民在路边煨桑迎送。郭麻日村舞队到达尕撒日村并举行迎接仪式后，两村人员一起赶往尕撒日村庙。作为客队的郭麻日村舞者先跳"莫合则"，尕撒日随后。中午，郭麻日舞者在尕撒日村分散到各家吃饭，尕撒日村舞者下午赶往郭麻日村，两村舞者在郭麻日村庙前舞蹈。当晚，尕撒日村舞者分散到郭麻日村各家吃饭住宿。晚上，两村歌手对唱拉伊。

二十三日上午，两村舞者在郭麻日村庙前跳"莫合则"舞。开始之前，法师"拉哇"带领村里的舞者到本村神庙前举行煨桑、请神、祭神仪式，为请来的各方二郎神、山神致颂词，为他们歌功颂德，感谢一年来对百姓的护佑。比较典型的是，郭麻日村用炒面塑制一只神山羊，替代了原来活的山羊，进行献牲。法师在庙前进行一段舞蹈后，点燃放在煨桑台的神面羊。煨桑炉里大家不断煨桑，丧烟弥漫。众人狂喊，并不停地抛洒隆达①。此时，仪式达到高潮。法师用土语不断高喊："南方二郎老爷、

① 即风马，彩色方形纸片，印有马、鹰、狮、虎等动物图案，表示吉祥。现在有专门出售的隆达。

北方二郎老爷、东方二郎老爷、西方二郎老爷、中方阿訇老爷”，并围着祭火为五位老爷（神灵）跳舞，再念一段颂词后，舞队开始在广场表演军舞。

“军舞”是因舞者手持“军棍”而舞，并做相互击打军棍的军事演练动作而名。所执“军棍”为长约60厘米、直径约2.5厘米的木棍，上涂红、白两色螺旋纹，两端饰彩穗，形似汉族“霸王鞭”。关于军舞起源，其一可能与先民的军事演练有关，其二可能与部落所祭神灵有关。但是，均与军屯有关。舞队通常由百余人组成，所有舞者身穿白色衬衣，腰间裹藏袍，头顶一条对折白毛巾（用辫子或细绳裹住），脚蹬传统双梁花鞋。舞队为首一人左手执傩面，右手持“战斧”（木制短柄小斧，柄长约80厘米），称作“衡台”。衡台后面是四位锣手，之后便是舞队。舞队中有四名擎彩旗的旗手穿插其中，其余舞者各手持“军棍”依次排列。在锣声节奏的伴奏下，舞队呈一行不停地绕圆场行走，大锣每敲击8拍，舞队全体右腿向后抬一下，表现军队翻山越岭、行军打仗。每绕场一圈，众人高呼“阿哈啦啦”一次，“衡台”随着呼喊声用“战斧”向另一手的傩面作砍杀动作。如此共绕场十三圈后变换一次队形。最后，队形变为并行的两列，两列相对，做“拳击合”（意为“打拳”）的舞蹈动作。全部舞蹈由舞队中的四名锣手击锣伴奏，一种锣点以四拍为一个单位不断反复。军舞的基本步伐为“旋转步”：第一拍，左脚落地，右脚顺势抬成后吸腿；第二拍，左脚用脚掌带动身体向左拧转半圈；第三、第四拍，做第一、第二拍对称动作①。军舞后，还表演一些类似小品的节目，若干青年人手执柳枝，其中一人扮作孕妇，大意通过巫术形式期盼人和物质生产的丰收。后，有一队年轻人手执木棒及临时制作的小凳子，表演舞蹈，其中砸毁小凳子，互相追逐嬉闹。其后，六人舞队头戴五佛冠，手执羊皮鼓表演。

傍晚，庙前广场中央的木台上准备了四篮供品。一人一手拿红绸，一手拿大馍，引导赞神围木台顺时针方向转圈，赞神向供品作揖。后，赞神站上木台，刚才的持绸人将红绸一段递给赞神，另一端搭在自己肩上，赞神在台上牵引台下持绸人快步围绕木台转两圈后，又牵引他在四方停步相拜。后，赞神拿酒瓶祭洒，走下木台，向八方行礼。之后，赞神传达神

① 薛艺兵：《青海同仁六月会祭神乐舞的结构与意义》，《民族艺术》2003年第1期。

谕。将一部分供品分送给尕撒日村舞队。至此，郭麻日村仪式结束。二十四日，郭麻日村舞者再次赶往尕撒日村，一起参加“六月会”的结束仪式，过程与二十三日类似。

而年都乎村属于“拉什则”（神舞）体系。年都乎虽是一个纯土族村落，其“六月会”的内容和形式与藏族村落如四合吉村大同小异。年都乎村六月会从农历六月十八日开始准备，同样将神轿请到隆务河畔，为神轿进行沐浴净化。二十一日，五个神轿放到固定的村民家中，为神诵经。二十二日，五个神轿抬到山上的村庙前廊檐下，舞蹈者在庙前广场上绕庙一周后，分别向四个方向逐个跳舞，间或喊“哦——哈！”俯身三遍。后，大队进庙，法师安排今天相关事宜。庙外，留 12 人在锣手伴奏下，分两列跳舞。期间，法师开口训示。反复跳三次。后，整队下山到村内广场表演舞蹈节目，是二十四日的预演。

农历六月二十四日，是年都乎村六月会最为隆重的一天。早上 9 时许，大家赶往村庙在庙前煨桑，等待集中。后与二十二日相似，庙前表演节目，不同的是今天部分人员插上口签。之后，舞队在法师导引下到山神庙后祭“拉卜泽”后下山。村内场地的北侧是供祭诸神的神帐，神帐内供的神位自左至右为夏琼神、二郎神、玛钦神、占堆旺秀神、年钦神等五个神轿。神轿的前面分层次多行摆放着供献的祭品，各自盛在小盘中，排列成行，有供点、水果、麦穗、糖果、鲜花等。祭坛对面约 30 米处堆积着一排柏树枝，用以煨桑。舞队到达在村内的会场上，开始表演舞蹈。首先，一列舞队顺时针转圈舞蹈。之后，变换队形，呈四列方队舞蹈，并朝四方躬腰祭拜。后，恢复一列，舞者各人手中横持一条毛巾舞蹈，后又将毛巾捏作一团舞蹈。之后，12 位舞者出场，分两列，法师训话，队伍做交叉舞蹈，反复三次。期间，法师表演独舞。除了舞队表演外，一个节目为踩高跷的两个舞者表演“虎”、“豹”男子双人舞。一个是女子舞蹈，集合列队的未婚少女，从头至尾只有一种舞步，即缓慢地向前走三步，然后向东、西、南、北四个方向敬献哈达。舞者步子平稳，动作幅度小。排成长队手捧哈达的姑娘们神情虔诚，尾随队伍后面模仿的七八岁小姑娘也神情庄重。每个姑娘身着长袍，腰系彩色绸带，各种金银及珊瑚饰品在头颈处进行大量装饰，特别引人注目的是她们佩戴的硕大的珊瑚项链。其发饰尤具特色，她们将长发编成几十个小辫，在披发的中间处固定一个细木棍，再将发套固定在木棍上。

最后，法师主持下煨桑。下午 4 时许，法师击鼓原地舞蹈。村民把柏树枝和少许带穗小麦堆放在桑台上，形成约 2 米高的桑堆，继而将青稞炒面、柏香等混合物撒在桑堆上面。至此，法师手持盛有各种供品的木盘，边走边舞，将盘中的供品撒向煨桑的柏枝堆上。其后，法师将诸多供品一盘盘接给民众，民众将全部供品煨桑。之后，法师在神轿前神灵附体，逐一请神回返，保佑村民无灾无恙。村民在神轿前集中蹲下诵经。最后，将本村五座神轿由法师率领送回神庙。年都乎村“六月会”宣告结束。

（九）青苗会：卓尼勺哇土族多民族联合的护青仪式

世代居住在甘肃省卓尼县勺哇土族乡的土族民众，远离土族聚居区，是一个土族聚居“孤岛”。在他们的民俗生活中，青苗会具有重要意义。青苗会是勺哇土族乡村社会中自发组织的民间团体，是以常遇春为原型的龙神为象征性首领的地域性组织。勺哇土族称青苗会为“神会”，意为“神的聚会”，一年一次在特定时间举行，主要内容为老爷出庙走马路，查看田苗长势，保佑庄稼风调雨顺、顺利归仓。而勺哇土族青苗会与洮州青苗会、冶力关青苗会之间存在层级从属关系。

洮州青苗会组织是一个跨村落、超族群、支系发达、规模宏大的社会组织，跨越临潭、卓尼地区，拥有汉、回、藏、土族十几万人口的洮州社会生活通过青苗会在一定程度上实现自我组织、自我管理。洮州青苗会为最高一级组织，下一级为甘肃省临潭县冶力关青苗会。冶力关青苗会体系下辖六个会，其中冶力关有四个会，即头会、二会、三会、四会，五会在甘沟，六会在勺哇。六个会又管辖着十一个自然村寨，共“六会十一寨”构成了冶力关常爷青苗会的组织结构。与六会相对应，各会下又分布着若干“分庙”。在勺哇有三个分庙。这些“分庙”一般称为“尕庙”（小庙）或“歇马殿”[①]，没有塑龙神神像，只供奉龙神的牌位或神座。在冶力关大会的常爷巡游到小会的分庙时，供奉神像。在举行青苗会时，大庙所在的池沟村天然地成为青苗会的总部。

---

① 歇马殿，具体建在各个龙神出游的小会村落中，是这些村落的村庙。对于龙神而言，因为他有自己的大庙，相对而言，这些村庙称之为“分庙”、“尕庙”，在民间更多使用“歇马殿”的称呼。这一名称，看似更为古老。过去，龙神出游要骑马巡境，而这些分庙就是巡境过程中的休息、歇马之地。

六个会中，各个会具有特定的时间和走马路的村庄路线。勺哇作为六会，其时间为农历五月二十五到六月初一，涵盖郭拉巴组（包括拉巴、红土泉和郭家嘴3个自然村落）、石家组（包括里布湾、大庄、囊禅、低尕河和路习5个自然村落）、出路组（包括出路庄和底里山2个自然村落）。

青苗会对于勺哇土族民众而言，是他们一年中非常重要的岁时节日之一。青苗会在这里不是一个孤立的文化事象，而是与农时密切相关，与周边不同民族村落互动的集信仰、集会、娱乐等一系列相关内容的综合性节日系统，其节日链条从农历五月初三开始一直延伸到六月初三，持续一个月时间。勺哇青苗会，属于冶力关青苗会的一支，而冶力关青苗会又属于更高一级的洮州青苗会的北路之一。节日期间的主要活动和仪式有迎老爷、民众还愿、巡视青苗、法师跳法舞娱神、送老爷等。

综观整个勺哇土族青苗会体系，持续时间长，仪式古朴繁复，内部不同村落之间联系紧密、协调，区域文化底蕴深厚，特色鲜明。

为什么勺哇土族村落与冶力关汉族村落凭借青苗会建立了联系？民间有这样的解释：供奉在冶力关常爷庙中的常遇春，娶了勺哇的土族女子为妻，常遇春自然成为了勺哇土族的“姑爷”。因此，勺哇有“要姑父”的习俗。作为姑爷，自然也有了保佑勺哇一方平安的义务。而从地理位置上考量，由于勺哇土族乡紧挨冶力关，所以，虽然分属不同行政县域，一些文化联系十分紧密。青苗会即属区域各民族协同合作，与自然环境进行抗衡的一例。在洮州，虽然冰雹时间短暂，但常常使农民颗粒无收。面对巨大的生存压力，人们在应对自然环境压力的抗争中倾向寻求广泛的社会联系和实际的合作，甚至跨越各族群间的历史宿怨，以提高防御自然灾害的行动效率。青苗会组织即在此种生态背景上的社会自我组织。勺哇土族打破家庭、村落和族群的界限，整合当地乡土社会的多元神灵信仰，与周围的藏族、汉族等族群联合起来进行抵御自然灾害侵袭的抗争，融入到更为广大的冶力关青苗会中。

勺哇土族的青苗会，是冶力关青苗会的有机组成部分，与冶力关的信仰神灵、节前准备活动、仪式等密切相关。

青苗会供奉的神灵，本地称为“福神”，亦称为“老爷”、“佛爷”。

据当地人讲，福神是元朝时打退鞑子的有功之臣，曾造福当地，故称福神，也是可以给当地人带来福德的神。冶力关青苗会的神灵主要有：

敕封普天同知二郎感应尊神，简称二郎爷。

敕封三边总督常山辅王感应尊神，简称常爷。

敕封盖国大郎感应尊神，简称大郎爷。

敕封成沙广济都大龙王，简称成爷。常爷的先行官，六月初一从甘沟抬到冶力关常爷庙，六月初三会毕又抬回甘沟。

据当地人讲，老爷（常遇春）是明朝开国皇帝敕封，是在历史上对当地立下汗马功劳，带来幸福和安宁之人。洮州这样的福神一共有18位，他们都是明朝开国将领和军官眷属。

青苗会的神职人员，负责人神沟通，也是青苗会上重要的角色之一。主要是法师，也叫师家或马角，细致区分可分为汉法师（当地称为师家）和番法师（当地称为拉巴）两种。拉巴，勺哇土族村落的神职人员，为民间巫师。“拉巴”不脱离生产劳动，兼职从事巫术活动。他们和普通人一样有家有业，从事劳动。“拉巴”没有经文，均由师傅口授。学徒学成后，请活佛灌顶，并在“法衣”上系丹真央桑、德嘎尔、桑顿玛、吉祥天姆等十二位藏传佛教本尊神的十二符护身符，方能独立行艺。师家，身穿无袖短衫，花色长裙。他们头戴假长辫，手持单面羊皮鼓，口诵汉语祷辞，手舞足蹈，具有萨满特征。没有经文，祭祀唱辞等全凭背诵，仪式复杂，施法难度大。勺哇的家庭一般每隔三年邀请“师家”祭祀家神。“师家”举行的家祭仪式数目、种类十分繁多。施法前，要净房屋，设供桌，献供品，敬封香；然后举行呼神仪式，按“谕本”内容，三至五位“师家”敲单面羊皮鼓召唤各路神祇；其后，安神仪式，召唤各路神祇进行安坐；再后举行上祭仪式，给众神祇敬献供品；最后是送神仪式，供奉完毕后，各路神祇归位。每年的家祭仪式是“师家”的义务，家祭仪式与“拉巴”极为相似。汉师念的祷告词是汉语，番师的祷告词是番话，其神衣样式也不相同。据报告，佛教里面分出来了神教，神教严明，法师替神说话。法师里面的头叫掌坛，是资格最老、懂得神规最多的师家。在青苗会中，师家主要负责陪同老爷迎神及与老爷有关的要卦、还愿、献牲、说祷告词、抱老爷等所有神事事宜，其他人没有资格，老爷走到那一村，师家就跟到那一村，直到青苗会结束。

青苗会的组织体系，主要由上到下由大会长[①]、会首[②]、掌匣[③]、坐匣[④]、乡老[⑤]、小班[⑥]组成。勺哇土族青苗会是六大神会里的一个神会，其组织体系中，勺哇有一名总的小会长，也叫大神头，一个自然村落一个小神头，相当于冶力关的小班，一般一年8—10个。届时，带领一班人马参加常爷青苗大会的组织工作。

勺哇青苗会的仪式过程也与冶力关青苗会的仪式相连接，是冶力关青苗会的组成部分。

每年农历五月，六会各族信教群众依照民间定制，举行迎常爷神像巡游各村寨的仪式，接受乡民的供奉和膜拜。当地人称这种巡游仪式称"常爷走马路"。冶力关青苗会六小会（勺哇）的会期，从每年农历五月二十五起，至六月初一。根据田野调查过程实际，将勺哇土族青苗会过程予以介绍。

2012年7月13日（农历五月二十五），早9：10分。勺哇小会的组织人员如约来到冶力关常山庙，准备迎接常爷去勺哇。来时，考虑到路途较远，开着三辆三轮拖拉机来迎接。现在已经改变了原来传统的人力抬着神轿徒步前往勺哇的方式，改为用三轮拖拉机将神轿运往勺哇。

9：20分，勺哇师家和常山庙本届张明义大会长一同，开始进入大殿，整理三位福神的"身子"，准备将常爷等三位福神的"身子"按照常规程序安放到殿外的神轿中。

9：35分，殿外的神轿已经安排妥当，里面安放着铺着大红被面的太师椅，轿顶上重新拴上新的被面，轿门正对大殿门，等待将福神身子抱到神轿里面。一会，师家将福神抱着安放到神轿里面，其他人员将神轿抬出庙门，放到三轮车上。依次将三位福神都各自安放到一辆车上，在每辆车

① 大会长，也叫提令，选举产生1人，任期为三年，负责每年各个神会和神事的总体安排，可以是法师，也可以是懂得神事的年长者。提领，是联村大会的总负责人，职责是动员各个统辖的小会及小会长举行各种相关仪式，负责为各小会主持仪式。产生方式采用"人选神定"方式从大会所在村落产生，多考虑人选的威信、财力状况等因素。

② 会首，也叫小会长，六个会各一个，一共六个，三年一换，按照大会长的统一安排，负责所辖村落的神事活动。

③ 掌匣，提笔掌砚，负责记账，是从各村落里请来的读书识字人，6人左右。

④ 坐匣，管理记账的掌匣，负责账本的审计和监督。

⑤ 乡老，2位，一般是对当地有功之人，请来起一个师范作用。

⑥ 小班，每一个村落一个，负责收钱、神会期间的伙食供应、提茶倒水等具体事务。冶力关40人。

上都要插上两面作为仪仗的彩旗。

9：50 分，从大庙出发，开往勺哇。

11：20 分，三轮车将三位福神运到了勺哇拉巴村地界。在村庙山坡下，一块较为平坦的地方，连着长着青稞、油菜花、豌豆等的耕地，将三位福神请下车，依次安放。将神轿前面的轿帘掀开。轿前煨桑。

11：30 分，拉巴村的“拉巴”（法师），手执燃香，跪在神轿前，同时，陪同福神的师家给他搭上一条红色被面。后，一位敲起单面羊皮鼓，拉巴挨个神轿，把自己的头伸入轿内。后，师家给他穿上法衣，拉巴拿起羊皮鼓，敲着鼓又一次挨个到每个神轿前。之后，拉巴转身向村庙方向走去，大家开始抬起神轿，跟在后面，向村庙前进。拉巴边走，边面向神轿敲着鼓，导引神轿前进。中途，村民鱼贯从神轿底下穿过，祈求平安。

11：45 分，到达村庙门口。拉巴站在庙门口，对着依次前后排列的神轿，一阵狂舞，迎接神轿进入庙内。将三位福神从神轿内请出，安放在神位上。拉巴在神灵前狂舞，并唱念神辞，不时有群众附和。最后，掷出上交卦，拉巴解除神灵附体，恢复常态。群众在神前煨桑，叩头礼神。并有民众将两只山羊拿到神前让神接受献牲。

12：00 时，仪式结束。今晚，福神歇在拉巴村。

村民把常爷等福神迎接到本族的“尕庙”或“歇马殿”，全村老幼烧香、磕头、报愿，献羊或献鸡，祈求风调雨顺，免遭干旱、洪涝、冰雹等自然灾害的侵袭，以保田苗平安收获。

2012 年 7 月 14 日（农历五月二十六），三位福神从勺哇拉巴村的常爷歇马殿出发，抬到石家组的石家组常爷歇马殿。2012 年 7 月 15 日（农历五月二十七），三位福神从石家组常爷歇马殿出发，抬到出路组常爷歇马殿，一直供奉到农历五月三十。各歇马殿的活动基本相似，不再重述。

2012 年 7 月 19 日（农历六月初一），由大会迎接到大庙，六会的全体村民积极参加，举行常爷青苗大会。

整个勺哇土族青苗会经历七天时间，常爷巡游路线呈现一个环形结构，此即民间通常所说的巡游青苗的路线。这条路线把所有供奉常爷的勺哇的大小自然村落以及民众都纳入到保护体系之中。

常爷青苗会体系以常爷大庙为中心，参加的六会跨越临潭和卓尼两县，信众包括勺哇、藏、汉等族群。常爷青苗会属集体行为，是村落间凝聚力和认同感的表现。常爷青苗会在培育社区认同感的同时，也构建了文化互信和族群认同的基础，成为跨村落、跨族群凝聚和认同的“孵化器”。以龙神常遇春为中心的的常爷青苗会活动构成一个跨村落、跨族群“信仰圈”。

冶力关常爷庙会，从农历六月初一到六月初三，主要活动如下：

（1）准备活动。从五月二十八开始，大会长、小会长、小班具体商议和计划六月神会的具体事宜，并开始准备活动。包括杀羊，杀猪，杀鸡，打扫院内卫生，贴对联。戏班搭台子，摆设桌凳，搭帐篷，采购六月神会需要的各种物品。

（2）烧香、搭礼和还愿。从农历六月初一清晨开始，就有六大会的群众陆陆续续拿着请帖来到常山庙，搭礼、烧香和还愿。个人搭礼数额10—100元不等，单位打礼数额100—1000不等。除了个人和单位打礼，还有各大会统一搭礼，六会（勺哇）礼金为1250元。烧香作为祈福的一种形式，在大殿前、庙内院中摩肩接踵，香烟弥漫。还愿是人们因为某件事或者达到某种目标而给福神许愿，希望福神保佑达到目的，如果福神保佑事成，在神会时间还愿，以谢神灵的保佑。通常还愿的祭品有鸡和羊两种。

（3）迎神进庙。在大会长的统一安排下，上午十点钟从常爷庙派出100多辆车到海家磨迎接走完马路从勺哇回来的三位福神，负责迎神的有大会长、四个小会长和若干名村民。从海家磨开始，三轮车拉福神改为人抬老爷，一直抬到常爷庙。进到庙中的老爷不再直接进入大殿，而是在殿外前檐下背靠大殿，面向戏台，三位本庙福神加上之前到来的成爷，四位老爷在各自的座椅就坐。此时，五位会长面向戏台，跪在前殿的台子上，由大会长说风调雨顺、五谷丰登等说辞，说完神戏开始。

（4）集体献牲，唱神戏。老爷进庙后，提前准备好献给老爷的羊，拉到老爷前，法师主持献牲仪式。之后，开始唱神戏娱神。

（5）送神。六月初三，常爷庙神会的最后一天，要送走从甘沟五会请来的成爷。成爷出庙时，座椅先出，坐轿在后，鸣锣开道，鞭炮齐响，烧香煨桑，恭送出去。

（6）进殿。送走成爷，师家把常爷庙三位福神从殿外抱到殿内，依次按照敕封普天同知二郎感应尊神、敕封三边总督常山辅王感应尊神、敕封盖国大郎感应尊神的顺序安放好，等到下一年的青苗会再出庙。

勺哇土族青苗会通过迎请常爷出庙走马路，查看田苗长势，意在请神保佑庄稼风调雨顺、顺利归仓。而勺哇土族青苗会与洮州青苗会、冶力关青苗会之间存在层级从属关系。洮州青苗会组织是一个跨村落、超族群、支系发达、规模宏大的社会组织，跨越临潭、卓尼地区。勺哇青苗会是洮州青苗会的第三级组织，是勺哇土族乡村社会中自发组织的民间团体，是以常遇春龙神为象征性首领的地域性组织。勺哇青苗会的特色之一，是作为土族村落，与汉族村落的常爷信仰之间建立了密切的联系。其次，从行政归属上看，勺哇土族乡属于卓尼县管辖，而冶力关或者常爷庙属于临潭县管辖，而存活于民间的勺哇青苗会，跨县界进行联合。这样的跨族群合作、跨地域合作，就是基于他们拥有共同的生存环境，需要面对共同的雹灾等危害农业生产的自然灾害，共同以民间方式来对付自然灾害。所以，勺哇青苗会是当地民众适应生存环境，为了保证生产顺利进行而采取的独具地方性特色的民间自我组织形式。

二　巫术在土族民间信仰中的各种表现形式

巫术，是人们在蒙昧时期形成发展起来的一种社会文化现象，是有其历史的必然性。在过去的很长一段时间内，人们的思维处于浑沌状态，物我不分，天人一体，并以局部、部分来表征整个宇宙，视局部为整体的缩影，这种对应关系有时纯粹不考虑性质、时间关系、空间关系的异同。至今的许多巫术习俗即属此例。如人的生辰八字、姓名等能够影响到这个人的前程、命运的看法。某些仪式、思维中有意无意、或多或少地在模糊物与我、局部与整体的界限。人还未能将自己从自然界中离析出来，人与自然处于尚未分化的状态。

“巫术是能够表达人们的原始信仰和原始宗教观念的唯一手段，是人们企图控制外界，增加人类自身能力的唯一途径。在人类所处的蒙昧时期，如果没有巫和巫术的存在，便不可能获得积极的发展。重大的民族祭典，村社事物的裁决，消除病疾寻求康宁的积极愿望，以及对自然、外界的抗争，氏族及个人的行动的确定，没有巫师的参与和提供的决策，没有他们的主持与判断，没有他们的积极活动，都不可能有秩序有组织有意识地进行，不可能求得有效的解决。由此，我们可以更清楚地看到，在巫和巫术产生及存在以后，人们长期信奉，多方传承，不能轻易抛弃之的历史根源和社会根源。而所谓巫术的功能的发展，也便由此而呈现出更清晰的脉络。"①

从功能区分，巫术可分：祈求巫术——通过一定的仪式祈求实现自己的目的；禳除巫术——通过一定的仪式消除不祥、疾病和灾祸；驱鬼巫术——通过一定的仪式要求为害人间的各种鬼离去；招魂巫术——通过一定的仪式把所谓失落的魂灵招来；厌胜巫术——将一定的物件置于一定的处所以防止恶鬼恶灵的侵犯骚扰；还有施蛊巫术；诅咒巫术等。从作用于生产生活领域看，巫术可分为：生产巫术、生育巫术、饮食巫术、居住巫术、旅行巫术等。

我们将土族社会中的巫术按照禁忌、符咒、占卜、风水等方面进行论述。

（一）禁忌

禁忌属于消极巫术，通过禁忌来避免不希望看到的结果的出现。

1. 土族禁忌文化的表现形式

日常生活中，不能咒骂腾格热，不可往火里吐痰，不能向水里大小便；不许杀生造罪，忌伐寺院周围的树木，忌偷拿寺院里的器物，忌经期妇女到寺院拜佛。忌将头发到处乱扔。认为别人踩了头发会使头上生疮。忌在路上大小便，认为会在眼睛上长疮。

婚姻方面，土族禁忌近亲婚配，尤其是父系亲属绝不能结婚。在他们看来，直系血缘亲属之间的婚配是一种乱伦行为，会受到社会舆论的强烈谴责。而婚俗中有更多的禁忌，比如在举行婚礼时不能说不吉利的话；忌"不全"的人（上父母不健在，下没有儿女，没有配偶的人）娶亲，不准寡妇给新娘梳"尚图"（土族妇女的一种发型）；筹办婚礼时不可打碎家里的碗、锅等器物；忌新娘改发仪式中使用的木梳梳齿为单数，而且待新郎家亲房中一位与新娘属相相合的妇女梳完新娘头后，送亲（伴娘）一定得抢回木梳，否则认为日后新娘在婆家诸事不顺；而在新娘"回门"后进行完吃"十道面"（试刀面）仪式后，妇女们留心新娘洗碗过程中声响大小，响声不大意味着新娘与家人可以和睦相处，不生是非。这些禁忌表达了土族人民对美满婚姻、和谐爱情生活的向往，防止日后婚姻发生裂变的美好愿望。

生产方面，忌在"地嘴"日（属于地中物的生肖日，如猪拱地、蛇

---

① 张紫晨：《中国巫术》，生活·读书·新知上海三联书店 1990 年版，第 33—34 页。

在地中）开种，认为“地嘴”日开种的话农具容易出现问题，如犁会折等。因为土族认为庄稼的收成和腾格热（天）息息相关，因此，不能有任何冒犯天神的言语、活动。春播以后至收割期间多举行各种仪式，祈求上苍保佑风调雨顺，五谷丰登。春节期间从大年初一到初三，人们在劳动工具上都贴上“钱马”（一种黄符），禁止使用。“俗以为此间耕作会冲撞神明，一年里百事不顺，天灾、虫害不断。”[①] 土族珍惜粮食，忌讳乱倒饭食，忌讳在日落后把粮食运出大门，认为这样会运走家中的福气。土族忌讳羊产羔时让生人看见，而且要把羊羔的胎盘挂在羊圈里的横杆上，以求牲畜繁殖兴旺。忌讳在牛羊圈里大小便。这些禁忌常常流露出对自然的神秘感和对生产对象的崇敬、依赖与乞求的心理，反映了土族人民期盼农业丰收，牲畜兴旺的良好愿望。

语言方面，忌在平时和重大场合，晚辈随意直呼长辈名讳；忌直言生理有缺陷的人的缺陷，而改用较委婉的词汇，如把“瘸子”说成是“腿脚不灵便的人”，以“手脚不干净”来表示小偷行为。有些数字则被赋予了一种令人神秘的力量，例如，土族人在出远门时也讲究“七不出、八不进、三、六、九甭问着走”，认为三、六、九日是好日子，在这些日子出门可平安发财。

姓名，对于民间的大众而言，并不仅仅是一个指称人物的简单符号，他们普遍相信姓名是一个人的重要的组成部分，与个人的生死、健康有着直接的关联。唤名叫魂的民俗事象至今仍然在土族社会保留和使用着。人们相信唤名如同咒语一样，具有一种神秘力量，可以招回失去的、与肉体走散的灵魂。另外，在孩子长期疾病缠身而医治不好时，通过更换姓名进行治疗。一是认为孩子的生辰与目前的姓名之五行不合而致病，一是认为目前的名字过于金贵，过大，而孩子不能承受，故有疾病。而更换姓名就可以消除致病根源。小名的命名习俗一般都很严肃庄重，在满月日清晨，洒扫庭除，煨桑、供献、点灯、上香后，母子叩头祭告神佛和列宗列祖，祈求消灾避难，护佑平安，赐予吉祥之名。然后请祖父母命名，或请宗族里德高望重的长辈，或请神佛命名。届时，由命名人起名，同时给被命名的孩子送两个馒头或者一些钱物表示祝贺。宗教对土族人民有深刻影响，反映在命名习俗上，常以汉语命名，又都是祈求神灵保佑，消灾避凶，使

① 宋全：《中国少数民族民间禁忌》，中央民族大学出版社 1999 年版，第 76—77 页。

后代长命富贵等内容的宗教用语。这些都反映了一种历史、社会、宗教、习俗的传统心理等诸因素。一般男性多缀“保”字，女性常缀“姐、花”等字。如万神保、菩萨保、福神保、龙王保、二郎保、天化保、家堂保、灶君保、财神保、护法保等。土族人的命名直接反映出其信仰文化的复杂性、多样性，这也是土族人命名中普及，最重要的一部分①。土族与藏族有悠久的交往史，特别是藏传佛教传入土族地区后，几乎全族人民都皈依格鲁派，于是这种宗教文化迅猛地冲击土族人民的固有文化生活，原有的宗教被改造或取而代之，所以，久而久之，潜移默化，宗教观念特别浓厚，认为人和一切事物都由神主宰，寄希望于神灵。因此，土族人民在取名习俗上以藏语命名便成了重要方式之一。

对于死者姓名的禁忌，是出于灵魂信仰的原因。认为人死后灵魂还在，故呼叫死者姓名会恰如“招魂”一样将招来死者灵魂，而人们本是不愿与死者的灵魂再打交道的，而且害怕死者灵魂的到来会给自己带来不必要的麻烦。

中国人将自己出生的地支之年称为“本命年”。认为，逢本命年可能在生活上不顺心，事业上多艰难，需要特别小心。这种看法，与民间传说中的“太岁”有关。“太岁”本是古代天文学中为适应干支纪年需要而想象的虚构体，又称苍龙、太阴、岁阴等，本指木星。一般，逢甲子年，甲子即为太岁，乙丑年乙丑即为太岁，依次类推，循环往复，六十年为一轮。但习惯上，只重视地支而忽略天干，故由于地支有十二而太岁也十二年一循环。太岁被视为凶神，因此，太岁所在年份、方位也就自然成为禁忌的地方。

在三川土族中，还特别讲究“信（姓）”。三川所有土族村庄的“信”，分为两类：六腊月、三九月。不同村庄要么属于六腊月，要么属于三九月。实际禁忌时间大约一个节气。如以三九月为“信”的村庄，三月时到谷雨时“信”开始旺盛，九月时在寒露临近结束、进入霜降之际的十天时间最为旺盛，即威力最盛。每个村庄只属于其中一类。到本村的“信”时，忌讳：动土修建、出殡。以不能动土为基本原因，由于禁止动土，故不能修建，也就不能开土掘坟而出殡，这些之间存在明确的因

① 杨卫：《土族命名中的文化蕴含——对互助县两个土族村庄的调查》，《青海民族研究》2003 年第 2 期。

果关系。在“信”中如果有人死亡，一般不能出殡，只能在家外寄存亡人。这类似于汉民的“寄骨（谷）”。等到“信”结束后再择日出殡安葬。在“信月”之初或月末出现丧事，一般可以按照正常惯例出殡安葬。可能是出于死者死于“信月”而不能正常出殡的缘故，人们认为在“信月”死去是死者的不幸、不吉。

“信月”是如何产生的呢？据访谈，民间认为是因为某村庄连续或者多次在目前确定的“信月”中发生很多危机，比如死人、发生意外事故、牲畜死亡等，所以总结经验将此月份确定为该村庄的“信月”以主动避免危机。这也是对于实际生活中实际经验的总结而产生的规范。

土族民众深信违反规矩的动土动煞会导致家宅不安。在家宅周围动土修建，必须要请示阴阳先生。在没有请示而盲目修建而又刚好动土动在犯煞的位置时，认为必定会引起家宅不安。解除办法是请阴阳先生镇之，或者请喇嘛念经禳除，或者请法师发神驱除。认为，一年中，十二个月有“月间煞”，每个季度有“三煞”。月间煞与三煞每年按照各自方向轮换：月间煞正月居于正房位置（土族人家正房一般为北房），以后逆时针方向轮换，二月到西，三月到南，四月到东，五月再到北，依次在一年中围绕家宅每月轮换一个位置，循环三次，轮到该位置时此位置即忌动土；三煞年初居于东南方向，按照顺时针方向轮转，夏至到西南，秋分到西北，冬至到东北，一年一轮，每三个月换一次位置，在其所在的位置上动土即犯煞。如，W 村一家主人今年秋在家宅西北方向擅自砍了一棵树并挖根，本不宜砍挖的，但他不知晓而盲目动土，次日家中三只小猪先后死去，才感觉到异样，后请阴阳先生画符并以黑碗埋于动土处镇之。

农闲的秋冬是古代嫁娶的主要时期，乱岁集中于腊月，有在整个腊月行乱岁的地区，但更多的则指岁末。一般认为乱岁是从祭灶日（腊月二十三或二十四）或扫尘日（祭灶第二日）开始，至除日（腊月二十九或三十）结束，也有取祭灶日和除日两天或者单取祭灶日、扫尘日、除日的。土族在按照常规无法确定婚姻时间而又确实需要操办婚姻时，也有类似于乱岁的情景。土族群众一般是以除夕作为乱岁的时间。

对于女孩子或者女人，更有一些专门的禁忌。例如，女孩不能抓鸟、掏鸟窝，认为出嫁后做饭味道不好；洗锅时把抹布要拧干，不然会在以后生孩子时下身流血不止或者婴儿不正常；不能把内裤晾晒在太阳下或明处，不然会开罪神灵……

土族人禁忌在春节期间，尤其是初一、初二、初三几天不能骂人、大声训斥。不然，大人会说连好日子坏日子都搞不清楚。

2. 禁忌文化在土族社会得以传承的原因

土族禁忌是在长期的生产和生活过程中形成，其中很大一部分是世代流传下来的。那么，禁忌习俗何以在土族地区经久传承，其原因是多方面的。第一，“万物有灵”的思想观念是土族禁忌得以传承的前提。禁忌是人类生产力水平低下的产物，由于人们对周围自然界和自身的许多现象不理解，便产生顺从、回避，甚至是崇敬的心理，它是人们敬畏“万物有灵”观念的一种反映。在这种意识支配下，人们在许多现象面前显得束手无策，百思不解，于是时常把一些事情的不理想结局视为在什么事情上或在什么地方得罪了神灵，而遭受神灵以某种不利或灾难所进行的惩罚。因此，对随时随地可能触犯神灵的言行和事物加以回避和禁止。例如，土族禁烧禽类的羽毛，否则会熏污火神而生疮病；忌讳面对神灯打喷嚏和咳嗽；忌从僧侣的跪垫和佛堂里的物件上跨过。土族基于对死者灵魂的畏惧心理而推衍形成了许多丧葬禁忌。例如，出丧时沿途各家门前生火，紧闭大门，送葬人回家进门前在门口生一堆小火，都是土族人防止灵魂入室的一种方法。此类禁忌，实际上是“灵魂不死”的观念在人们头脑中发挥作用的结果。另外，历史上，土族地区教育落后，人们对那些现实中天灾、人祸、事故的原因无法正确认识，又不知该如何克服恐惧心理，便采取事先禁忌的方式，试图通过遵从禁忌约制来达到预防发生不测；第二，盲目的从众心理是土族禁忌得以传承的群众基础。长期以来，不少人有着一种盲目的从众心理，看见周围的人都那样做，听见周围的人都那样说，自己也就不去思索、不加辨别地盲从。这种从众意识在年轻人中尤为普遍。他们从小对禁忌民俗耳濡目染，由于迫于习惯势力，也往往迁就某些传统行为。例如，在大年初一至初二期间，老人们不准打扫庭院，认为它会把福气扫走，来年财源不旺。客观上说，这些忌俗与福气、财运并没有必然的联系。虽然这些非理性的预防手段缺乏任何验证，但是，人们在主观上无法摆脱此类禁忌带来的紧张心理，便盲目地服从；第三，禁忌本身所具有的独特和不能替代的消解作用，是它能得以长久传承的精神土壤。禁忌的目的在于避免想象中不幸事情的发生。人们遵从禁忌来祈求好运、禳除灾害，并渴望自己采取的虔诚举措能够具备切实的效用。例如，土族忌讳面对人打喷嚏，若有人不慎而为之，就会说“去了”、“散了”，以示秽气禳除。禁忌往往为一般人生境遇不佳者所需要的。他们为了摆脱精神上的痛苦，可以通过禁忌的“隐秘性”、“预定论”来“镇静”和“安抚”自己，并从中获得心理上的平衡和精神上的补偿。土族人家有时发生了一些病痛现象，通过占卜发现是自己冒犯了“不可用铁钉钉‘灶爷’牌位”的禁条，于是，他们就会带着沉重的负罪感去向“灶爷”谢罪，希望通过这种方式来消解他的“心病”，并且在以后的生活中更加小心翼翼、虔诚地恪守各种禁忌。禁忌的这种不可触犯性和它的偶然报复性，以及人们的求吉心态，使得禁忌也像宗教一样，对人有一种寄托希望和自我安慰的作用。

3. 禁忌习俗对人们行为的规范作用

“禁忌就是人类最初维护其群体关系的行为准则。”的确，禁忌作为风俗习惯的重要组成部分，在法律尚未产生之前，人们的言行主要是依靠禁忌习俗加以制约的，即使在法律产生后，禁忌仍然起着一种补充的约束作用，对个人行为与自然界、社会和他人之间达成“和谐相处”，有着不可替代的作用。首先，禁忌调整着人与自然界的关系。自然界是人和人们组成的社会所赖以存在并发生相互作用的前提和基础。同时自然环境又受到人类的改造。正是这种人类与自然界之间相依相存的关系便运用而生了有关人的行为与自然的禁忌事象，并成为协调人与自然关系的中介者。例如，土族不准在泉水中洗头、洗澡；不准捣鸟窝；不准打惊喜鹊和水雀。诸如此类的“不可”、“不准”、“禁打”、“禁杀”，虽然含有诸多迷信色彩，但它在客观上有利于保护生态环境和维持自然界生态平衡。其次，禁忌起着调整人与社会的关系、维护公共秩序的作用。“人是最名副其实的社会动物，不仅是一种合群动物，而且是只有在社会中才能独立的动物。”这说明，人和人类社会是不可分的。而禁忌也是人类社会所特有的，它是在人的生产和生活与社会达到协调一致的某些时候发挥作用的。“在最初，破坏禁忌所遭受的惩罚由精神上的或当事人自发的内心力量来实行，后来则由团体负起了惩罚破坏者的责任，因为触禁不但危及当事人本人而且危及他人……”土族避讳直呼长辈的姓名，其实质就是要维护尊长的至上地位，进而达到维系长幼有序的社会关系。土族忌讳父系亲属之间婚配，这在一定程度上维护了婚姻秩序，同时在客观上有利于优生优育。另外，土族忌讳用刀指人，给别人递刀时忌讳刀刃朝向对方，这有利于保护人的自身安全。凡此种种表明，禁忌要比宗教和法律制约更为宽泛，它渗透在人类社会生活的方方面面，规范着人们的各种行为。最后，禁忌调整着人与人之间的相互关系。人是社会的人，在特定地理历史环境、社会文化背景、风俗信仰的混合体中成长、活动。由于人类懂得保护自我、协调相互关系的重要性，因此在种种协调相互关系的措施中，禁忌也以其特殊的功能在维护着人们之间的关系。例如，土族忌辱骂别人的父母；若骑马乘车，路遇长辈，要停车下马，不可一掠而过；忌取笑残疾人，等等。在家庭成员之间交往中，儿媳要回避公公和大伯，不可正视之。这是对家庭中人与人之间伦理关系的规范。土族习俗中还有不得随便进入青年妇女的卧室；不得同未婚姑娘开玩笑等禁忌，同样能维护人与人之间的关系，有利于社会的安定。通过以上诸多事例来看，在维系人际关系的细枝末节上，法律往往鞭长莫及，人们只好通过禁忌手段来加以调节。当然，某些禁忌限制太多，也妨碍人们的正常交往，消极因素不可否认①。

早期的人类学家博厄斯在其《原始人的心灵》一书中曾经指出，“原始人”看待事物的方式跟我们所谓现代人不大一样，他们不是把一个行动和行动的对象以及一个思维跟思维的目的紧密地联系在一起，而是把这些跟其他观念联系在一起，而这些观念通常是带有宗教性的或者至少是具有一种象征属性。基于这样的联系，行动和思维便被赋予了一种超越于世俗之上的意义。把一种琐碎的、司空见惯的行为跟一种神圣不可冒犯的观念联系在一起，由此就可以产生一种让人异常恐惧的情绪状态，而这便是禁忌之所以可以称之为禁忌的缘由②。土族禁忌，都是将禁忌事项与个人或其人的健康、安危联系起来，如果犯忌，个人或其亲人就要得病，就要危及健康。实质上，是人们对于生命的高度关注的意识的流露，并不想因为犯忌而危及自己乃至家人的生命安危。

（二）符咒

符咒，同样属于消极巫术的一种，因为它通过凭借道符、咒语等，要达到趋吉避凶的效果，以消极方式为主。

道教作为秉承原始巫觋传统的地道的中国宗教，与“鬼”有着不可分割的联系。劾鬼治鬼是道教徒的主要职能。道教驱鬼的主要办法是以丹

① 何吉芳：《土族禁忌文化浅析》，《青海民族学院学报》（社会科学版）2002年第1期。

② 赵旭东：《从田野工作到文化解释》，《民俗研究》2004年第4期。

书符箓、禁咒方术来发现、鞭笞、驱除、招引、镇劾、厌压。其实符箓的来源，是道士自神其教，利用汉字古体（甲骨文体、金文体、籀篆体、草体等）进行变形、使之神秘化的结果。与符箓相随的“咒语”，有时写在符箓上，有时则在口头诵念。无论写在符箓上还是口头诵念，“咒语”都是对原始驱鬼术中口头巫术的吸收与改造①。驱鬼主要有模拟性的驱赶、追杀动作；命令式的驱赶、厌杀咒语。而土族地区，道符作为阴阳先生的一种工具，帮助他们完成驱赶鬼灵的目标。在举行驱鬼仪式过程中，道符在阴阳先生举行仪式时可以防备邪恶鬼灵的靠近，让他们安全、静心地完成各项仪式规程，道符具有防卫功能，可以说充当着一种起隔离作用的屏障。道符对于鬼灵具有威慑作用，鬼灵因为道符的存在而不能靠近悬挂、张贴道符的区域。在家宅张贴一张道符，鬼灵不敢进入家宅。因为道符被赋予驱赶鬼灵、镇压邪恶的功能，因此土族民众认为道符同样能够避邪。在民和土族地区，在阴阳先生主持的斋醮仪式举行完毕后，人们纷纷抢道符，就是想以此为避邪物，达到鬼灵不再靠近家宅的目的。也是为了排除鬼灵的威胁而达到平安的目的。民众为改善聚落或社区的风水环境，以及自家宅舍及坟墓的风水气运，常会举行安镇科仪或张贴、焚化灵符以作为风水吉利的双重保证或必要补充。特别是在聚落及阴阳居的整体环境暂时无法改变的情况下，张贴、焚化象征着神灵法力的灵符不失为一种经济而有效的风水补救药方，能让人及时赢得避免灾难降临的时间差，从而也获得幻想性的精神补偿。对于崇拜鬼神的基层民众而言，走向民间化和仪式化的安镇符咒法术，其实为他们建立了一套关于“宇宙交感”的合法解释，从而强化了其内心对风水的信仰力度②。

某种意义上说，民间的风水文化认同，通过道教法师特定的文化符号表达——地理符篆，而不断地获得确认。凸显出风水信仰与地方神祇崇拜正彼此透过仪式的深层次戏剧表演，来达成一种共同镇煞目标，从而保证住宅的安宁。各种镇宅符咒，无疑是道教与风水信仰相结合并走向民间化的一种载体。而民间信仰中的各种神灵，也借助这些符咒更为广泛地参与了基层生活空间秩序的维护与控制。安镇符咒，其实为民间提供了一种利

① 赖亚生：《神秘的鬼魂世界——中国鬼文化探秘》，人民中国出版社 1993 年版，第 115—118 页。

② 陈进国：《安镇符咒的利用与风水信仰的辐射——以福建为中心的探讨》，《世界宗教研究》2002 年第 4 期。

用神祇的工具。请符者虔诚的仪式活动（如烧香供奉、奠基安奉），也在不断地激活着他（她）对时空秩序的人文反省，暂时缓解了对居住环境无序化的焦虑或恐惧，进而感受到个体存在的有序化。镇宅符或太岁符咒显然代表了日常社会生活中某种无形的文化稳定力量。这些民间的风水镇宅符咒，从一个侧面透露了超自然或神秘的法力背后深层的社会心理根源。然而在神灵完成“使命”之后，却又要被“奉送”走的，以免成为邪神。这似乎表明，为了有效地维护并保持日常生活秩序，除要掌握主动与神祇和解的技能外，更要学会消极地回避神祇的技巧。这种人神之间由合而离的独特现象，也表明人们又从非正常时间（神圣时间）又转换成正常时间（世俗时间），从一种风水信仰的状态又走回到日常生活的状态。从文化传统的继承向度看，民间仪式中所表现出的与神祇若即若离的关系，也再现了在文化发展过程中由“民神杂糅”到“民神异业”的影子。在人神和悦的演示性剧场中，人们相信并承认“神祇真实的存在”之际，也潜在地生成了“风水是真实的存在”的信念。可以说，风水习俗充分借助了神灵之崇拜而获得其合理存在的信仰基础。

张贴或焚化道符，意味着他们在时空秩序（动土、破土时是指向当下的）与生命秩序（动土、破土时是指向未来的）的建构中，找寻到某种关于现实生存的归宿感与亲近感。在这种戏剧化的场合里，防止各类“恶煞”对好风水的破坏，构成了民间风水活动的最重要部分，至于如何运用技术化的风水操作准则反退居其次了。事实上，在这种建构时空秩序和社会秩序的戏剧表演中，认知主体无形中已克服了一种对“异己”力量的潜在焦虑感和无助感，并从而确立了人与神、人与人和谐共处的信仰模式。

“一旦语言被看作具有创造的力量，人们就会谨慎用之。在某些文化里，人们保守名字的秘密，不让外人知道。……同样，人们如果‘亵渎’了神名就会失去以前诵念神名而获得的力量。”① “当一个信徒以仪式的方式来咏唱赞歌、祈福、咒语或神话时，其所产生的效力（在其倡导者与拥护者看来）根本不是来自个人的欲望与期求，而是来自其自身的神圣性。因此，神圣的言语，本身就有能力按照神圣的和永恒的模式构造世界、安排人类的生活，以及重新创造万事万物。当讲话成为某种

① ［美］斯特伦：《人与神——宗教生活的理解》，金泽等译，上海人民出版社 1991 年版，第 82 页。

仪式行为时，就有了超越的力量，于是信徒所讲的话也有了重要的意义。为了使这种神圣的力量永不衰竭，信徒们必须用专门的符咒、祈祷或名字呼唤神。而且必须一丝不苟才能有此功效。”① 或许正是这样的道理，土族民众一般不直呼地方神的名称，而以“方神”、“帝帝”（土语，爷爷之意）等替代。认为如果随意直呼地方神名称，会触怒地方神而导致自己不适，有的甚至认为会让自己立即口眼歪斜、不能说话。并且相信掌握了某些神灵的“咒言”，就可以在念诵“咒言”时可以让该神灵来到自己身边。

“感情沸腾的时候或者欲念袭击的时候，这些反应乃是自然的反应，乃是根据普遍的生理心理的机构而有的反应。这种反应所产生的东西，可以叫作情绪在行为与语言中所有的扩大表现，如无力可施的愤怒所有的威吓姿势与诅咒，实际上办不通而自然表演的欲望目的，以及情人热情颠倒的抚弄姿态之类。这一切自然流露的行动与语言，都使希冀的目的在想象中显露，沸腾的感情在不可节制的体态中表现，或者发出语言而宣泄了欲念而预期了目的。”“一度的紧张借着语言与姿势发泄出去以后，萦回于心目使人不得安生的幻象也就消灭了，所希冀的目的似乎也更接近满足了，于是我们恢复了平衡，恢复了与生命相和谐的状态。而且我们也得到一种信念，以为诅咒的语言与愤怒的姿势已经走向所怀恨的人物而加以中伤了；爱的乞求，想象中的拥抱，是不会毫无效果的了；事业在想象中的成功，对于未完的工作，是不会没有好的影响的了。至于恐惧的一层，使我们有发狂的举动的情绪慢慢地消沉下去以后，我们便觉得驱逐怖畏的，乃是这种发狂的举动。简单一句话，纯粹用主观的意像、语言、行动而宣泄了的强烈情感的经验，结果深深地使这经验似乎是真实的客观界，好像那是甚么实际的积极的成就，好像那是甚么启示给他的势力所成就的。这个势力，实际是因生理心理一时不受抑窒而产生，但显着好像来自外界；于是在原始人看来，在各种时代心灵未受训练而容易轻于置信的人看来，应运而生的咒、仪式，以及相信咒与仪式底效力的信仰，必然好像是来自外界的直接的启示，来自非个人的根源的启示。”②

---

① ［美］斯特伦：《人与神——宗教生活的理解》，金泽等译，上海人民出版社 1991 年版，第 82—83 页。

② ［英］马林诺夫斯基：《巫术科学宗教与神话》，李安宅译，中国民间文艺出版社 1986 年版，第 67—68 页。

（三）占卜

“原始人类思维发展之初，已有依靠记忆表象建构经验知识的演绎推理能力。他们还不能准确地把握事物之间的因果联系，往往把只是在时间上先后相继的不同事件联系起来，认为前一件事是后一件事预先显露的迹象。原始人思维能力增长的过程中，追究因果的兴趣增强。真实的因果关系往往因为平凡易解而引不起好奇，反而是意外的或不平常的事件，更容易引起人们的重视。如果后面碰巧发生了一件较重要的事件，人们便容易把前一件事件牢记为后一件事件的预兆，进而发生对预兆的迷信。”① 占卜就是运用超现实的方法来获取现实世间事物的情报，以预料吉凶祸福。在单个事件中，通常人们对某一客观事物是先有了解然后才能利用的。但在历史发展中，第一次利用往往是偶然的，从这种利用中产生了解，再从了解达到进一步利用，了解与利用如此循环往复，互相推进。占卜与巫术是人类同一思维水平的产物，应该形成于同一历史时代②。占卜，来自于预兆信仰。

土族民众也是十分相信预兆，凡事都可以找到一些预兆。比如，眼睛跳，有“左眼跳财，右眼跳灾”的说法；耳鸣认为要死人；眼痒要哭泣；打喷嚏意味要挨人骂；脚痒预示要上路；家宅周围喜鹊叫说要来亲戚，乌鸦叫要死人不吉，母鸡打鸣预示不祥；以灯花判断吉凶；出行路遇蛇迎面而来是吉兆，而蛇横路上是不吉；鸟屎落到身上预示将有不幸降临，须在鸟屎落下处以红线缝上十字以禳解；以普遍存在的梦作为预兆；正月十五跳的火把的颜色成为一年庄稼收成好坏的预兆……预兆信仰，可以说是万物有灵观念、天人合一观念、宿命观念的认同而产生，是对于超自然力量的崇拜的产物，是实际生活经验的长期的总结的结果。预兆，被认为是超自然的力量在向人们展示自己，并为人们提供了一种行事思路，决定行事方式和过程。在一定程度上可以说，预兆观念，消除了人们在面对多种选择时茫然的困惑和不确定性。

人们为了获得一定的指示，为风调雨顺，为事业，为财富，为求子，为疾病的痊愈等时也进行各种占卜活动。而人们之所以相信占卜的结果，

① 钟国发：《神圣与突破——从世界文明视野看儒佛道三元一体格局的由来》，四川人民出版社2003年版，第182页。

② 同上书，第183页。

就是因为经过神圣的求卜过程，通过占卜呈现出来的兆象就不再是人为的结果，而是神灵和上苍意志的赋予，是神灵的启示或告诫。人们就应根据神灵的启示或告诫趋吉避凶、顺天应时。

占卜是一种极其古老的信仰习俗。人们在无法掌握命运的生活中，希冀平安、避害趋利，渴望能对生活有一个基本的把握。许多人占卜并不一定真信，而仅为获得心理上的慰藉。占卜问卦是人们直接、公开的向神灵询问的方式，其中掷卦问事是一种经常应用而且最为简单便利、费用最少的方式。这一方法简单易行，以致流行广泛。即便不识字的人也可以通过掷它的办法来询问神灵的意见。因此，在土族的民间信仰活动中，占卜也被广泛运用。占卜可以用来测定地方神的意愿，如祭祀献牲时，以献牲的心脏为卜具，占卜神灵是否已经享受献牲；在有些纳顿的会手舞中，以酥饼为卜具占卜神灵是否已经高兴，如果高兴了，结束表演，而没有高兴则继续跳会手舞；一牛角卦（内侧各刻有日月形和《周易》乾坤符号）可以占卜信徒祈求的事情的吉凶、判断未来事情的发展走向；等等，不一而足。例如，卦象的解释是两个都扣在地上，叫阴卦；两个仰起为阳卦，阳卦欢喜；一扣一仰，叫上卦，意为上上得喜。并与具体所求之事联系，根据两卦所成角度等判断吉凶。

占卜风俗普遍地存在，而且延续到现在，不仅仅是为了预示未来、揭示未来的发展趋向，还要获得关于未来在做法上的精确指示。“从占卜到巫术的过渡差不多是不知不觉实现的。二者都是奠立在关于神秘关系的同一些集体表象的基础之上的：占卜主要在于发现这些关系，而巫术则是利用这些关系。但实际上，这两种目的是彼此联系的，因为巫术影响的运用需要知道这些神秘关系；而另外，占卜致力于发现神秘关系，其目的又在于利用它们。”① 目前，土族社会中仍然利用占卜来预测失物、确定疾病根源，法师在医治疾病过程中常用占卜吉凶的方式来查寻病源体。“占卜的起源要比巫术出现迟。占卜是在鬼神观念和萨满教发展到一定历史阶段产生的。在萨满教发展到一定阶段，人们被各种各样的鬼神包围着、操纵着，人间崇拜各种神灵，又为各种神灵所制约。凡是人间的得失、成败，统统归咎于鬼神的意志，因此，人们每做一件事情的时候，都期望得到好的结果。然而在史前人看来，这不是自己努力的结果，而取决于鬼神的赐

① ［法］列维·布留尔：《原始思维》，丁由译，商务印书馆1981年版，第284页。

予，为此人们急需了解鬼神的态度，对鬼神进行预测，这是产生征兆和占卜的社会需要。人间与鬼神间有着密切的联系。人们期望得到鬼神的恩赐又不能直接对话，往往借助于第三者，这占卜者就是萨满。他为人间沟通和联络了祖灵、神灵、精灵、鬼灵诸界，以期借助超人的形式说明并解脱人间的痛苦和灾难。"①

算命先生既有粗通八卦的盲人，也有略懂占卜的正常人，逢年过节时或在集会和庙会上的活动最多。算命先生测算的的内容包括运气、财道、出门是否吉利、婚姻、失物、灾难等。老人和妇女热衷此道者较多，男人不太相信算命先生，但也不阻止老人和妇女的求问。算命活动简单易行、无须进香上供，也无复杂仪式，它迎合了当时人们境况不佳、文化层次低而又要求改变生活的心理，所以算命占卜活动较为普遍。

术数，俗称"算卦"，是占卜方法中的一种。它以阴阳五行为占算基础，利用天干地支进行排列推算，牵强附会地曲解人事和天灾。由于干支时辰的折算，没有专门知识的民众，一般很难懂得那些玄而又玄的理论，具有一定的欺骗性和神秘性。为获得人们的信任，迎合其趋利求生的心理，占卜者常讲吉利话或模棱两可的话，当然也有以"血光之灾"的预言相告的，受卦者常常要依占卜者所言消灾避难。土族人家在丢失财物、牛羊，甚至寻人时多求助于阴阳先生或者能掐会算的喇嘛，让他们测算能否找到所寻之物，能在什么方位找到。

信仰风俗在历史过程中的积累形成的许多占卜形式，以各自独具的特色和力量，影响着人们的信仰和社会生活。目前，占卜等信仰风俗仍然据有一定的市场。人神沟通的方式，神灵附体传说、掷卦、松木棒、抓炕桌、抽签。解剖神谕、签子时，只要掌握人神互惠互利原则，再加上对神的过度拟人化的模拟，就可以了。

（四）风水

风水仍然属于消极巫术之列，因为风水术的主要目的不是去加害于别人，而是通过选择好的环境，或通过避煞、厌胜等方法，趋吉避凶，更体现了它是在适应自然的过程中所产生的一种"被迫"适应的被动性行为②。土族社会中，风水观念集中体现在看阴阳宅方面。看阴阳宅，一般

① 邢莉：《游牧文化》，燕山出版社1995年版，第494页。

② 刘沛林：《风水——中国人的环境观》，上海三联书店1995年版，第405页。

是指对房屋、坟茔的位置、方向、环境的选择。普遍认为，风水对于每一家族的兴衰是至关重要的。倘若祖坟地址选择不当，住宅位置不佳，会影响到一家、一族人的吉凶祸福。一般而言，对于阳宅，多在打庄廓、建新房时都要约请阴阳先生来主持仪式。对于阴宅，则多在开辟新的坟地时约请阴阳先生勘察地脉，确定“穴道”。这时要考虑坟地的靠山、照山，左右山形地脉的走势，周围是否有水气，以及“气”是散还是聚等。例如，照山是“笔架山”则认为主子孙出“秀才”。而“穴道”一旦确定，该坟地就要一直沿用此“穴道”，不能变更。一旦随意变更，会危及活人。在后来的死者进入坟地下葬时，由阴阳先生按照此“穴道”来确定死者的棺材的放置位置，主持安葬仪式。

土族群众非常重视对于坟地位置的选择。一般在个人提前踏勘并认为可以作为坟地的地段，约请阴阳先生再仔细地勘定风水，以阴阳先生的勘定结果为准。他们讲究坟地的穴道、照山、靠山等因素，如坟地照山是“笔架山”，意味着子孙将有文人出现。风水与祖先崇拜、灵魂崇拜有机结合在一起，认为是关系到子孙后代的兴旺发达、家宅安宁的重要因素。如，W 村一家支，在前一段时间频频出现病灾，人病羊死，而且羊在没有任何病兆的情况下突然死亡，可谓“灾厄不断”。在约请法拉发神儿经指点下，才找到灾厄的根源。原来，该家支历史上曾经发生过一段族产变更情况：他们承继了两户男丁绝嗣的人家的庄廓居住，与与此庄廓相关的家支人员形成了“业亲人不亲”的状况。在承继了庄廓之后，并没有同时担负起已经绝嗣的该庄廓的主人祖先坟茔的祭奠扫墓之责任。故，这些没有了祭奠扫墓的后人的祖灵便对进入其庄廓居住的该家支产生了不满，并要求祭奠而导致灾厄。

他们相信，如果在祖坟里埋葬死者时出现失误或差错，将会对生者产生灾厄。在下葬时严格遵照原来确定的风水穴道下葬落棺。下葬时，在墓室中绝对不能遗留金属物，认为这样会危及生者安全。因此，人一旦死亡，家人马上从其身上取下诸如耳环、戒指、假金牙等物。例如，W 村一家支，在下葬亡者时因家中老人对于具体的穴道的理解或记忆上产生了分歧，而且在最终下葬时采用了错误的穴道下葬落棺。以后的亡者均回归了正确的穴道下葬。这样，在一个墓地出现了不同的穴道，而且那次错误的穴道危及家宅安宁。在确定了原因之后，约请阴阳先生斋醮并开辟新坟地，迁移神主之后才取得了家宅的安宁。

另外，他们还相信，阴阳先生对于出殡时间等的决定。例如，一名阴阳先生，精于阴阳之道，通文墨，在发妻死亡之际，先生亲自推算出殡时间，但由于亡妻去世时辰的极端限制，根本寻找不到合适的利于大家的时辰。在几种方案之中，稍微危害小的是在第三天出殡，但危害是亡妻会带走家族中一个人，即不长的时间之内家族中会有一个人死亡。先生迫于无奈，选择了牺牲自己的办法，将出殡时间安排在自己的生辰八字上。在亡妻去世三周时，先生亦因病辞世。在先生病中时曾经到卫生院就诊，在临近去世之际先生强烈要求马上回到家中，因为他预知自己马上辞世的信息。而土族老人忌讳丧身户外。他到家不久即咽气辞世。而且，先生曾经准确地预知了其胞姐的去世时间。在胞姐辞世之前，先生曾告诉其左右亲戚，要想见胞姐最后一面应该在某天某个时辰之前就去，如若不然，就不能见到。果然，其胞姐在这个时辰辞世。

生理上的需要是人们最原始的、最基本的需要，如吃饭、穿衣、住宅、医疗等。若不满足，则有生命危险。这就是说，它是最强烈的不可避免的最底层的需要，也是推动人们行动的强大动力。显然，这种生理需要具有自我和种族保护的意义。安全的需要要求劳动安全、职业安全、生活稳定，希望免于灾难，未来有保障等，而首要的表现即是居住环境的安全（包括物质和心理两方面）。理想风水模式山环水抱，层层护卫，无论是形制（自然山水与建筑结构），还是居住者的心理，都构成了十分完整的安全空间。牌坊、照壁一般位于村口，既是空间标志物，更是对领地的声明和捍域行为的物化，给居住者以亲切感和归属感，给入侵者以警示。许多风水塔位于主山的山顶，可增势增威，人们还把它当作沟通天地之气的载体。照壁的功能相当于案山、朝山，风水林的表层意义是藏风聚气，深层的意义是它的空间屏蔽效应，总之，这些风水物主要功能是对心理安全空间的强化。

在村人眼中，风水的好坏影响着区域、村落的命运。流传三川的丹阳公主凤凰山的传说这样说道：丹阳公主是三川土人的女王。她率领百姓抵抗宋王朝的征讨，在宋朝大军围困下丹阳城始终没有攻下。久攻不下的宋军将领狄青在风水先生的指点下，指示士兵挖掘凤凰山的翅膀，认为只要挖断即可攻下丹阳城。而士兵一天所挖的地方经过一晚上又恢复如初。有一天晚上，士兵们经过一天艰辛的劳作即将收工回营时，一名士兵听见这样的声音："哎哟，就差那么一点点就把我的翅膀挖断了！"该士兵马上汇报后，经过连续挖掘，终将凤凰的翅膀挖断，并最终攻破了丹阳城。这种传说是一种“传奇的事实”（legendary reality），即以虚幻的想象所表述的民众对现实不满的历史事实。说明历史上区域中统治力量的进入，土族先民与统治王朝之间的抗争。而王朝采取了“破坏风水”以制服反抗的策略。其实，这里也隐隐约约地散发着三川土人对于逝去的昔日繁荣的追忆和无奈的叹息。

田野调查中，W村于2004年腊月举行的斋醮仪式，很大程度上是由于村落的风水被破坏而导致村落灾厄不断的原因才举行的。认为，村中一座完整的形似坐着的人的山被村人不断地砍挖，导致山形改变；村中的被认为是龙王居住的泉水，由于没有得到保护而导致村落不顺。

风水极大程度上反映在宅墓的吉凶，而宅墓实际上反映村落宗族社会的血缘纽带结构。反映他们接受了汉族风水理论，接受了汉族天人合一思想，接受和应用人与自然和谐相处的观念。反映重视子孙的延续。风水的理论基础是：宅地或者墓地的选择得当与否（亦即风水先生所谓的吉凶），在某种程度上可以导致家宅或者葬者一家以及子孙的祸福。这样的逻辑之下，更包含了人与自然关系的理解，与祖先崇拜相结合形成了丰富的风水现象的解说。在他们的认识中，实际上将局部与整体、宏观与微观作相应的对应，将人与天地万物同构于一个动态的有机整体中，并由此产生相生相克关系，生人的兴旺衰败与祖先坟地风水相关联。

许多家庭发生的变故，被附会在祖坟及房宅的风水好坏上，人们的知识结构无力去打破这种迷信认知。宁可信其有而不可信其无的心态，促使人们对于风水的选择不得不持极其慎重的态度。人们大多相信命运，相信命运是与生俱来的，不可改变的。可是，他们同时又相信风水，相信风水术可以改变个人命运，即宅墓风水的好坏可以影响到子孙后辈的吉凶祸福。故此，二者之间就存在这样的矛盾，如果宅墓风水与命运不一致时，例如子孙命运好而宅墓风水不好或者子孙命运不好而宅墓风水好时，该相信风水呢还是命运呢？这时会产生什么样的结果呢？人们认为，命运是必然要相信的，但是对于宅墓风水也不能不理会，宅墓在一定程度上可以影响到命运的吉凶。因此，应当把两者结合起来综合考虑，子孙命运好的不可忽视宅墓风水对于子孙命运的影响，子孙命运不好的可以通过谨修宅墓风水而在一定程度上得到改善。也许就是这样的理论影响下，风水术一直在土族地区长盛不衰。

重视趋宜避忌的风水与择日传统一直强烈地影响着土族民众的日常生

活。其中诸如风水先生、阴阳先生等是相当重要的中介者，甚至是第一媒介者。就个人而言，生命中充满了不确定性，因此就需要有一套价值、信仰来应付被强大的外力打断了的生命进程。我们的社会没有唯一的神，国家权力不再钳制信仰，不用权力来规定、法律来制裁的时候，人们就会选择其他的价值来替代现有的价值。

综上所述，土族社会中，巫术不仅在各种民间信仰活动中占据了较大比例，在日常生活中也是普遍存在。实际生活中，祈求巫术、禳除巫术、驱鬼巫术、招魂巫术、厌胜巫术等相当普遍，而施蛊巫术、诅咒巫术很少出现，目前几乎绝迹。在生产活动中，大量运用祈求巫术以期达到获得丰收的目的，从开种仪式到每个重要节气举行的活动，如答鄂博、插牌，大小暑念嘛呢，在天上浓云密布、冰雹即将来临之际采取的消雹仪式，无不包含着巫术观念，无不运用巫术手段。在生活领域，多采用禳除巫术，以解决生活中疾病、不洁，也配合采用厌胜巫术、招魂巫术。巫术具体表现在语言或符号的、仪式或行为的各个方面，如画符张贴就可以将鬼邪拒之门外，念诵咒言就可以招来神灵，不敬态度直呼地方神名号回导致惩罚性的嘴眼歪斜等。土族的民间信仰活动中，如果不考虑巫术因素，将是一大疏忽。

对于巫术卡西尔是这样分析的："对魔法的信念并非只是一种理论活动，它是一种情感的活动。欲产生这一活动需要有一种特殊的情感刺激。只要人们仍然被限定在日常经验的狭小范围中，只要他不得不与那种他能够驾驭和把握的相对容易的境况打交道，他就不可能去求助魔力。他像我们一样，以经验的方式和技术的方式去行动，他运用他的简单工具去回答简单和日常的问题。但是，假如出现了超过他个人力量所及的更为严峻和困难的任务，那么，人就必然会去探求更高级和更有力的手段。他必须走极端，以便应付极端的境况。""从心理学上看，对魔法的信念总是向我们展现了两付面孔。它是过于自信和绝望的混合。人深深感到自己能力有限而失望悲沉。但他另一方面又过于信赖集体的希望和行为所产生的力量。真正给予魔法术士力量的，就在于他并不是一个人在行动，而是在他身上聚集和集中了全部部族的力量。"① 因此，巫师行为可以理解为是集体愿望的表达。这样的分析对于土族社会生活中的至今存在的巫术行为的

① ［德］恩斯特·卡西尔：《符号·神话·文化》，李小兵译，东方出版社1988年版，第198页。

分析仍然是行得通的、有效的。只有在以强大的集体力量为背景的村民，才有可能采取一些不再惧怕的驱鬼仪式。因为“人们对于鬼的态度，向来有怕与不怕两种倾向。怕，发自人们的内心；不怕，也发自人们的内心。人们经常在怕与不怕之间进行抉择。有时，怕占了上风，于是便进行祈祭；有时不怕占了上风，便进行格斗和驱赶。在全村寨人战胜鬼邪的心气高昂的时候，动员起来与鬼邪交锋的举动便不可避免。集体的意识和它所表现出来的力量，一般总要强过个体的意识和力量。因此集体驱鬼不仅声势大，而且往往是人们所最情愿的。人们从中看到了作为集体的人的力量和价值，看到了他们无坚不摧的威力。”① 故此，土族民众在以集体为单位驱赶鬼灵的同时，由于个体大多还是倾向于“怕”鬼而多采取一些温和的方式“劝说”鬼灵离开，不采取极端的驱赶的方式。

“巫术既然是一种表达，它跟说话以及更宽泛的语言也就没有什么根本性的区分，对这一点，朗格给出了明确的回答：因而，巫术就不是一种方法，而是一种语言；对于作为宗教语言的仪式而言，巫术不过是这种更普遍现象的一部分以及一个边角。仪式是经验的一种象征性转化，没有其他的媒介能够恰如其分地来表达这些经验。因为它来自于一种原初的人类需求，这是一种不由自主的活动，也就是说油然而生，没有意识，也不必要去适应一种意识上的企图；它的出现不是计划出来的，而它的模式纯粹是自然的，而且可能是内在固有的。它从来不会‘强加’于人；其活动完全出于自发，就像蜜蜂的结群和鸟类的搭巢，松鼠的聚集食物以及猫洗自己的脸一样。没有一个人会建构仪式，更没有人建构希伯来语或者桑斯科里特语或者拉丁语。表达性行动的形式，比如言语和手势、歌曲和牺牲，都属于是象征性的转化，对于处在一定发展阶段的社群而言，这是在提醒他们应以自然的方式来生产。”② “当巫术被看作不仅与经验性的活动有关，而且也作为一种思想体系的部分的其他信仰有关时，巫术就更容易理解了。……与其说巫术主要是控制自然的工具，不如说它是借助于为达到目的而采取的经验性措施的干预，阻止与人的努力反其道而行之的妖术和其他神秘力量的工具。”③

① 张紫晨：《中国巫术》，生活·读书·新知上海三联书店 1990 年版，第 116 页。

② 赵旭东：《从田野工作到文化解释》，《民俗研究》2004 年第 4 期。

③ ［英］E. E. 埃文斯·普理查德：《原始宗教理论》，孙尚扬译，商务印书馆 2001 年版，第 132—133 页。

"所以巫术信仰与巫术行为底基础，不是凭空而来的，乃是来自实际生活过的几种经验；因为在这种经验里面他得到了自己力量底启示，说他有达到目的物的力量。""这等经验给他的希望与实际生活上这种希望底实现，两者之间的关系是甚么？巫术给原始人的欺骗自然是十分中听的，但为甚么可以维持下去而不被揭穿呢？我们底答案是这样的。第一，谁都知道的事实，乃是人类底记忆对于积极的证据永远比消极的强。一件成功可以胜过许多件失败。所以证实巫术的例远比反证来得彰明较著。同时，更有旁的事实可以真地证明巫术或者似乎可以证明。我们只巫术仪式必因实际经验所给的启示而起。可是能由这等经验想通一个新巫术底核心，而能将它弄得有条有理，交给他底部落分子共信不疑地去执行，必是一个绝顶聪明的人。……创始人以后，继续应用这种巫术的人，自然会随时将它发扬光大改了原样而同时相信只在遵守传统的，也必永远是十分聪明而有魄力有企业精神的人。"①

以巫术来理解宗教，以巫术实现实利，这成为中国民间崇拜的特点。其中的原因在于儒家文化的影响。民间信仰的作用就是对主流伦理的辅助，或主流伦理的实现手段。儒家思想为代表的中国固有文化，对人生和宇宙都做出了系统的、有深度的说明。道教自始至终都赞成中国的儒家伦理，并且把它吸收进来，作为修行的内容和标准，形成了对儒家文化的呼应。佛教与儒家曾发生多次论争，后来也转而提倡忠孝，极为重视融摄儒家伦理思想。"三教合一"、"三教合流"主导了思想发展。佛道教自身的矛盾在于不得不给儒家伦理留出地盘，最终融入了儒家伦理的洪流。在这个文化融合的过程中，儒家始终是评价的标准，所以三教合流的过程，实际上是巩固儒家伦理的过程。当儒家伦理地位牢固后，也就是确立了价值追求的目标——中国人注重追求现世的目标，那么对信仰的态度就发生了改变。他们不相信作为"旁门左道"形式出现的宗教，尤其不是把这些宗教看作价值体系，而是看作实现儒家价值目标的手段。正是在强势伦理、主流文化的作用下，其他的宗教信仰无法抬头，只能被视为"术"的层面的东西。从巫术自身来说，在漫长的历史中，巫术思维方式的影响很大，人们一直相信巫术行为的确定性，相信人的行为会达到预期的目

① ［英］马林诺夫斯基：《巫术科学宗教与神话》，李安宅译，中国民间文艺出版社 1986 年版，第 69—70 页。

的。一般人的内心里是把宗教理解成可以获取某种利益的方法，没有上升到安身立命的“道”的层面。由于强势伦理的作用，宗教无法以本来面目进入人们的视野。无论和尚还是道士，以及他们的教派，在传教过程中是否被认可，关键看他的“法力”如何，而不是看该派的教义和教理。在佛教和道教的传播时期，和尚或者道士都是作为预言的先知、高人形象参与军政大事，表现出来的是“法力”而不是教理。在民间，一般的和尚和道士在传教过程中都注重表现这些“法力”的神奇，又助长了人们对宗教已经存在的心理期待，把宗教看作“法术”，这使得巫术的思维方式更加深入于民众当中。所以无论道教还是佛教，以及众多的民间信仰，实际上都没有上升到信仰的层面，反而沦为维护百姓现实利益的工具。所以从总体来看，中国的宗教最后归顺了儒家伦理，而对这些宗教的信仰又带上了浓重的巫术色彩①。

第四节　土族民间信仰的神圣空间——村庙

土族社会中，几乎每个村落都建有供奉其地方神的村庙。村庙，是村民供奉神灵、祭祀地方神的处所，一定程度上是地方神的外化形式、象征，更是一个村落商议、处理一年的公共事务的场所，是民间公共空间或者集体力量的象征。通过村庙的深入考察，有助于理解一个村落村民的信仰世界，并为他们日常的生活决策提供一个新的理解的视角，也有利于理解该村与周围村落的关系。

一　土族村庙的坐落选择与形制

土族地区的村庙，大多位于村落的较高的位置，以能够照看全村为宜。不过，有些地势低平的村落的村庙，也会选择在平地，而且，有些村庙也位于村落内部。土族地区村庙的选址，传统以“法拉”神灵附体状态，充当神的代言人而确定具体位置。

土族地区的村庙，多与当地院落大小相仿，占地约半亩许，但是村庙的正门多朝北开。庙门北开据说是需要庙神照看从北方来的冰雹并制止冰

① 孙小金：《巫术对中国民间崇拜的影响》，《西南民族大学学报》（人文社科版）2005 年第 1 期。

雹危害庄稼，但更多的原因可能是出于区分村庙与民众的院落，也就是要区分神圣与世俗的考虑。庙门前小广场上多树立一对神杆，上端有神斗。一般情况下，村庙正门只有在岁时节日及庙会期间才会打开，而日常只会开启侧面的小门供人们进出。庙堂大多是砖木结构的与普通民房截然不同的尖脊形式，大殿多为三间。中间供奉本村庙神神轿，左侧供奉二郎神牌位，右侧供奉山神、土地画像。有些村落，由于供奉的神灵较多，会按照民间的顺序排位将神轿一字排开，接受日常香火。在各供奉神灵的后墙上画有相应神灵的图案。两侧画有在二郎神带领下出去捉拿恶灵、抓回恶灵的场面壁画。大殿廊檐均为木雕的花纹、吉祥图案，门窗上也绘有诸如八仙等图案，有些画有现代版的琴棋书画等。庙堂院中，多栽植松树、柏树等民间认为的吉祥树种，并栽植一些花草。而左右厢房，一侧多为庙倌日常起居的空间，一侧为初一、十五由“嘛呢其”念诵嘛呢经的空间。而有些村落，将与大殿相对的空间建设成为供庙倌居住和嘛呢其念诵嘛呢经的空间，而将两侧空置。

村庙就是供奉村落保护神——庙神的场所。庙神的香火区域与村落的地理区域重合。土族社会中的地方神的享用香火的区域面积仅仅局限于一村一落，真正原因是由于地方神保护能力的局限性。因为只能保护一村一落，故此也就只有一村一落的人员来信仰了。反推之，如果信仰人员分布区域扩大，其影响面积扩大，香火区域也就大了。作为民和三川总神的二郎神与各村地方神的信仰范围的区别就属于此种状况。

二　土族村庙的社会文化意义

村民生活的村落环境分自然环境和人文空间两大类。自然空间、自然时间，在为村民提供基本的物质条件的同时，又受到文化的再造，将村落自然环境进行禁忌化、民族化、象征化，造就了独具地方特色的信仰空间、信仰时间。由此，村落环境成为了具有文化意义的自然—人文空间。其中村庙首当其冲。因为神圣的村庙是与神灵或者超自然力量联结的地方，本身具有一定的神圣品格。一座村庙就像一种特殊的坐标，是显示神圣力量特殊性的地方。而且由于村庙是人与神灵或者超自然力量联系的地方，自然就要具备不同于世俗社会的构造（虽然实际上与世俗社会的构造并没有实质的区别），体现在村庙的坐落、方位以及庙宇大殿的设计等上要象征性地体现神圣王国的一些特征。

村庙作为大多数集体性民间信仰活动的展演场所，村庙的存在具有两个层面的意义。对外，村庙表现为一种文化与社会的自立与独特性（无论是否存在）。对内，村庙象征一种公开承认的权威中心，是村人赖以寄托精神、物质与象征需求的载体，是判定正邪的机构。

（一）对外的文化与社会的自立与独特性

从表面上看，村庙指示和归属于一个特定的地理空间——各个村落。而且，各个村落的村庙的护佑范围不相重叠，表现出强烈而明确的排他性。

首先，各个村庙在民间信仰层面上是具体村落对外的标志性指称。一个村落及其民众拥有相对独立的信仰空间，而这个信仰空间的核心就是作为其物化象征的村庙。每个村落的村庙，在被说明时，均称之为“某村庙”。而且，有关民间信仰乃至于传统意义上的村落之间的集体事务的讨论、决策都要在村庙内进行。在民间看来，只有在村庙内进行，才是合乎规范的、“合法的”，才具有服众的意义。例如，约请他村的社火来本村演出时，社火进入本村后，首先要到村庙“降香”，表达对地方神的敬意，然后才开始演出。而社火队伍路过其他村落的村庙时，也要举行“降香”仪式。通过对村庙地方神的“降香”仪式，实际上在表明友好村际关系。显然，村庙具有代表这个村落的意义。

其次，各个村庙具有明确的“地界”。每个村庙以及其中供奉的地方神，在民间看来只保护其供奉地界内的民众及其财物，并在此基础上表现为对本村以外的外界的自立特征，恰如一个划片而治的“小王国”，而村庙俨然就是一个“府衙”。而且，多数村落供奉不同的地方神，每个地方神又具有不同的神格、神迹，体现出较强烈的独特性。土族村落，多由于开基祖先开辟而聚族而居，这样，村庙作为精神核心，是全村落人的向心力的中心，以村庙为核心，形成了具有相对明确边界的独立“统治”区域。但是，在民间而言，地理空间界限不仅仅是纯粹自然的地理边界，很大程度上已经被人文化了，是心理与地理的结合。地界的划分虽然以自然地界为基础，但这种地理意义上的界限，在民众的心理世界中被理解或阐释为一种人文边界。对于民众的意义，是地理概念，更是一个心理概念。在民众认知的每个村庙的保护范围内，确信地方神能够随时随地照看得到。言下之意，本村的地方神只会照看本村的地界，而对外村视而不见，显现出明显的边界意识。

（二）对内的村人赖以寄托精神、物质与象征需求的权威中心

首先，是村人赖以寄托精神、物质与象征需求的载体，是判定正邪的机构。在田野观察中，我们看到很多村民（主要是妇女）备着祭品、香烛、纸钱等到村庙向神明诉说个人和村落所遇到的困惑，并通过打卦求签来断定自己愿望实现与否。在村民的日常生活中，村庙实际上充当了伸张正义、扶持弱贫的角色，为村民解疑除难。同时，村庙在对内层面上因为灵显问题而在位置上体现了等级性。一般来说，神灵级别越高，能力越强，对于民众的护佑越好。可是，土族民众认为，级别高的神，其实管辖范围、管理事务越多，那么，无暇顾及每一件事。所以，还是本村的地方神会很专注的护佑本村民众，在护佑质量上能够得到保证。在民俗疗法的实践中，民众对于本村地方神有很多的灵异神迹传说。

其次，村庙象征一种公开承认的权威中心。村庙，是一个村落借助民间信仰的方式，集体兴修的公共建筑。村庙这种以民间信仰形式建构的村落权力中心，具有较广泛的社会基础，对村落生活实行有效的控制。这样，村庙被视为村落的权力的象征，通过村庙完成对村落的治理，也是通过村落民间信仰的符号的权力资源的调动来完成村落之间的合作或者竞争。一年中随岁时而展开的各种民间信仰活动在村庙中进行，是村中牌头等组织民众进行地方神祭祀、祈求神灵保佑村落人畜平安、庄稼丰收的活动，同样也成为牌头们聚头商议村落公共事务，做出有关决议的时机。与现在实行的乡村管理体制下的行政村、队和对应的村长、生产队长为代表的行政架构相比较，以自然村或若干个自然村联合而成的牌头等民间组织者为代表的民间力量，对于普通村民的象征意义、实际意义是有相当的区别的。民间力量基于一个村落地方神的信仰范围内而组成，内部更多地考虑到家族力量对比、家族关系，乃至于更大更古老的宗族关系①，存在更多的血缘关系因素在内，是地缘与血缘的混合建构，而行政单位纯粹考虑地理意义。这种精神联系，又共同构建起了维系着民众的共同的精神世界。村庙依附于地理空间却从心理层面上获得了它的意义，而与这类心理空间相关的活动，就成为维系这个空间的存在并且不但强化这一空间内在完整性的重要途径。

---

① 如中川乡辛家与前河乡辛家，在空间距离上已经分属两个不同的乡镇，一个在川水地区，一个在山区，但是同为辛家，在民间信仰仪式中仍然表现出同为一宗的历史记忆。在中川辛家的九月九祭祀仪式中，焚化祭品时，会单独列出给前河辛家的神灵的祭品，体现出宗庙与分庙关系。

第三，土族村落结合血缘、地缘、神缘关系而构成村庙信仰共同体。“村庙社区可以称之为‘村庙信仰共同体’，是在血缘、地缘纽带基础上，又增加了神缘纽带。村庙信仰共同体构成要素有三：村庙信仰共同体由村庙所在的社区居民组成；社区居民经常性地参加村庙个体或集体性的信仰活动；社区居民经常为村庙的修建、村落的联合方式即村庙的集体活动捐资。”① 土族村庙同样具有符合这些构成要素。具有从功能的角度看，土族村庙常常成为乡村的“祭祀圈”或“信仰圈”中心，从而有效地推动了乡村自我组织的形成和自我管理的完善，成为乡村发展历史的见证、成为凝聚区域族群向心力的家园，成为维护地方社会秩序的纽带。

在民间信仰习俗当中，村庙用以保持和控制地方社会文化网络的合法性，既缘于神灵自身的内生性力量（神灵灵力的强度），也缘于庙宇风水的外部性力量（庙宇气场的强度）。倘若要使村庙所凝聚的缘于信仰的内生性力量与外部性力量成为强势的文化合力，则必须充分借助各种宗教仪式活动的操作和表演才能变成现实的可能。因此，各种民间信仰仪式活动，都以村庙为轴心展开。村庙这一精神空间，意味着以共同信仰、对某种神灵的依赖为纽带而形成一个特定的群体。村庙纳顿等年节祭祀活动的操办者、参与者都是属于地方神的属民。这样，从另一个角度说明，凡是不归属于该村庙的神灵保佑的区域的属民，没有义务参与该庙的祭祀系列活动，也没有权利参与这一活动。这样，村庙演绎了民众的归属感、认同感、心理距离的减小。“农村演剧活动的繁荣，在很大程度上依赖于正在复苏的传统社会结构以及基于更具精神向度的文化因素决定和划分的空间区隔，而不是基于行政因素建构形成的现代意义上的乡村行政区隔，甚至，它也不完全是基于由地理因素决定的区隔。”②

第四，村庙供奉多神，期冀能够得到更多神灵护佑。在民间信仰层面上所呈现的多神崇拜趋势和众多庙宇的兴建、重修是经历了内部造神和外界借神的这一历时性过程的，以满足力图获取权威性神灵信仰的需要。在这一过程中，各神灵所体现的功能也由于乡民的需要和社会的变迁而发生了变化。土族村庙中的多神性，并不意味着这些神灵不分主次，多多益善，经常变动。一个村落的神灵，以社区神为主，辅之以其他陪祭神。村

---

① 甘满堂：《村庙与社区公共生活》，社会科学文献出版社 2007 年版，第 88 页。

② 傅谨：《祠堂与庙宇：民间演剧的空间阐释》，《民族艺术》2006 年第 2 期。

落地方神是在历史上形成的具有稳固地位的神灵，而且具有较高地位，明确的岁时祭祀仪式和日常祭祀程序均以村庙为中心展开。

最后，村庙是地方神的外在物化形式，象征地方神的威力。村庙对于神灵的作用，就如同房屋之于人的关系。人们相信神庙破败或者不够富丽堂皇，就会影响到神灵的威力的发挥。庙堂修造的富丽堂皇，神会经常地施展神迹来保佑民众，而且其保佑范围——不论空间还是事务——也会随之拓展。反过来，如果庙堂破败，则表明神灵已经没有得到民众的爱戴，神灵已经不在这里了，自然就不能为民众治病除灾。神灵被认为是寄宿于像身，寓居于庙堂，当人们需要神灵的帮助时就会来到这里求拜。而求拜成功或之前，总会以互惠互利的心态，来装饰、修葺神像庙堂，使得庙堂越发堂皇。这里，其实存在人与神的互惠互利的关系。神在促成人的愿望达成后的结果是获得人对其庙堂、神像的装饰美化，使之更加辉煌；同时，越加辉煌的神像、庙堂就越使人们相信它的威灵。二者之间存在明显的互利关系，而且相得益彰。神对人的依赖，表现在神以其灵验程度要求相应的酬报，越灵验的神其塑身、庙宇、建造的越壮观堂皇。这里，民众的潜意识里认为，越给灵验的神以丰厚的酬报，是鼓励神越发灵验的有效途径。越来越多地显示灵迹，反过来，这种做法又会影响一代一代人根据庙宇的壮观情况来判定神的灵验情况，看到壮观的庙宇就从心底里相信该庙宇供奉的神灵是灵验的。

三　村庙的社会功能及其现代走向

有形的形式是无形的内容的反映和表现，一定的组织形式和制度是与一定的民间信仰和信仰感情相适应，并且为之服务的。因此，组织形式和制度随信仰种类和派别的不同而存在差异。一群人的共同信仰或共同体验用行为表现出来，并且固定为程式化的形式和规范化的规则，则初步地形成了信仰形式。土族民间信仰目前的外在的形式，是在游牧文化原始信仰的基础上受汉族农耕文化民间信仰的广泛影响、藏传佛教的深度影响、结合道教的神灵的一种综合的信仰体系的物化形式，是随着社会文化环境的变迁而变迁。内容接受了农耕文化的神灵，但还保留着鄂博、山神信仰等诸多自然崇拜形式。村庙，就是与定居生活相适应过程中逐渐接受了固定的信仰场所的形式。民间信仰变迁的实质推动力是现实的社会矛盾。随着社会经济类型的改变，满足物质需求的方式也随之改变，社会矛盾也相应改变。

村庙，是土族乡村民间社会进行自我整合的一种有效手段。它在以一种有形的形式展示于人们的视野之中，但以一系列无形的形式（诸如信仰组织体系、信仰观念、规范、信仰范围等）实现乡村特定范围的整合①。

那么，村庙是如何完成对特定乡村的整合的呢？其整合对象是什么？村庙以有限的有形形式（指村庙的建筑范围）怎么来实现整合一个相对要大得多的一个或多个自然村落的空间的呢？这里，村庙的空间即可区分为有形的有限的小范围和更大的村落范围。具有松散的社会结构的传统乡村社会，与自给自足的农业经济之间存在相关关系。乡村社会处于国家政权的最基层，其行政管理力量最为薄弱，民间自生秩序是补充国家行政管理空白形式的最有力的形式，也是整合协调民间各种权力关系，解决各种诉求的重要力量。村庙作为民间一种颇具象征的物质实体，具有整合乡村各种权力的功能。它能够维持乡村的一种自在的秩序。“寺庙在民众精神生活中的重要性，显然是乡村的行政权力所不能替代的，以寺庙为中心的精神空间虚拟性地存在于这个地域，并且不同程度地拥有其无形的影响，在某些场合，它确实呈现出与世俗权力之间各不相属的独立性，但是这一权力形态的存在，对世俗权力构成的挑战，实际上还很有限。它所有的影响力，只局限于抽象的信仰领域。”② 以村庙为中心的精神空间存在于这个地域，并且不同程度地拥有其无形的影响，在某些场合更是呈现出与世俗权力之间各不相属的独立性（如民间信仰活动政府不干预，置若罔闻）。在民众的精神生活中具有行政权力所不可替代的重要性而得以存续。但对于行政权力的挑战性是极为有限的，隐性的，毋庸讳言，但在一定程度的辅助治理倒也存在。

村庙，是随着经历过去的行政意义的严格控制，经历土改、合作化、人民公社等社会变革以后，于改革开放初期得以恢复和重建的。村庙的重建，极大地赖于国家宗教政策的改变后，传统精神文化支配下的传统社会结构的复苏。村庙重建，又重新恢复了传统形式上的空间信仰范围的划分，有些地方，传统信仰空间与现行行政村范围相吻合，有的互相跨越，有的同一个行政村内有多个信仰空间范围。村庙“小心翼翼地将自己的

① 文忠祥：《信仰民俗与区域社会秩序——以青海土族纳顿、醮仪、六月会为例》，《青海民族大学学报》（哲学社会科学版）2011 年第 2 期。

② 傅谨：《祠堂与庙宇：民间演剧的空间阐释》，《民族艺术》2006 年第 2 期。

影响力保持在世俗的权力所不能及的情感与信仰领域，尽可能不去触及应该由世俗的行政权力去处置的那一部分公共事务，恰恰是在中国目前的现实政治经济状态中，这个精神文化空间得到存续的原因。在某种意义上，或许正是由于寺庙和祠堂在处理世俗事务中的无能为力，反过来强化了它在组织演剧这类精神文化活动时的热情。这个精神和文化空间所处理的事务，主要是寺庙里每年固定时间的祭祀活动。”① 土族村庙的社会功能集中在对地方神的按时祭祀活动上，村庙的社会整合功能大幅收缩。

如果在村庙的传统自组织功能逐渐淡化的情况下，如何在村治尚不完备下维持乡村秩序是一个问题。需要思考的是，以村庙为中心建立的民间信仰的一些制度过程中，民间运用三种结合方式——超验性与具体的经验形式相结合，脱俗性与世俗性的表达形式结合，与来世的关系和现世的社会形式、观念形式、仪式形式结合在一起——逐步完成了民间信仰的制度化。在这些制度的帮助下，“由于人们的态度具有共同的仪式表达形式，所以人们不但凭此形式来表示自己的态度，而且还转而强化这些态度。仪式可以使态度上升到一种高度自觉的状态，还会进一步通过这些态度来强化这个精神共同体”。② 而且，这样，群体自身的团结也得到了相应的强化，群体自身的价值观念也得到了再次的肯定。在民间信仰的制度化中，包含一套稳定的社会身份和角色系统。民间通过这些制度来调动民众的情绪，让特定的角色行为所决定的各种动机等集中起来，一同展示。这种机制下，民间的社会公众仪式和各种活动得以进行和完成。但是，随着时代变迁，目前的土族社会中，由于从事于民间组织机构中的角色是轮充制度下产生的，具有社会强制性的但没有任何报酬。在商品经济的冲击下，人们的观念得到了一定改变，凡事与自己的利益联系起来，尤其是明确的近期利益相联系。因此，对于安排充当的民间信仰仪式中的角色，在执行、维护组织目标、维护民间信仰的价值观方面产生了微妙的消极对待的现象。他们一般都没有积极主动地去完成角色应当完成的目标和任务，在能够推诿、逃避的情况下尽量逃避。这样，其实就是对组织的严肃性、神灵的威力等产生了怀疑的表现。目前，在民间信仰的“威力”下维持的民间社会的秩序正在受到挑战，也是我们应该考虑在民间信仰之下维持的秩

① 傅谨：《祠堂与庙宇：民间演剧的空间阐释》，《民族艺术》2006 年第 2 期。

② ［美］帕森斯：《社会行动的结构》，张明德等译，译林出版社 2003 年版，第 485 页。

序遭到解构以后，民间社会应该用什么力量来维持起正常运行的秩序？因为国家政权力量在村落中维持社会秩序的功能在土族社会中由于其经济、历史文化等原因，是极其薄弱的。

第三章　土族民间信仰的存在原因与特征

第一节　土族民间信仰存在的原因

关于民间信仰产生的根本原因的论述比较多，大致可以归纳为：社会异己力量尚未根本消除；自然力量的异己性也未完全消失；传统信仰的惯性力量仍然存在。

从社会根源方面看，社会状况如剥削、压迫，与自然力量的无法抵抗等是民间信仰产生、存在的原因。原始宗教的萌生，是原始社会生产力发展水平低下以及人与人之间关系的局限性所致。"它们存在的条件是：劳动生产力处于低级发展阶段，与此相应，人们在物质生活生产过程内部的关系，即他们彼此之间以及他们同自然之间的关系是很狭隘的。这种实际的狭隘性，观念地反映在古代的自然宗教和民间宗教中。"在原始公社制度下，人们面对自然软弱无力，没有抗衡的能力。这种在自然面前的软弱无力，必然导致社会和自然界在人们意识中的歪曲的反映。这就是原始宗教产生的根源。而原始宗教的出现，其作用在于将人们彼此之间关系以及人与自然界之间关系的物质局限性加以肯定和神圣化。原始民族，即使在最顺利的条件下，也免不了有衣食之忧。衣食之忧便是原始人在自然面前软弱无力的一种最主要的表现，因而也就成为产生原始宗教信仰的基础和动因①。

其中，意识的发展为民间信仰的产生起到了推动作用。"意识起初只是对周围的可感知的环境的一种意识，是对处于开始意识到自身的个人以外的其他人和其他动物的狭隘联系的一种意识。同时，它也是对自然界的一种意识，自然界起初是作为一种完全异己的、有无限威力和不可制服的

① 刘锡诚：《中国原始艺术》，上海文艺出版社 1998 年版，第 23 页。

力量与人们对立的，人们同它的关系完全像动物同它的关系一样，人们就像牲畜一般服从它的权力，因而，这是对自然界的一种纯粹动物式的意识（自然宗教）。”① 当原始人使用自制的工具越来越制服自然力，而不再无条件地听命于自然的威力的时候，自我意识使他们能够对自己从连续性的感知中得到的印象进行回顾和挑选，有些感知的印象经过加工而上升为观念，有些未经加工过的感知的印象则变成了想象②。在人们的意识水平的提高下，逐渐从自然中分化出自然神灵加以崇拜。

社会环境为民间信仰的产生发展同样起着很大作用。“从某种角度说，相比于经文宗教，‘惟灵是信’的民间宗教更能体现中国传统文化的实用理性精神，更贴近中国民众生活的实际。”③ 而最深层次上的原因，根据功能理论的说法，人类生活具有三个特征：第一，人们生活在变化不定的环境之中，一些对他们的安全和利益具有重大意义的事件是无法预测的。换言之，人类生活具有偶然性的特征。第二，人们控制和影响其生活条件的能力虽然在逐步增强，但这种能力本身生来却是有限的。在一定意义上说，在需要和环境发生冲突面前，人实际上是处于一种无能为力状态之中的。第三，人们必须在社会中生活，而社会是对职能、工具和报酬的一种有秩序的分配。社会既包括劳动的分工，也包括产品的分配。社会需要必要的协调，就是说，它在人际关系方面需要某种程度的支配性和从属性。况且，社会又总是处在一种匮乏状态之下——这些便是人类生活的第三个基本特征④……自己的仪式和拜神活动，实际上是在做这样的企图——使人们能够和神灵或者其他超自然的力量联系上，并且在这种联系之中表达自己的反映和情感，表达自己对神灵的各种感受、要求。这样，使他们克服包含在“意义问题”中的认识上的挫折感，而且还可以促进对人生与社会所固有的挫折和短缺的感情适应⑤。按汤因比的“挑战与应战理论”来说，土族人民在迁徙过程、在来到青海高原以后为适应高原自然环境、克服自然环境的挑战，进行大量的文化创造，其中他们的信仰

① 《马克思恩格斯选集》第1卷，人民出版社1972年版，第35页。

② 刘锡诚：《中国原始艺术》，上海文艺出版社1998年版，第34页。

③ 包伟民：《译者前言》，载韩森《变迁之神——南宋时期的民间信仰》，包伟民译，浙江人民出版社1999年版。

④ ［美］托马斯·F. 奥戴等：《宗教社会学》，刘润忠译，中国社会科学出版社1990年版，第10—11页。

⑤ 同上书，第14页。

为他们提供了精神上的支持而流传到现在。

从社会学角度看，当社会原有的运行机制遭到破坏时，社会运行就会发生严重障碍、离轨、失控，民众旧有心理平衡被打破，生活面临威胁，精神上无所适从，为失衡的民众心态提供支撑和填补信仰意识的民间信仰和各种民间秘密宗教往往随之形成并迅猛发展。民间信仰成为一种很自然的选择。另外，社会的急剧变迁，人们无法掌握自己命运之感增强，社会力量被当成是不可抗拒的、异己的一种力量的观念，并不可能在短时期内彻底消除。这可以说是民间信仰复兴的一个重要原因。

认识论根源方面，由于人类认识过程中的局限导致：过去的人对自身构造、梦等的不能科学解释而产生灵魂观念；原始人在演绎、推演的方法解释世界万物的特性时，以自我为中心，以人的特性推及万物的特性，乃至植物，拟人化；对偶然性、必然性，随机性与常规性，表面现象和本质现象缺乏清晰的界定，把偶然性当成必然性，表面现象视为本质现象。原始生产力的低下，原始人在自然面前的软弱无力，以及制服自然力的强烈愿望，同样也是巫术萌芽的动因。不过，原始人想要用自己的意志直接控制自然，使自然听命于自己，于是，就创造出巫术来①。巫术的产生与原始人不能把主体与客体分开来的思维特点分不开。“在原始人的思维的集体表象中，客体、存在物、现象能够以我们不可思议的方式同时是它们自身，又是其他什么东西。它们也以差不多同样不可思议的方式发出和接受那些在它们之外被感觉的、继续留在它们里面的神秘力量、能力、性质、作用。”② 民间信仰不论是祭祀祖先还是鬼神崇拜，都是村民认识自然，认识社会的一种方式，一些村民正是依据信仰这种方式去认识和处理他们与自然、社会以及与周围人群关系的。此外，“关于宗教产生和长期存在的认识论根源，还有一些深层次的理论问题远没有解决。首先，有限与无限的矛盾在哲学上永远解决不了。客观世界是无限的，而人的认识是有限的。对于物质世界，现在可以说认识得很多，但我们对事物认识的方面越多，同时没有被认识的方面就浮现出来。对于精神世界，特别是对自我的认识，还远不及对物质世界的认识，更何况理论上的认识还不等于事实上的解决。有人理论上头头是道，可一碰到事实就手足无措了。我们在认识

① 刘锡诚：《中国原始艺术》，上海文艺出版社1998年版，第25页。

② ［法］列维·布留尔：《原始思维》，丁由译，商务印书馆1981版，第69—70页。

上永远会碰到未知的东西，这就是宗教产生和存在的认识根源。其次，这个世界的发展永远排除不了偶然事件的发生。对于偶然事件，我们可以从理论上作很多解释。但实际上这种解释不能排除人们对偶然性的困惑，特别是当偶然性降临到自己头上的时候。认识论上存在的问题虽然并非必然产生宗教信仰，但确实是宗教信仰甚至神秘主义发生和长期存在的深层根源。”①

土族民间信仰的各种仪式、祭祀活动，乃至相关的神话传说故事，仍然在向人们诉说着自古而有的天人合一的文化思想，展示着以自我感觉、自身环境、自己经验等为轴心而推演的自然观念、社会观念和文化观念。应该说，“自我意识或个体意识从集体意识中的分离，是思维成熟的一个重要标志。但中国文化结构和思维结构中长期重集体意识的因素，可能在很大程度上影响着这种分离。这不仅在客观上造成我们民族文化心理结构中民主意识的薄弱，也造成我们民族思维能力的某种局限，即，由于在思维结构中思维主体不能在更高层次解除‘自我中心化’倾向，从而延缓了民族思维趋向成熟的现代科学思维的进程，埋下了时至20世纪，各种迷信仍可盛行，各种‘新神话’仍可创生的心理基础”。② 这也可以作为目前民间信仰仍然盛行的一种解释。

从心理根源上看，自然崇拜的原因是人对于自然物的依赖感。人对于自然界依赖是心理安全的需要，依赖于自然界而生产、生存，并随着经济生活的变迁而发生变化。但是，原始先民对周围世界的一切都无法理解，也无法控制，意识便产生了对这些事物的神秘感和恐惧感，认为世间之万物皆一种魔力或精灵在主使着，进而产生了对世间万物达到崇拜的心理和仪式③。由于人们对于自然界、社会的认识是无穷尽的，即使科技发达的今天，也有很多不能解释的现象存在，所以为人们的民间信仰产生留下了心理上的幻想的空间。一般认为，崇拜者之所以崇拜外在物，是因为被崇拜物具备一种高于崇拜者本身的特质，而崇拜者自身无法达到且直接关系到崇拜者自身存在。

土族聚居区地处青藏高原与黄土高原过渡地带，藏文化圈与汉文化圈

① 楼宇烈等：《以学术理性关切宗教》，《中国宗教》2003年第7期。

② 邓启耀：《中国神话的思维结构》，重庆出版社2004年版，第121页。

③ 刘锡诚：《中国原始艺术》，上海文艺出版社1998年版，第24页。

的交接地带，牧业经济类型与农业经济类型的接壤地带，也是多民族交汇、杂居的地带，具有民族交融、文化内涵丰富的特点，成为土族民间信仰博杂、多元的一大原因。同时，也为土族民间信仰的发展提供了采借的源泉，模拟的范本，是土族民间信仰变迁发展的外部原因之一。

具体来说，土族民间信仰至今存在并活跃在民间的原因有以下几个方面：

第一，家庭与村落信仰传统的影响。家庭是每一个人的最初的学校，是在接触社会之前接受知识的场所，为每一个人的成长、发展乃至以后的社会生活都有着深刻的影响。这样，土族家庭绝大多数都具有的各自地方的民间信仰，对于每个家庭成员无疑具有耳濡目染、从小熏陶的作用。而且，随着年龄的增长，长辈会给他们讲说各种神灵的神迹，教授向神灵致敬的方式，说明各种禁忌，并且要求他们参与各种民间信仰活动，承担各种社会义务。因此，随着他们社会化的过程的加深，他们接受民间信仰的程度也是在不断的加深。在调查中，统计发现，40%多的被调查者选择了跟随家人选择，而30%多的人因为周围大家信仰而选择，其实也是家庭、家族信仰氛围有直接关系。

土族村落中，民间信仰和民族的文化、心理、生活习俗等密切结合，渗透于村落的日常生活之中，影响巨大。而且，村落中“从众心理”驱动下，往往不能认真地思考，自觉不自觉地从心理上认同，进而在行动上盲从。在从众、趋同心理的影响下，人们在个体与群体意见发生分歧时，会放弃自己的意见而顺从群体的压力，并让步于大多数人的意见。民间信仰的传承，即属于这种情况。一方面，相信科学，希望科学能不断释疑、解惑，揭开世间万事万物之谜；另一方面，由于对现实中的一些为现代科学所暂时不能解释的现象充满无奈，但又怀有幻想，于是寄情于“万能”的虚幻的神灵。对于神灵是否存在，能否化解人间的痛苦和烦恼，包括那些执着信仰的人们也无法十分明确地回答，只是隐隐约约地跟着感觉走。看到周围的人都信这信那，就怕吃亏，于是开始跟着信仰起来。

由于土族传统文化中蕴含着宗教文化的内容，而且宗教文化也构成了传统文化不断传承与发展的推动力。若欲剥离宗教因素对土族传统文化的影响，剥离对于现实生活的影响，几乎将毁灭整个民族文化体系。在此种状态下，随着年龄的不断增大，人们都表现出对于自己传统文化的回归和无限热爱。而当回归传统文化时，自然引带出对于宗教因素的接受和实践，最终导致宗教信仰在村落中的不断发展和延续。

第二，经济生活中的某种无序与风险。我国经济正由计划经济体制向社会主义市场经济体制转变，处于转型期的这种经济在我国社会主义制度的条件下，总的来说宏观调控是得力的。然而，由于市场经济体制下利益主体的多元化，各种利益主体按照自己特定的经济利益运作，势必导致一些局部地方呈现出某种无序状态。再由于市场经济在一定意义上说也是风险经济，局部经济生活中的无序又加大了这种风险性，一些企业和个人在激烈的竞争中往往感到难以把握这种风险，于是就乞求神灵的保佑。在顺利时，认为是神灵保佑的结果，进行各种还愿活动以答谢神灵；在不顺时，认为还没有取得神灵的保佑，又以各种形式祈求神灵保佑。这就容易催生民间信仰。调查中，目前外出打工人员数量很大，其中很多人对于外出收入的预期与风险的考量过程中，融入民间信仰因素。他们会选择吉日出门，会向地方神许愿请求保佑。

第三，村民文化素质的低下，经济能力低下，科技推广程度低。由于文化素质的限制，经济能力得不到有效的改善，有些村民自身疾病不能得到及时、有效的防治，或者不能医治好亲人的疾病成为他们生活中极大的缺憾。许多人就是因为患病无力医治和久治不愈而开始转向民间信仰，乃至宗教信仰。"贫穷、落后、愚昧的确是中国当代宗教的最深刻的根源。"① 土族社会中，受到科技水平的局限，人们对于很多事象的了解不是科学的，但是又时时刻刻在感受这种事象的客观存在，故此，人们对于这些事象的理解只能从非科学的途径来切入。他们在没有能力正确理解的情况下，对这些事象的理解是比较神秘的，以按照科学途径来观照是陌生的、荒谬的方式进行他们的解释。在逐步的神秘途径的理解下逐渐将其概念化，形成为土族文化中关于一些事象的按照他们的方式进行的解释。土族社会中科技推广的盲点，也成为了滋长民间信仰的温床。

第四，政治环境的宽松。一般来说往往在政治环境宽松时各种思想也表现得比较活跃，各种民间信仰纷纷显露。改革开放以来，土族民众同全国人民一样民族团结，政治稳定，经济发展。宽松的政治环境给村民们的活动留有一个广阔的选择空间，村民可以作出多种多样的选择。近期社会上的一些腐败现象让民众在思想上产生了忧虑、困惑，诱发并转向了对鬼

---

① 方立天：《宗教与当代中国社会》，《学术月刊》1990 年第 1 期。

神、宗教的民间信仰。

第五，心理上的失衡。改革开放后，新旧体制转轨，人们价值观念呈现多元纷呈的取向，人们在心灵上陷入了迷惘之中，在价值选择时出现错位现象。而改革开放同时也是宗教信仰开始复苏之时，民众选择宗教作为自身的精神寄托，寻求心理慰藉。进入 21 世纪，正处于转型期的中国社会，在推进整个社会现代化进程的同时，也给人们的价值观念带来了深刻变化。人们的主体意识开始增强，比过去更强调独立自主，强调个人利益，使一些人滋生了利己主义。拜金主义、享乐主义、唯我主义泛滥，对传统的价值观念产生了极大的冲击。人们在对市场经济带来的活力产生信心和希望的同时，普遍对那些消极影响感到担忧和苦闷，对人生的价值与意义感到茫然，精神世界上变得空虚与无助。因社会转型引起社会动态失衡，导致社会秩序结构改组和混乱，一些人因此被挤到社会边缘，还有些人则成为社会的弱势群体。面对这种社会现实，一些人对现实不满而又无可奈何，生存无力而一时又不能可马上改变，前途未卜而又难以选择。人们自然转向宗教信仰中寻求精神的寄托和慰藉。这种背景下，贫富差异的刺激、非正常致富途径的诱惑、飞速变化的生活的冲击、共同生活样式的分化的影响，让广大民众无所适从，导致了心理的动荡失衡。而长期熏染的民间信仰一时成为民众的一种简便的、依靠的精神支柱，通过民间的鬼神、宗教信仰求得心理上的平衡与慰藉。而目前社会教育的理论缺乏说服力，思想政治工作薄弱。马克思指出："理论只要说服人，就能掌握群众；而理论只要彻底，就能说服人。所谓彻底，就是抓住事物的根本。"①本来，邓小平理论既是我国改革开放和现代化建设事业的指导思想，又是对这一过程新经验的深刻概括和总结，具有很强的时代感和科学性。然而运用这一理论还需要我们的理论工作者和实际工作者结合各地的实际情况作出实事求是的说明与发挥。但现实情况是：对于群众所关心的热点问题，并未引起有关领导的重视与关注，理论脱离实际；一些理论工作者和实际工作者思想还不够解放，对这些问题或是避而远之，未作回答；或是作了回答却又未"抓住事物的根本"，理论显得苍白无力，缺乏战斗性和吸引力。理论不能征服人心，一些人就有可能转向对鬼神等的信仰。改革开放以来，各地注重发展生产力，改善人民的物质生活状况，忽视了满足

① 《马克思恩格斯选集》第 1 卷，人民出版社 1972 年版，第 9 页。

村民的精神文化生活需要，广大农村文化娱乐设施及其活动稀少，村民的众多思想问题和困惑得不到及时解决和疏导。农村“一手比较硬，一手比较软”的状况，也给民间信仰提供了复兴的条件。而部分农村基层干部本身信奉鬼神，无疑给鬼神、宗教信仰注入了兴奋剂①。这样，主导的思想教育阵地被民间信仰占领，有时偶尔成为土族社会中主流的思想行为，影响着民众的生活。

第六，医疗卫生事业的发展滞后与“看病难”问题的大量存在。土族社会医疗事业虽然有了极大发展，但是与目前村民的医疗需要有较大差距。乡镇医院规模小，医疗技术和设施不能尽如人意，大病必须到县级甚至省级医院就诊。这样，不方便不说，就医费用很高。有些家庭因病无法脱贫，很多家庭“因病返贫”。有些民众更因患上不治之症，或者疑难病症，在医院无法治愈的情况下，返向民间信仰中寻求办法。所以，目前虽然在患病时首先选择医院治疗，但是面对大病、难病时，很多人选择了“双管齐下”的方式，病人在医院治疗，而在家中采用民间信仰的方式疗治。互助调查统计结果，50%以上人认为民间信仰治病“有一定作用”，近20%认为“有效”。

随着时代不断的前进，人们物质生活和精神生活的不断进步和提高、丰富，民间对民间信仰持怀疑态度和否定态度的人士越来越多。这种现象主要得益于经济文化的极大发展，经济的极大发展促使人们对鬼神信仰的范围和程度上都有了根本的变化，人们很少将自己的幸福、前途等以前寄希望于神灵的事项再寄希望于神灵，而主动寻找自身、社会原因来解决问题。民间信仰表现在土族社会内的内在控制力和外在控制力都在大幅度的递减。内在控制力是个人层面上的，是鬼神信仰对个人的控制力；外在控制力是社会层面上的，是社会舆论、规范等社会力量。目前，土族社会中信仰的鬼神种类越来越少，各种祭祀仪式、巫术的程序在日益得到简化，使用次数也在明显地下降。而且，更有不少人在根据自身经验、经历在创作、流传反鬼神故事，还有的根据自身经历或者神职人员的有趣的反迷信经历来调侃、嘲讽迷信行为。比如通过民间信仰治病来说，有些人说，“连医院都没有办法，神还能看好！”这一层面上说，这些人是在以一种更加积极的态度在面对民间信仰。无论内在控制力还是外在控制力，都在

① 陈太福：《广西民间信仰述论》，《广西民族学院学报》（哲社版）1998年第4期。

明显的消解。列维—布留尔所说的“集体表象”，简单地说就是理念、观念和信仰。当他说表象是集体性的时候意思是对社会的所有成员或大多数成员来说，这种表象是共同的。但是，对于目前的土族社会而言，土族民众的“集体表象”的共同性同样也在面临极大考验，许多共同的“集体表象”正在大幅度地得到分解。

第二节　土族民间信仰特征

土族民间信仰在发展变迁过程中，逐渐形成了以下特征。

一　区域性与地方性

民间信仰作为一种社会文化现象，是客观物质生活的精神反映，是对社会的反映。任何信仰的产生与延续实际上都是与人们的生存环境密切相关的。这主要包括两方面的含义，首先就是人们赖以生存的自然地理环境的影响，不同的自然环境会对人们的心理产生不同的作用，从而使得民间信仰也呈现出不同的生存方式。另一层意思就是包括经济、政治、文化等多种因素在内的社会人文环境的影响。自然环境的影响，如由于生活在高原突出的表现出山神崇拜。其中地域环境、历史文化传统、居民构成的特殊性决定了民间信仰的地方特色。其中，对于土族这样在历史上具有迁徙经历的民族来说，在地域环境上要考虑其原生环境和次生环境的双重作用。

土族先民最初以萨满文化和蒙古语为基础的牧业文化，后来吸纳藏族、汉族文化成分并转向农耕文化完成文化重构的过程中，藏传佛教以及儒道两教，特别是道教都对土族的宗教信仰有着广泛深刻的影响。但是，土族人民在接受儒道两教时，并非生吞活剥，而是加以改造融合和发展，使其不断地适应本民族的情况和需要，从而使土族的宗教信仰，更加具有鲜明的地方性。

不同地区的土族人，都有不同于另一地区的地方神系和宗教活动，并且对之深信不疑，十分虔诚，表现出土族宗教信仰中的地域性特点。各具特色的区域自然环境是造成区域性的原因之一。地理环境的差异，对区域文化的形成、发展产生不同程度的影响，对于人们利用自然、开发自然的文化活动的产生、发展、传授、结果、形式等都产生不同程度、不同方面的影响。其中，有些生活方式、行为模式或民间信仰、思维方式、心理习惯等，很难发现它们与这一区域的社会经济基础存在什么必然联系。其实，是因为作为精神文化事象的民间文化，乃一种特殊的社会意识形态，与其他精神文化现象相比较，它远离物质经济基础，在反映客观现实时，经过了更多的中间环节，带有更多的折射性和曲折性，使得它与自己原先产生的物质经济基础越来越疏远，在多级变迁时被中间环节支离破碎、模糊不清了。一旦顺藤摸瓜，认真寻觅，还是可以找到其中的联系，破解其中的奥秘。目前看到的民间信仰只不过是多个发展阶段上的民间信仰的复合形式而已。目前土族民间信仰的区域差别，展示了民间信仰的区域性、地方性。

二　神圣性和神秘性

土族民间信仰的一些神灵、神灵的处所及其使用的物件等都被赋予了神圣性，具有一定的神秘性。土族群众认为，他们的神灵是神圣的，可以为他们带来福祉，保佑生产、生活上的安全，所以连神灵的名称都是需要避讳的，只能使用尊称而不得直呼其名，如果直呼其名则认为是对神灵的亵渎，神灵会降恶于他。而神灵的庙宇及其构件等也视为是神圣的，不容亵渎，不得在庙宇里面进行一些非礼貌于神灵的活动。对于整个村落进行多重民间信仰化的空间设置，使得某些自然空间转化为神圣的空间。另外，民间信仰的一些仪式中，法拉、法师的发神过程具有相当的神秘性。

三　承袭性与模式性

民间信仰，是从人类原始信仰中传承、变异而来的，是民间思维观念的习俗惯例，主要有祖先崇拜、各种仪式、灵物信仰以及占卜、堪舆等内容。土族民间信仰之中包括了很多的地方神灵，其中各个都有自己的一些神奇的传说故事。这些故事在不断地流传、承袭，成为当地民众信仰的支柱，不但深入人心，而且也以一种无形的力量在约束、规范着人们的行为方式。对待神灵的一些方式就可以反映这个问题。这就是传说的力量。以神话传说为一种方式，结合神灵的外化形式（诸如庙宇、塑像、各种祭神仪式等）完成着民间信仰的传承。而且在传承中，不断重复而表现出的程式化亦形成了民间信仰的模式性。

民间信仰是土族社会发展历程中经过长期演变、经久流传相沿成习的文化形式。它既受时代的物质生产方式和政治制度、意识形态的制约，同时也受历史传统的制约，是一种以传统方式展现的、绵延的时空文化的连续体。民间信仰的形成一旦定型，就会被社会所认可，成为传统文化的一部分，具有一定的稳定性。而且马上会反作用于社会、社会成员。它的作用是一种社会规范形式的不成文规定，对社会成员具有很大的约束力。但是，其约束力随具体方面而有积极性和消极性的差别。消极性的民间信仰的稳定性，面临社会对它的变革它会表现出坚韧的反抗性，成为社会变革的阻碍因素；而积极性的因素，会因为其积极性成为社会生活的规范因素，有利于社会的稳定和发展。

民间信仰虽然具有相对稳定性，但其变异是绝对的。民间信仰的变异，与政治因素、文化因素、宗教因素有关，这些可使某些信仰因子发生变异。而且，变异随着时代的进步、生产力的提高、科学技术的发明、生产方式的转变而变异。

四　混杂性与层次性

从文化的整体来看，表层是物质文化部分，即人与自然的物质变换关系发展的产物，也就是马克思所说的“第二自然”；它的中层，是制度文化和行为文化部分，即人与社会的行为转化关系发展的产物；它的里层，主要是精神文化部分，即人与自身的自我意识关系发展的产物。文化的这三个层面，互相制约，互相影响，构成了文化的有机整体①。民间信仰作为文化之一部分仍然是一个立体的系统，其中的诸多要素之间组合成为不同的层面，此即民间信仰的横断面，亦可以说是其混杂性共时展示的层面。民间信仰，一般无经典、无明确或系统的教义，亦无比较固定的仪式，表现出相当大的无序性。其信仰对象的构成十分杂乱，有从上古自然崇拜中继承下来的各类物神乃至于精怪，有从历代皇朝的祀典中掉落下来的某些圣贤或地方英雄的祭祀和相应的神主、祠庙，有从制度化宗教主要是佛教和道教中吸引来的菩萨和神仙，同时，老百姓也以自己的想象不断地制造着新的神灵，其中不乏从小说、戏文中搬进神殿的。因此，民间信仰可以说是一个由多种遗存和碎片拼成的

① 刘守华：《文化学通论》，高等教育出版社1992年版，第35页。

大杂烩。民间信仰中的一个突出部分是古老的自然崇拜，按理说，中国离开原始时代已经非常久了，那一时代的遗存应当早在我们的记忆中淡出才对，然而，不仅从原始时代进入夏、商、周三代，原来的崇拜体系没有经过根本的改造，就是到了东汉佛教传入、道教形成，并在中国的宗教生活中占据主导的地位之后，也没有能完全地将那些上古的遗留扫荡干净，从老祖宗那儿传承下来的各种原始崇拜的对象，还是坐在民间的神庙里享受香火和血食，有的甚至还进入了佛寺道观。道教的神仙，有明确的宗教属性，但又有相当多的神仙在民间信仰中占一席之地。民间信仰是复合的，从狭义说，凡是不属于制度化宗教的信仰对象都是民间信仰的内容。土族民间信仰由于地理位置、历史过程、民族交融等原因，形成了目前内容的混杂，既有原始宗教的成分，也有佛教、道教等正式宗教的内容，既有汉族民间信仰的内容，也有藏族等兄弟民族的信仰的成分。这也可以视为多元性。

另外，纵向上看，与共时的混杂性相区别，我们称之为层次性。土族民间信仰按照大致的时间顺序，可以划分出一定的层次。最低层是古老的原始信仰，也是民间信仰的基础和底色；之上有本教、佛教、藏传佛教、道教及汉族古老的民间信仰的内容，如今覆盖了藏族、汉族的更新的民间信仰的成分。目前，更有少量的基督教文化的变种的传播。曾经有一段时间“法轮功”也在土族社会中传播过。异质文化的渗入，往往表现为一些文化因素的分散、部分的逐渐进入。脱离了该文化特定地域，又离开了该文化自身赖以生存的文化结构的异质文化，首先是表现为表层性。之后慢慢地被消融、消化在新的文化传统之中，积淀成为新的地域文化或民族的传统文化了。这里，值得注意的是，异质文化的渗透过程中，该民族的精英起着导向性、主导性或超前性的作用。土族民间信仰乃至文化系统是一个有机的复合体，多层次的立体结构。但是土族民间信仰在整体素质上仍然表现着其结构、内容等方面的低层次性。

广义地说，民间信仰是老百姓按照自己的理解和需求，在生活中侍奉能够为其所用的一切神灵。这些并不是出于对某一特定宗教的皈依，而只是为了求得生活的安宁和心理慰藉而膜拜一种生活方式。这些神灵中既包括佛教中的一部分，道教中的一部分，也有藏传佛教、本教中的神灵。之所以强调是其中一部分，是因为民间对佛、菩萨和神仙的膜拜，只选择那些与自己生活关系最密切的若干对象，如观音、地藏王等，民间在供奉他们时，很少顾及他们在整个佛教和道教神仙系统中的原有的地位、神格，民间传说中，对道教的神仙们常常做出与仙谱不同的解释，给予不同的待遇，这是因为，老百姓本来对神仙的本意不甚了解也不求甚解，他们重视的是其神性，这种神性能帮助自己解决生活中的具体的、实际的问题，因此与自己生活关系不大的神仙，尽管地位很高，也不太去注意，与自己生活关系密切的，则会自觉或不自觉地抬高其地位，对其神格做出更能体现自己的感情的解释。

土族民众也是为了需要，暂且不论合适与否，博纳并蓄，纵横开放，吸收了大量的兄弟民族的民间信仰的内容，整合成为自己的民间信仰系统。信仰的心理机制上既具开放性又有保守性。“开放”是指有灵必拜，不问来自何方，不分本土或异域，均兼容并蓄；“保守”指其在包容诸路神灵时，并不放弃其原始信仰。在特有的信仰心理机制作用下，逐渐形成了尚巫、重道、敬神、礼佛、事鬼的多元复合的信仰系统。

五　社会性与全民性

文化依靠社会群体不断积累传续和推广。个体在出生之初起就要面对前人创造的文化成果，其中既有可以分享的既定成果，同时更有一系列的制度、规范、习俗等需要学习和适应。在个体逐步完成社会化的过程之中，任何人无法摆脱自身生存于其中的文化模式的约束。个人行为在未能成为大众承认推广之前只能是个人行为。民间信仰是一个民族整体的社会生活方式，并非个人的行为。超越了个体行为，使其具有了社会性的特点。由于广大土族民众所处社会环境的限制，社会生产力长期处于低下的状态，科学文化知识十分贫乏，科技、医疗服务体系严重滞后，经济发展水平落后，使得区域内民间信仰存在的原因普遍存在，民间信仰在社会生活中还普遍地发生着作用，并且渗透到人们生活、生产的各个领域，使各领域无不打上民间信仰的烙印。这样，使得生活于土族社会中的成员也接受并遵从民间信仰的一些规范，参与民间信仰仪式，利用民间信仰仪式或者其他方式来企图解除灾厄等。在生活中遭遇不利时，有意无意地从神灵惩罚、得罪神灵等民间信仰的方面予以解释，尤其是周围舆论以当事人没有遵从民间信仰规范的事例来论证其遭遇的“合理性”。虽然不能说土族群众全民信仰藏传佛教，但是民间信仰的全民性是毋庸置疑的事实。

六　原始性与零散性

“汉族民间信仰的原始性，是指原始宗教信仰在汉族民间信仰中的广泛遗存。”[①] 对于土族民间信仰的原始性的定义也是适用的。土族民间信仰接续了先民们源远流长的原始宗教的成分，历经民族迁徙、交融、整合、传承，至今仍然保留着相当一部分的原始性。土族先民的最初的萨满文化在来到青海高原以后并未能继续发扬光大，更未能形成一个如同一神教那样完整的宗教体系，在后来强大的佛教、道教面前，它成为一种依附的民间信仰。虽然在今天的土族的民间信仰中看到的是它同道教、佛教、本教等融汇合流的局面，但是仍然保留着一丝丝痕迹，表现为土族民间信仰的原始性、零散性。

七　功利性

中国民间信仰重实用、实惠是一大特点。的确，中国的民间信仰，没有崇高的伦理道德和完美的精神追求，而是表现为用香火和祭品，换取现世的实利。如求财、求官、求平安、求子、求寿、求婚姻顺利等，凡是现实中遭遇到的困难和不幸，都可以通过许愿的形式，向神乞求。

马林诺夫斯基曾经指出：“无论有多少知识和科学能帮助人满足他的需要，它们总是有限度的。人事中有一片广阔的领域，非科学所能用武之地。它不能消除疾病和腐朽，它不能抵抗死亡，它不能有效的增加人和环境的和谐，它更不能确立人和人之间的良好关系……不论已经昌明的或尚属原始的科学，它并不能完全支配机遇，消灭意外，及预测自然事变中偶然的遭遇。它亦不能使人类的工作都适合于实际的需要及得到可靠的成效。”[②] 这段话揭示了人在生存和发展中面临的复杂环境。在科学无法提供帮助的情况下，人们往往会寻求一些辅助的手段。其中，在民间社会，民俗信仰至今仍起着一定的心理辅导作用，如对问题的发生提供某种说明，能吐露心中隐秘的愿望，在困难中提供希望和解决问题的方法，等

---

① 徐杰舜：《论汉族民间信仰的原始性》，载赵嘉文等主编《民族发展与社会变迁》，民族出版社 2001 年版，第 348 页。

② ［英］马林诺夫斯基：《文化论》，费孝通译，中国民间文艺出版社 1987 年版，第 48 页。

等。而且人们唯灵是信，无事不登三宝殿，临时抱佛脚，在需要时才想起要求神拜佛，充分显示了民间信仰的功利性。而中国民间信仰的功利性又受到儒家思想的深刻影响，孔子主张的“祭如在，祭神如神在”，有着很大的功利目的和实用性，说到底不是对鬼神的虔诚崇拜，而是对鬼神的利用。而孔子所倡导的这种神灵观，对于汉族底层民众的宗教意识可以说是产生了深远的影响。我们知道，汉族底层民众信鬼神，却又不深信，往往是临时抱佛脚，病急乱投医，无事不登三宝殿，见庙就烧香，见神就磕头；有时候还会跟鬼神“讨价还价”，根据神鬼的利用价值来决定对他的崇拜程度，对己有用的就多磕几个头，多烧几炷香；对己不利的则敬而远之；发现神灵的灵验失效，毫不犹豫地冷落他、抛弃他；甚至有时候还会要弄小聪明去欺骗他、折磨他。造成这种现象的原因，可以从几方面去寻究。一方面是中国较早进入了农业社会，尤其是汉族民众，在长期从事农业生产的过程中形成了特有的宗教观念，那就是“把上天的风调雨顺和下民的勤苦耕耘置于同样重要的位置”。“把天或神的意志和人的意见放在同一地位上。”信仰神而又不尽信神，注重现实，讲究实用，成为一种传统。另一方面则要归结于儒家思想在传统文化中的主导作用。如前所述，儒家“神道设教”的主张，以及“儒家的重视人的现实关系和利益的伦理观念使汉族形成了务实的特点”，这也直接影响着汉族底层民众的宗教意识。儒家思想对于佛教、道教等人为宗教的社会作用加以抑制，使之无法深入民间。“敬鬼神而远之”，是儒家的主张，用来描绘汉族民众的宗教态度也是十分恰当的：他们信仰鬼神，却又与鬼神保持着若即若离的态度，有时信，有时不信，需要时信，不需要时不信①。土族民间信仰的功利性又不能不受到中国整个大传统的影响，所以亦有类似汉族的各种做法。

其中，村民文化素质偏低强化了民间信仰的功利性。他们在自给自足的小农经济社会中，只满足于眼前利益，他们关心的是自己的身体和家人的安康。所谓“五谷丰登、六畜兴旺、人口平安、恭喜发财、长命百岁”等，正勾勒出了他们的毕生追求。而文化教育不发达，文盲、半文盲仍占相当大的比例，农民文化素质偏低，对科学知识知之甚少，造成他们认识

① 顾希佳：《汉族民间信仰与儒、释、道的关系》，《广西梧州师范高等专科学校学报》2000年第4期。

自然、改造自然的能力受到极大限制。但他们生存的物质来源又必须从认识自然和改造自然中获取，这就迫使他们寻求一种超自然的力量来帮助达到目的。人们在长期的寻求超自然力量的过程中，形成了各种各样关于神灵的思想和意识。而他们又没有成体系的宗教的意识或宗教意识层次低下，没有宗教教义或对宗教的教义不够了解，所以这就促使他们相信鬼神并走上了功利化的道路。陈苏宁认为：农民教徒的宗教意识尚处于最初蒙昧状的感情层次上，把宗教信仰与对鬼神的迷信搅和在一起；只知教规不知教义，不懂教理和修持意识的培养等。其实，对农民的信仰不能要求太高，他们自身的生活背景、知识层次和心理需求决定了其宗教意识的功利性、有限性和混杂性，他们讲究“为我所用”的原则[①]。至于“民众心理失衡推动了民间信仰功利性的发展”[②] 在土族民间信仰中表现的还不是十分突出。

---

① 罗彩娟：《论汉族民间信仰的功利性》，《广西民族学院学报》（哲学社会科学版）2005年第3期。

② 同上。

第四章　土族民间信仰与社会生活互动关系

土族民间信仰活动构成了广大土族民众日常生活的组成部分，也是他们社会生活的重要内容。民间信仰作为一种集中体现社会大众存在的思想意识，一种具有广泛社会影响和明显传承关系的生活习俗，是社会生活的一个重要方面。因此，开展民间信仰研究，对于把握社会生活状况具有重要意义。民间信仰的本身并不对客观存在的与主观想象的内容加以区分，而是将传统鬼神信仰中的一切东西都当成是现实社会存在的、合理的，从而使信仰与现实生活直接联系起来。民间广泛存在的鬼神信仰，尽管其内容与形式都是荒诞与虚幻的，但民间信仰作为一种社会大众心理与行为，它的形成与流播总是与一定的社会、时代环境相联系着的，从当时当地社会发展状况来看，民间信仰心理的存在却是合理的，实质上反映的是民间生活的内容。土族民间信仰无论从其产生、流变到现状，无不为构建人自身内部、人与自然、人与社会三方面的和谐关系而服务。

社会学家杨庆堃在《中国社会中的宗教：功能主义的视角》中指出：中国老百姓有着自己的信仰活动，而这种信仰是历经岁月的磨砺存在下来的。对于中国社会的研究而言，民间信仰活动当然不是唯一的切入点，但民间信仰活动可以帮助我们理解中国乡村社会，有可能从中透视社会的深层内容并了解与现代社会结构不同，在乡村却行之有效的社会网络，发现过去被忽视的重大问题。特别是作为集体性质的民间信仰活动，它一方面与实际需要相关，如求雨的仪式；再一方面与历史的传统相关；另一方面也是地方凝聚力的表现。这个传统的组织结构就是乡村本身，建基于家庭、宗族、社区里的地方领袖以及社区的庙宇。地方信仰属于乡村生活的层面，集中在如祖先和神明崇拜、自然地理的神圣力量、庆祝时间的更新和驱除有害的力量（鬼）等事物上。最值得我们注意的是博格特别地提出与儒家文化共同存在而构成一个整体中国文化之小文化、非主流文化，即为文化精英不屑的民间信仰。“对于探讨中国社会现代发展所具有的价值。儒家和大乘佛教的所谓‘大传统’（great tradition），无论如何是深深地根植于较不精致的民间宇宙观里面（包括认知与情绪的层面）。果然如此，是否我们追寻探究的‘今世观’（thisworldness），如积极、实用主义的根源，最少在中国，应存在于这民间信仰的底层里，而不在上述的‘大传统’里。”① 这里，很有见地地指出了民间信仰与社会生活的关系，为我们分析土族民间信仰与土族社会具有理论帮助。

民间信仰习俗得以传承不替，其更本质的根源来自普通百姓的日常生活，来自相对“非制度化”的家庭与社区内部的“耳濡目染”，它基本上不是依赖于“制度化”的培养读书人的教育机制，也难以为少数人（不管是信仰的反对者还是自称继承宗教“道统”的人）所垄断。这样，才能理解几千年来在经历朝廷和地方官府的屡屡打压，以及多次的王朝更替之后，民间宗教活动仍然得以延续的理由；也能理解在近代以来多次社会革命的风暴之后，乡村庙宇和仪式又得以恢复的原因。更重要的是，民间信仰的传承不易为少数人所垄断，一方面，使之具有复杂多样的表现形式和文化意义，另一方面，作为一种表达方式，民间的信仰和仪式常常相当稳定地保存着在其演变过程中所积淀的社会文化内容，更深刻地反映出乡村社会的内在秩序。正因为如此我们才能够把在某一“共时态”中见到的乡村庙宇及其仪式行为，视为一个复杂的、互动的、长期的历史过程的“结晶”和“缩影”。我们相信，通过民间信仰所反映的“社会空间”，实际上“全息”地反映了多重迭合的动态的社会演变的“时间历程”②。

土族社会中，一方面是日益进步的社会科技文化成果控制下的对世界的、社会的理性认识和对自然、社会人事的控制，另一方面又是对神秘的巫术、神光弥漫的神灵世界以及神秘的信仰体验。这样，理性的思想行动与神秘的信仰体验构成了土族社会中至今仍然并行不悖的双重体系。

既然宗教的功能对个人和社会的生存来说都是根本性的，我们对以下

① 范丽珠：《中国民间文化的现代价值》（http：//www.guoxue.com/ws/ShowArticle.asp?ArticleID=1766）。

② 郑振满等：《国家意识与民间文化的传承——〈民间信仰与社会空间〉导言》，《开放时代》2001年第10期。

的事实就无须大惊小怪了：一直存在着、而且现在还存在着缺乏科学、艺术和哲学的社会，但从来不曾有过没有宗教的社会。“与我们人类共存共在的宗教必定与我们的结构有关。”①

池田大作在其《社会与宗教》的中文版前言中说：“屹立于佛教史上的中国隋代天台大师智𫖮说过：‘一切世间治生产业皆与实相不相违背。’（《法华玄义》）就是说，现实的社会政治、经济等与真实的佛法决不矛盾。一般都认为，宗教是形而上的思想层次，与形而下的经济、产业等分属不同的世界。然而，佛法本来就不是脱离于时时进步、变化的社会和混乱的现实。反过来，应该说它是与政治、经济、生活和文化等不可分的，并给予这一切以生机蓬勃的活力，在价值创造上具有导向性的重要使命。”② 他的这番话是在彰明佛教与社会生活的密切联系，但对其他宗教形式与社会生活的联系同样是适用的。民间信仰作为主观思想，社会作为客观存在，民间信仰对于社会的作用就是主观的行为或者意识对于客观的社会存在的作用。而民间信仰对于社会的作用，又是与该民族的文化模式是息息相关的，与他们的生存生态环境、经济生活类型、历史生活等密切关联。民间信仰在依赖社会成员的语言、行为、思维方式、心理习惯而代代传播，世世相承，对社会成员的生产生活乃至言行产生相当的约束力。可以说，它不是明确的法令规范却比它具备有效的规范作用；不是系统教育的结果，却以无形的力量挟制着人们的行为举动。民间信仰，恰如一棵根深叶茂的大树，深深扎根于一个民族的传统文化的土壤之中，其根系蔓延到这个民族成员生活的各个方面、各个层次。

民间信仰组织形式和制度是一定的社会条件的产物，反映了一定的历史阶段的社会、经济、政治、文化等方面的状况，民间信仰组织形式往往直接或间接地为社会的经济、政治、文化、教育、医疗服务，并以它们的制度去影响或控制其他社会组织的这些活动。民间信仰的组织形式和制度与社会的其他组织和制度，与社会生活的其他领域有着千丝万缕的联系，互相影响，彼此渗透，交互作用，使之不得不带上社会性和世俗性。民间

---

① ［英］E. E. 埃文斯·普理查德：《原始宗教理论》，孙尚扬译，商务印书馆 2001 年版，第 139 页。

② 池田大作等：《宗教与社会》，梁鸿飞译，四川人民出版社 2003 年版，前言。

信仰的准宗教性和社会性构成了民间信仰组织形式和制度的性质，并由此衍生了民间信仰对社会的影响。

中国民间信仰的多层次性，使得目前的民间信仰呈现出复杂、难于把握、难于管理的趋向。无怪乎有些人发出这样的感慨——民间信仰时而被作为封建迷信活动而打击取缔，时而因政策吃不准而放任自流，时而因经济发展战略考虑而需要给予相当的鼓励，以致我们对其管理不力，问题长期未能得到解决。目前，民间信仰活动相当繁盛，对群众影响之深的确不可低估。由于对其管理还存在诸多问题一时无法解决，导致民间信仰产生了许多负面作用。如民间信仰神庙繁多，信徒日多，层次复杂，鱼目混珠，极易与封建迷信相混。据调查，许多民间信仰夹杂着巫咒、卜卦、测字、面相、跳神之类封建迷信活动，干扰了社会主义精神文明建设。此外，近几年来重建滥建庙宇，互相攀比摊派，浪费了社会财力、物力，阻扰了城乡改造和建设。过多的举行民间信仰活动也妨碍了社会生产、工作和群众生活的正常秩序，制约着科技兴国战略在农村地区的实施。同时，"原始宗教的产生和发展，开启了人类意识发展的辉煌历程，从此原始社会的一切都置于原始宗教神秘主义的迷雾中，社会上的一切迷惑和不解，祸福和吉凶以及大自然界的一切现象都能给予解释和预测，对于人类的一切困惑和不解都能预以化除和消解，久而久之，人的思维模式、行为准则、情感表达、道德效准、社会秩序以及人际关系、天人关系等均以原始宗教为准则。原始宗教的解释就是最权威的答案。"① 民间信仰一方面具有腐蚀民众思想的消极作用，另一方面却存在整合地方社会资源、凝聚社会的积极的社会功能。因此，加强对民间信仰与社会互动的研究，为民间信仰管理提出一些依据是势在必行的。

民间信仰是土族社会中不容忽视的一种力量。因为传统是一种巨大的力量，并以不可遏制的惯性在运动。我们要做好土族社会的工作，民间信仰对社会的作用是不能不关注的。在全面认识土族民间信仰的基础上，准确把握民间信仰与土族社会的各种关系之后，发挥土族民间信仰的积极因素，积极引导其与社会主义社会相适应，为构建和谐社会服务也并非天方夜谭，而是一条行之有效的途径。

---

① 佟德富：《中国少数民族哲学概论》，中央民族大学出版社 1997 年版，第 32—33 页。

第一节　民间信仰与土族社会生活

一　民间信仰与道德生活

宗教与道德共存于同一社会体系之中，共生于同一经济基础之上，它们之间互相影响、互相作用，互相制约乃至在一定条件下互为因果。道德用伦理准则和行为规范来调整人与人的关系，使之符合于社会经济基础的性质和需要；宗教则用神的意志和天命的安排来神化以现存经济关系为基础的人与人的社会关系。道德为宗教教义信条体系提供了部分社会内容，宗教则为道德准则涂抹上一层神圣的色彩。一方面，宗教把道德抬高为宗教的教义、信条、诫命和律法，把恪守宗教关于道德的诫命作为取得神宠和进入来世天国的标准；另一方面，宗教的教义和信条又被神以道德诫命的形式强加于整个社会体系，被说成是一切人的行为的普遍准则。这就在历史上形成所谓道德的宗教化和现象。

土族民间信仰的许多道德规范与目前社会主义社会的道德规范一致。比如，关注集体利益、关爱他人、互助合作等道德规范与社会主义的热爱集体、关心他人的道德风尚基本一致。另外，土族民间信仰强调“神灵无处不在、无时不在”，强调“因果报应”，据此要求民众加强道德修养，将土族长期的历史积淀和文化积淀的道德规范代代传承，并促使民众在任何情况下，坚持按道德规范行事。土族民众的观念中，认为天无所不在，无时不在，在任何地方任何时间都在俯察着每个人的所作所为。这样，即使一个人的时候，也要“慎独”，不会因为没有其他人的监督而胡作非为。民间信仰中，认为神灵无处不在、无时不在地监督着民众的观念，让民众在做“坏事”时心存顾忌，不敢妄为，实际上起到了道德约束作用。这是民间信仰道德约束力的逻辑基点。世代传承中，土族民众大多惧怕神灵惩治而不做一些不道德、不文明的事情，慑于神威而行善。在神灵的召唤下，土族民众遵循一致的道德规范，共同维护村落社会秩序。比如，“在六月会仪式中，代表神的法师和膜拜神的部落成员发出同样的喊叫、踩着同样的节奏、做着同样的舞姿，群体中不同性情、不同背景、不同年龄的成员在共同的仪式场域中、在共同的膜拜对象前趋于一致、体验着人神共舞的和谐；在这种和谐中重温着统一的集体生活、表现着强大的部落群体力量。这便是六月会对隆务河中游谷地部落式农耕村落社会所具有的实质意义。"[①] "'六月会'时，土族四寨子中的年都乎的千户—土把总要讲话，每讲必谈到部落的历史，必强调部落的祖先和部落内部的团结。可见，无论是历史上还是今天，'六月会'都起着维护部落情感，加强民族亲合力的作用，是一条不可多得的精神纽带。"[②] 保安村在六月会清晨煨桑结束后，全村男性民众在村庙中集中，由法师主持，对于自去年六月会以来一年间村中发生的各种事件进行总结，对于好的加以鼓励、表扬，对于不好的现象进行谴责，对于一些尚未解决的村内纠纷也进行评判、解决。这里，神圣与世俗，经由信仰民俗事象的展演得到了巧妙的结合，六月会对于凝聚村落，规范村落秩序的客观效果极为明显。在民间信仰的名义下，其实实现了教育乡民，起到了道德法庭的作用。而且，"农业文明下的个体生产方式，使人们需要用节日来补偿个体的孤单感并创造男女交往的机会和条件。于是高情感欢聚的'六月会'应运而生。'六月会'十分强调全村人的团圆聚齐，人们必须放下手中的活计，在外工作的人则从远道赶回来过节。"[③] 这样的观念，强化了家庭伦理，对于构建和谐家庭无疑具有重要意义。

土族民间信仰中存在着许多传统道德之精华，如果加以认真挖掘、弘扬这些传统道德文化，对促进社会主义精神文明的发展大有益处。或者说，有效利用民间信仰的道德约束力，对土族村落的社会秩序具有正面效应。传统观念是历史上长期形成的，一经形成就有着巨大的惰性和惯力。我们既不能选择传统，也不能摆脱传统，只能在民族传统文化、民族文化的基础上承继和发展。在少数民族村落的精神文明建设中，尤其结合新农村建设，要动员各种力量，动员一切可以动员的社会文化资源，发挥民间信仰的积极作用，积极引导民间信仰融入到村落道德建设工作中来。

民间信仰的祭祀活动、各种仪式，以其形象直观的教育方式，潜移默化地教育着民众。其中，有关神灵、山川地脉的神话传说，运用人们熟悉的周围的具体事物、环境，向人们述说故事般的过程中完成对人们的教育结果。青少年在多次潜移默化的形象教育中，接受自己生活的社会的集体意识，由早先的无意模仿逐步融入其潜意识中成为自觉遵守的社会道德规

---

① 薛艺兵：《青海同仁六月会祭神乐舞的结构与意义》，《艺术探索》2003 年第 1 期。

② 刘夏蓓：《青海隆务河流域的"六月会"及其文化内涵》，《西北民族研究》1999 年第 1 期。

③ 同上。

范。由于传统社会规范的巨大的因袭性，对不遵守的成员形成巨大的压力而使其就范，完成教化功能的实现。民间信仰“针对智力提供必要的平衡，并容许人通过操纵幻想的自然力量或求助于幻想的神灵而再次追求他的目标；它们还驱使人在共同利益中忘记他的私利，并通过禁忌而服从于社会纪律”①。民间信仰恰如一种无形的道德标准，无时无刻、无处不在地规约着该民族的精神生活、物质生活。虽然可以说它是主观意义上的、精神的或者意识上的，但毋庸讳言，民间信仰是客观的存在于土族民众的实际生活之中的，它是不以哪个个人的意志而随意改变的潜在规则。大家对于民间信仰中的各种神灵、神迹的体验，逐渐形成了这样的认识：违背必遭惩罚，遵循则得保障。

土族民间信仰与道德关系，还表现在人神关系对于信徒道德的极大制约。土族民间信仰的人神关系，可归纳为：人冒犯——神发怒——人祈求——神宽恕——达成人神和解、协调关系。人对神灵的冒犯，在冒犯者本人意识到已经构成对神灵的冒犯时，在心理上产生一种即将受到神灵惩罚的预期，并且持续相当一段时间。期间，这种预期实际上是转化为一种心理阴影遮覆在当前的意识上，使当前意识感觉到即将遭到惩罚的威胁的重压。这样，冒犯者心理上的冒犯感使自己准备接受惩罚，而惩罚如果一旦真正来临，并使自己成为惩罚的主题。这里发挥作用的还有责任意识，即人认为该负责时，相关的人应该成为负责的人承担责任。从冒犯者行为上的冒犯，到心理上产生心理预期的惩罚的过程，是一种冒犯者对本身冒犯行为的认识的深化的结果。在做出冒犯行为之后，意识到自己的冒犯行为并在心理上不断地琢磨行为过程，并考虑该行为将导致的结果，导致了预期惩罚的产生。冒犯的感受成为一种冒犯感，预期惩罚是冒犯获得的内在性。有错了，“良心”成了纯个人体验中的罪恶的度量标准。

在以上这种冒犯行为——预期惩罚的心理感受过程中，不断强化的预期惩罚，将只是在仪式过程中的禁忌思想提升到日常生活的伦理上，禁忌提升了责任的主体的地位，主体已不再仅仅是仪式上对禁忌负责的人，而扩展到从仪式到日常生活的禁忌的负责。

在冒犯行为——预期惩罚中，冒犯者的自身感受是至关重要的。只有

① ［英］E. E. 埃文斯·普理查德：《原始宗教理论》，孙尚扬译，商务印书馆 2001 年版，第 138 页。

冒犯者的认识水平达到能够认识自己的行为是冒犯行为时，才会自觉到自己会受到惩罚；反之，没有这样的认识水平的人，即使有同样的行为，他也不会有这样的心理预期惩罚的产生。此亦可谓“心诚则灵”的另外一种解释。

冒犯行为，可以分为集体、个人两个层次。集体冒犯，则要求集体为一个整体共同承担神灵震怒的后果。整体内的每一个个体心理上都有预期惩罚的形成。这样，在整体要求改变目前现状的状态下，形成了集体操作的公众仪式，如斋醮仪式。由此，产生了对公众的精神上的整合、凝聚。明确该公众构成的村落、联村等的心理边界。

个体实际行为被公众认为是冒犯神灵的行为以后，公众自然对个体的祈求宽恕的行动产生一种公众预期。大家认为该个体应该为其冒犯神灵的行为负责任，应该有所祈求神灵原谅的行为。这时，公众的预期对个体的祭神行为形成一种监督。如果个体不举行祭神活动而又实际遭到了一定的病灾、危难、事故等不吉之事时，公众舆论自然将冒犯行为与发生的事情联系起来论证不祭神祈求原谅而得到了神灵的惩罚。

“洁与不洁的区分不是依从人的有意或无意的主观动机，而是依从是否在事实上违背据说是神的禁忌，因此‘是依从敬神和渎神的区分’……不洁违背了神的命令，会引起正义神的‘发怒’，从而遭到报复。因此，报复和亵渎之间有着不可克服的原始联系。通过语言的折射，还可以看到在这种畏惧情感中内含的逐级深化的意向。首先，对报复的害怕已经夹杂了一种要求，要求一种公正的惩罚。其次，通过一种公正的惩罚的预期，这种预期夹杂了希望，希望对报复的害怕本身将会从有良心的人生中消失。……报复引致受难，由于惩罚的中介，整个自然秩序被纳入伦理秩序。”[①] 民间信仰的禁忌、规范等，逐渐地演化为一个民族的宗教伦理，而这又是民族伦理中的组成部分。根据宗教信仰的禁忌的扩展而成为民众的伦理。仪式的道德化、伦理化，即仪式中的禁忌、要求被逐步提升到日常生活的道德规范、伦理行为。例如，人神之间以“帝帝”相称，渗入了人伦关系。当民间信仰仪式上的禁忌等观念转化、提升为日常伦理之后，在社会中被广大民众所接受而成为一种社会规范，进入了土族精神文化层面。之后，会发挥对社会事象的解释功能、承载功能、批判功能以及推动作用，

---

① ［法］保罗·里克尔：《恶的象征》，公车译，上海人民出版社 2005 年版，第 5 页。

引导及塑造群体精神文明和历史文化的方向。

土族社会中，行善的人与行恶的人的最大区别在于死后归宿的不同。行善的人，是与神灵建立着一种和谐的实际关系，不断行善的过程实际上是不断改善与神灵关系的过程。行善越多，与神灵的关系就越融洽，亦即民间所说的"功德"、"积德"无量。这里，行善的人之行为以"积德"为标志，功德成为了行善行为所特有的标志，功德是善良的化身。行善所积累的功德标志着一个人社会价值的不断增长。人神关系的融洽，导致了人与人之间关系的融洽。行善的人可以在死后进入极乐世界，灵魂可以升天，而行恶之人注定要下地狱，其灵魂注定要接受地狱的各种磨难。在这样的观念下，行善的人与行恶的人遭受的社会社会生活中的舆论压力不同。一正一反，实际上起着引导人们行善的道德劝诫作用。

有时候，也有人问这样的问题：为什么"好人不长寿，坏人活到九十九"？为什么坏人干坏事而没有得到报应呢？尽管有部分人不能理解，但也有一些人作出了回答。他们将这个问题放置到更为宏大的系统中去思考，超越了此时此地的经验感受，就是扩大了视野，拓展了思考的时空范围。例如，他们认为坏人不是不遭报应，时候未到。坏人活到九十九，那时他到阴间之后会遭受到各种各样更加严厉的酷刑，在阴间会一件不落地得到报应和清算。是啊，在这样的看来是合理的宏大的观点的解释下，人们相信有地狱存在，有阴间的报应。这样，善有善报、恶有恶报等观念和相应的规范与目标的基础在传统的社会中被一直保持下来而没有被削弱殆尽。至今，土族民众仍然坚信"善有善报、恶有恶报"。这种观念强大地制约着行为抉择，使得人们尽力向善，尽力避恶。

在道德方面，民间信仰的一些禁忌、不洁观念等逐步成为土族民众生活规范的一部分，也是整个土族道德规范的组成部分。正如卡西尔所强调的那样："禁忌体系尽管有其一切明显的缺点，但却是人迄今所发现的唯一的社会约束和义务的体系。它是整个社会秩序的基石。社会体系中没有哪个方面不是靠特殊的禁忌来调节和管理的。统治者和臣民的关系，政治生活，性生活，家庭生活，无不具有神圣的契约。这同样适用于整个经济生活。"① 其中，要求积极行善，不要作恶的理念，不洁观念推演的整洁环境的要求，是符合人类生存和社会发展需要的，与目前构建和谐社会的

① ［德］恩斯特·卡西尔：《人论》，甘阳译，上海译文出版社1985年版，第138页。

要求是一致的，与社会主义社会的道德要求并行不悖。这样的民间信仰的伦理秩序，是有益于社会风尚的。

源自于民间信仰的道德规范，通过民间信仰的仪式、相关传说、禁忌等不断强化，而“原始宗教也在强化社会道德的过程中使自身具有了道德化的性质，这样，二者在相互影响和相互促进中开展了社会道德宗教化和宗教道德化的过程。首先，原始宗教的祖先崇拜，加强了血缘氏族成员的认同感和氏族社会内部的凝聚力。从而开始了社会道德的宗教化倾向和宗教的道德化趋势。……其次，随着原始宗教保护神的出现，便逐渐产生了祖先神灵主宰氏族成员祸福的观念。而神灵决定祸福的依据则是本人道德行为的善与恶、当与不当、德与不德。由此，使社会道德的宗教化和宗教的社会化过程得到进一步加强”。①

土族社会的道德教育中，法师、法拉、阴阳先生等承担了部分任务。土族法师、法拉、阴阳先生等神职人员作为一种不脱离生产的专门从事宗教活动的人，被认为是沟通人、神、鬼之间的联系的中介者，需师徒传承。他们熟悉本民族的神话传说，会背诵经文咒语，并具备一定的天文地理，生产生活和医药卫生知识，通晓法术。在社会生产力水平不很发达，普遍崇信民间信仰的土族社会，被视为是最有知识的人而受到相当的尊重。他们通过进行各种法事法会来完成道德教育，而主要方式就是口头传承。在婚丧嫁娶等民俗活动和还愿敬神等宗教活动中，通过讲述各种神话、传说，一代一代地口传心授，影响深远、持久。另外，通过他们对各种神秘事象的“解释”（运用他们的自身知识，不论正确与否），来达到宣传教化，宣扬教义的目的。民众对于各种神灵的故事、神迹等的掌握大多是由他们来完成讲授、传播的。其中，完成民间信仰伦理的道德化，使之成为日常生活的规范和约束力量。

神职人员的社会教育，对增强民族凝聚力，维护和巩固民族团结，维持民间社会秩序，推动民族发展，有重要的客观作用。但是，不可否认，神职人员的社会教育的长期推行，是无法取代现代化教育，他们在现代化教育没有进入土族社会之前基本覆盖了整个土族社会群体。因此，这样的社会教育导致土族社会形成、延续了一些落后的习俗，妨碍了土族群众文化素质的提高，阻滞了土族社会的进步。由于崇信民间信仰，土族在生

① 佟德富：《中国少数民族哲学概论》，中央民族大学出版社 1997 年版，第 299—300 页。

产、生活的诸多方面存在各种不合理的禁忌。为了趋利避害，土族社会中长期盛行占卜习俗，无论是婚丧嫁娶，出行来往，还是探求病因，预测丰收、测福求安，都要占卜。再次，民间神职人员的社会教育采取的是依托民间信仰的各种隆重、烦琐的仪式，一定程度上造成了人力、财力、物力的浪费，耗费了群众不少时间。千百年来，为了祭祀、还愿、驱鬼、镇邪、除秽、禳解、消灾、治病等而形成的各种祭祀、祈求仪式，弱化了土族人民的抗争精神，屈服于各种灾害、疾病，耗费了极大的时间和精力。但是，在社会极大进步的今天，土族人民已经越来越清醒地认识到，依靠神灵解决不了他们生活的疾苦，只有依靠自己的努力，才能获得生活的进步，人才能获得生活中的相对自由。

土族民间信仰体现着守信与有恩必报的道德要素。这两种社会道德要素，在“还愿”和谢神祭祀上得到特别突出的表现。有恩必报是中国传统的道德观念，通常要向恩人送礼表示感谢，它在人神关系上就表现为谢神祭祀。个人或集体认为其平安、丰收是来自神明保佑时，都要通过祭祀向神灵谢恩。事前曾向神灵许愿，讲明神明帮助其达到目的后，要向神灵“祭祀”还愿。向神灵许愿和还愿的祭祀活动中，“守信”的道德观念起着重要的作用。许愿而不“还愿”虽有不守信怕受神罚的成分，但“守信”的道德观念起着重要作用。

土族社会对于忠义之士，典型如关羽的肯定，实际上就是对他们的忠义的肯定，通过张扬其品格，对民众起到很直观的道德教化作用。民和土族群体中，大家认同关羽，以关羽为品格榜样。

土族社会同样特别重视祖先崇拜。而对于祖先的崇拜活动，其实质可以归结到对孝道的认同和发扬。因此，土族社会诸如寒食、清明祭祖、各大节日祭奠祖先等各种祖先崇拜活动，无疑具有宣扬孝道、深化孝道、促进孝道的客观功能。一辈辈土族人通过各种祭祖活动，将孝道内化为自己的行为方式。所以，土族社会中一个人孝顺与否便成为判断其价值的重要标准之一。通过对于孝道的认同，重视对于在世的先人的赡养，努力在先人在世时尽孝道。在先人去世以后，重视追思、念经、超度。这些活动是一个后人基本的义务。反过来，对于不认同孝道的人，社会进行各种方式的谴责、贬抑。因此，信仰与孝道之间也存在内在联系。目前，土族社会青年人自我意识的不断强化，部分青年夫妇对于老年父母的赡养状况不尽如人意。祖先崇拜活动一定程度上，具有教化青年人尽赡养义务的功能，可以让青年人一代代传承孝道。所以，促进尽孝道，至少促进家庭层面上的和谐。而整个村落所有家庭和谐，村落和谐也有了坚实基础。

另外，通过信仰的名义，世俗社会的成员之间按照各种规范的互相监督，也是起到道德升华的一种方式。诸如青苗会，就是借助神灵名义进行的民间社会管理和田间管理的自治方式，这种方式行之有效，而且人人认同。

通过一致的信仰，构建了一致的道德规范。一致的道德规范约束下，整个村落乃至于整个聚居区民众具有一致的行动步伐，建立了和谐的生产、生活秩序。

确立道德的标准不能完全依赖理性，以理性为基础的道德与以信仰为基础的道德应该相互补充，相得益彰。池田大作认为："人类需要宗教，我想大致有两点原因：一是由于人类自身能力有其限度；二是因为严谨的和理性的概念枯燥无味，无法满足人类情感世界的需要以及对由于个人觉悟的终极价值的追求。人类已经认识到，只有理性是不够的。这正是现代人与宗教沟通的认识基础。"① 由于宗教与道德的密切联系，他又指出："宗教在现实社会中所表现出的影响力主要在于它的道德规范。另外，道德规范也是宗教的坚实基础。"② 而且，宗教将世俗道德神圣化，使其道德建设独具魅力。宗教能够在道德建设上作出特有贡献，宗教道德与社会主义道德能够实现相容共济。

二　民间信仰与政治生活

过去的土族社会，由于国家权力的影响程度比较低，整个农村社会的秩序基本上是依靠村民"小传统"来维持。封闭的乡土社会，造就了生活的同质性和同构性，在同样的文化制约下，形成了严整的乡村生活秩序。在20世纪80年代以前，基本是整齐划一的生活方式和生活节奏，社会舆论对于新的方式、举动形成一致的批判。如此大背景之下，民间信仰与村落政治之间的关系，互相影响。其中，政治生活的变化，对信仰产生联动效应，有时甚至是决定性影响。而民间信仰，通过各种已经深入人心的信仰观念来制约、影响不同时间段的政治活动。如芮马丁在《中国仪

① 池田大作等：《宗教与社会》，梁鸿飞译，四川人民出版社2003年版，第188—189页。

② 同上书，第72页。

式与政治》中论证了中国民间仪式的基本特征和社会—政治意义，指出，中国民间仪式雷同于衙门的政治交流过程，是一种意识形态交流的手段，具有自己系统化的符号与程序。在宗教祭拜中，神即是官，祭拜者即是百姓或下级办事人员。仪式过程中的人神交流犹如百姓向衙门汇报案件。中国社会中的仪式，因此是上下等级的构成以及等级间信息交流的演习，反映了政治对宗教仪式的深刻影响，同时反映了民间对政治交流模式的创造①。如果我们按照这种说法，来考察土族民间信仰中的仪式，也是可以成立的。可以说，民间信仰的仪式过程的构建，是以官府的形态为模板而进行的，反映了民间信仰与政治的互动关系。

当代中国社会，即新中国成立以来，中国宗教发展经历了三个阶段。1950—1956 年，对宗教采取了保护政策，尊重宗教信仰，废除了宗教内部的封建特权和压迫剥削制度；1957—1976 年，宗教工作中出现了背离正确方针的情况，强行禁止信教群众开展正常的宗教活动。宗教活动处于停顿状态；1977 年至今，宗教信仰政策得到落实，各种信仰活动逐步得到恢复。在第二阶段这样的大背景下，土族社会中的宗教活动、民间信仰活动也是处于极大的抑制状态。各种围绕农耕的祭祀仪式和活动被统统“破除”，村庙纷纷拆除，神像一举拆毁，对神职人员进行教育和批判，土族村落一度成为了没有神灵的空间。政治对土族的民间信仰产生了极大的制约作用。第三阶段，随着宗教政策的落实，村民们感觉到信仰环境的宽松，立即商议恢复各种民间信仰仪式活动，商讨修复神圣空间村庙的具体办法。在起初经济能力有限的情况下，纷纷恢复了各种民间组织，组织各种民间信仰祭祀仪式的实施，组织村庙的修建。如民和土族地区，有小村落在本村没有条件的情况下，即使借用别村的道具等也恢复了本村的纳顿。这里，村落精英的导向作用不可忽视。一些具有国家干部身份的村落精英，为村落民间信仰的尽快复兴，提供信息上的服务和指导。村落内部的精英，则多方周旋，协调各种关系，力促各种事宜的尽快解决，为村落民间信仰的复兴做了不少工作。中国宗教发展的不同阶段的比较，可以说明政治对于民间信仰的决定性作用，它可以起到取缔或者复兴民间信仰的重要作用。

民间信仰对于具体的村落政治生活，表现为一种中介或者辅助作用。

---

① 王铭铭：《社会人类学与中国研究》，广西师范大学出版社 2005 年版，第 149 页。

一些政治生活，借助于民间信仰的形式进行，民间信仰为政治生活的正常进行提供了一定的帮助。而民间信仰通过参与代表国家力量的政治生活，使自身得到宣扬和肯定。在彼此互惠的机制下，完成了二者的互动。例如，在民间信仰内容会聚的纳顿节的恢复中，纳顿中各种旗帜上书写的标语内容大多反映国家力量在场，力图与此达成某种默契和认可。在纳顿刚刚恢复时期，各种旗帜上书写的词语内容，如“国泰民安”、“政通人和”、“弘扬民族文化”等就在传达着民间与国家力量和谐相处，共谋发展的愿望；而“风调雨顺”、“物阜民丰”之类则反映着对生产的顺利丰收，富足的物质生活的追求；当然，“普度众生”、“佛光普照”等也没有忘记对神灵的宣扬。这里，反映国家力量在场的词语，是民众对于宗教政策落实以后的一种心情的写照。他们为有这样的政策而高兴，但是心底里同时有一种莫名担忧，担忧这种政策不会持久，担忧这种政策的真实性。实际上也是对于刚刚拨乱反正之后的政治生活缺乏信心的一种表现。所以，他们写上这样一些词语，一是表达喜悦心情，一是为以后对制裁民间信仰的政策变化留下一些退路——他们准备着“我们的民间信仰活动是与国家的愿望是一致的，没有要对国家形成危害的目的”这样的潜台词，以对付他们设想的万一的政策的反复。

民间的各种仪式和活动反映着国家制度及与之相关的文化传统的“正统性”的深刻影响。所以，社区的生活与仪式同样在申说着“国家”的存在。在乡村社会生活中，“功利”层面上地方官府与基层社会的关系，与乡民们在文化价值层面上关于“国家”的理念是分离的。对于日夜为生计操劳的百姓来说，“国家”既是一种无处不有、无时不在，又充满了遥远的、不可触摸的神秘感的神圣力量，常常是政治、社会与文化“正统”的主要来源①。结合国家在场，从功利层面上看，仪式有复制官府仪式、处理地方与官府关系的意图，但文化价值层面上国家是遥远的、正统的来源，是仪式得以正常进行的政策保障的根源。“我们从汉族民间宗教的实践中可以看到，对于国家框架之内地方权力建构的想象，与一个社区对神圣权威的认可过程形成了一致的关系。”② 土族的民间信仰仪式

① 郑振满等：《国家意识与民间文化的传承——〈民间信仰与社会空间〉导言》，《开放时代》2001 年第 10 期。

② 刘铁梁：《村落生活与文化体系中的乡民艺术》，《民族艺术》2006 年第 1 期。

活动亦不例外。

但是，国家力量极大地影响着土族的民间信仰，在各种民间信仰仪式活动中可以看到大量的国家符号体现。“国家在不同的社会背景下可以成为民间仪式兴衰存亡的决定性力量，它既可以运用暴力工具捣毁民间仪式的场所和道具，或通过特定知识和规范的灌输促使民众自动放弃这些仪式，也可能出于经济目的或政治治理（governance）的考虑而征用民间仪式及其象征符号。”① 比如，在新近举办的纳顿艺术节中，国家符号对民间仪式的形塑是很明显的，政府举办时大力宣扬纳顿作为土族传统文化的符号形象，“发展经济”、“西部大开发”等名称的使用已经超越了对土族人来说本是地方性信仰的原始意义。同时，国家对纳顿节这个民间仪式的征用是看到其统战意义，试图将土族群众都包含在一个整体符号之下，同时对当地政府来说，更为直接的则是经济因素。即所谓“文化搭台，经济唱戏”。在这种情况下，民间仪式成了经贸活动的广告和招牌。

作为村落神圣空间、公共空间、权力空间的庙宇，其中的标语等仍然反映国家力量的在场，力图与之和谐共处。据高丙中调查，在官亭鲍家村的新寺里悬挂着“爱国信教”的条幅，签簿“附言”里有祝愿国泰民安、感谢国家元首的话：“幸蒙国家重发慈悲，在宽大政策的关怀下重建新庙一座。为了年头年终节令吉日祝报天地国家元首佛神之洪恩，庄内男女老人自由来合集诵念六字真言麻尼感本封灯经，愿祝国泰民安，风调雨顺，国家太平，世界和平，万民无灾，六畜发旺。”鲍家村新寺的“爱国信教”条幅，签簿“附言”的祝愿国泰民安，感谢国家元首，都是国家在场的形式②。某些村落，在完成各种神圣之事外，村庙已经成为商议村落世俗大事的中心，已经成为类似于“会议中心”的空间，而这种功能，又在彰显其作为村落权力中心的显著地位。虽然这种权力，是无法真实把握的，但也是真实存在的。

村庙系统的形成，既反映村落内部的地域支配关系，也通过不同村落村庙之间关系的互动表现出来。鄂家由于人口上的优势，首先兴建了村庙或者确定了村庄保护神；宋家由于人口上的劣势，没有能力及时建立村庙

① 黄剑波：《乡村社区的国家在场——以一个西北村庄为例》，《西北民族研究》2005 年第 1 期。

② 高丙中：《民间的仪式与国家的在场》，载郭于华主编《仪式与社会变迁》，社会科学文献出版社 2000 年版，第 317 页。

或者确定村庄保护神。这样的基于共同信仰的地方神的村落联合，是村落认同、加强村落之间团结的具体表现。但是，这样，从一开始起就存在优势与劣势差异。在这样的情势之下，在共同的民间信仰活动中，鄂家始终主导着活动的规矩，宋家只是处于附属地位，在活动中经常遭受不公正待遇而又无法得到伸张。虽然后来宋家也建立了自己的村庙，但是是从鄂家分离出来的，属于分庙，这样地位上处于劣势。主庙与分庙之间的差异，盖因人口势力差异而致。但同样反映着村落力量，是村落力量的象征。他们在合作中竞争，在竞争中合作。与其说我们在某一“共时态”中见到的乡村庙宇相互关系，反映的是特定地域支配关系的“空间结构”，还不如将其视为一个复杂的、互动的、长期的历史过程的“结晶”和“缩影”。“信仰空间”实际上“全息”地反映了多重迭合的动态社会心理的“时间历程”①。

但是，共同的民间信仰可能成为一个村落内部强大的内聚力，同样，不同的信仰则可以成为强化村落边界的区分力量。鄂家虽然与宋家存在权利分配上的不平等，但与其他村落的关系仍然没有与鄂家的紧密。这里，就区分了不同信仰的边界。民间信仰的仪式，实际上就是地方政治的操演。借助于长期积淀的民间秩序，地方政治也随之具有相应的稳定性、秩序性，在我们看来也不失为和谐民间的一个方面。

民间信仰对民间社会的政治方面的影响，有一部分是通过法拉、法师的神谕来部分的统一社会生活。有些时候，村落的组织是通过民间信仰的方式来完成，而法拉、法师等神职人员是传达“神谕”的人员。村落政治生活的组织者，借用出自法拉之口的意思，来组织民众更加自觉地参与村落政治生活，组织村民进行一些不借助民间信仰形式时不愿参与的活动。比如，有些人根本不热衷于集体事务，但是在法拉的安排下，不得不从事为民众利益的事务。民间信仰活动中，令人信服、引起畏惧的往往不是组织者、地方精英，而是地方神，尽管在秩序的安排方面夹杂着大量人为安排的因素。这也说明了神灵对于属民思想和行为的约束性及其有效性了。

村落中对于公职人员的安排方法，诸如纳顿的牌头、丧事中执事人员

---

① 郑振满等：《国家意识与民间文化的传承——〈民间信仰与社会空间〉导言》，《开放时代》2001 年第 10 期。

等的安排，是一种稳定有序的长期执行的办法，大家历来认为是祖上的规矩而坚持执行。这种较为稳定而又拥有深厚权力基础的董事会性质的组织体系，具有很高的办事效率，有效地维护了村落传统的存续，维持了村落的社会秩序。

民间信仰由于共同的信仰，对于一些村落村民具有一定的凝聚力和向心力，促进他们之间的认同。“认同是个体对某种意义上的身份的一种心理肯定，认同给予个人以所在感（a sense of personal location），给人的个体性（individuality）以稳固的核心。同时，认同还意味着心理依附，因为，认同不仅有时间的向度，是指较长时间的态度；而且还有群体的向度，是对某群体的自我认同，对群体的长期承诺是认同重要的表现形式。”① 一些村落之间，由于共同的地方神信仰，村民之间也以“本家”相称，心理上具有一定的亲近感。他们在组织一些社会活动，诸如村际合作、村民自治选举等活动中都会采取利于“本家”的举措。

民间信仰的各项活动，在一方面展示的是村落内部权力的分配情况。过去，村落权力分配中一族的族长或者类似的权威起着决定性作用。对于村落各项民间信仰，乃至世俗生活的事项，都是由各族的权威共同商量决定的。在1949年以后，政府权力深入村落，形成了国家行政力量全面控制村落社会的局面。但是，在今天，村落的各项事务除了明确由政府组织实施的没有任何民间信仰内容的活动之外，绝大多数活动还是由村落内部自身的民间组织来实施的。就像新近由乡镇组织的“三川土族纳顿文化艺术节”，各村的组织还是由民间组织“头人”们组织实施的，村长、书记很少以这样的身份来参与。以村庙为中心、由非正式的民间组织（对于政府而言），在村落的内部关系的调节、事务的处理、村落认同中，扮演着十分重要的角色。

回顾历史，随着新中国的成立，全社会组织化的加强，各地的村民自组织体系偃旗息鼓，趋于崩溃。但20世纪80年代以来，政策宽松，宗教信仰得到认可，各种民间信仰活动和组织逐步得到恢复，并在土族村落中的社会作用越来越明显。其中，诸如土族青苗会组织，为什么能在村委会之外存在，并成为整个国家行政体系之外的一种无形的权力呢？土族村落

① 梁丽萍：《中国人的宗教心理——宗教认同的理论分析与实证研究》，社会科学文献出版社2004年版，第15页。

的现行行政管理约束力能否与原生宗教约束力契合，从而形成一种更大的约束力来管理土族村落呢？通过前面的论述，我们不难发现，从理论上说，土族的民间信仰道德与社会主义道德是相协调的，而且，民间的诸多决策虽然依凭地方神或者法拉、法师的口谕，但本质上都是通过民主决策的方式完成决策。这正好构成行政约束力与民间信仰约束力有机契合的基础。

我国正处在社会主义的初级阶段，而地处边缘的土族村落社会，生产力发展水平偏低，文化教育水平不高，一些自然现象和社会现象还不能进行科学的解释；在社会生产生活中，或者遇到不可抗拒的自然灾害，使自信心受到挫折；由于社会主义的初级阶段的经济和其他不完善的地方，使得民间信仰仍然具有一定的市场。土族民间信仰有原始宗教的古朴特征，没有系统的教规教义，在政治上存在着明显的社会主义相协调的主观愿望。具体而言，土族民间信仰的神职人员以及广大民众并非所有人都具有唯物主义世界观，但同样热爱祖国，拥护社会主义制度，信奉自力更生、艰苦创业，认同把我国建设成为富强、民主、文明的社会主义现代化国家的建设目标。其次，土族民间信仰的观念中，一方面把祸福寄托在超自然力之上，另一方面又通过人的智慧，用各种诸如巫术等方式驱鬼祈福，获得一种内在的情感体验，求得心理平衡，获得战胜自然的信心和勇气，体现出民众的主动性。第三，民众长期沿用的民主决策方式，为进一步推行社会主义民主打下了良好基础。所以，发挥民间信仰的政治整合功能，有利于土族村落政治建设。

三　民间信仰与经济生活

经济是人类生存最基本和首要的方式，经济关系是人类社会一切关系中最基本的关系。物质资料生产的经济活动作为人类的第一个历史活动，一方面表现为人与自然的关系，另一方面表现为人与人的关系。对于这两种关系的认识逐步形成了精神文化。因此，经济的发展是各种精神文化产生的前提，自然也是民间信仰这一社会文化现象产生的前提。“为了进行保证生存所需要的生产活动，必须依赖组织社会生产、主宰社会生活的‘祖先神’（祖灵的神格化）和操纵自然力的‘自然神’（自然的神格化）的保护和帮助。如果不对祖先神和自然神进行崇拜和祈求，生产就没有收获，生存就失去保证。”[①] 这样，社会经济生活和物质生产的方式制约并决定着民间信仰观念的内容和崇拜对象的性质。土族的经济生计类型对于土族民间信仰的内容、表现形式都有一定的影响。他们在不同时期从事不同的物质生产方式，赋予信仰不同的内容，选择不同的神性的神灵，构建不同人的信仰礼仪形式。经济的性质决定社会文化的性质，但是这种决定性是有层次性的。尤其是随着认识水平的进步，民间信仰与经济之间的关系通过多重中介而实现，多表现为间接作用。

综观土族的发展史，由于起初从事游牧生活，崇拜天神、月亮，崇拜山神，并由此衍生各种祭祀礼仪，如祭祀鄂博等；而后来转向农耕生活以后，开始崇拜田神、农神，崇奉龙王，祭祀虫神等，但由于没有彻底放弃畜牧经济，仍然保留过去的游牧时期的信仰。目前，二者信仰叠加，在土族的民间信仰中都得到了表现。而随着商品经济大潮进入土族社会，一些商家开始突出供奉财神。这些信仰，就是由于经济类型的改变而改变，经济类型决定民间信仰的内容。

考察土族社会中一年的各种祭祀活动的设置，实际上都是基于物质资料生产的需要而设立。在每一年的具体特定时间，村民举行的共同仪式和庆典活动，都是他们按照长期总结的时间节奏，有规律地安排的结果[②]。这是基于长期的有规律的自然节奏而产生的祭祀节奏，是有预期的对于一些可能发生的危害农业丰收的危机、灾害等的提前采取的破解办法。

土族社会内部，可以分解出很多的自然村落联合的现象，如联村组织。比如，杨、文、祁家三村由于信仰共同的地方神，他们之间具有较为明显的凝聚力和向心力；而与地界相连的宋家、鄂家，由于不是共同的地方神，没有这样的向心力和凝聚力。而宋家、鄂家，由于两村是共同的地方神，他们之间存在这样的向心力和凝聚力。他们在心里认为，他们是属于一家——为“本家”。“本家”范围与“祭祀圈”是一致的。“祭祀圈”，按照最早在台湾汉人研究中使用这一方法的日本学者冈田谦的说法，就是指“共同奉祀一个主神的民众所住之地域”。施振民指出：“祭祀圈是以主神为经而以宗教活动为纬建立在地域组织上的模式。”许嘉明

① 吕大吉主编：《宗教学纲要》，高等教育出版社2003年版，第263页。

② 文忠祥等：《仪式的整合与升华——民和三川土族“纳顿”的前期准备活动》，《青海民族研究》2004年第3期。

称：“祭祀圈是指以一个主祭神为中心，信徒共同举行祭祀所属的地域单位。其成员则以主祭神名义下之财产所属的地域范围内之住民为限。”台湾学者林美容博士在分析以上定义后指出，他们共同强调了三个主要的内容，即都有一个“主祭神”（“主神”），都有共同的祭祀，都指涉一定的地域范围。稍有不同的是施振民偏重于组织模式，而不是地域单位，但他也同样提到了“地域组织”这一概念。林美容认为：“信仰圈为某一区域范围内，以某一神明及其分身之信仰为中心的信徒之志愿性的宗教组织。任何一个地域性的民间信仰之宗教组织符合此定义，即以一神为中心，成员资格为志愿性，且成员分布范围超过该神的地方辖区，则谓其为信仰圈。”信仰圈与祭祀圈两者的区别，信仰圈除了是以一神为中心、成员资格是志愿的、是区域性的之外，还有就是其活动是非节日性的，祭祀圈则以祭拜多神、成员的资格为义务性与强迫性、地方性以及节日性为其主要特征。它们的最大一致性为都是地域性组织①。这样的信仰现象的最基本的基础，还是基于物质资料生产的经济活动。因为过去的联村组织大多都是基于同样的水利设施的建设需要等共同利益而形成的。例如，杨、文、祁家是由于共同使用源自文家村的泉水灌溉农田而形成了这样的联合关系，而且由于不让宋家、鄂家利用该泉水而有分离。

过去的土族社会，全体成员拥有同样的信仰和道德观，社会分工程度很低，民众的生活方式整齐划一。作为经济生活的农业生产活动，也是基于同样的时间制度、社会节律，就连参与物品交易的集市活动也是有共同的时间节奏。每逢农历初五、十五、二十五才到集市集会交易，其他时间没有交易。他们也拥有同样的集体意识，而同样的集体意识促使土族社会内部具有同质性和同构性，并制约和引导内部成员的行为，使他们保持共同的生活习惯和道德情感成为可能，拥有了步调一致的生活方式，具有同样的民间信仰习俗。20 世纪 80 年代以来，集市开市时间的频率增加了，每逢农历二、五、八为开市时间。更主要的是，随着经济发展，尤其是市场经济的大幅度发展，社会分工在土族社会中也得到了进一步的分化，一些人朝着不同的专业化方向发展，每个方向的从业人员的个性得到初步的显露。一些人开始脱离农业，长驻集市以经营商业为主；一些人远离故土

① 孙振玉：《台湾民族学的祭祀圈与信仰圈研究》，《中南民族大学学报》（人文社会科学版）2002 年第 5 期。

到异乡从事商业、服务工作；一些人以运输服务为长期经营的项目等，土族社会的行业呈现多样化趋势。而正是这样的多样化趋势，是导致土族社会过去的“集体意识”以及社会功能弱化的一个原因。人们为了经济利益，开始了分散的经济生活，远离了信仰的中心，疏远了浓厚的信仰氛围，也脱离了地方信仰的舆论束缚，有没有信仰、是否祭祀地方神甚至是否祭拜祖先逐渐成为个人的权利或者私事，他们逐渐开始选择适合自己的生活方式。随着分工的加强，群体的生活步调不再像过去一样一致，集体意识也开始涣散。随着整个社会的生活节奏的加快，他们也逐步适应快节奏的生活。而快节奏的生活，也逐步弱化了民间信仰的认真程度。

自改革开放以来，落实宗教信仰政策，各种民间信仰得到了很大程度的复苏。这一方面是对之前运用政治高压手段抑制民间信仰活动的反弹，但有更重要的经济因素在支撑复苏。改革开放，包产到户的政策，一度极大地激发了农民的生产积极性，在经济条件明显得到改善，但精神生活的需要一时还没有跟上，群众从民间信仰中寻求这种需要的满足。而经济能力的提高，为这种寻求提供了支持，大力修建庙宇，置办各种民间信仰器具。

如果说，贫穷落后是宗教信仰存在的根源，是诱发人们民间信仰的动因的话，这样的驱动作用也只是相对的，不是绝对的。分析对比土族民间信仰的历史状况，在过去贫穷的时代，他们为了过上温饱的生活而努力，在经济条件的巨大制约下，没有能力来发展民间信仰的外在形式，诸如庙宇建设、民间信仰器具的置办。而后来，经济条件的改善，为他们改善民间信仰的状况也提供了很大的支持。而且，我国经济状况得到很大改善的东部地区的宗教信仰的状况反而比落后地区更要高涨、更为昌盛，说明信仰并不单单是经济因素单一的起作用，而是有许多因素共同起作用的。

民间信仰仪式活动为土族地区经济活动开辟交易场所。例如，每个纳顿上，周边的生意人蜂拥而至。对于有利地点在前一天就标记占领了。经营品种，从五金百货到特色饮食、地产瓜果各色齐全。在纳顿期间可以说天天是物资交流会。目前有些地方借此机会，进行科技科教、计划生育政策宣传。

按照一般的看法，富户和不富裕的家庭之间在民间信仰活动中存在重要差异。富裕人家不仅给节庆捐献得多，而且他们还负责组织活动。其次，富户花在节庆活动上的财力和人力的宗旨在于表示他们对神灵的感恩之情。第三，家户之间的竞争是在节日期间展示自己比其他人家拥有更多的财富。正如这样的说法，青海藏族的许多节庆可以认为是在借节庆展示自己比其他人家拥有更多的财富。但是，比照土族社会，以民和纳顿为例，富裕人家并未多捐献多少，基本上与普通家庭相一致而略多，但他们并不承担组织活动的任务。组织活动是由按家户轮流担任的牌头等负责。而且在土族纳顿期间，并未明显地显示出富裕家庭与不富裕家庭之间的经济上的差异。大家着装基本是统一的。例如，鄂家会手队伍就明确要求大家必须穿自家制作的布鞋，而不允许穿皮鞋。从这一点上看，限制了富裕户穿精致的皮鞋而不富裕户穿布鞋的差异。在其他的着装上同样有这样的要求。

土族社会“守信”、“善恶相报”观念，在经济领域起到深层作用。多数生意人坚守诚信，比如秤的使用，认为秤称的就是良心，价格可以商谈，而秤一定要公平，绝不敢在秤上做手脚，短斤少两。过去，民间借贷钱款，没有打借条的做法，就是凭借双方的信誉，“好借好还，再借不难”成为民众口头禅。

民间信仰的精神性与经济生活中的理性对立统一。但是细致观察会发现，信仰的精神性与经济行为的理性，在某种程度上被信仰行为连接起来，信仰与经济成为信仰行为这枚硬币的两面。一面，信仰在精神领域对来世的追求，对现实世界有所忽略；另一面，任何信仰活动均无法严格意义上与经济撇清关系，对神灵的供献等均需要经济为基础。尤其注意的是，目前经济生活物质化的到来，人文精神显著退化。此时，民间信仰作为精神信仰的追求与超越，对人具有一定的规约作用，就诚实、公正、守信用这些个人的和商业的美德而言，宗教对经济产生着较大影响。对于这些经济领域的美德的传承和支持，是民间信仰在土族社会的经济生活中的重要和谐因素。

四　民间信仰与文化生活

如果说，民间信仰在土族的政治生活中表现相对比较微弱的话，在文化方面的表现则是显著的、强烈，也是最重要的一个方面。民间信仰属于精神文化现象，在它的信仰成分之外，也创造了丰富的社会文化产品。一如世界上任何一种宗教力量，会激发信仰者巨大的信仰情结，并由此焕发出非常的热情和创作灵感，从而创造出繁复的民间信仰文化。对于民间各种仪式活动、庙宇建筑、家庭空间设置、厅堂的摆设等，无不体现民间信仰的影子。

在传统的土族社会中，村民在农闲时节进行的或者农忙间隙进行的配合农作的民间信仰，客观上创作了许多文化艺术形式。例如，各种神话传说就是民间文学艺术的重要内容，丰富了中国民间文学艺术；纳顿等节日表演的民间舞蹈，具有浓郁的地方特色而闻名国内国际；各种演唱艺术，如土族的“花儿”、“道拉”（宴席曲）中无不浸染上民间信仰的因素，无不沾染上民间信仰的内容……

各种祭祀仪式包含有大量的民间信仰内容，有些目前看来民间信仰成分比较少的仪式活动也经历了从信仰成分较多到逐渐蜕变的过程。所以，目前民间信仰成分比较多的仪式也存在逐步蜕变的趋势，就如“纳顿”，正从娱神向娱人转变而褪去过去浓厚的神秘色彩，在经济发展、文化进步的不远的将来，纳顿将会演变成为土族社会中特有的一种艺术形式，完成从信仰仪式向民间艺术的转变，完成其内容的根本性置换。目前，民和土族纳顿节进入2006年5月20日公布的青海省第一批国家级非物质文化遗产名录。

土族的家庭房屋的装饰，突出地表现着民间信仰的内容。各种花草的雕刻，都是以各种民间信仰的传说为素材，进行创作加工的结果；互助土族上房中间就是一整间佛堂用以供奉神佛，民和土族家庭中堂悬挂的也都是福禄寿星、三大财神等的画像，并在初一、十五等时间上香敬拜；庭院中心，是“中宫”所在，民和土族修建花坛以保护，其上严禁放置认为不干净的物品。

整个村落，也是如同一个严整的系统，是对于自然空间的严格的人文设置，从外层的山神到中间的田神，再到最核心的聚落的家神，处处有供奉的神灵，处处有地方保护神的照看，并用鄂博、崩康、插牌、雷台等保护村落，为自己设置了一个最严密的安全的生活地带。村落，就是自然空间的人文化、民族化、信仰化。生活在这样的一个地理空间，无时无处不与神灵为伍，随时随地受到民间信仰的影响。

土族民众一天、一年、一生的经历，也是要参照民间信仰的标准进行。何日出行，要看日子吉凶，即使日子好并已经出门，但若碰上空水桶认为不吉改日再行；修建、动土，要看时间、方位，就是从集市买一只小猪有时候也要看时机；一年，更是充满了空间和时间的讲究：从年初起敬拜神灵祈求护佑家庭平安，大吉大利，定期举行各种仪式期盼庄稼丰收；每个人的一生，从出生到成年、中年、老年，也是充满各种民间的礼仪，为其禳灾求福，尤其到老年，如做活寿、做棺材、念经等各种仪式更是频繁和隆重。

土族的民间信仰生活中，神职人员充当着重要角色。神职人员通过各种做法，主观上是他们为了完成他们的“法事”，但不可否认的是，客观上起到了保留土族民间文化的效果。它对保存和发展土族优秀历史传统文化，丰富我国民族文化的宝库，有特殊的历史作用。神职人员为了履行其所担负的职能，既需要继承和运用前人留下的天文地理、生产生活和医药卫生等方面的知识，要熟记本民族的神话传说、历史故事、逸闻典故，也需要结合巫术活动、法事的实践，不断地摸索，总结一些新的确有实效的文化科学知识。在巫术活动中，他一方面利用巫术的神秘性迷惑群众，一方面也运用自己掌握的一些科学知识为群众服务。为了巫术活动的延续，一代又一代的法拉、法师等通过口传心记，将各种民间信仰文化传承下来，其中包括有历史传说、生产、战争、生活习俗、宗教信仰等多方面的内容。他们通过各种特定的场合向群众进行宗教教育，主观上是为了完成自己的巫术活动，客观上却保存、传播了民族的传统文化。

充斥于日常生活的文化内码，不是零散的毫无章法的迷信，而是一个充满意义，并以伦理为导向的整体。最充分表达中国人世界观的是“阴阳”的观念，这一子系统首先相信天人合一，天是整个宇宙——包括人类世界在内——的统治力量。人们生活的世界是由阴阳、昼夜、男女、寒热、虚盈等构成的，不仅要四时调和，而且天人和谐，身体平衡。土族接受这些观念，也很容易接受中医和民俗治疗，接受阴阳调和的观点，接受福祸相倚的看法，接受姓名与阴阳五行相关的传统，接受天人合一的世界观，接受鬼神系统监视人类行为的信仰。因此，土族人的家庭内部出现矛盾或者邻里之间产生不愉快，往往不会诉诸法律而是要找“老者”（说和人），或者接受村里“老者”们主动上门说和；生病后，到医院救治的同时也用民间神职人员来辅助祛病。田野调查中大量的例子表明，文化内码作为民间共同认同并传承的文化基因所具有的意义，帮助我们认识民间信仰活动价值。因为在公共活动中，文化内码为民众提供了一种集体的象征，这种象征能超越经济利益、社会身份和社会背景，使人们融合到一个社会共同体中。人类学家李亦园这样描述传统中国民间信仰中的宇宙观及其运作原则：表现大传统儒家的理念时，则成为“天人合一”、“致中合”以及“与天地合”、“与人合”、“调理四时，太合万物”等形而上哲学概念；表现在小传统及日常生活，则见于实物医药习惯、姓名系统、祖先崇拜仪式、择日占卜、风水地理、神明仪式以及符箓咒法等方面，这些正是一般中国人世俗生活的前提。土族民众的生活同样也是浸淫在这种文化理念之中，规约着他们的行为①。

土族族群意识的觉醒，即自己是谁的觉醒，是在与他族的接触中产生的，而且随着接触程度的加强，自我意识不断加强，试图把“自己”与“他者”相区别。他们自我意识的觉醒，是基于共同地域、共同语言、共同文化认同之上，产生了共同的族群意识。随着改革开放以后文化热的兴起，在本族和他族学者的自觉不自觉的行动下，从语言、文化、地域、民俗、歌谣乃至族群性格等方面进行建构，形成了土族的较为完整的文化形象、文化符号和价值体系，土族也具有了相对独立的文化体系。与此同时，作为一个“想象”的共同体的土族也越来越服务于调动土族人士的族群认同意识，有些开始期望以此作为进行社会动员的人文资源来推动土族经济文化的发展，各种具有鲜明地区特色的民间文化资源被整理、发掘，在地方精英的参与、政府认可的情况下，被不断显现出来。新时期民族主义的地域性建构凸显了出来。

由此看来，土族的历史与文化似乎是他者与自我的共同建构过程，而且至今仍在继续着。那么，是否可以说土族文化的复兴仅仅是由不同学者在一定的权利背景支配下建构起来的？建构起来的文化逻辑和作为生活体系的运行逻辑之间是否一致，而且关系如何？发明一系列的文化符号作为维系民系存在的象征，是全民行动还是被精英所参与且包办或操纵？这些需要深入的探讨。

从土族的形成与发展历史来看，是在漫长的社会历史变迁过程中逐步融合吸纳多种民族成分而形成的一个民族。无论历史还是现状，其活动区域，从地理位置看，均处在黄土高原、内蒙古高原、青藏高原这三大高原之间的过渡地带上，具备三大高原的一些共同的特点。这为这些高原的民族进入这个区域在地理环境上提供了一定的便利条件。从历史交通条件来

① 参考范丽珠《中国民间文化的现代价值》（http：//www. guoxue. com/ws/ShowArticle. asp?ArticleID = 1766）。

看，这个区域处于三大高原接壤处所形成的河流、沟谷的汇合处，而古常以河流和沟谷为交通道路，促使该区域成为东西、南北交通的枢纽。各种文化载体的人们行走在这些道路上时，同时也遗留一些文化元素。从文化圈的角度观照，其活动区域又处于藏文化圈、汉文化、蒙文化圈的连接地带，甚至受到河西走廊丝绸之路上西域文化的辐射。亦处在农耕文化与游牧文化的交汇地带。因此，土族在历史过程中以宽容的心态吸纳了各种文化成分并加以改造整合形成了独具特色的土族文化。即“以萨满教为底子，以蒙古语为共同的基础，以三教结合（藏传佛教、汉族民间宗教、萨满教融合为一）而构成宗教信仰，以汉族文化为重要的世俗文化”。[①] 其中，民和三川土族受汉文化影响更深一些。以三川土族民族文化特色的浓缩的纳顿为例，是对民族文化的积淀、继承与弘扬，对民族凝聚力的增强以及民族自信心的提高都具有客观效用，进而使整个土族这个族群形成强大的向心力和凝聚力。“凝聚力是某种关系模式，模式愈密集，关系就愈牢固，我们所期望的群体内凝聚也就愈紧密。”[②] 土族社会把纳顿以及体系中各种系列活动作为了关系模式，使得社会凝聚力得到加强。而且提供一种群体成员间的沟通网络和情境，使得社会大家能够和谐相处。比如，有些过去闹矛盾的人，在纳顿中互道一声“阿门儿是门贤”（问好语）即可以冰释前嫌。纳顿，在某种程度上，将土族人民共有的一种行为方式肯定为一种标准的行为模式，在公共场合下，统一大家的行动，让土族人民对自己的族群定位更加明确。在经历着自己传统文化洗礼的同时，更进一步维系着土族这个群体的心理，使人们在这一公开的、集体的大型活动中，从同一类型或模式的文化环境中得到教化，形成相同的思维方式和价值观念。纳顿对三川土族来说是一个通过各种祭仪为媒介来强化民族意识的过程，使得群体成员之间相互和谐，加强民族认同感。对于他们，纳顿具有明显的文化维系功能。

民间信仰对土族社会间接地起到和谐作用。例如，纳顿大型的集体舞蹈过程对于参与者乃至旁观者的心理上都会产生欢悦、平和等良好影响。并在友善的相互传达中，和睦个体之间相互感情，为社会的安定准

---

① 高丙中：《文化影响与文化重构》，载许让神父《甘肃土人的婚姻》，费孝通译，辽宁教育出版社 1998 年版，第 263 页。

② ［美］克特 · W. 巴克主编：《社会心理学》，南开大学出版社 1986 年版，第 124 页。

备了一种和谐的氛围。纳顿中，具体地表现出人与神之间的和谐和人与人之间的和谐，有“人随神，神随人”的说法。事实上，纳顿对于“和人神”、“合和父子君臣”、“附案万民”等观念并无直接的必然的实际联系，不过是以一种愿望的形式表达而已。纳顿中通过各种方式在间接地散发出土族人民内心深处的价值观、民族心理等文化底蕴。一年来牌头们实施的田间管理，实际上向人们宣扬爱护庄稼、互相监督的思想，更深层次上是对人心的潜移默化的熏陶、改善，提高人们的社会公德。而在三国戏中渲染的忠义思想、尊君思想，实际上是对大众心理的劝导，从一定意义上说，是纳顿舞蹈具有的间接的社会功利性质。纳顿中的观众常被面具形象所表达的人物及其人格魅力所征服。典型的是三国戏，各村的情节、招式雷同，但每个纳顿上仍有许多观众，就是因为舞者与观众对于面具形象的共同的心理认可，关羽、刘备、张飞在土族群众心目中具有崇高地位，尤其是关羽。所以在具体舞蹈过程中，一次次地将深藏于心中的那种情感得到重温，得到升华，得到提醒，得到凝结。

民间信仰对社会个体有明显的教化功能，完成民间文化的传承。本尼迪克特在《文化模式》中指出：“个体生活历史首先是适应由他的社区代代相传下来的生活模式和标准。从他出生之时起，他生于其中的风俗就在塑造着他的经验与行为，到他能说话时，他就成了自己文化的小小创造物，而当他长大成人并能参与这种文化的活动时，其文化的习惯就是他的习惯，其文化的信仰就是他的信仰，其文化的不可能就是他的不可能。”① 仍然以纳顿为例，作为盛大民族节日的纳顿，它荟萃了民间艺术、民族舞蹈、民族仪礼等诸多方面的民族文化的精华，并蕴含了一定的民族价值观、民族心理和审美情趣等，使置身其中的土族人民耳濡目染，在潜移默化之中深受民族文化的教育与熏陶。如纳顿怎样准备、组织，在节日中穿什么样衣服，手中拿什么样的器物，怎样跳会手舞、面具舞、神舞，在欢庆中如何祈祷、祝愿等，这一系列的活动内容都是靠参加者的亲身体验，由一代又一代的人们对他们前辈人的文化行为不断继承、创新而沿袭的。正是纳顿这种潜移默化的作用，才使得土族人民的许多文化积累、承习至今。纳顿的教化作用尤为突出地表现在《庄稼其》这一反映农业生产的

① ［美］露丝·本尼迪克特：《文化模式》，华夏出版社1987年版，第2页。

哑剧舞中。土族人民自己也视此剧为纳顿的根本。其中“千买卖万买卖，不如地里翻土块”成了土族的俗谚。《庄稼其》通过表演充分传达和强烈的地体现了“以农为本”意识，反映了崇尚务农的思想。闻一多《说舞》中曾引用了一位西方人类学家的话：“在跳舞的白热中，许多参与者都混成一体，好像被一种感情所激动而动作的单一体。……他们是在完全统一的社会态度之下，……原始跳舞的社会意义全在于统一社会的感应力。他们领导并训练一群人，使他们在一种动机，一种感情之下，为一种目的而活动（在他们组织散漫和不安定的生活状态中，他们的行为常被各个不同的需要和欲望所驱使）。”这是对原始舞蹈能调和统一原始人类群体的情感、意识的很好说明。原始人自己虽然不能在这方面对舞蹈加以如此的理解、说明，但他们能深深地感受到这一点。故他们不但热心于此道并推演开去，以己度神，认为在热烈的乐舞中，神与人的感情也能因之和睦，由此神可降福于人①。这种状况对于目前的土族纳顿也是基本适应的。纳顿表现出对土族社会的强有力的调和作用。而且在面对神灵的舞蹈中，认为通过这种舞蹈可以使神灵高兴，并能保佑平安，故在自己所不能控制的自然灾害等降临时，通过这种方式也能达到一种心理上的自我调节、自我平衡。

民间信仰仪式活动为土族民众提供了一个极佳的社群联系的平台。如在纳顿这一日，亲戚们都会到家中相聚。届时，东家以酒菜招待之外，还有新面制作的油饼等。大家畅叙友情，评说今年收成。有些平日或因生计，或因路途遥远而难以相见的亲友们，也会尽力回家相聚。分散的亲情在纳顿中凸显温暖。土族有一个习惯，喜欢在节日进行说亲定亲仪式。而纳顿作为夏秋季节的节日，是为冬季正式婚礼前男方到女方家进行认亲、求婚的最好的选择。另外，纳顿为年轻人们提供了相聚相识的机会。这一天，年轻人们逛纳顿“醉翁之意不在酒”，主要就是认识、交往一些异性朋友。像虎狼城纳顿，之前就听说十分热闹。到现场才领会了这句话的含义。会场旁边，有好几丛人在演唱“花儿”，其热闹程度都要超过纳顿了。这样的民间信仰的仪式活动，在祭祀神灵的同时也是展演各种民间艺术的场所，丰富着广大的辛勤劳作了一年的群众。

民间信仰与文化之间，通过信仰的方式构建了一个丰富的和谐文化的

① 参见陆初《舞蹈女神》，学林出版社 1987 年版，第 135 页。

框架。通过民间信仰，搭建出人们追求人自身内部、人与自然、人与社会之间的多种关系的和谐的努力框架，而且事实上也起到了一定的作用。

五　民间信仰与日常生活

"尽管社会生活的统一性与共同性不以个别成员的自觉意志为转移，是'自然而然'产生的，但仍不是什么最高的、超个人力量在起作用，而只有那些个人的意志与力量（现实中独立的、单个的人组成的综合体）自发、无意冲撞的结果。"① 习俗也正是这样形成的。可能有一个人采用某一种本民族还没有采用的方法祛除疾病，而且效果灵验，马上会被在场的人在遇到同样情境时采用同样的方法，这样逐渐扩大、流布，渐渐在无意识、无组织的情况下成为了该民族的一种祛病仪式。就像田间小路的形成，并不是众人商议要一起走出来的，而是因为每一个人都独立地、未经商议地、一个跟着一个、各自朝自己的方向走，经过很多人的踩踏而自然而然走出来的。但是，为什么自然冲撞的结果不是无序的，而是有序的社会？就是实际需要的选择的结果。同一群体在共同的需要面前，自然也就形成了共同的民间信仰。"人之所以异于禽兽就是在于他是生活在过去、现在和将来的三度时间中。人不能没有计划地活着。在他决定现在的行为时，他眼睛望着将来。"② 土族群众同样也是这样。他们在自己生存的自然环境、人文环境以及自己民族历史文化的基础上，为自己的生活构建了一个自己的理想状态：风调雨顺，粮食满仓，牛羊满坡，人丁兴旺，无有病灾。可是理想毕竟是理想，与现实生活具有很大的反差：农业生产上有时候要雨没有雨，要水没有水，庄稼连年歉收，牛羊闹病灾死亡不说连人也是致病招灾，生活不顺。因此，人们为了尽力避免灾难的发生，力求最大限度地接近理想生活，在生活中设计了一系列的应付意外致灾因素的岁时节日以及祭祀仪式。理想实际上是人们根据自己的经验来谋划的虚拟世界，但是在一定程度上反映他们生活的社会要求。而生活于同样环境下的人们具有同样的社会要求。因此，在一致的社会要求之下，为了满足生存需要，他们就有了同心同德、步调一致地实施岁时节日以及祭祀仪式，虔

① ［俄罗斯］C. 谢·弗兰克：《社会的精神基础》，王永译，生活·读书·新知三联书店2003年版，第43页。

② 费孝通：《生育制度》，商务印书馆1999年版，第151页。

诚地参与民间信仰活动的动力。家庭的信仰生活与集体的信仰步调是一致的。

任何文化都由其自身发展出来的象征和符号来表现，人类学家克利福德·格尔兹认为：“文化是一种通过符号在历史上代代相传的意义模式，它将传承的观念表现于象征形式中，通过文化的符号体系，人与人得以相互沟通、绵延传续，并发展出对人生的知识及对生命的态度。”文化象征的符号抑或在一个共同的话语系统中人们得以沟通、彼此了解并代代相传的人生知识和生命态度以文化内码（cultural code）的形式表现出来，这些具有意义的象征符号或文化内码对了解一个社会的文化非常重要。在这个共同的系统中，人们拥有共同的目的、策略和对生活一致的看法①。在文化象征符号或文化内码的理解与接受中，我们社会化为“土人、土族人”，拥有了群体的世界观。“群体世界观向个体世界观之转化，还有一个非常重要的机制——客观社会存在。所谓客观社会存在，并不是指客观的自然界，它乃是前人实践的结果，是特定世界观指导下的人类实践的产物。客观社会存在的本质，是历史的、社会的、物化的群体世界观。信仰的传递、个体的选择，都是在具体的客观社会存在之基础上进行和完成。归根到底，是客观社会存在的状况，决定群体世界观向个体世界观的转化，决定个体世界观之‘类’的一致性，决定特定社会中极大部分个体传播和接受特定的群体世界观。”②

我们首先来看儿童的社会化过程中民间信仰的传递。合法的婚姻给予孩子一个完整的血缘身份，一个由父亲和母亲延伸出去的亲属关系网③。儿童一出生就生活在这样一个事前已经定型的生活圈子中。从此，他们就踏上了社会化的路程。从出生起，开始融入民间信仰的生活之中。母亲生产时门口有忌门习俗，坐月子期间禁止生人进入，而一般体质较差的人也忌讳去产房，害怕引起老病复发或加重，观念上认为产房是一处“不洁”的地方。满月时摆满月，进行取名仪式，让长辈给他取名，赋予人生历程第一个社会化的符号。这里，当然包含着家人对他的一生的期望。在周岁抓周仪式上，开始预测一生的职业以及生活幸福。“人的自然属性赋予他

① 范丽珠：《中国民间文化的现代价值》（http://www.guoxue.com/ws/ShowArticle.asp?ArticleID=1766）。

② 顾伟康：《宗教协调论——中国宗教的过去、现在和未来》，学林出版社1992年版，第41页。

③ 费孝通：《生育制度》，商务印书馆1999年版，第70页。

一些生活需要，但却是文化教育他如何去满足这些需要。人的许多自然功能都是由文化控制的。"① "儿童的成长过程是一个思维和心态不断专业化的过程，也是适应不断扩大的社会环境的过程。世界不断地被划分为男人和女人、老人和青年、家人和外人等等。社会性就是从自我向社会靠近，但造成精神上的失落和异化感。……抑制本能、延缓或以别种方式满足欲望是人社会化过程的核心。"② 逐渐成长的过程，也是逐渐抑制自然性，加强社会性的过程。"我们若观察一个孩子的生活，有时真会使我们替他抱不平。他很像是个人国未问禁的蠢汉。他的个体刚长到可以活动时，他的周围已经布满了干涉他活动的天罗地网。孩子碰着的不是一个为他方便而设下的世界，而是一个为成人们方便所布置下的园地。他闯入进来，并没有带着创立新秩序的力量，可是又没有个服从旧秩序的心愿。于是好像一只扯满帆的船，到处驶，到处触礁了。"③ 在这个过程中，他们学会了各种生活需要的技能，这里自然包括民间信仰的内容。从懂事起，开始参与家族的民间信仰活动，当然这时还不是必需的，但是在整个家族、家庭参与时，他自然地要加入到仪式现场，接受被动的社会化。例如，祭祖仪式、丧葬仪式等。而且，接受大人们通过故事、神迹等传播的民间信仰的内容，但是就像听新鲜的故事，在潜移默化的过程中获得了民间信仰的教育。而到可以执行一些事情的时候，家长安排他来执行一些民间信仰的小的事象，如单独去该祖先烧纸、去祭奠亡者，逐渐掌握一些简单的民间信仰事宜。在逐渐接受民间信仰的过程中，一个自然人也被社会化为具有民间信仰的人。

一个人的信仰人格可以从这三方面得到展现：审序信仰认知的形成和发展，也相当于儿童社会化过程。在这个阶段，他获得民间信仰的外在的一些要素的感性掌握，直观认知，并在不断的积累中逐渐体系化，但是对于其中隐含的观念尚未有深入的探求。审序信仰情感的形成和发展，主要是信仰认知形成以后参与民间信仰仪式活动而得到情感体验并逐渐累积、发展的过程，这个过程持续时间一般比较长，对于土族而言，可以认为持续到中年。信仰情感的获得，是基于亲身参与民间信仰仪式活动，并在现

① 费孝通：《生育制度》，商务印书馆1999年版，第28页。

② 同上书，第30—31页。

③ 同上书，第140—141页。

场的仪式氛围中获得的心理体验。而且，也不是一蹴而就的过程，需要长期的积累。因为各种民间信仰仪式不是集中在短期内进行的，一个人也不可能在短期内参与各种民间信仰仪式。不同的民间信仰仪式有不同的情感体验，只有参与一项获得一项的体验。另外，考虑到这个阶段是在青壮年时期，他背负更多的社会责任——养家糊口、传宗接代、赡养老人，由于各种压力他将更多的精力放到经济生活中。虽然有各种情感的体验，但是还是不能全面地参与民间信仰活动，即他的信仰行为受到了限制。审序信仰行为的成型和发展，是以信仰情感的定型为基础成型的，并在此基础上逐渐发展，参与各种民间信仰的仪式活动，掌握各种民间信仰仪式的规则要求，也就是成为一个掌握民间信仰的观念认知、情感体验、外在行为等内容的“民间信仰的模型”，即从他身上可以看到一个民族的所有民间信仰的要素。信仰行为的定型和发展，基本上是在步入老年以后。土族人，一般在年过半百后基本脱离主要的体力劳动，日常主要活动转向对于来世的追求，即开始大量的参与民间信仰活动，如每天清晨的礼神拜佛，祈祷平安，初一、十五的嘛呢会等。这时，他开始全面参与民间信仰仪式活动，对这些仪式活动的内容、目标、意义等有了深刻的理解。

土族的很多民间信仰仪式活动，均以家庭为单位展开。比如祭祖是以小家汇合到大家，来到祖坟进行；纳顿是以家庭为单位摊派费用、安排人员，也是以家庭为单位向神灵奉献祭品；而更小的一些祛病禳解仪式更是以家庭为单位。这样的家庭生活中，家庭成员耳濡目染，逐渐熏陶为一个社会人。家庭，是一个人进行民间信仰教育的最初的学堂。通过它，触染了大多数的民间信仰要素。“孔沃（Marrie Cornwall）认为一个人的宗教社会化影响到成年时的宗教性；科瑞尔（H. Carrier）与斯派罗（M. E. Spiro）也指出，形成宗教信仰基础的个人投射体系在儿童时期即已发展，家庭生活的经验决定人的宗教性的发展。”“社会个体在通过学习其文化用语及自己所属社会阶层的生活方式的过程中，会逐渐意识到自己不仅是作为主体的‘我’而存在的，而且是作为具有确定特点的、别人可以对之互动和与之作用的客体‘我’而存在的。一个人从宗教群体那里对自我的了解，补充了他们通过与其他社会媒介互动对自我的了解。通过这种宗教社会化的过程，个人不仅获得了对待超自然的对象的合适的态度，而且明白了自己的宗教身份。”“宗教认同与其说是一种获得，不如说是一种归属，即依从于他所在的群体的主要宗教信仰系统；其次，宗教是社会认同的一部分，当人们对某种宗教获得认同之后，他们会惊奇地发现，他们也同样获得可与这种认同相联系的信仰体系。”[①] 通过家庭，获得了最初的信仰体验和身份。例如，还在他小时候，大人利用民间信仰的方式给他治疗疾病——比如就是一次感冒——在治疗的过程中他作为当事人就有了体验。而以后的民间信仰活动，获得了信仰的身份，将自己彻底地融入到社会中的民间信仰活动中，并从心理上有了依靠和归属。

没有一个人可以游离于其生活的民族文化之外。民间信仰，犹如水中之盐，“有味无痕，性存体匿”。民间信仰作为民族文化的组成部分，任何人也不可避免地受到它的影响。它如一条暗流，无时无刻地流动在民族成员的心理结构之中，形成深层的心理习惯，无意识、不自觉地表露在日常生活之中。在这里，它既是土族的群体世界观，也是土族的个体世界观。群体世界观是以具体的信仰形态的形式为个体所感知和把握、接受。升华的理论形态、内化的思维形态、外化的行为形态，均能在实践中为个体所感知，起到教育感化作用，为个体所接受。若欲了解精神生活的个别状态并理解它在整体中的意义，需要始终对生活的总体条件了如指掌。“权力是社会控制个人的力量，它发生在人类本性和集体生活的不相谋和处，生物和社会的矛盾场合下。”[②] 社会是一种许多人组织在一起共同生活的团体，在任何一个社会中都应有一个普遍的组织、一种制度的存在；任何社会都有一个政权或是某个权威，即大家或起码是绝大多数人所应服从的组织层，由它来保证统一的共同生活；社会中有某些共同的法则在起作用，责成每一位成员承担义务；有某种权利（主观意义上）与义务相应等。社会可以改革、变迁，但始终以这些内在的规律——所在的社会的共同内容而来的合乎逻辑的必然联系。“社会制度有两种基本功能。首先是，在变化无常和充满偶然性的世界上，它们提供了重要的稳定性和依靠性因素；同时，它们还为个体生活以及个体与群体、个体与个体、群体与群体之间的必要关系提供一种模式或设计。其次，社会制度还充当了集体或社会的‘记忆存储器’，将以往的经验积淀传递给子孙后代。”[③]

① 梁丽萍：《中国人的宗教心理——宗教认同的理论分析与实证研究》，社会科学文献出版社2004年版，第16—17页。

② 费孝通：《生育制度》，商务印书馆1999年版，第141页。

③ ［美］托马斯·F. 奥戴等：《宗教社会学》，刘润忠译，中国社会科学出版社1990年版，第96页。

20世纪60年代宗教社会学家约翰·罗弗兰德（Lofland John）提出著名的皈依模型，指出皈依的完成实质上蕴含了七个条件：审序紧张经验的持续；审序浸淫在宗教倾向的问题解决观点里；审序由此而将自己界定为宗教追寻者（religious seeker）；审序在生命的转折点上遇到某一个宗教团体；审序与该宗教团体之间形成人际网络或者原本即有此人际网络的存在；审序对于该宗教团体的负面阻力并不存在或者其他网络的缺乏；审序与该宗教团体展开密集的互动，或是暴露在密集的互动之中①。土族民众大多自小就生活在充满民间信仰神灵佛光的氛围之中，浸淫在求神拜佛的喃喃祈祷之中，晃动在供献神灵的香烟烛光之中，又岂能摆脱这种民间信仰？

信仰者由于大多文化程度较低，甚至大多数是文盲，他们的人格世界与其家庭生活和日常生活保持着更为紧密的关系。他们最初接触信仰的途径更多的是受到家庭及其周围的人际网络的影响。他们的人格世界更多地浸淫在具体的生活情景之中，信仰动机也更多地与具体的事件有关，而且对信仰的评价也是多从具体可见的生活事件中展开。最初接受信仰的人们，是在接受一种新的生活方式。他们发现自己接受的信仰具有某些价值，可以解决他们在生活中的实际困难，在接受这样的信仰以后，可以获得自身生活上的稳定和成功。民间信仰在一定程度上是对人格化的神灵和代表神灵的塑像的膜拜，并通过一定的仪式和特定的人物来沟通人神，完成彼此之间的交流。民间信仰的仪式，是针对超自然力量的存在物，是对确定的民间信仰的朴素理论的现实模拟。与世俗的仪式相比较，民间信仰的仪式更加具有生动、戏剧化、神秘化甚至场面宏大的效果，这样更加具有情绪感染力，容易激发参与者的反应，激起他们的个人的信仰体验。

民间信仰与正式宗教相比较，更多地体现了人与自然、人和人的关系现象层面上的异化，其迷信的本质更加突出。这也是基于民间信仰的民众素质比较低，一般不能追究宗教深奥的教义，他们只是为了应对生活中无法控制的力量而采取的措施而已。由此，民间信仰也有更加灵活的适应能力和持久的生命力而在广大民众中间广为流行。

受到文化水平的限制，他们很少进行对自己的信仰进行理论上的思考，对神灵表达虔诚的信仰时，都是以具体的行为来进行。受到文化程度

---

① 梁丽萍：《中国人的宗教心理——宗教认同的理论分析与实证研究》，社会科学文献出版社2004年版，第21—22页。

的制约，他们对自己的信仰方式缺乏反思，是常年一如既往的、极少变化的形式来完成信仰内容。对已经形成的制度化的信仰模式，会一如既往地坚持。这样，制度化的民间信仰为人们提供了可以行事的模式，但也彰显其消极作用。土族民众受到文化水平的限制，很难考虑、反思他们的民间信仰活动，这种制度化的民间信仰在深刻地抑制、阻碍新的思想、制度的产生，僵化社会生活，阻止他们摆脱神灵佛光的束缚。

按照传统的宗教心理学和宗教社会学的立场，通常认为人们大多是在处于困境之中出于消极与逃避的心态才会信奉宗教，这就如“剥夺与补偿论”之宗教行为起源观点，即认为在物质上或是心理上有所不满足或是遭受剥夺者，会有较高的宗教倾向。如果从这个意义上来理解，宗教信仰者代表一种似乎是消极、软弱甚至病态的人格倾向。但如果我们站在信仰者本身的立场上来看，信仰对他们来说，并非意味着逃避，而可能是一种新的“力量”。这种新的“力量”包含可以依托的某种“神力”，包含可以动员的某些社会资源，更包含可以组织起来的以安顿自己身心状态的人格质素。首先，信徒将某种“神力”作为自己生活中的一个新的可以依托的“力量”渊源。许多信徒将自己疾病的痊愈、身体的健康、事业的转机、生意的兴旺等均归因于信仰对象的“神力”庇护。其次，信徒在信仰的集体中可以得到更多可以动员的社会资源，诸如其他人员的帮助。这样他们在这里可以得到心理上的安全感和合理感，即社会上对其存在及其做法的认可。另外，信徒在自身的信仰过程中，通过不断的祈求、诵读、叩头拜神等活动，感受或获得强大的信念力量，可以控制和协调自身身心。这样，他们在一定程度上，可以获得身心的愉悦，而免除生活中的一些烦恼、无奈、痛苦。而在社会转型时期，各种观念碰撞，引起传统观念的极大震撼，动摇传统的思维方式和处世方式，导致社会上产生一些思想混乱、信仰混乱，致使一些人思想上产生一些不理智的想法，行为上出现不理智的做法。这时，正如顾伟康所言：“作为有生命的机体，社会运动必然要排除一些腐化物——特别是在阶级社会，剥削关系的异化必然要排放大量的毒素，那么，俗文化层次的宗教（指民间信仰一类——引者注）乃是社会宣泄和排毒的场所之一。”[①] 民间信仰也会具有宣泄和排

① 顾伟康：《宗教协调论——中国宗教的过去、现在和未来》，学林出版社 1992 年版，第 39 页。

除这些不理智的“毒素”的渠道作用。在排除毒素的同时，其实为和谐社会的构建作出了重要贡献。

第二节　土族民众的信仰经验及认同

关于土族民众的信仰经验及认同，我们试图通过问卷调查的方式来进行分析。问卷调查区域的确定，是根据前期的全面调查基础上，基于问卷调查的不全面性只能确定若干调查点进行。因此，根据典型调查原则，首先确定土族最大的两个聚居区互助和民和为调查区域，其中，根据调查传统村落民间信仰的设计，又分别确定了两个能够代表互助、民和聚居区民间信仰状况的典型自然村落。而进入村落以后，为了避免随机抽样的不确定性，我们并没有进行随机抽样调查，而是，以整个村落人口（除去小学生）为调查对象的普查，挨家挨户，对于每一个村民进行独立、全面的问卷调查。而且，考虑到村民文化程度及理解能力，我们在前期调查实验之后，根据需要注意的问题先培训调查人员，需要时将一些问题解释给村民，并对不能自己填写问卷的村民采取了问答方式，由调查人员填写问卷；而具有高中以上文化程度的村民，鼓励他们填写问卷。反思问卷调查，可能选择调查点没有将同仁、大通、天祝等囊括进来，需要以后继续调查，以能够更准确地反映土族民众民间信仰体验态度。

一　信仰经验

每个信仰者对于信仰对象的信仰过程中，在信仰观念的支配下，在情绪上产生种种感受和反应。詹姆斯《宗教经验种种》把这种感受和反应称之为“宗教经验”，此后这一概念得到广泛使用。“所谓宗教经验，指个人对超自然的不可见世界的一种特殊感受，由此产生一种临现感、平和感、快乐感或神圣感。或者说，宗教经验是个人直接感受的一种神秘现象。”① 而我国学者认为，“宗教经验属于广义上的经验，它是宗教信仰者对于神圣物（神、神圣力量、神性物）与自己的关系而产生的某种内心

① ［美］威廉·詹姆斯：《宗教经验种种》，尚新建译，华夏出版社2008年版，中译者导言，第15页。

感受，是与神圣存在沟通的精神体验。”① 在民间信仰的研究中，借鉴宗教经验概念，使用信仰经验来指称民间信仰主体个人对于神、神圣力量、神性物等的感受和反应。其中，具体包括民众的信仰态度和信仰体验两部分。

（一）信仰态度

信仰态度，主要指民众对于民间信仰对象以及参与各种仪式活动的态度。土族民众对于民间信仰的态度，在调查时主要通过他们对于是否需要信仰、信仰的虔诚程度、对于信仰教义的掌握和理解以及接受信仰途径等入手取得分析资料。在我们随机问卷调查结合深度访谈的过程中，取得了一些数据。

调查区	选择内容	20 岁以下/%	21—30 岁/%	31—45 岁/%	46—60 岁/%	60 岁以上/%
互助	不需要信仰	23.81	3.7	8.45	0	0
	需要	61.90	66.67	71.83	87.88	80.0
	两可	4.76	18.52	15.49	9.09	20.0
民和	不需要	7.69	8.57	11.76	10.26	12.12
	需要	53.85	60.0	50.98	53.85	72.72
	两可	33.33	31.43	37.25	33.33	18.18

通过分析发现，多数人认为需要民间信仰，而且随着年龄的逐渐递增，这种看法比例在提高。一般而言，年龄与信仰态度成正相关。关于这一点，在深度访谈中得到证实。民众认为，随着年龄逐渐增大，考虑的问题越来越多，而且有些问题并不能依靠个人或者家庭努力能够得到解决。在个人层面上，个人身体状况逐渐变差，需要为医疗操更多的心，这是期望通过民间信仰能够缓解这一问题，潜意识中认为神灵可以保佑自己少得病。此外，有些年龄较大的人，开始关注个人后世问题。这又涉及土族人生观。土族人民认为，人的生命是上天或者神佛赐予。一个人的子嗣，也是上天注定或者由神佛掌握。所以，每当不能正常生育，或者在过去没有生育男孩时，多会选择在清明或寒食节（多在春分前后）祭扫祖坟时，向祖先进行求子仪式，或者自选时间赴当地据传能够授予子嗣的神佛前求子。一旦生育，认为“金身子难得，得了难活”，

① 吕大吉主编：《宗教学纲要》，高等教育出版社 2003 年版，第 79 页。

一生是赎罪的一生、吃苦的一生。而具体到一个个体的生命，其一生苦乐以及寿命长短早已由天注定，具有典型的宿命色彩。诸如生病、破财、遭灾、遇难，等等，均认为上天早有安排。某人遭遇意外事故，人们会说“唉，上天注定的，个人躲是躲不过去的！逃不过上天的！”当有人久病而不能咽气时，人们会说“孽障！现在在消罪呢！命啊！”而且，一个人老了，面对死亡时能够不被疾病折磨，不长期卧床让家人伺候，能够在很短时间内很容易的去世，被认为是这个人一世修来的福分。很多老人都认可这种方式。并认为“黄泉路上无老少”。但是，土族人在婚姻、生辰八字、修建动土、丧葬等活动中，动用各种民间信仰资源追求吉祥，追求天、地、人的和谐局面。

土族生死观，在土族的丧葬仪式中得到较集中的展现。土族的丧葬仪式将死亡的生物事实转化为一种民族文化，构建了关于死亡的一系列的仪式，来表达对死亡的认识。他们坚信人有灵魂，与灵魂相关的转生、轮回以及地狱观念，又同他们对宇宙的认识相结合。认为灵魂能够升天，实际是设想宇宙为上界、人界、下界的，与天、人、地下对应的垂直分布结构。他们认为，人有前世、现世和来世。因此，现世的一切都是前世因果报应的结果。如果现世积善修德，来世必将会升入天堂，如果现世败坏伦理道德，死后则必将会坠入地狱，或转生为饿鬼、牲畜。如果转生为牲畜，其命运则更加悲惨，将受尽人类的鞭挞和驱使，最终将成为人类或其他动物的口中餐。所以，土族民众最怕来世转生为牲畜！土族认为，只有吃斋念佛，以慈悲为怀，终身修心积德，功德圆满，才能升入他们理念中的极乐世界。土族的生死观，目前受佛教、尤其是藏传佛教的思想影响比较大。出于因果报应的认识，当土族人到了五十多岁以后，就将家庭权力移交给儿子做主，自己则拿上念珠，为来世修善积德。而作为儿女，为老人创造条件，请老人去寺院朝觐拜佛，满足老人的修行愿望，同时尽儿女的孝道。子女对父母，父母对子女都有责任。个人的生命是父母生命的延续，祖先生命的延续。

关于人的寿命问题，也不认为越长寿越好。民间认为，人的寿命也是适度为好，过于年轻去世认为不好，而过于长寿也被认为不是一件好事。因为，过于长寿，对于长寿者的子女而言有可能在父母之前去世，这样就出现白发人送黑发人的事情。这在民间认为“不顺”，即没有按照一般的先父母后子女的顺序来。民间长寿老人们最担心这样的事情发生。而且，也认为一个人的生命的价值并不在于自然年岁的长短，如果一个人寿命虽短，但为社会作了很多贡献，为人极好，一生也具有极大价值。

后世问题中，一个最实际的问题是自己能够顺利咽下最后一口气，轻松去世。在自己还未去世之前大家都看到过其他老人去世过程，对此大家在议论过程中，均认为一旦面临死亡，最好的方式就是尽快咽气。调查中，对于老人因脑溢血等突发疾病，在一两天时间内去世被认为是一种很好的方式。反过来，大家最害怕长期卧病在床，“活时活不好，死又死不了”，长期受罪。这里的受罪，包含两层意思，一是本人受疾病疼痛折磨之罪，一是家属受伺候病人之罪。调查到，一位高龄老人，在一天下午剃完头，刮好胡须后，在晚饭后说发困，睡过去后再也没有醒来。在居丧期间，吊唁的老人们对于老人的去世方式，表达着羡慕之意，认为在享受高龄后这是最好的离开人世的方式。同时，推及自身，强烈表达出希望自己最后也能够以这种方式离世。但是，又客观地承认，每个人的死亡方式由不得个人。所以，老人希望通过民间信仰能够得到一个被社会认可的好的离世方式。此外，开始考虑死后的去处，即“托生”问题。也是希望通过民间信仰，积善行德，得到一个好的托生，托生为人。

同时，年龄的增长，有了子孙后代，为子孙后代的福祉考虑程度不断加强。大部分老人在晚年不再考虑自身的幸福与否，而将更多的精力投注到子孙身上，尤其是孙子辈上。他们的眼睛紧紧盯住孙子们的生存发展状况，始终关注他们的未来。宁肯自己少吃少喝，也不愿孙子们吃不好穿不好。为了子孙们有个好的未来，好的前程，他们动用所有能够动用的资源。这里，自然也不会忽视通过民间信仰方式来取得对子孙的保佑。刚刚出生时，为他们的顺利成长祈求神灵的保佑，长大升学时为了考取满意的大学祈求神灵的保佑……

民众对于自己的信仰程度，也是随着年龄的逐渐增大而增强。认为虔诚、比较虔诚的百分比在80%以上。不分年龄，完全不信仰的只是极个别的特例。对于信仰程度，与前述分析原因有很大的关联，这里不再赘述。至于这些个别特例，我们通过访谈以及了解他们周围环境后发现，他们也并非完全不信，有一些现象值得思考。一是由于这些民众在村落中整体人际关系紧张。这样，在民间信仰事务中，将紧张的人际关系也转移过来，将日常生活中的不配合落实在民间信仰事务中，将自己置于大家的对立面，因为别人都在信仰而不信仰。另外，有些人选择完全不信是因为过去极度的信仰而走向另一个极端，过去在虔诚信仰的状态下，面对一些困难事务向神灵祈求而并未得到保佑，并因此生活陷入极大困境。在反思后，认为信仰神灵没有任何作用，所以走向完全不信的行列。第三种情况，是有些年轻人，凡是顺利，一切事情都在人力努力之下顺利得到解决，并没有得到神灵保佑的“体验”，所以在调查时随意的给出了完全不信的答案。

戈登·奥尔波特区分了“内在的”（Intrinsic）宗教取向和“外在的”（Extrinsic）宗教取向。内在取向的信教者是真正的信仰者，他们严肃地对待宗教。而外在取向的信教者，更多的是把宗教当作达到其他目的的手段[①]。正如这里提及的外在取向的信教者，土族民众绝大多数都属于此列。换言之，土族民众信仰态度，就是为了解决生产生活中的难以解决的问题，目的性极强。

调查区	选择内容	20 岁以下/%	21—30 岁/%	31—45 岁/%	46—60 岁/%	60 岁以上/%
互助	虔诚	23.81	22.22	21.13	39.39	55.0
	比较虔诚	57.14	31.48	69.01	33.33	30.0
	不太信仰	14.29	18.52	14.08	15.15	10.0
	完全不信	0	5.56	0	0	5.0
民和	虔诚	17.95	20.0	25.49	35.90	60.61
	比较虔诚	38.46	45.71	37.25	28.21	15.15
	不太信仰	33.33	31.43	29.41	15.38	21.21
	完全不信	2.56	0	0	7.69	0

民众对于民间信仰的神灵来源、传说以及涉及的教义等方面的了解程度，则表现出只有 20% 以下的人认为比较了解和很了解，30% 以上的人认为自己并不了解。这一点，与民间信仰的功利性、松散性存在直接关联。“无事不登三宝殿”，只在遇到难事时才会求助于神灵，凡事只求达到目的，而且只是根据平常的程式或者在神职人员的指导下被动完成各项要求，并不理会实际教义。有些认为自己比较了解的人，也只是了解一些关于地方神灵的神迹、传说。

① ［英］麦克·阿盖尔：《宗教心理学导论》，陈彪译，中国人民大学出版社 2005 年版，第 33 页。

调查区	选择内容	20岁以下/%	21—30岁/%	31—45岁/%	46—60岁/%	60岁以上/%
互助	很了解	0	5.56	1.41	0	0
	比较了解	19.05	12.96	11.27	15.15	15.0
	了解一点	38.10	35.19	18.31	18.18	15.0
	不了解	33.33	27.78	59.15	60.61	50.0
民和	很了解	2.56	2.86	3.92	2.56	3.03
	比较了解	23.86	22.86	7.84	15.38	30.30
	了解一点	43.59	40.0	39.22	28.21	18.18
	不了解	25.64	31.43	49.02	41.03	48.48

民众对于民间信仰的接触，都是因为家庭、村落原因。每个民众一出生以后，即陷入现成的民间信仰的氛围之中，而且随着逐渐的社会化过程，开始慢慢熏染民间信仰的内容和形式。在农村中，爷爷奶奶们是孙子们的天然保姆。调查过程中，我们常常看到爷爷奶奶们一手领着孙子们，一手拿着敬神的香表、清油等，来到神灵前虔心礼佛敬神。此时的孙子们，并没有得到爷爷奶奶们的直接指导，只是站在旁边好奇地观望着自己的爷爷奶奶在肃穆地上香、点灯、叩头。而正是多次这样的经历，已经完成了精神礼佛的社会化、习俗化过程，一旦再长大一些，便可以按照这些程式自己亲自操演敬神的过程。而且，整个村落的民间信仰的同质化，规约着本村落所有民众民间信仰对象的一致性。身处同一个村落，自然被要求信仰同一个地方神，参与本村落所有的民间信仰仪式活动，接受民间信仰仪式活动所需的各项经费摊派。反言之，如果谁不缴纳摊派经费，不参与民间信仰仪式活动，不信仰本村落地方神，那就表明了要与全村落的民众为敌，自然站到大家的对立面。这时，一些举全村落之力来完成的事务（并不一定是与民间信仰相关的事务）把他排除在外，虽然他身居本村，但俨然不以本村落一员来对待。尤其如婚丧嫁娶之事，是表现主家与村落民众关系的“晴雨表”。多数地方的丧事中，由村落民众即本家来抬棺材，如果没有村落民众的到来，一般没有办法出殡将棺材抬到墓地下葬。因此，一般没有人敢如此得罪村落民众。自然，也就接受本村落的各种民间信仰规范。正如“民俗控制在习俗环境中大致可以分为两大类：一类是由俗民群体依据习俗规范的约束，有具体意向地要求俗民成员无条件遵守，如有违规越轨行为，就会受到惩罚；如能模范遵守就会受到表彰奖赏。另一类是由某些民俗事象在习俗化过程中对俗民个体施加影响，促使俗民在实践中想当然地恪守其约束，形成一种自然而然的控制力，一旦违

背了这些民俗的约束，立即在俗民的心理和精神上产生巨大的压力，并把这种压力作为一种自我惩罚或超自然力的惩罚”。[①] 因此，土族民众对于民间信仰的态度，可以归纳为是积极的、主动的需求信仰，期望通过民间信仰的方式，在一定程度上获得神灵的护佑，得到本身的今世和来世的幸福，人才兴旺，家庭平安。

（二）信仰体验

按照詹姆斯对于宗教的理解，“宗教意味着个人独自产生的某些感情、行为和经验，使他觉得自己与他所认为的神圣对象发生关系”。[②] 宗教作为个人的亲身体验，更多关注个人层次的体验。“综合各种宗教信徒的自我述说和旁观者观察到的材料，宗教经验有多种表现形式。如在神圣物目前的敬畏感；对神圣物的依赖感；对神圣力量之神奇和无限的惊异感；相信神对自己行为的审判而产生的罪恶感和羞耻感；信仰神的仁慈与宽恕而产生的安宁感；自觉与神际遇或与神合一的神秘感，如此等等。”[③] 土族民众的民间信仰体验，同样具有以上的种种表现形式。

对于神圣物的敬畏感，在土族民众中十分普遍，表现得也十分突出。对于神灵，以及神灵的属物（比如供献于神灵的供品、神灵庙宇的所有物件、神灵塑像的所有附属物以及各种法器等）都有明显的敬畏感。在访谈中，因为对于神灵不敬而受到神灵惩罚的事例比比皆是，比如直呼神灵名讳，发表对神不敬言辞，不洁净状态接触神圣物品，不按时还愿，等等。而对于神灵属物，未经神灵许可下擅自占有，也得到神灵的惩罚。这种事例，在过去“破除迷信”时期拆除庙宇，有些人将庙宇材料搬回家里，在20世纪80年代开始恢复庙宇过程中，很多人因为家中长期发生疾病等因素，主动将过去庙宇材料归还。而且民间都说材料归还回来以后，他们家中一切回归正常。所以，土族民众对于神圣物，自进入庙宇后心中多怀有一种敬畏感，处处小心，事事谨慎。

对于神圣物的依赖感，主要表现在对于各种神灵的依赖。不过随着社会的科技水平、教育水平的不断提升，经济发展水平的不断提高，依赖程度在明显下降。过去，对于神灵的依赖程度较为明显。农业的丰歉，指望得到神

① 乌丙安：《民俗学原理》，辽宁教育出版社2001年版，第138页。

② ［美］威廉·詹姆斯：《宗教经验种种》，尚新建译，华夏出版社2008年版，第22页。

③ 吕大吉主编：《宗教学纲要》，高等教育出版社2003年版，第80页。

灵的保佑。尤其在干旱年份，会举行求雨仪式，期望凭借神灵的威力得到降水；个人生病，无力医治或者医治无效时，也会转向神灵求助；膝下无子，会向地方神灵、祖先求子；出门求财，更是寄希望于神灵保佑；学生升学，也会祈求保佑，等等，不一而足。无论对于神灵的依赖现象表现得多么纷繁复杂，我们发现，所有依赖神灵的事情，都是在民众通过个人极大努力以后，个人无法解决或者无法把握的事情，正如"谋事在人，成事在天"。

对于神圣力量的惊异感，土族社会中表现为诸多地方神灵的神迹。民间述说，干旱时，向神灵求雨马上得到降雨；有些疾病在医院都没有治好，可民间疗法发生奇效治愈；连年无子，向神灵求子一年得子；出门求财，出门之前向神灵求助与否产生明显的差别，求助者如愿发财，等等，各种神迹流传甚广。尤其是，向神灵求助许愿后，效果异常明显。所以过去许愿、还愿现象很多。

另外，信仰体验很多表现为神职人员，诸如法拉、法师等人神一体的现象。法拉、法师等神职人员大多借由神灵附体，向普通民众展示人神一体现象，而普通民众对于法师、法拉等"神圣状态"（神灵附体）的"不可为"，神职人员从普通民众群体中脱颖而出，成为人神中介。他们成为土族社会中神异事件最为丰富的人群。

土族民众的罪恶感，源自于内心对于许多自认为应该办的事务，没有照办。有些甚至自我感觉冒犯了神灵。而安宁感，自然来自于对于各种应该办的事务，件件照办。而神秘感，一是民间信仰本身的神秘化，比如对于神像的遮遮掩掩，不让大众一览真实面目，在一种模糊的视觉中，构建起神秘感；二是神迹的不断流传，一方面是正门的对于民众的保护，另一方面是对于冒犯神灵的民众的惩戒。神迹，有些就是民众自己的亲身体验，促进民众对于神灵深信不疑；有些神迹，是不断流传，向民众灌输神灵的神秘感。

土族民众分年龄阶段信仰体验情况如下表：

调查区	遇到过神灵让你信服的事情吗？	20岁以下/%	21—30岁/%	31—45岁/%	46—60岁/%	60岁以上/%
互助	有过	52.38	62.96	53.52	39.47	70.0
	没有	42.86	35.19	40.85	52.63	10.0
民和	有过	51.28	28.57	37.25	33.33	27.27
	没有	46.15	68.57	60.78	61.54	66.67

而对于求神拜佛是否让内心踏实问题，绝大多数人选择了肯定答案，都说求神拜佛能够获得心灵的安宁。在面对一些无所适从的事务时，求神拜佛以后内心便会踏实，感觉该做的都做了，该求的也都求了，结果只有等“神佛”的保佑了。对于为什么拜佛以后内心会感觉踏实？一是受到周围民众信仰的大的文化氛围的熏染，大家都在拜佛求神，不拜会得不到保佑；二是受到一些神异事情的感染，有些民间不断传播的神灵显灵的神迹促动人们对神灵的祈求，抱着“宁可信其有，不可信其无”的心态，心想类似神迹在个人的祈求之下也有可能会发生在自己身上，而不求神拜佛则断然不会保佑自己。三是明显的从众心理。

调查区	拜神让内心踏实	20 岁以下/%	21—30 岁/%	31—45 岁/%	46—60 岁/%	60 岁以上/%
互助	完全符合	38.10	38.89	47.89	47.36	45.0
	比较符合	33.33	31.48	28.17	36.31	25.0
	不知道	9.52	9.26	5.63	7.89	0
	不符合	14.29	1.85	2.82	7.89	15.0
	完全不符合	0	7.41	9.86	2.63	5.0
民和	完全符合	5.13	20.0	31.37	35.90	45.45
	比较符合	58.97	45.71	27.45	30.77	24.24
	不知道	12.82	17.14	9.8	17.95	6.06
	不符合	17.95	11.42	21.57	2.56	12.12
	完全不符合	2.56	2.86	7.84	7.69	3.03

（三）信仰行为

土族民众的信仰行为，是在民间信仰观念支配下，与上述信仰态度和体验互相强化，逐渐定型的身体动作和语言形式。一般包括巫术、禁忌、献祭、祈祷等方式。这些方式在民间具体的仪式活动中，进行不同组合，形成了各种民间信仰仪式活动。其中，我们可以这样看待土族民间信仰的行为过程。虽然民间信仰不如制度化宗教具有严格的组织、祭仪、教义等，但是具体的民间信仰中还是具有一定的组织、祭仪和教义等。这些是民间信仰的外化形式，是所有参与人员能够看到的过程。但是，这些都是经过长期的磨合，逐渐形成的程式。一般地，人们多根据这些外化的仪式等来观照民间信仰。其实，民间信仰的内在核心，仍然是个人层面的信仰目标，是每个个体将自身与超自然力量联系起来，企图谋得个人功利化的目标的过程。一个群体的信仰经验、行为，都是群体内部民众的个人的宗教经验和行为的汇合、整合、成型。各种具体的信仰行为，在前述各章节中详细介绍过，在此不再赘述。

不过，必须要明确的是，土族民众的信仰行为，表现出特别鲜明的从众意识。问及为什么要来求神拜佛时，有一种回答概率颇高。这种回答就是害怕大家拜了，而自己没有拜，神灵万能，看到大家拜而自己没有拜，会受到专门惩罚。即使不惩罚，保佑别人而不保佑自己，也是难以接受的。民间认为，神佛只会保佑那些对自己忠诚的信徒，对于自己“三心二意”的人、不信仰的人，是绝对不会去保佑。所有前来拜神的人们，献给神的供品，基本也是一样的。香、黄表纸、点灯用的清油对于在家的人们来说是必须需要的供物，外出务工或者工作的人，回乡后拜神多有敬献哈达、砖茶、比较好的白酒等，而这些人一般不拿清油。

二　信仰认同

土族社会中，个人的积极的、自觉的信仰不断整合成为一个区域群体的共同认可的信仰模式。反过来，这种模式是被大家所认同的、维持的，表现出一定的保守性和稳定性。一个村落的信仰模式，被确定为村落内部个体的生活世界，在不断的社会化、习俗化过程中，与这个世界进行不断的互相作用、相互交流，并不断地构建认同体系。

信仰认同体系中，首先是明确的边界。一是地理的边界，这是村落内部个体，乃至于周边相邻村落的个体都通晓的地方知识。一是精神边界，体现在信仰的边界，以地理边界为基础，以地方神所管辖的范围为边界。但是，这个边界有时是固化在地理边界之上，有时又是十分模糊的，具有十分宽松的伸缩性，跟随个体的活动范围而改变，超越村落地理边界。信仰边界，与心理边界等综合为精神边界。本村落的所有个体，拥有村落身份的人融入这个村落，积极维护本村落的形象，具有典型的“集体主义观念”。

其次，信仰对象认同。虽然村落不同，但是联村组织的村落，由于合作需要，在历史上形成了个体供奉同一个神灵的社会现实。这时，由于共同的信仰对象，将这些村落联系在一起，具有明确的信仰认同。

再次，共同的信仰观念。共同的观念支配下，才会外化出各种共同的信仰态度、信仰体验和信仰行为。其中，把神灵与自己的关系，定位为具有血缘关系。所以，称呼神灵多称呼“某某帝帝”（帝帝，土族语，爷爷之意），与祖先崇拜的因素融会在一起。而所有信众，自然就是具有血缘关系的兄弟、叔侄、爷孙等关系。

很主要的一点是，各种民间信仰仪式是一年之内定期加强村落民众信仰认同的“黏合剂”。只有在各种村落层面上的民间信仰仪式中，所有民众都会被要求参与，所有民众具有权利和义务的对等性。对于义务，互相监督是民间组织中自我管理的非常重要的方式。而在尽义务之后，自然享受各种对应的权利。对于已经尽了义务的人，在缺席享受权利时，诸如分配圣餐等，都会得到应得的份额。通过互相监督，一年一度参与各种民间信仰仪式，客观上加强信仰认同。

影响土族民间信仰的因素中，很多被调查者提到个人因素，包括个人的家庭条件、经历、性格、观念，也提到传统的影响。传承方面的影响，年轻人接触神灵神迹、传说、仪式比较少，对于观念的传承不够。而且，目前年轻人都要外出打工挣钱，参与民间信仰活动时间变少，出现传承断裂。还有随着科学进步、社会进步、教育进步、医疗事业进步，大家更多倾向于相信科学，所以，都认为民间信仰发展趋势会越来越弱，信仰的人越来越少，但是会存在较长时间。不过，在访谈中发现，他们的时间概念差异较大，比如有的说会存在较长时间，但具体地说出多少年时，有说二三十年后就不会存在，有的说一百年左右。但是，没有太长的时间跨度。

对于民间信仰组织人员满意的方面，主要是对于田间管理有利。这是最直接能够看到的“效益”，其实也是民间信仰借助神灵名义开展社会农事管理，形成有秩序的一个实例。另外，通过神灵名义调节村庄纠纷也是一个重要方面。而且，大家一致认为，这些人员的工作不是为了个人，而是为了整个村落的利益，是为了村落服务，所以大家比较满意。

组织化，是一种“标准化”过程。在土族民间同质化村落社会中，有组织的民间信仰，给民众提供一种信仰的标准，而且通过组织的有序组织，让民众感受到信仰的氛围，带动周围民众参与到信仰的行列中来，产生一种民间信仰的集体组织效应。一旦组织在民众心底扎根，反过来，约束民众的信仰生活，产生组织的纪律性、规范性。参与到组织中的民众，在信仰过程中产生微妙的归属感，集体认同意识比较强烈。在参加信仰活动时，内部产生互互相监督机制，激励大家不断提高信仰的程度。

但是，关于财务不公开，是一个问题，大家想法比较多，引起了大家不满意。有少数人认为造成不必要的开支，劳民伤财。这是消解认同的主要因素之一。

第五章　土族民间信仰对社会生活的影响

第一节　土族民间信仰的内在和谐性

一个民族的文化，是促进民族社会和谐发展的精神动力，是维系民族社会安定团结的精神纽带。民族的振兴，离不开文化的复兴；社会的和谐，离不开文化的滋润。在构建社会主义和谐社会的进程中，和谐文化是实现社会和谐的文化源泉和精神动力。党的十六届六中全会《中共中央关于构建社会主义和谐社会若干重大问题的决定》指出，“社会和谐是中国特色社会主义的本质属性”，“建设和谐文化，是构建社会主义和谐社会的重要任务”。中华民族大家庭中的各兄弟民族的传统文化中，蕴含诸多和谐文化因子，只要我们加以引导、置换，即可成为建设社会主义和谐社会的文化资源。世代居住青藏高原的土族传统文化中，同样蕴含着和谐文化因子。本书仅从土族民间信仰方面入手，讨论土族民间信仰内在的和谐性。

和谐，可区分为静态和动态两种状态来看待。从相对静态角度来看，和谐是指多样、差异甚至对立事物之间的一种稳定平衡的存在状态。作为存在状态的和谐，其一是内在元素的多样性，其二是外在状态的平衡稳定性。从动态角度来看，和谐是事物有序运行的一种生存与发展状态，这是对和谐范畴的本质认识。作为动态发展意义上的和谐，一是多元要素的有序性。只有存在必然联系的要素，按特定规律加以有序组合，才能最终达到和谐。二是内部运动的持续性。和谐体达到和谐状态后，不是一劳永逸、静止不动的，而是处于持续不断的运动状态。也就是说，和谐不是和而不动，也不是动而不和。和谐既是一种“动”的过程，又是一种动态过程中的平衡状态，同时，动态和谐还是一种生生不息的相对平衡状态，追求绝对平衡也将与和谐相对立。三是整体趋向的发展性。从系统论的角度来看，和谐指具有一定功能、达到一定目的的有机整体的若干要素或部分，相互联系、相互作用而形成的动态平衡的关系。作为一种价值取向的和谐，主要倡导人们自觉形成和睦友好的天、地、人之间的和谐关系。在人与自然的关系上，要求人们应与天地万物和睦相处，尊重自然、适从自然。在人与人、人与社会的关系上，主张人是社会群体的一部分，人与人之间具有平等性，强调人的社会价值，重视人们间的礼仪与谦让，以此达到人与人之间的和谐以及整个社会的和谐。在人与自身的关系上，主张身心和谐或神形合一，即个人应保持平静、悠然、恬淡、寡欲的心态。一个人只有做到神形合一、身心和谐，才能以开阔的心态化解世俗的隔阂与不和，形成天、地、人的和谐统一[①]。土族传统文化，尤其是民间信仰在具备静态的和谐追求外，同时仍然具有动态的和谐性。这些和谐特征，在以下层面得到较为充分的体现。

一　从土族民间信仰发展过程看

土族民间信仰发展过程表明，土族民间信仰始终处于主动追求和谐的动态过程。土族的形成可追溯至吐谷浑人。吐谷浑远徙青海的原因为“马斗”事件，其实反映慕容部内部吐谷浑和慕容廆之间因牧场狭小而引起的深刻矛盾，这是促使吐谷浑远徙的根本原因[②]。从追求和谐角度看待此事件，其实是在人与自然关系发展到紧张状态时的主动调节，通过远徙来主动追求人与自然和谐。那时，吐谷浑民间信仰，追求人与自然的和谐，产生了天神崇拜、火崇拜、星辰崇拜以及山神崇拜等自然崇拜形式。

吐谷浑来到青海高原以后，在大量接受羌族、汉族文化基础上，发展成为吐谷浑族，民族文化与鲜卑之间已经具有很大差异。吐谷浑进入了多元文化碰撞与相互混融时期。“吐谷浑汗国是个以鲜卑文化为主体的多元文化并存的国家，除鲜卑文化之外，尚有氐羌文化、汉文化、西南夷文化、西域文化。至盛期，汗国的主体文化鲜卑文化，随着诸部的并合，吐谷浑族体的稳定，也经过一番融会、整合，形成统一达到面貌。同时，吐谷浑民族又吸收氐羌及西南夷文化，接受汉文化和印度、西域东传的佛教文化，构成以传统文化为主，兼容羌、汉、西域诸文化要素的吐谷浑民族

---

① 韩美群：《和谐文化论》，博士学位论文，武汉大学，2008 年，第 1—4 页。

② 崔永红等：《青海通史》，青海人民出版社 1999 年版，第 114 页。

文化。主要一个结构的文化，后来也就成为土族的文化传统。”① 土族先民的迁徙发展重组历程，实质上伴随了强烈的社会文化变迁。土族先民虽然长途迁徙来到青海高原，但其继承了萨满文明，而且以此为他们传统文化中最深厚的根基，不断吸收、涵纳新的民间信仰因素，并整合成为他们新的民间信仰形态。土族先民来到青海高原，首先遇到的是青海高原原有的原始信仰及其文化类型。面对天崇拜、山川崇拜等自然崇拜，他们原有的原始信仰的天神崇拜等自然崇拜与之相呼应，并不存在本质上的冲突，原始信仰上取得一致，得到了融合。而已在青海高原流布的佛教、西藏佛教因吐谷浑接受时期佛教，后来的蒙古人在蒙古高原时蒙古汗国引进佛教而取得了一定的认同。元代，佛教中的萨迦派得到元王朝的推崇，势力大盛，在土族地区得到广泛传播。15 世纪初，藏传佛教格鲁派（俗称黄教）逐渐传入土族地区。互助、民和地区自明代起，广建寺院，寺院数目众多。到了清乾隆以后，藏传佛教格鲁派在土族地区达到鼎盛时期，清廷在这一地区黄教寺院中，先后授封了七个呼图克图和四个堪布，使得格鲁派得到了进一步的发展，并成为土族的全民信仰。但是，藏传佛教的其他派别至今依然存在，如宁玛派喇嘛本本子，在互助地区还很普遍，并常被人们请去合婚算八字，选吉日，为病人念经祈祷。

大概发展至明末，儒释道三教混杂后，产生了一个庞大的等级性多神系统。在长期以来互相接触、浸染的过程中，佛教的神灵、道教的神灵、原始信仰的神灵之间产生了种种复杂纷繁的互借，彼此接受。例如，嘛呢会供奉的神灵中，既有佛教神灵，也有道教神灵。以明清时期汉族移民的进入为特征，土族在历史上再度大量接受汉文化，当然包括很多民间信仰的文化元素。在各民族民间信仰之间的交流与吸收过程中，丰富了本民族的信仰内容，从对方的信仰中得到启发，营造自己新的信仰方式。在接受汉文化的过程中，对于宗教信仰而言，接受道教为一个重要的事象。道教是中国本土宗教，吐谷浑时期就有信仰，而在元明时期再度在土族中传播。

综上所述，土族先民吐谷浑携带原有信仰文化自来到青藏高原，历经与羌文化的融合，汗国解体之后，在经历了元、明、清三朝以后，土族民间信仰的格局基本定型，形成了以萨满教为基础，结合本教、佛教、藏传佛教、道教及汉族民间信仰的一个多元混合的信仰体系。

---

① 吕建福：《土族史》，中国社会科学出版社 2002 年版，第 92—93 页。

（一）土族迁徙发展史表明，开放包容，接纳了诸多民间信仰内容以求和谐

纵观土族民间信仰的发展历程，可以说，从历史发展层面看，土族民间信仰为了达到社会和谐，不断历时地吸收、丰富民间信仰文化。土族自辽东吐谷浑时代，就追求人与自然关系的和谐，人与人、人与社会的和谐等，及至远徙到达青海高原后，为了更好协调多种关系，广泛地吸纳了青海高原原有的诸多民间信仰成分，整合成为土族民间信仰的有机组成。

（二）族际交往表明，土族历来包容开放，通过借鉴兄弟民族信仰文化以求和谐

从族际交往侧面看，土族民间信仰为了达到社会和谐，广泛借鉴、吸收兄弟民族的民间信仰文化。到达青海高原后，吸收了羌族诸多民间信仰，吸收了藏族的民间信仰内容，接受了汉族民间信仰的许多内容，并将这些兄弟民族的民间信仰文化有机整合到自己的民间信仰文化体系之中。

（三）不同宗教形式采借层面表明，包容开放，互相采借以求和谐

从不同宗教形式采借层面看，土族在广泛接受各民族民间信仰内容的同时，大力接纳道教、汉传佛教、藏传佛教等宗教形式的内容，将道、佛中的部分神灵加以民族化，赋予民族化的信仰内涵，将原本的道、佛部分神灵吸收到土族民间信仰体系之中，服务于和谐社会建设。

二　从土族社会内部宗教生存状态看

土族社会内部宗教生存状态的多元性表明，土族民间信仰多元宗教形式并存不悖，以追求和谐为目标。

土族先民最初信仰萨满教，而迁徙到青藏高原之后，接受了羌族的民间信仰，接触了汉族道教，及至后来接受了藏族本教的一些成分，后来随着藏传佛教的兴起和传入皈依藏传佛教，主流信仰格鲁派，区内自明代起修建的藏传佛教寺院林立，而汉族道教也在土族地区得到传播。土族社会呈现以民间信仰为底色，包容多种宗教信仰的态势。

三川地区作为土族聚居区，信奉藏传佛教。卡迪喀哇寺、鸿化（红花）寺、崖寺等在整个藏区或藏传佛教史上享有一定的声誉。群众崇信佛教，普遍送子为僧，番人、土人有二子必命一子为僧。土族群众同时信仰道教，由“阴阳先生”（土族道士）主持各种仪式，丧礼上请“阴阳先生”选择坟地，确定出殡时间及禁忌、禳解方式，主持下葬仪式，婚礼

前请他选定婚礼吉日，书写婚帖（上书上马、下马时间及禁忌和禳解办法），平日约请他们斋醮祛病，为亡者念颂经文等。另外，信奉“法拉”（土族巫师）、“法师”（土族的“萨满”），有时从邻近地区约请“本本子”（藏族巫医）来参与法事。

互助土族聚居区，笃信藏传佛教。自永乐七年至二十二年间（1409—1424）格鲁派传入互助地区，随着藏传佛教的兴盛，格鲁派势力在互助地区得到发展。这里有宋代修建的白马寺、明代修建佑宁寺。同时，道教在明代传入互助。明崇祯十五年（1642），在互助五峰山修建道观一座。此外，土族的神职人员主要有“波奥”、“胡古什典”、“什典增”、“班爹（喇嘛爹）”、“欢爹”，其中“班爹”、“欢爹”分别是土族人对藏传佛教格鲁派僧人与宁玛派僧人的称呼。此外，还有周围汉族民间信仰中的神职人员“阴阳先生”、“老师傅”等也出现在土族民间信仰中[①]。

同仁土族地区藏传佛教氛围浓厚，在隆务寺统辖下，各个聚居村落都建有村落寺院。但是，区域内道教信仰成分也比较多，境内保安、隆务镇上分布有二郎庙、关帝庙、城隍庙、土地庙。另外，本教、宁玛派等教派影响一直存在。又因信仰伊斯兰教的历史，使得信仰历史变得格外复杂。

综观主要土族聚居区的宗教信仰状况，土族社会内部宗教生存状态表现出明显的多元性。这种多元性，实际上就是土族民众以追求和谐为目标，以多种宗教形式作为追求和谐的手段，最后形成了土族民间信仰与各种宗教形式并存不悖、和谐并存的信仰格局。

三　土族民间信仰的内在和谐性

“自从有了人类社会以来，每个人都回避不了三个关系问题：人自身、人与他人（人与社会）、人与自然之间的关系。对这三个关系的认识和处理，直接关系到我们每个人的生存，关系到人类整体的生存和未来。第一个关系处理得好，我们就会得到身心和谐，第二个关系处理得好，这个社会就是一个和谐的社会，第三个关系处理得好，人类就会有一个和谐友好的生态环境。”[②] 作为和谐社会的精神基础，和谐文化总是体现了一

① 杨卫：《土族民间信仰中的神职人员探析》，《青海民族研究》2007年第2期。

② 张训谋：《发挥宗教文化在促进和谐社会方面的积极作用》，载社会问题研究丛书编辑委员会编《文化安全与社会和谐》，知识产权出版社2008年版，第286页。

定的价值观念，并为一定的实践活动服务，指向一定的价值目标。和谐文化的价值目标是人们在建设和谐文化过程中，对客体的价值判断与价值选择，它主要是关于和谐文化的根本价值属性的定型与定位，其所涉及的基本问题是主体如何对待自然、自身、他人、社会等的关系问题。土族民间信仰的历时态发展过程以及共时态的现状均充分说明，土族民间信仰在追求三个关系和谐的过程中创造、借鉴了大量和谐文化，蕴含着诸多和谐文化因子。

（一）人与自然关系的和谐性

土族民间信仰通过各种方式来协调人与自然关系，祈求达成和谐。诸如前面详细介绍的纳顿节、道教醮仪、六月会等，典型地表征土族通过民间信仰来追求人与自然和谐关系的愿望。

如纳顿节，过去的三川地区农业自然灾害频繁，尤其是旱灾连年发生，间有雹灾等危及作物。在当时生产力水平低下的情况下，尤其是土族先民开始从游牧民族向农耕民族转化的初期，各种农耕技术尚欠发达，自然灾情更难以控制。[①] 作为维系群体社会意识的宗教活动，借助于舞蹈的表现形式，把人们对生活最真实、最质朴的情感，倾注于宗教活动的信念中，以对付不可理解的自然现象而导致的自然灾害。为了缓解恐惧、痛苦和沉重压抑的心理负荷，通过假设的宗教偶像在舞蹈的激烈氛围里，力图企盼与大自然的客观世界和迷茫中的精神意识相互沟通，获得迷惘失望中的一种虚拟征服感，从而给人以生存的希望和信心。在无法控制自然的状况下，暂且不说其有用与否，通过各种仪式活动在客观上调节了人与自然紧张关系是毋庸置疑的。

而六月会也是沟通人与自然关系。六月会与纳顿节同属于农事祭祀活动，同样具有通过神灵崇拜，沟通人与自然关系，为人们的生产生活提供精神寄托的心理秩序。他们通过祭拜各个等级的山神、被地方化的汉地二郎神等求得心灵的慰藉。

再如斋醮仪式，仍然要调节人与自然关系。醮仪中供奉的神灵是民间将自然人格化的形象，实际反映的仍然是人与自然的关系。如山神土地是被祭祀的对象，以免除现实生活中破坏环境的“罪责”。通过安置被污染的圣泉及龙王，安置被破坏的山脉，安置地煞，捉拿了危险的鬼灵，安抚

① 文忠祥：《民和三川土族“纳顿”体系的农事色彩》，《青海民族学院学报》2005 年第 4 期。

了本村亡魂，与各路神灵取得了较好的沟通。

而民间更多的在家庭层面、个人层面来协调人与自然关系的小型仪式、法事活动更是不胜枚举。

（二）人与人（社会）关系的和谐性

仍然以纳顿节、六月会、道教斋醮仪式为例来看，土族社会对人与社会关系的和谐性的追求。

纳顿在不断调节人与人之间的关系。民间为了农业用水，共同修渠引水，村庄集体联合。以“牌头”为首，组织人手进行联合工作，负责分配水分、维修水渠和村庄道路、勘察本村地界、田间管理，并协商处理与邻村间的事务或纠纷。通过神灵的名义，牌头组织民众进行区域社会自我组织，良性运行。纳顿会手舞因为最直截了当地渲露情感，并使人与人之间的种种情感最能相互传导，最能深切体验，舞者得到身心巨大的满足和快感。面具舞通过舞者与观者共同的心理过程的共振，舞者以一招一式来表现面具的内涵，而观者通过观看，在内心中对面具的内涵进行复现。这样，在一次次具体的舞蹈过程中，一次次地将深藏于心中的那种情感得到重温，得到升华，得到提醒，得到凝结。纳顿特别有益于唤醒人们种种深蕴的潜意识，并把它导向人的自我认识和人与人之间的相互了解。在纳顿节会手集体舞中，因一年来发生矛盾的村民在这一天和解了，每个参与者都积极发挥个人才能，保护村落集体荣誉，纳顿成为了化解族内矛盾、凝聚全村的有效手段。此外，调节村落与村落之间关系。土族社会从畜牧业向农业过渡后，在稳定的村落居住环境和农耕生产条件下，在生产、生活方面的许多重大问题上，出于一种实际需要，村落之间共建一座庙，同供一尊或几尊地方神，以庙会的形式将民众聚集起来，借福神的威严来调解民事纠纷，裁决和安排浇水、祈雨、田间管理等与民众相关的各项农事活动。而且，在现实中，通过纳顿节的联合组织、表演等互动，加强了村落之间的联系，在调节村落之间秩序。

六月会规范村落内部秩序功能十分明显。“在六月会仪式中，代表神的法师和膜拜神的部落成员发出同样的喊叫、踩着同样的节奏、做着同样的舞姿，群体中不同性情、不同背景、不同年龄的成员在共同的仪式场域中、在共同的膜拜对象前趋于一致、体验着人神共舞的和谐；在这种和谐中重温着统一的集体生活、表现着强大的部落群体力量。这便是六月会对隆务河中游谷地部落式农耕村落社会所具有的实质意义。”① “‘六月会’时，土族四寨子中的年都乎的千户—土把总要讲话，每讲必谈到部落的历史，必强调部落的祖先和部落内部的团结。可见，无论是历史上还是今天，‘六月会’都起着维护部落情感，加强民族亲合力的作用，是一条不可多得的精神纽带。”② 保安村在六月会清晨煨桑结束后，全村男性民众在村庙中集中，由法师主持，对于自去年六月会以来一年间村中发生的各种事件进行总结，对于好的加以鼓励、表扬，对于不好的现象进行谴责，对于一些尚未解决的村内纠纷也进行评判、解决。这里，神圣与世俗，经由信仰民俗事象的展演得到巧妙的结合，六月会对于凝聚村落，规范村落秩序的客观效果极为明显。而且，“农业文明下的个体生产方式，使人们需要用节日来补偿个体的孤单感并创造男女交往的机会和条件。于是高情感欢聚的‘六月会’应运而生。‘六月会’十分强调全村人的团圆聚齐，人们必须放下手中的活计，在外工作的人则从远道赶回来过节。”③ 同时，强化村落之间和谐秩序。在村落的舞蹈表演期间，不断有邻村的法师和长者前来会场道贺，与本村的法师一同作法煨桑，敬神娱神。作为土族村落的年都乎村六月会上，每年有藏族村落四合吉的法师和群众前来道贺。此外，年都乎村，实际包括几个自然村落，通过六月会对几个自然村进行有序的整合。

再如斋醮仪式将每一个村落成员都带入仪式情境之中，自仪式开始起，不管是否相信真的有神灵，不管是否愿意，都要为斋醮仪式服务，全村人的步调都与斋醮仪式同步。仪式过程中，每个人丧失了“自我”而被集体意识“集体化”了，集体情感得到了极大的培养。它通过“激活”内化于村民历史记忆之中的神灵崇拜与风水信仰的权威力量，来加强村落的自我认同感，消解潜在的利益冲突，以保证村落信仰空间的边界不受侵犯以及社会文化秩序的稳定性。斋醮仪式在强化道德规范方面充分显示了信仰的威慑力量，凝聚人心，强化合作精神。醮仪在一定程度上整合了全村得以调动的资源，把涣散的人心整合得紧密了。斋醮仪式深刻地揭示了交织在一起的神灵、祖先崇拜与风水信仰在文化整合与秩序重建中所具有的规范、约束功能。

---

① 薛艺兵：《青海同仁六月会祭神乐舞的结构与意义》，《艺术探索》2003 年第 1 期。

② 刘夏蓓：《青海隆务河流域的“六月会”及其文化内涵》，《西北民族研究》1999 年第 1 期。

③ 同上。

（三）个体本身内部的和谐性

心理学强调个人心理活动的意义，认为宗教的本质就在于信仰者个人对神或神圣物的主观感受和体验。有了这种宗教感受和宗教体验，才会表现出外在的宗教活动，对体验到的神圣对象进行崇拜、祈祷、祭祀，并规范化为宗教仪式，概念化为神学信条和宗教教义，组成宗教团体。感觉到神灵的存在才会信神。

土族民众通过各种仪式活动，虔诚的信徒真心认为有神灵的真实存在，认为通过自己的不断祈求等活动，可以将自己的愿望让神灵知晓，而神灵也会帮助他，帮他解决实际问题，至此，心理上获得将困难得到解决的慰藉；而一些从众的将信将疑的民众，通过这些仪式活动，虽然不十分相信神灵的存在，但由于从众，只怕自己不参与仪式而被神灵排除在受益范围之外而参与到仪式中来，由此也在心理上获得了部分的安慰；而一些不相信神灵存在的民众，因为迫于集体舆论而被动参与到仪式，客观上解除了受到集体舆论压力的危险。由此可以看出，不管属于哪种人群，参与到民间信仰仪式活动中，客观上将心理、行为上的紧张、焦虑、不安全转换到了舒畅、安心、平和的状态，顺利完成了从一种状态到另一种状态的过渡，人们的生活又进入了常态。客观上，诸如斋醮仪式等均要创造让民众安心、安全的生活、生产的理想状态，建立一种和谐的社会生活秩序，最终让民众在心理上获得安宁，达成俗民个体身心内部的和谐。

就像民间信仰中随处可见的禁忌，“从积极作用方面来看，禁忌对人们的行为有过规范功能，在法令产生之前，禁忌起着社会契约的作用，约束着人们的行为，在法产生后但法又不完整时，禁忌又起着一种补充的约束作用。于是在社会生活的一定时期内，通过禁忌的规范，使个人行为与他人、与社会协调一致。同时禁忌中的某些内容和条款，在生产、生活、交换、分配中，调整了人与自然、人与社会、人与人之间的关系”。[①] 使得三个关系得以和谐。

四　土族民间信仰的社会积极意义

根据功能理论，宗教之所以具有意义，是和人类由其生存状况的基本

① 李绪鉴：《禁忌与惰性》，国际文化出版公司1994年版，第115页。

特征即偶然性、脆弱和匮乏所产生的经验内容是分不开的。在这方面，宗教的功能无非就是提供这样两样东西：一、在短绌和挫折仍被感到富有意义的条件下，提供一个关于来世的更广阔的视野。二、为促进同这个可以给人类以足够安全感并确保人类维持其士气的来世的联系，提供一种仪式工具。宗教社会学家奥戴在《宗教社会学》中，将宗教的社会功能首先概括为六个正功能①。宗教来自社会需要，宗教是解决人生根本问题、满足社会需要的工具。有些人认为宗教最基本的特征是相信人生根本问题能够得到解决，宗教就是解决死亡、罪恶、痛苦、不幸等问题，是获得最高幸福的工具或手段。我们根据这些分析，结合土族社会实际，认为土族民间信仰具有以下积极意义。

第一，心理慰藉功能。土族民间信仰得以在民俗生活中存留下来，重要原因就是能够在民众面对无法掌控的局面时，能够从民间信仰中得到心理支持。所以，心理慰藉功能在积极意义中通过调节人与自然、人与人、人本身等和谐关系，表现得应属于最为明显、全面的方面。

第二，道德教化功能。土族民间信仰涵盖土族社会世代相传的民族道德规范，而且通过各种形式得到重申、传承、强化，这些道德规范对人们有着极大的道德教育作用。

第三，传承文化功能。回顾土族历史，民间信仰在土族民族发展史上具有重要地位，土族传统文化从内容到形式受到民间信仰的很大影响，民间信仰在土族传统文化体之中占有较大的比重。民间信仰作为历史文化现象，影响到土族的哲学思想、民间艺术、民间礼仪、建筑等方方面面，蕴含着丰富的精神文化资源，对土族民众具有重要的思想、伦理、审美和知识价值，在一定程度上完全可以说，民间信仰是读懂土族社会的一把钥匙，是土族社会的“文化博物馆”。

第四，维护社会稳定功能。一般而言，宗教要改变的是人不是社会；宗教关注的是人在道德、行为方面的缺陷，而不是社会缺陷。宗教的这种超越性，使之采取了与世俗社会相容的态度，让信众与现存社会保持和谐关系，客观上具有稳定社会秩序功能。土族民间信仰从组织、信众、规范等各层面均采取与现实社会积极认同的态度，在社会学科范围内开展活

---

① ［美］托马斯·F. 奥戴等：《宗教社会学》，刘润忠译，中国社会科学出版社 1990 年版，第 26—28 页。

动。而且，开展的联村、村落、家庭、个人等各种层面的仪式活动等，宗教以其独特的和不可替代的社会控制机制，造成全社会对权威（神灵等）的无条件服从。而宗教通过强化共同的价值观念，维护社会的团结和凝聚，客观上或多或少地产生维持社会稳定的效果。

第五，增强交往功能。民间信仰通过各种仪式活动，尤其是联村性质的大型仪式，使不同村落、不同群体获得一个互相交流、沟通的平台，达到增强合作、增进友谊的社会效果。

五　土族民间信仰和谐性的未来

和谐，简单讲是多样事物之间的相互配合、协调一致。和谐离不开同，也离不开异，但又不是同，也不是异。和谐的外在表象就是“统一”或“一致”，而“统一、一致”当然就是一定意义上的“同”，如果没有同，谈不上和谐。和谐是多元要素的一种协调关系，如果没有异质要素的参与、协调，就没有和谐可言。“同”是一个静态的概念，而“和谐”虽有静态的表象，但它本质上是一个动态的概念，它所反映的是一种动态的协调关系。和谐不仅包括各种异质元素存在，还要求这些异质元素按一定规律有序组合，并能创造新的事物。总之，“和谐”是“同”亦“非同”，是“异”亦“非异”，它是以扬弃的形式包含了异中的“同”和包含了同中的“异”，“同”与“异”作为两种相对立的属性，在和谐体中被辩证地统一起来了①。这里指明了和谐的构成方式，也指明了如何达成和谐的方式。

土族历史上，各种民间信仰、各种宗教为了民众和谐的目标，共同存活于土族传统文化体之中。目前的土族社会中，各种宗教形式同样和谐共处，土族民众对于各种宗教兼容并蓄，为了构建民众各自内心安宁，社会和谐发挥了一定的积极作用。而且，多种宗教形式的共存共生，本身就是一种和谐的表现。总之，信仰民俗依托信仰机制，完成对于区域社会的自组织过程，使之达到一定的秩序化效果。信仰民俗在土族历史上既发挥动员社会、凝聚人心的社会功能，也承担维系社会秩序的作用。信仰民俗在目前仍然具有其独特的、无法取代的社会功能，只要合理转换，在一定程度上可以促使社会生活形成健康的发展机制。保持信仰民俗历史因革的连

① 韩美群：《和谐文化论》，博士学位论文，武汉大学，2008 年，第 6—7 页。

续性，发挥其对民众生活的提升与引导作用，是当前信仰民俗研究的当务之急。做好传统与现代的转型时，不能毫无批判地接受信仰民俗，也不能全盘否定，要以理性的精神来判断和选择。在新旧结合的过程中，既要注重立足传统，又要面向现代，要有一个选择消化的过程。因此，要善于利用信仰民俗的形式，用一些与时代相一致的新的价值观念，对其合理因素进行“移易改造”，在批判不合理因素的同时，赋予其积极的价值观念。例如把对山神崇拜改造转化为保护山林，保护环境的价值观念；自然崇拜中的水崇拜等改造转化为生态伦理价值观念；祖先崇拜改造转化为尊老爱老的伦理价值观念等。让从事信仰民俗活动的本民族人员，积极整理、发掘已有道德规范、文化资源，并就时代的发展，整理伦理资源、道德资源，提出如何为社会发展提供更有力的支持，与社会发展相协调。对于不会在短时期内消逝的信仰民俗，进行合理的内容“置换”，可以成为构建和谐民间社会秩序的文化资源，与主流文化资源互为补充，相得益彰。

第二节　土族民间信仰的消极影响

宗教的社会功能确实是一把双刃剑。宗教社会学家奥戴将宗教的社会功能概括为六个正功能的同时，指出与正功能相对应同样具有六个方面的负功能[①]。“禁忌的消极作用是主要的，特别是纯属迷信禁忌部分，几乎完全是糟粕。民间的迷信禁忌从根本上就具有自我封闭、消极防守的心理特点，常常反映出人们的保守意识、惰性心理，对一切新奇事物抱着怀疑、恐惧的态度。因此，迷信禁忌的消极作用之一就是束缚人们的思想，陶塑人们的惰性心理。”[②] 我们结合土族社会实际，认为土族民间信仰也存在一些消极影响。我们认为，只有对消极影响认识到位，才能对于民间信仰有一个全面的评价，才能对民间信仰与社会和谐之间找到合适的桥梁，完成民间信仰与社会主义和谐社会协调适应。

第一，以保守意识和从众心理为基础，弱化个体进取意识。民间信仰由于长久的流传，在土族社会中逐渐形成了稳固的根基。民间信仰在具有

① ［美］托马斯·F. 奥戴等：《宗教社会学》，刘润忠译，中国社会科学出版社 1990 年版，第 30—33 页。

② 李绪鉴：《禁忌与惰性》，国际文化出版公司 1994 年版，第 120 页。

心理慰藉功能的同时，多伴随“前世”、“宿命”、“因果报应”等观念，容易使人们迷信自己的命运，消极地依赖超自然力量，听从命运的摆布，还使人们不愿去面对现实，没有战胜苦难的勇气和信心。而且，民间信仰作为传统文化，具有很强的保守性和群众性。由此，在群众的从众心理支配下，岁数大的人，从小对民间信仰耳濡目染，多年遵循，已成习惯。部分人对民间信仰虽无强烈参与和信仰，但见周围民众都这样，也就宁可相信，盲目仿效。科学知识水平高的人和年轻人，自己并不信仰民间信仰，但迫于老人和社会众人的习惯势力，为了照顾亲人情绪，迁就老人，随大流进入到民间信仰行列中。这种盲目从众、固守传统的心理成为习惯之后，便会处处、事事处于心理守势，而失去了人的建设性、创造性和开拓性的思维能力。这种背景下，民间信仰以其虚幻的允诺来麻痹群众，利用心理功能阻挠民众实现其利益的社会活动，弱化了民众个体、团体的进取意识。对个人来说，在惰性心理障碍下，就会不求进取，不独立思索，也就不可能有新的发现、发明和创造。对团体，如果每个成员惰性心理严重，就不可能在团体如何发展方面进行探索，大胆改革，锐意创新，只能维持原有水平。对一个民族来说，人们的惰性心理只能造成民族长期的停滞不前和落后局面。可见盲目从众，不肯独立思考，对个人，对社会有害无益。

第二，有碍于社会变迁。“宗教在提供感情慰藉和促成和谐方面，也可以是负功能的。在对那些受挫者和被褫夺者以及那些与现行社会秩序没有什么或者完全失去了利害关系的人们进行所谓安慰的时候，在对那些与社会发生了异化的人们进行调节的时候，宗教也会抑制人们的反抗精神，并充当一种阻碍社会变迁的力量。它会滞缓社会改革，因而在客观上又促进确立了不满情绪的出现。”① 信徒眼中民间信仰具有天然的合法性，他们有可能本能地抗拒新的思维方式和异于信仰内容的新事物。信仰传统及其连续性是维系信徒神圣感的基础，大部分信徒坚信其认同的神圣，不可遗弃，亦不可随意改变。民间信仰仪式以及相关社会习俗，因与神圣象征有关，同样具有难以变更的保守性。民间信仰本身具有的保守因素，阻挠社会的进步。民间信仰通过阻碍变迁的发生和发展来影响社会变迁。“通

① ［美］托马斯·F. 奥戴等：《宗教社会学》，刘润忠译，中国社会科学出版社1990年版，第30—31页。

过对失去适应能力的行为规范赋予永恒的意义，阻碍社会在功能上更加适应于形势的变化。”[①] 比如，在各种仪式活动中，追求原原本本的传统形式，追求对现状的维护，极力阻挠已经发生的变迁。而在滞缓社会变革发生时，其实，是与持改革态度的民众发生矛盾的事件。通过保守的反对变革，对于欲改革的民众而言，促进确立了不满情绪的出现。“如果一种宗教制度以已变得陈旧而且不适当的方式来代表人们的宗教反应，则不信任和反叛就会随之而来。”[②] 如果这种情绪蔓延，影响村落的和谐。

第三，遏制科学在土族社会中的有效发展。科学与民间信仰在本质上是对立的，而且在历史上也一度存在相当程度的对立。一般来说，民间信仰在历史发展中是一种保守的因素。随着时代的发展，虽然民间信仰对科学内容的认同逐渐增多，但根本上的对立难以化解。民间信仰至今仍存在阻碍科学进步的倾向。

第四，受区域观念局限性，不能有效整合区域社会关系。土族民间信仰呈现出以村落为单位开展各种活动的特点，村落之间也只是与少数村落进行互动联合。民间信仰的神灵同样以村落保护神的形式出现。村落层面上的民间信仰活动，全部以村落保护神的名义开展，明显表现出地方的局限性。典型如过去的“求雨仪式”中求来的雨水只会润泽本村的土地。这种观念时至今日仍然存在，还时不时地冒出来，以村落的利益为重，有时候甚至只是打着村落利益的旗号，不能有效地与其他村落开展新的合作。诸如奥戴所言：“局限于对旧的认同的忠诚，就会阻碍新的认同的发展。”[③]

第五，民间信仰的自组织体系的“草根性”局限，导致不能有效整合区域社会。土族民间信仰活动的组织者，基本都是或者一年，或者三年，都是轮流担任，而不是选举“能人”担任。这样的话，在民间看来，因为每个人都会轮到，所以大家会积极配合每个组织者的工作。但是，由于个人能力的限制，有些组织能力不高的人轮流到担任民间信仰组织领导的时候，会很难办好任期内的各项活动。比如，我们调查中看到，一个组织者由于组织不力，不能很好地调动下面的办事人员，一个人苦苦支撑，在仪式还没有结束时竟然说出了“你们爱管不管，我干不了，我不干了”

① ［美］托马斯·F. 奥戴等：《宗教社会学》，刘润忠译，中国社会科学出版社 1990 年版，第 32 页。

② 同上书，第 188 页。

③ 同上书，第 33 页。

的气话。组织不力的领导者，不仅不能有效领导开展活动，而且更为重要的是，在组织过程中极易引发内部的不和谐，在组织联村活动时甚至能够引发两个村落之间的冲突。这种不和谐，不是民间信仰本身的不和谐，而是由于组织者本身引发。一定程度上，需要提高组织者的组织能力。

"宗教与社会的关系常常是模糊的和二律背反的。应当注意到，恰恰是宗教的那些能够使自己具有积极社会功能的方面，才在环境的变迁或时间的流逝中成了具有对立意义的因素。宗教与社会的关系是辩证的；这种辩证性即在于，曾经一度具有积极的和整合功能的因素能逐步演变为消极的和瓦解的因素。"① 宗教对社会的正功能和负功能对立统一的存在于社会中，而且二者是可变的。目前，党和政府适时提出建设和谐社会，开展新农村建设，这些为发挥民间信仰积极的社会功能创造了条件。同时，我们更加需要警惕社会的急速发展也为民间信仰对社会发展的消极影响提供了新的土壤。民间信仰与地方政治、经济、文化、道德形态等交织在一起，在现实社会的矛盾激荡中还会继续对土族社会的发展产生重要影响。我们要着眼长远、立足现实，努力挖掘、弘扬各宗教文化中的积极因素，积极、稳妥地发挥宗教社会功能的积极作用，为构建社会主义和谐社会作出应有的贡献。

① ［美］托马斯·F. 奥戴等：《宗教社会学》，刘润忠译，中国社会科学出版社 1990 年版，第 192 页。

第六章　土族民间信仰与社会良性互动关系的构建

民间信仰“是一种古老的信仰。但至今还在许多地区存在着，涉及领域之广，植根社会生活之深，是其他宗教所无法比拟的。这绝不是偶然的。除了民俗信仰有巨大的惰性和顽固性之外，就民俗信仰存在的社会根源而言，还有它赖以生存的土壤，所以还会在一定程度上存在下去。应该承认，民俗信仰是人类在特定的历史阶段中，为了满足生存与发展的需要，特别是心理安全的需要而创造和传承的一种文化现象，在历史上曾产生过某些有益的作用。即使在今天，民俗信仰中的某些部分，如趋吉避凶的民俗心理，某些符合科学规律的禁忌、医疗方法等，还是应该肯定并进行研究、加以发扬的。但从整体来看，古代社会遗留下来的民俗信仰，毕竟是人类社会在一定阶段中的产物，它反映了民众的世界观，具有自己的内在秩序，应该给予认真的研究”[①]。近观中国社会，发现中国现代化程度越高，某些“传统”复兴的速度就越快，并不与一般的现代化程度越高，传统衰落的越快的逻辑相一致。比如某些乡村地区的宗族、祭祀制度的大面积复苏，就与现代化程度构成了正比关系。当然这种所谓“复兴”不是简单地向过去形态回归，而是与现实的政治控制策略和市场经济的发展存在着十分复杂微妙的纠葛关系。对这种纠葛关系的分析显然不是80年代粗糙简单的现代化命题定论式的研究所能胜任的。民族学的研究、人类学方法的介入开始改变视传统（特别是乡村传统）为社会发展之障碍的旧有观念格局，对此开始了卓有成效的细致、深入的研究。我们对民间信仰进行认真的研究，就是要通过民间信仰与社会互动的分析，比较真实地展现土族民间信仰在社会生活中的表现方式、功能，并认为把民间信仰

① 钟敬文主编：《民俗学概论》，上海文艺出版社1998年版，第206—207页。

纳入宗教管理的范畴进行细致的工作，把民间信仰的一些积极因素加以合理利用，扬弃其中的消极因素，是能够得到民间信仰与社会主义社会良性互动、和谐发展的新局面。

第一节　宗教与社会主义社会关系的论断

以江泽民同志为首的中共中央，在继承党的第一代、第二代领导集体制定的正确的宗教政策基础上，把马克思主义宗教观与我国社会主义初级阶段的具体实际相结合，提出积极引导宗教与社会主义社会相适应，使党关于社会主义时期宗教问题的基本理论和基本政策更加丰富和完善，更加具有鲜明的时代特色。积极引导宗教与社会主义社会相适应的论断是党从社会主义初级阶段这一基本国情出发，总结新中国成立以来宗教工作的成功经验提出的科学论断，集中表现出对马克思主义宗教理论的创新。

1993 年，江泽民提出“全面正确地贯彻党的宗教信仰自由政策，依法管理宗教事务，积极引导宗教与社会主义社会相适应”，正式提出了积极引导宗教与社会主义社会相适应的论断。他指出，宗教是一种历史现象，在社会主义社会中将长期存在，如果宗教与社会主义社会不相适应，就会发生冲突。这种适应并不要求宗教信徒放弃有神论的思想和宗教信仰，而是要求他们在政治上热爱祖国，拥护社会主义制度，拥护共产党的领导；同时，改革不适应社会主义的宗教制度和宗教教条；利用宗教教义、宗教教规和宗教道德中某些积极因素为社会主义服务。1999 年，又进一步阐述了“相适应”的含义：一是信教群众要遵守社会主义国家的法律、法规和方针政策。法律保障宗教信仰自由，宗教必须在法律范围内活动；二是宗教活动要服从和服务于国家的最高利益和民族的整体利益，宗教界要爱国、进步，要为祖国统一、民族团结和社会发展多作贡献。2001 年提出宗教与社会主义社会相适应的“两个基础，两个要求，两个支持”的新概括。两个基础，一是包括信教群众在内的广大人民群众根本利益的一致性，二是我国各宗教界自身的改革和进步。两个要求，一是要求宗教界和信教群众爱国守法，二是要求宗教活动要服从与国家的最高利益和民族的整体利益。两个支持，一是支持宗教界努力对宗教教义做出符合社会进步的新解释；二是要求宗教方面反对一切利用宗教进行的危害社会主义祖国和人民利益的非法活动，为民族团结、社会发展和祖国统一多作贡献[①]。"相适应"，明确了宗教与社会主义社会的关系，虽然法律保障宗教信仰自由，但要求宗教必须在法律范围内活动，信教群众要遵守社会主义国家的法律、法规和方针政策。在社会主义社会提供信仰空间的同时，更要求宗教要适应社会主义社会的发展，而不是社会主义社会去适应宗教。要求宗教将自身的发展与社会主义社会的发展目标一致起来，共同建设有中国特色社会主义，致力于中华民族的振兴。在不要求放弃有神论的思想以及宗教信仰、改革宗教系统中的所有要素，号召宗教信众爱国守法，拥护党的领导，积极建设社会主义祖国，为社会稳定、发展作出贡献；要爱国爱教，在宗教生活中，发挥宗教的积极因素，克服消极因素，去旧出新，主动适应社会主义社会发展的整体利益。总体上讲，党和政府号召宗教界人士和广大信教群众积极投入到社会主义社会建设洪流中来，在社会主义社会中找准自己位置，发挥自己优势，成为推动社会主义和谐社会建设的积极力量。"相适应"，是在不放弃有神论的前提下，要求爱国爱教，遵纪守法，维护国家和民族的利益，利用宗教教义提供对社会主义社会的支持。

因为宗教在目前还有其存在的深刻根源，不能强求群众放弃有神论。1982年下发的《关于我国社会主义时期宗教问题的基本观点和基本政策》中，全面阐述了宗教在社会主义条件下必然长期存在的根源。虽然在社会主义社会中随着剥削制度和剥削阶级的消灭，宗教存在的阶级根源已经基本消失，但社会主义时期宗教长期存在和发展的原因主要是："由于人们意识的发展总是落后于社会存在，旧社会遗留下来的旧思想、旧习惯不可能在短期内彻底消除；由于社会生产力的极大提高，物质财富的极大丰富，高度的社会主义民主的建立，以及教育、文化、科学、技术的高度发达，还需要长久的奋斗过程；由于某些严重的天灾人祸多带来的种种困苦，还不能在短期内彻底摆脱；由于还存在一定范围的阶级斗争和复杂的国际环境，因而宗教在社会主义社会一部分人中的影响，也就不可避免地还会长期存在。"[②] 今天来看比较容易解决的贫困、愚昧、剥削三大社会根源外，宗教的存在还有"更深的根源，人类还面临着更难解决的问题：一是生死，生死未卜，有限的生命要面对无限的存在，这些矛盾怎么解

① 张志刚主编：《宗教研究指要》，北京大学出版社2005年版，第478—479页。

② 参见张志刚主编《宗教研究指要》，北京大学出版社2005年版，第470页。

决？第二是命运，谋事在人，而成事在天，这是长远的，我们只能掌握自己命运的很小的一部分，很大一部分并不由我们掌握。第三，意外灾难，这是长期要存在的，包括SARS，包括其他各个方面的灾难。我们曾经争论过一个问题，就是宗教是不是社会主义社会的上层建筑，今天来看，一种社会形态不只有一种或一类上层建筑，有些上层建筑是各种社会形态所共有的，如宗教就是如此。因此我们在讲宗教长期性的时候，要肯定宗教是一种长期存在的社会需要。积极引导宗教与社会主义社会相适应的提法，从根本上解决了宗教与社会主义社会的关系”[①]。

“积极引导”，在确立宗教与社会主义社会互动关系模式中的作用非常突出，体现了有效的公共权力系统在对宗教这个庞大复杂的综合体达成社会善治时的能动性、选择性和主导性。在整个社会主义初级阶段，我们丝毫不能放松对于使宗教良性适应社会发展主流的积极引导。为此，就要立足于宗教在社会主义初级阶段的实际态势及其作为思想信仰的基本特点，不断发现和掌握宗教在中国特定条件下存在和变迁的规律，审时度势，因势利导，通过适当的法律政策措施，最大限度地削弱宗教盲目性及其所带来的消极社会效果，努力调动和发挥宗教中蕴含的一切积极因素，使宗教能够从自发地适应社会主义初级阶段转型社会，提升到自觉地适应以优胜于其他社会形态的先进生产力和先进文化为建设主题的社会主义小康社会，形成从反射式地对应社会主义初级阶段的经济社会格局到基本满足中国特色社会主义经济、政治、文化、道德之特有要求的跨越[②]。

“积极引导宗教与社会主义社会相适应，应把握其理论依据、两个基础和两方面要求。宗教属于上层建筑，必然随着经济基础的变革不断调整自己以适应社会，这是宗教适应社会主义社会的理论依据。包括信教群众在内的广大人民群众根本利益的一致性，新中国成立以来我国各宗教自身的改革和进步，是宗教与社会主义社会相适应的两个基础。热爱祖国，拥护社会主义制度，拥护共产党的领导，遵守国家法律、法规和方针政策，宗教活动服从服务于国家最高利益和民族整体利益，弘扬宗教教义、教规、道德中的积极因素为社会主义物质文明、政治文明和精神文明建设服务，是社会主义社会对宗教提出的基本要求。深刻认识和理解‘相适应’

① 楼宇烈等：《以学术理性关切宗教》，《中国宗教》2003年第7期。

② 同上。

论断的科学内涵、历史意义，积极开展引导工作，大力加强宗教理论研究，则是对引导主体的基本要求。”① 世界观层次上表达出的有神论系列观念外，宗教作为人们日常生活的外部力量的反映，又包含着与人们现实物质生活和精神生活直接相关的各种观念。换句话说宗教是以神的名义表述的实质是信教群众的社会观、文化观、人生观、历史观、政治观、经济观、伦理观、生态观、艺术观、科技观等的观念体系。作为信教群众的社会观、文化观、人生观等思想体系的宗教，其实有着非常现实的内容。例如，许多宗教对现实社会中善与恶现象的褒扬和批判，提出惩恶扬善、爱国益民、仁爱和平、积极人生、天人合一等政治、社会、伦理、生态观念，都有其现实的指向，有实实在在的生活内容。其中许多与社会发展的方向相一致，与人民群众的要求相联系，并富有辩证思维和深广的文化内涵。这些观念，既是我们准确、全面把握客观世界，推动我们不断去努力改造和变革自然与社会的重要参照，也是积极引导宗教与社会主义社会相适应的基础和依据，宗教文化中的优秀成分对人类文化的发展更是不可忽视。总之，宗教作为一种复杂的思想体系，有其虚幻和消极的方面，也有其现实和积极的内容。宗教——虚幻的反映——错误的反映——消极的反映——与社会主义社会根本对立的意识的推导公式应该改变了②。“由于社会主义条件下宗教存在的阶级根源消失和其他社会根源的变化，宗教不再是统治阶级为剥削压迫辩护、控制人民思想的工具，而仅仅成了一部分群众满足个人精神需要的信仰选择。”③

2004 年全国宗教工作座谈会上，中央首次明确把“党的宗教工作基本方针”调整完善为“全面贯彻党的宗教信仰自由政策，依法管理宗教事务，坚持独立自主自办的原则，积极引导宗教与社会主义社会相适应”。“相适应”的论断，为我们开展民间信仰与社会主义社会相适应的具体研究同样提供了理论武器，为土族民间信仰与社会主义社会相适应，让土族社会取得更好的发展，指明了前进方向和思路。

“‘和谐’作为事物存在的一种状态，含义是多方面的。首先，和谐是一种共生的状态，只能存在于事物发展的一定阶段；其次，和谐不是没

① 楼宇烈等：《以学术理性关切宗教》，《中国宗教》2003 年第 7 期。

② 同上。

③ 同上。

有差异，差异是和谐的前提；再次，和谐是一种合规律的状态，没有规律性则无和谐可言；最后，和谐不是稳定不变的状态，而是一个动态的过程。'和谐社会'是以'和谐'为特征的一种社会状态，是人类孜孜以求的社会理想，它具有多方面的内涵。从唯物史观的角度来看，和谐社会应该实现以下几方面的和谐：社会有机体各组成部分之间的和谐；人与人的和谐；人与社会的和谐；人与自然的和谐。"① 适时提出构建社会主义和谐社会，正是为了理顺生产力与生产关系，经济基础与上层建筑之间的局部不和谐，逐步消除现实中存在的多种不和谐现象。和谐社会的提出是对于社会现实中一系列不和谐现象的回应。虽然改革开放以来我国现代化建设取得了举世瞩目的成就，但是，在我国经济快速发展的同时也积累了大量问题，各种社会矛盾日益凸显，出现了贫富差距越拉越大，城乡差距越拉越大，地区发展不和谐，经济与社会发展不和谐，人与自然发展不和谐等一系列不和谐的问题。这些问题在改革发展的战略关键期是绝不容忽视的，正确有效地解决这些问题，对于国民经济持续、健康、快速发展是重要保证。

2006 年 11 月通过的《中共中央关于构建社会主义和谐社会若干重大问题的决定》提出"发挥宗教在促进社会和谐方面的积极作用"的新提法。这个新的时代命题的提出，既有深刻的认识论根据，也有科学的方法论基础：第一，立足于"四个全面认识"。胡锦涛同志强调，要全面认识宗教产生和存在的深刻历史根源、社会根源、认识根源和心理根源，全面认识宗教在社会主义社会将长期存在的客观现实，全面认识宗教问题同政治、经济、文化、民族等方面因素相交织的复杂状况，全面认识宗教对相当一部分群众有较大影响的社会现象。这为把握新形势下宗教工作的特点和规律，探索新途径、新方法，不断提高组织群众、宣传群众、服务群众的本领提供了理论基础。第二，统筹于五个关系。胡锦涛同志指出，最大限度地激发社会活力，必须促进政党关系、民族关系、宗教关系、阶层关系、海内外同胞关系的和谐。正确认识和处理这五大关系，对于我们广泛团结社会力量，妥善解决社会矛盾，具有重要意义。将宗教关系列入五大关系之一，将信教群众作为可以主动发挥作用的一方，更多地从积极方面

---

① 刘小龙：《传统"和"文化与和谐社会》，博士学位论文，中共中央党校，2007 年第 16 页。

来看待宗教，肯定宗教在促进社会和谐方面有积极作用。第三，着眼于“两个最大限度”。党的十六届六中全会提出，要“最大限度地增加和谐因素，最大限度地减少不和谐因素，不断促进社会和谐”①。

有了理论武装，能不能发挥、如何发挥其积极作用，还需要对比中外、从古到今，深入基层，联系实际，在实践和理论的结合上反复观察、思考，积极探索、实践。土族民间信仰与社会良性互动的构建，要基于土族社会的现实，包括对困境与机遇的全面把握和良好理解。

第二节 土族民间信仰与社会良性互动的困境与机遇

一 土族社会良性发展的困境

虽然经过改革开放30年，中国社会取得了举世瞩目的伟大成就，但不可否认的是，全社会同样存在诸多问题。人与自然发展不和谐，生态问题十分严峻，已严重影响了人民群众的生产和生活；经济与社会发展不和谐，地区发展不和谐，贫富差距越拉越大，城乡差距越拉越大，“三农”问题日益突出，成为影响改革大局的一个亟待解决的问题；腐败问题久治不愈，民主法治建设有待加强；社会管理体制滞后，民生问题凸显。土族社会同样存在这样一系列不和谐的共性问题的同时，其中有些问题更大地制约着土族社会良性发展的构建工作。

（一）土族民众至今难以在和谐社会构建中发挥主体性角色

人民群众是实践的主体，是历史的创造者。人民群众是社会精神财富的创造者，人民群众是社会物质财富的创造者，人民群众是社会变革的决定力量。回顾土族社会建设历程，在党和国家的领导下，在省地县乡四级政府的积极主导下，土族社会建设取得了重大成就。但从总体来考量，还未能从根本上改变土族社会贫穷、落后的状况。提倡和谐社会的构建以来，和谐社会建设并未真正深入到土族村落。关注和谐社会建设，或者与之有关的是政府官员，是专家学者，是新闻媒体，而作为和谐社会建设主体的村民表现出的态度是并不深入了解内涵，反应冷淡，互相观望具体项目下达的情况。一方面，村民渴望改变现状，走向富裕；另一方面，村民很难自主地开展和谐社会建设，形成良性互动循环。农村和谐社会的建设

① 叶小文：《发挥宗教在促进社会和谐方面的积极作用》，《求是》2007年第11期。

的成就，只是表现在国家下达一些建设项目，诸如村级道路硬化工程、沼气池工程等，而村民们仅仅关注如何获得项目支持，仅仅以接收方的角色被动接受，其主体性未能得到体现和重视。由此，作为主体的村民的状态极大地限制了土族社会和谐建设，而和谐社会建设工作的实施方，尤其是乡政府及村委会受到极大的压力，不利于各项政策的实施、执行，不利于土族社会现状的彻底改善。村民主体性的缺失成为土族乡村和谐社会建设的最大“瓶颈”。

村民作为主体缺失，导致围绕村民的一切和谐社会建设要么流于形式，要么开展起来困难重重，发生很多与初衷不符的事情，不能有力调动村民作为主体的积极性。

首先，村民被排除在和谐社会建设的运作机构之外，体制上不能保障村民投入和谐社会建设之中。在各项和谐社会建设工作中，很难拥有表达自己诉求的渠道，也没有更多可以表达的渠道，村民不能通畅、有效地表达他们的利益诉求。在涉及自身利益的项目建设中，只能按照“上面”制定的规划、政策来被动接受，不能发表自己的想法，阻碍了在农村和谐社会建设中农民自主性、创造性的发挥。

其次，政策执行变形，影响村民对于国家政策的认可。在调查中发现，村民认可国家政策的科学性、服务性，明确地表示国家对于农民的政策越来越好了。但是，同时对于与村民直接接触的乡村乡政府、村委会的政策执行情况颇有微辞。比如，让村民非常高兴的耕地补偿金，未能严格按照国家标准发放到村民手中，他们说“县上拔一点，乡上拔一点，到我们手里一点点”。再如，新农村建设开始以来，每个村都有国家补助的建房资金。为进一步扩大农村需求，拉动内需、促进消费、改善民生，青海省政府出台了《关于全省农村奖励性住房建设的实施意见》，鼓励有条件的农民依法依规加快建设自用住房。在分配名额时，有很多村争夺名额非常严重，不能正常分配，有些村采取了抓阄的办法来解决。这样导致应该获得名额的村民心怀不满，而有些不需要名额的村民偏偏又抓阄抓到名额。有些乡镇、村委会为村民服务意识淡薄，消极执行省、县政策，不愿为农民提供足够的信息，不愿向农村传播先进文化。这些情况，导致村民常常抱怨“经是好经，歪嘴喇嘛念坏了”。在这种情形下，村民对政策的信任度、支持率都有所下降，他们难以真正自主地、积极地、创造性地进行农村和谐社会的建设。

第三，由于不能得到参与，村民自我定位被动接受，心理上采取观望态度。改革开放以来，党和政府的多项政策，让村民总体受益良多。但是，自和谐社会建设，或者新农村建设开始以来，有些村民获益较多，有些村民基本没有得到利益。在如此情境之下，他们或多或少地对党和政府、对政策的反应变得非常矛盾。一方面，他们理性地总结社会发展，内心相信党和政府，相信政策的良好愿望，并且认为生活会越来越好；反过来，他们对和谐社会建设或者新农村建设的目标、路径心存疑虑，是否“一阵风”而不能得到长期执行？到底能受益多少呢？于是，很多农民呈观望态势，有些人消极应付。由此可见，在和谐社会构建过程中，作为主体的村民还存在心理弱势，没有自主地参与，处于被动应付观望状态，积极性没有得到全面调动。

最后，村民素质难以适应社会转型时期新的发展要求。目前，村民素质整体偏低，成为制约和谐社会建设的又一“瓶颈”。由于受社会经济发展水平等因素的制约，土族乡村基础教育虽然纵向比较有了长足发展，但其薄弱状况并没有根本扭转。相当一些地区的农村，九年制义务教育还没有真正普及，青壮年文盲仍然存在，村民重视教育不够，青少年辍学现象仍很严重。开办的中小学一些必需的教学、办公设备无法维修、添置，导致正常的教学活动难以开展，更谈不上素质教育。土族乡村由于地处偏远，多远离县城，很多教师均不愿意到这些地方从教。所以从教教师多是本地人员，少量有些迫不得已从教的异地教师。加上这些学校的管理层次不高，不能激发已有教师的教学积极性。教师素质整体不高，并且得不到科学有效的培训或进修，教育观念陈旧，教学质量低。由此，长期发展积累，待大部分学生走出学校成为村民，导致村民整体素质不高，素质偏低制约着村民对于政策的理解程度，制约着村民充分利用现代科技增产增收，制约着他们的民主参政水平。

（二）和谐文化建设的严重缺失

文化的功能，从个人层面上看，起着塑造个人人格，实现社会化的功能；从团体层面上看，文化起着确立目标、规范行为的作用；从整个社会层面上看，文化起着社会整合和社会导进的作用。党的十六大报告指出：“当今世界，文化与经济和政治相互交融，在综合国力竞争中的地位和作用越来越突出。文化的力量，深深熔铸在民族的生命力、创造力和凝聚力之中。”党的十六届四中全会《决定》又明确提出要“解放和发展文化生产力”。2011年10月18日中国共产党第十七届中央委员会第六次全体会议通过《中共中央关于深化文化体制改革推动社会主义文化大发展大繁荣若干重大问题的决定》指出：“文化是民族的血脉，是人民的精神家园。在我国五千多年文明发展历程中，各族人民紧密团结、自强不息，共同创造出源远流长、博大精深的中华文化，为中华民族发展壮大提供了强大精神力量，为人类文明进步作出了不可磨灭的重大贡献。”综观人类社会发展的历史，文化既表现在对社会发展的导向作用上，又表现在对社会的规范、调控作用上，还表现在对社会的凝聚作用和社会经济发展的驱动作用上。文化是社会变革的内燃机。任何社会形态的文化，本质上不只是对现行社会的肯定和支持，而且包含着对现行社会的评价与批判，它不仅包含着这个社会“是什么”的价值支撑，而且也蕴含着这个社会“应如何”的价值判断。人类社会发展的历史表明，当一种旧的制度、旧的体制无法进一步运转下去的时候，文化对新的制度、新的体制建立的先导作用十分明显。蕴藏在新制度、新体制中的文化精神，一方面为批判、否定和超越旧制度、旧体制提供锐利武器，另一方面又以一种新的价值理念以及由此而建立的新的价值世界为蓝图，给人们以理想、信念的支撑。因此，人类历史上新的制度战胜旧的制度，文化起到了内燃机的作用。文化是社会常态的调控器。如果说新的制度代替旧的制度、新的体制代替旧的体制的过程，是社会处于非常状态的表现，那么，新的制度、体制建立后，社会在一定秩序中运行发展就是社会常态的表现。由于社会是人的社会，而每个人所处的环境、自身素质和精神物质需求又不尽相同，所以常态中的社会仍然会存在人与自然、人与人、人与社会等矛盾，而且还存在人自身的情感欲望和理智的矛盾。如果这些矛盾不能妥善解决，这个社会的常态就会被打破。从人类社会发展的历史看，人们解决这些矛盾常常采取多种手段，而依靠文化的力量去化解这些矛盾就是其中不可或缺的方面。这是因为，法律、理想、道德、礼俗、情操等文化因子，内含着社会主体可以“做什么”和“哪些不可以做”，应该“怎样做”和“不应该那样做”的意蕴。所以，要化解人与自然、人与人、人与社会等种种矛盾，就必须依靠文化的熏陶、教化、激励的作用，发挥先进文化的凝聚、润滑、整合作用，通过有说服力的、贴近民众的方式，将真诚、正义、公正等文化因子潜移默化地植入民众的心田。只有这样，一个社会才能健康、有序、和谐和可持续发展。文化是凝聚社会的黏合剂。文化虽然说是属于精神范畴，但它可以依附于语言和其他文化载体，形成一种社会文化环境，对生活于其中的人们产生同化作用，为他们的价值观、审美观、是非观、善恶观涂上基本相同的“底色”，也为他们认识、分析、处理问题提供大致相同的基本点，进而化作维系社会、民族生生不息的巨大力量。文化是经济发展的助推器。文化对经济的支撑作用主要表现在：一是文化的导向赋予经济发展以价值意义，经济制度的选择、经济战略的提出，经济政策的制定，无不受到社会文化背景的影响以及决策者文化水平的制约。文化给物质生产、交换、分配、消费以思想、理论、舆论的引导，在一定程度上规定了经济发展的方向和方式。二是文化赋予经济发展以极高的组织效能。人作为文化的单元，不仅受文化熏陶，而且也依一定的原理相互感通，相互认同，从而形成社会整体。文化的这种渗透力是人的社会性的体现，它能够促进社会主体之间相互沟通，保证经济生活与社会生活在一定的组织内有序开展。三是文化赋予经济发展以更强的竞争力。经济活动所包含的先进文化因子越厚重，其产品的文化含量以及由此带来的附加值也就越高，在市场中实现的经济价值也就越大①。

基于文化之于一个社会的作用或者贡献，应该大力建设文化，发扬文化的社会功能。但是，需要正视的是，土族社会中，尤其是各个村落中，除了保留一些传统文化之外，积极主动的现代文化建设极度缺失。留守在村落里的老少村民们接受现代文化的路径，无非是电视机；而外出务工的村民们更多地通过亲身感受城镇现代文化。对于现代文化没有评判标准、没有正确引导，村民对于现代文化的接受是自在的、散漫的、无序的。

世代传承的传统文化，在扮演村落社会自我组织的角色时，由于现代文化的冲击极为明显，对于传统伦理道德诸如金钱观念、赡养观念、合作观念等原有观念形成强力消解。因此，传统文化的社会功能亦不如过去那么强大。现在的土族社会，存在传统文化功能削弱，现代文化进入偏颇的一种状态。土族社会亟须建立一种更加强大的文化体系。

（三）土族社会经济发展水平严重落后

社会主义和谐社会是要实现以人为本、协调发展、充满活力而又稳定有序的社会。和谐社会与经济发展的关系表现为，经济的发展为构建和谐社会提供雄厚的物质基础，更好地推进和谐社会的建设，是构建和谐社会

① 顾伯平：《文化的作用》，《光明日报》2005年3月2日第c3版。

的基础。社会的发展首先决定于经济的发展，经济的发展是推动社会发展的主要动力。物质财富的生产和发展既是人类社会赖以生存和发展的基础，又是构建社会主义和谐社会的首要前提，物质基础来源于经济发展，离开经济发展，和谐社会就等于无本之木，无源之水。构建社会主义和谐社会，从根本上取决于经济发展的总体进程。同时，经济发展只是为和谐创造条件，但不等于甚至不意味着社会和谐。和谐社会是经济健康发展的前提条件，它为经济发展提供良好的社会环境，进而推动经济建设更快更好地发展。

在推动社会主义和谐社会的发展进程中，要防止因强调各方面的全面发展，而忽视了经济发展在社会发展中的基础地位。构建和谐社会，经济是基础，要坚持以经济建设为中心，不断解放和发展社会生产力。但是，土族社会，多地处偏远地区，没有各种丰厚的自然资源支持，国家工矿业、乡镇企业发育薄弱，很多地方几乎没有企业发展，大部分地方仍然是传统的农牧业经济类型。各区域经济发展水平落后于同样水平的其他地区，大部分土族民众生活水平有待提高。人类社会的发展历史表明，物质财富的匮乏以及因此导致的生活贫困，是造成社会发展不和谐的根本原因。反言之，一个物质财富极其贫乏的社会，很难奢望能够成为一个和谐社会。不可否认，贫困是产生社会不和谐甚至社会冲突的重要原因，但远不是最根本的原因。

（四）土族社会“三农”问题亟待大力解决

“三农问题”是由农业、农民、农村三方面构成的互相联系，互为影响，又相互区别的系统问题，是由于历史的、现实的、理论的因素共同作用下形成的，是关系到经济、政治和社会等各个方面的全局性的问题。“三农”问题集中表现为城乡二元结构矛盾突出，农民、农业、农村的发展程度严重滞后，城乡发展差别、城乡居民收入差距很大，贫富分化加剧。

改革开放初的土地承包责任制，极大地调动了农民的生产积极性。但在每户农民得到耕地的同时，也带来了农村生产规模的偏小问题。虽然单位亩产量在科技进步的支撑下不断提高，但从人均的角度上看来不可能有高的劳动生产率，更不可能有很高的资本报酬率，小规模农业不可能创造很高的收入。首先，这种农业以精耕细作为特点，廉价劳动力是其存在的基础，因此不能创造出较高的农业工资。其次，农户兼业以季节打工为主，农民工难以成为具有专业素养的熟练劳动力，收入水平提高受到限制。再者，面对大量农业劳动人口，国家很难通过财政补贴使他们获得全社会平均工资水平。农民收入水平的提高，主要取决于两个关键因素：第一，土地产出不断提高；第二，在产出不变的基础上，分享人口不断减少。我国在改革开放前，因为高度集中的计划体制束缚了人们的生产积极性，几十年时间里以粮食产量为代表的农业产出增长十分缓慢。改革开放后，联产承包责任制打破了束缚人们的计划体制，带来了劳动生产率的迅速提高。以此为基础，农村人均收入也获得了较大的提高。但进入 20 世纪 90 年代以后，农村经济形势出现了徘徊不前的局面。其主要原因，一方面源于土地产出增加有限，发展受到阻碍；另一方面则在于土地承载人口的源源不断增加。在分享人口不断增加的背景下，人均产出只能呈现不断下降趋势。农业的边际效益为零，甚至是负值。过剩农业人口滞留于土地，制约了农业劳动生产率的提高。目前，土族社会中，大部分人在讨论时均认为“种地”没有任何收益，严格核算成本的话属于负收益。这种情况下，青壮年劳力大都进入农民工的行列，或远离家乡，或在家乡周围，以务工挣钱为主要任务，农活要么交给老年人，要么直接将土地转给他人耕种。农民流动成为了农村的时代潮流，但是它也为构建农村和谐社会带来了一些新情况和新问题。流动的农民从生产和生活活动看，他们离开乡土，但他们的根仍在乡村，并不能真正融入城市。流动的农民对农村影响最大的是安全性秩序。一方面，农民的流动减少了农村劳动力的剩余，缓解了人地矛盾，有利于农村的发展，另一方面，农民的流动也造成了农村秩序的紊乱，打破了农村原有的静谧和安宁。一是流动农民来来去去，漂泊不定，这为农村管理工作带来了很多麻烦，尤其计划生育、村委会选举和农村党员管理等十分不便。二是大多数流动农民在流动中赚了钱，开了眼界，长了才干，但是他们中的少数人学到了一些不正之道，养成了一些不良习惯，当他们把这些东西带回家乡时，就可能惹是生非①。再如农村干群矛盾加剧。部分农村干部受到自身素质限制，思路不清、能力有限、处理不当，当国家、集体和农民利益失调时，往往成为矛盾的焦点，尤其是少数农村干部行为失范、以权谋私、处事不公、欺上瞒下时，更容易引起农民的反感、对立和抗拒。土族社会正在面临社会转型，但是它也为构

① 席景奇等：《新时期“三农”问题探析》，《渭南师范学院学报》2006 年第 6 期。

建农村和谐社会带来了一些新情况和新问题。

（五）基层宗教工作尚未得到应有的重视

正确对待和处理宗教问题，是建设有中国特色的社会主义的一个重要内容。但是，目前构建和谐社会过程中，基层宗教工作尚未得到应有的重视。

一是宗教工作并未引起基层各级领导的应有重视。虽然中央特别重视，省级也很重视，到县级说起来重要，而实际情况并非如此。现在县级干部都忙着抓经济，上效益，宗教管理工作由于不能产生直接经济效益而被忽视。这样，导致乡镇一级宗教管理工作得“断层”，即乡镇没有直接与宗教打交道的工作人员，县宗教局直接与基层宗教人员打交道，或者委托乡镇代办。我们在调查中了解到，乡镇一级基本在接到上级检查等通知后，临时指派人员协调与各寺院的关系。

二是宗教知识、宗教政策的学习薄弱。一些管理者对于管理对象的教义了解不够，对于国家宗教政策吃得不透，因此，夹在中间但又不能卓有成效的开展工作。对上，不能吃透政策，所以缩手缩脚，不能放手开展工作；对下，因为了解不够，不能有的放矢，有针对性地开展工作。省级、县级对于宗教的具体情况缺乏系统的调查研究，不能提出具体的符合地方实际的解决办法。对于宗教管理基本上照搬中央文件。管理工作做得不够深入、细致。

而对于民众而言，宗教知识同样缺乏。目前，虽然大部分土族群众都是藏传佛教的信徒，同时也参与各种民间信仰活动，但是宗教知识缺乏，对具体教义等不甚了了。以土族社会中佛教信仰为例，民众把佛教视为充满神灵的教门，各个菩萨都是自己需要信仰的对象。而对于佛经佛法，更是没有多少了解。大多数民众缺乏基本的宗教知识，对于宗教的认知基础并不坚实，对宗教的理解比较肤浅。他们只是寄托自己的种种美好“理想”——让神灵赐予今生幸福、来世善缘，保佑他们消灾灭祸、生儿育女、功名利禄，或者追荐亡亲，等等。这种宗教知识的缺乏，实际上导致了对于宗教信仰的不全面的认识，不能对于宗教信仰现状进行正确的判断，而流于表面的功利追求。

由于一些人对宗教知识的缺乏甚至是一无所知，不能正确判断宗教文化的正误。当迷信及邪教等混杂在众多宗教文化现象中的时候，一些人不能加以识别，而是把它归属为可接受的一类，从而成为受害者。在多元文化并存的新时期，正规传统宗教的教义教理与封建迷信、巫术、歪理邪说等一起出现在社会上时，无法进行正确区分。在民和三川地区，前几年流传“法轮功”就是一些民众不能准确判断的缘故。

三是缺乏专业专职管理人员。县一级管理部门虽然有一些管理人员，但是毋庸讳言，他们绝大多数都未经过专业培训，对于宗教知识的掌握十分有限，大多数都是文件到文件的操作方式，因为欠缺专业知识的支撑，对于文件的理解不能深入，对于文件精神不能灵活运用。到乡镇一级，几无管理人员，更不能奢谈具有专业知识的人员配备。

四是目前管理工作只是针对“五大宗教”，只管理“五大宗教”的相关人员等。在这样的背景下，政府管理者认为不属于宗教信仰的民间信仰更是无人过问，有些政府工作人员也说民间信仰无从过问，一来没有管理根据，二来怕麻烦、惹事，抱着多一事不如少一事的态度。因此，将庞大的民间信仰排除在管理工作之外，民间信仰处于一种放任自流的状态。即使民间信仰不会出现什么大事，但是面对发挥其积极因素时，就遇到“瓶颈”，制约实际工作的开展。“政府对宗教事务的管理必须从专业性部门管理模式，特别是对几个特定宗教的管理模式走向面向一切形式的宗教的社会化、法制化的管理模式，进一步明确哪些事务是必须管又是能够管的，而哪些事务是不该管也是无法用行政手段进行规范的，严格遵循宗教的客观规律引导宗教走上健康发展的道路。”①

我们对照实际工作发现，关于宗教与社会主义社会相适应的论断、表述，在实际操作中并没有将广大的民间信仰的内容予以明确的包含。这样，导致县、乡一级政府在进行宣传、展开工作时将这些群众、活动等排除在外，只是对于佛教、道教、伊斯兰教、天主教、基督教等正式宗教的神职人员进行管理，而忽略对民间信仰的神职人员的管理，更忽视对广大民间信仰的群众的无神论教育，忽视了对他们进行积极引导。“如果我们仅仅从历代宗教信徒的统计数字看，信教人数从来是少数，占人口比例也许从未超过10%。但是人们往往忽略了在中国广大农村、城镇中存在的以敬鬼神、祭祖先为内容的宗法性传统宗教及以多神崇拜为特征的民间信仰对人们影响。这种信仰虽然没有严密的组织、系统的经典、规范的礼仪

① 赵匡为：《正确处理宗教与社会的复杂关系为构建和谐社会而努力》，载社会问题研究丛书编辑委员会编《文化安全与社会和谐》，知识产权出版社2008年版，第282页。

以及经过正规训练教职人员，但其思想潜层对于鬼神的信仰和崇拜，对于天命或超自然力量的敬畏使得他们成为宗教潜在的庞大后备军，尽管这种信仰或崇拜在一定历史时期对宗教的发展也起着制约作用。”① 土族社会中，宗教管理者也仅仅对喇嘛、道士（阴阳先生）因为属于藏传佛教、道教进行登记造册并予以相当有限度的管理。即使这些纳入管理范围的人员，也是处于十分松散的状况，并没有真正地实施积极引导。而民间信仰的神职人员、组织人员等一直没有被纳入管理视野。

二　土族社会良性发展的机遇

我国经过60多年的社会主义建设，尤其是近30年来改革开放，社会、经济、文化等建设取得了举世瞩目的伟大成就。这些伟大成就为促进社会良性发展，构建土族和谐社会打下了坚实基础，迎来了社会持续良性发展的重大机遇。

（一）经济成就夯实了建设和谐社会的经济基础

建立和谐社会，要以经济高度发展为基础。新中国成立以来，我国经济取得了长足发展，综合国力大大增强，为构建和谐社会提供了强大的物质经济基础。尤其是改革开放30多年来，经济得到飞速发展，各种产品供应日益丰富，人民生活水平得到了极大提高。可以说，没有改革开放以来经济快速发展奠定的坚实基础，就不可能提出建立和谐社会的命题。和谐社会既是经济发展的内在要求，也具有广泛的社会基础。从经济发展来看，随着经济总量的增加，由短缺经济转向相对过剩经济，经济发展从最大限度地增加供给，转向更大程度地满足需求，着力于实现各尽所能、各得其所的和谐发展。从社会基础来看，由于个人财富的增加和私人财产的形成，并且受到法律制度的有效保护，以财产为基础的社会诉求更倾向于经济稳定与社会和谐。要真正实现和谐，必须进一步推动生产力的快速发展，生产决定分配与消费，发展才是硬道理。

目前，土族社会，各个聚居区的经济得到空前发展，为建立和谐社会，奠定坚实的物质基础。除了公共经济基础的不断积累，经济总量不断增加外，民众的生产生活发生了翻天覆地的变化。首先，生产资料得到极大更新。过去，基本依靠人力、畜力来完成所有的田间地头的劳作，而且

---

① 李平晔：《认清国情教情，做好宗教工作》，《当代宗教研究》1999年第4期。

由于劳动效率低下，一年中大部分时间都耗费在田间劳作上。目前，几乎家家使用农用拖拉机、脱粒机、收割机、播种机等设备，部分人家置办齐全各种农用设备。同时，水利事业得到极大发展，兴修水利，建设电灌站，进行低产田水利改造，保障了农业生产基本年年丰收。其次，生活资料得到极大丰富。过去，“想都不敢想”的事情目前成为现实，家家拥有摩托车，部分家庭拥有了自己的家庭轿车，住房尤其在近几年实施新农村建设以来得到空前的改善，调查的村落中翻建、新建住房随处可见，而日常衣食方面更是得到了基本满足。而且，物质生活水平提高，商品流通渠道畅通，销售网点遍布各村。最后，农户能够支配的资金越来越宽裕，多数家庭均有不同程度的存款。很多民众完成了赴北京等地旅游的愿望。

（二）社会稳定提供了建设和谐社会的前提保障

稳定不等于和谐，但和谐首先必须稳定。和谐社会是一个秩序良好的社会。也只有在社会稳定的基础上，社会的经济、政治、文化才可能得到长足发展，才能谈得上和谐社会建设。虽然财富充裕并不自然导致社会和谐，但社会主义和谐社会不能建立在贫穷的基础上。只有社会保持长期稳定，经济文化才能不断发展，社会才能共同富裕。

目前，土族社会经济发展平稳，教育文化建设不断深入，医疗设施逐步改善，社会稳定。土族民众建设建设家园的精神高涨，态度积极主动。由于土族民众信仰藏传佛教，同时还有丰富的民间信仰，所以，类似“法轮功”等不良宗教信仰在土族社会中的传播极其少见，更没有影响社会稳定事件的发生。而且，土族聚居区基本属于土族自治县，民众的各种政治要求能够得到较好的满足，也保证了社会良性运行。

（三）民主法治提供了建设和谐社会的法律保证

社会主义民主制度在土族社会得到不断完善和切实落实，法律法规得到切实执行和遵守。依法治国，土族民众的法律意识不断加强，公民权利和政治权利得到保障，人民安居乐业。依法行政，民族关系、干群关系和谐，形成政通人和的局面。

（四）思想文化建设支撑和谐社会建设

乡村文化建设逐步得到重视，乡、村一级文化馆为民众文化生活提供了一定保障。在新农村建设开始以来，这项工作得到加强。而“村村通”工程的实施，让民众接收卫星电视信号，加强了与外界的联系，拓展了视野，开阔了眼界，文化娱乐生活得到空前丰富。许多民众通过电视了解了外界，并因此激发了外出一游的欲望，实现了游览祖国大好河山的愿望。

第三节　发挥民间信仰积极因素 构建土族和谐社会

基于民间信仰在目前社会中继续存在的原因，政府在管理民间信仰工作中的一些问题，利用民族学、社会学、宗教学理论，对于发挥土族民间信仰积极因素，促进社会良性互动发展，构建和谐社会提出一些意见和建议。

一　指导原则

（一）坚持党和国家的正确领导，坚持尊重公民宗教信仰自由的基本原则

中国共产党是中国特色社会主义事业的领导核心，代表中国先进生产力的发展要求，代表中国先进文化的前进方向，代表中国最广大人民的根本利益。构建和谐社会，必须坚持党的领导。全面加强基层组织建设，充实基层组织，活化基层组织，提高村委班子和党员干部队伍的政策水平，提高党组织的凝聚力和战斗力，强化村委班子领导经济发展、维护社会稳定的能力。进一步健全与落实村务公开制度，凡是村里的重大事项和群众普遍关心的问题，及时向村民公开，做到透明、公开，民主监督、民主管理，规范集体经济的财务管理。通过基层组织建设，树立党和国家在基层的权威形象。

充分尊重每一个民族选择自己的信仰、包括图腾信仰的权利和自由，不仅是宪法赋予公民的权利和义务，而且也是保持我国各民族和世界文化多样性的需要。民间信仰中，既有迷信的成分，也有理信的成分，对之要做细致的理性分析，既不可苛求——苛求民众完全放弃民间信仰不是历史主义者和现实主义者，也不可简单地斥之为“封建迷信”而把民间信仰视之为烫手的山药。即使是迷信，无非是烧香、磕头、许愿、祈祷而已，只要这种行为没有危害他人、危及国家民族利益，那就应该永远属于个人的心理行为。

（二）以科学发展观为统领，坚持和谐发展

科学发展观集中反映社会主义建设的内在规律，进一步丰富发展了中国特色社会主义理论，是全面推进社会主义经济建设、政治建设、文化建设、社会建设必须长期坚持的指导方针。坚持以科学发展观统领全局，立

足农村实际，创新发展思路，实现科学发展。坚持人与自然和谐发展，坚持人与人的和谐共处，促进社会和谐。坚持发展创新，构建和谐社会要创新发展理念，创新发展模式，创新体制机制，创新工作思路，创新工作方法。

（三）纳入宗教管理范畴，积极引导，建立民间信仰引导机制

当地宗教管理部门认为民间信仰不属于宗教工作管理的范畴，对它的管理至今还是一个盲点。原因也许有以下几点：一是我国理论界对民间信仰的认识还不统一，有人认为它是一种宗教，有人认为它不是宗教只是一种信仰，还有人干脆一刀切把民间信仰统统说成是封建迷信。二是宗教管理部门缺乏对宗教信仰问题微观上的调研，只是从理论上建立了有关社会主义的宗教论。只有将民间信仰视为宗教的一部分，将其纳入宗教范畴进行统一管理，才能进行有效管理，取得实质性的管理效果。根据笔者观点，首先应该承认民间信仰属于准宗教，将民间信仰应该纳入宗教信仰之中，纳入依法管理行列中来。这样，首先在理论层面上解决了民间信仰到底属不属于宗教的问题，让基层管理者有据可依。

根据民间信仰也属于社会上层建筑、上层建筑随着其经济基础的改变而改变的原理，坚信民间信仰可以改变，只要我们改善经济基础，民间信仰也会得到改变。在纳入管理行列后，根据实际情况，建立引导民间信仰与社会主义社会相适应的长效机制。

（四）坚持以人为本，倡导发扬科学精神同时，依靠人文关怀原则

社会要和谐，务必要以人为本。面对众多社会和谐发展难题，保持清醒头脑，坚持以人为本，着力促进农村经济社会又好又快发展，为促进社会和谐奠定坚实基础。必须深入体察民情，切实把实现好、维护好和发展好广大农民群众的根本利益体现在大政方针和各项部署中，落实到和谐社会建设的各个方面。和谐乡村建设必须以当地地理和文化习俗等为依据，各项规划要以符合、满足、改善当地民众的生活习惯为目标，求真务实，量力而行。

“无论有多少知识和科学能帮助人满足他的需要，它们总是有限度的。人事中有一片广大的领域，非科学所能用武之地。它不能消除疾病和朽腐，它不能抵抗死亡，它不能有效地增加人和环境间的和谐，它更不能确立人和人间的良好关系……不论已经昌明的或尚属原始的科学，它并不能完全支配机遇，消灭意外，及预测自然事变中偶然的遭遇。它亦不能使

人类的工作都适合于实际的需要及得到可靠的成效。"①"现在人们过多地依靠科学的论证，而没有考虑用人文去开导。我认为，我们需要在思路上来个转变，从一切依靠科学认知的思路转向用人文精神开导的思路上来。从中国传统文化中，可以发现许多用人文精神开导的方法和经验。比如孔子和老子讲，我们对未知的东西要存疑，可以去看，但不要随便乱说。这个随便乱说我想包含两方面的意思，一方面是不要宣传歪门邪道的邪说，另一方面也不要简单地否定邪说。这就是一种开导和消解。再比如荀子讲以豁达的精神来排除偶然性降临到自己头上的困惑。这种人文开导帮助我们解决认识上的问题，不是用科学的方法来证明矛盾是可以解决的，而是教导我们在不能解决这类矛盾的情况下，该怎样来对待这个问题，正确走好人生的路。"② 因此，提倡科学精神的同时，倡导人文关怀。"科学与人文的交融在人走向全面的幸福中起着如下的'共建'效果：科学提供幸福的物质前提，人文提供幸福的精神条件；科学产生出物质生活的富裕，人文产生出精神生活的充实；科学解决人的生理平衡问题，人文解决人的心理平衡问题；科学使人获得现实的利益，人文使人享受到理想的快乐；科学以实在的方式让人感受适意，人文以超越的方式使人体验怡然自得的意境；科学将有限的、具体的满足赐福于生活，人文将无限的、永恒的激情灌注于人生；……"③ 科学的追求与人文的向往必须结合起来，产生互补效应，才能在度过人生时，留下充实而活跃的轨迹。全面发展的人、走向整体幸福的人，既要科学的素养，也要有人文的品质。

从这里我们可以归结出一种思路，就是尊重科学，倡导人文，构建一种能够消解偶然性带给人们的困惑的机制。目前关于民间信仰的存在，我们必须要有清醒的认识，不能妄想在短期内能够削弱民间信仰的存在和影响。而且，由于政策赋予群众信仰自由，我们进行管理时要时时刻刻注意管理者的一言一行，务必符合政策要求，而绝对不能以个人的理解或者个人意气用事。为着发扬民间信仰的积极因素，削弱、去除民间信仰中的一些消极因素，我们要做的也只能是从外围入手，逐步改善民众的生产生活条件，提高民众对于自然、社会现象的认识水平，引导民众以科学态度对

---

① ［英］马林诺夫斯基：《文化论》，费孝通等译，中国民间文艺出版社 1987 年版，第 48 页。

② 楼宇烈等：《以学术理性关切宗教》，《中国宗教》2003 年第 7 期。

③ 肖峰：《科学精神与人文精神》，中国人民大学出版社 1994 年版，第 322 页。

待上不能完全控制的自然、社会现象，逐步消解民间信仰的生存环境，让民间信仰的有神论思想逐步自我瓦解。若欲强行干预民间信仰的各种仪式、行事方式，必将为民间留下话柄，怀疑党和国家的政策的延续性而心存疑虑。

在民间信仰的管理、引导工作中，务求避免急于求成、一刀切、政府包办思想。一些基层干部没有认识到宗教的长期存在性，希望在民间信仰管理工作中立竿见影、早见实效。殊不知，民间信仰管理工作是需要耐心、信心和决心，绝不是短期内能够获得显著成效的。和谐社会的构建要有长远的战略眼光，否则，欲速则不达，反而会延缓了民间信仰消极因素的消解进程。此外，要针对不同区域民众的民间信仰的实际情况，有的放矢，绝对不能搞“一刀切”。民间信仰是民间长期发展形成的，绝对要避免政府包办代替的做法。一些地方政府和管理部门的积极性非常高了，工作力度也就大了，但是缺乏科学合理的措施，往往存在想当然的为民间信仰主体——广大民众越俎代庖的现象。社会要和谐发展，民间信仰的积极因素得到发扬，消极因素得以消除，是一件系统的、复杂的、长期的、细致的工作，必须理性对待。

二　具体措施

民间信仰的变迁，主要基于人类思维中的两个转变。一是“去神圣化”，对过去被赋予神圣情感的人与物的神圣感逐渐消退，不再如过去那么神圣化，存在于民间信仰中的对神灵、神物、神迹的反应中的情感卷入状况逐步消失。结果是民众对神灵不再那么投入、迷恋、依赖。二是“思想理性化”，对现实世界的生产、生活的理解，以理性认识为支撑，抑制神圣情感的投入。做到对现实世界的认识相对地摆脱情感成分的过度参与，做到运用科学知识、逻辑思维而不是感情象征来组织思想。完成这样的转变，民间信仰也会逐步改变，神圣成分消减，理性成分增加。此过程中，社会教育的加强、劳动技术的改变、经济和商业的发展、政治制度的改革、知识科技推广将起到重要作用。这些工作的有效开展，必须以政府为主导，在政府的强力参与下，大力引导全社会的积极关注。

（一）关注民生，加强农村各项基础设施建设

民生问题是构建和谐社会的核心内容。民生问题事关老百姓的基本生产生活和切身利益，事关社会的公平、正义与和谐，又是社会热点、难

点、焦点问题，解决好民生问题是构建和谐社会的基本功。解决民生问题是构建农村和谐社会的关键环节。

加强农村水利、交通等基础设施、农村能源建设，既是新农村建设的重要内容，也是促进农村和谐社会发展的重要途径，更是改善农民基本生产生活条件的紧迫任务。民间信仰的发生、传承、流布与民众生存环境的展开密切相关。只要基础设施得到改善，生产生活有了保障，不必再为生产、生活去祈求神灵时，没有民众会愿意跪在神灵之前！

第一，加强农村基础设施建设。首先加强水利建设。继续加大农村水利基础设施建设力度，政府主导投资，实行政府引导、社会参与、市场化运作的办法，大力推行小型水利工程产权制度改革，积极鼓励民营大户和私营企业主投资农田水利建设，逐步形成多元化、多渠道筹集水利工程建设资金的投融资机制，有效解决目前水利工程难建、难管、效益难以发挥的局面，尽快形成高效、节能的农村水利格局。在管理方式上，进行大胆探索，各级政府要积极采取既扶持引导又加强管理的办法，积极鼓励成立、扶持用水户协会等农村水利合作组织的发展，使其真正成为小型农村水利工程的管理主体，真正起到协调供水关系的重要作用，不断完善强化农村基层水利管理体制和机制。比如，民和官亭泵站，是国有解决三川地区农田灌溉的主要水利设施。目前，在管理方面存在经营者具有绝对权利，民间普遍反映在农作物需要灌溉时不能及时供水，而在不需要时偏偏供水等。对于区域农业生产的保障功能不能得到有效发挥。如果成立用水户协会，及时与经营者沟通，互相协调，局面会有很大改观。其次，加强交通设施建设。从长远角度考虑，以人为本，环境保护，对那些地处偏僻，人口较少，发展空间较小的村落，采取“搬迁扶贫”模式进行整体搬迁安置，安置到生存环境比较优越的地方。要充分发挥通村公路的效益。通村公路建设是基础，维护是关键，发挥效益才是目的。目前，各土族村落基本完成了乡村公路建设，完成了村村道路硬化工程。在政府主导下的这些工程，在解决实际交通困难的同时，树立了党和政府在群众中的威信，有利于民间信仰管理等工作的逐步开展。第三，加强电网建设。虽然各个土族村落完成了村村通电工程，照明用电得到有效保障。但是，随着社会发展，农村用电格局发生了极大改变。有些农户生活生产中用电量大增，生活用电不能满足要求，需要动力电供应。有些农户家用电器增多，开始以电做饭；有些开始开办各种生产作坊，或者加工饲料，或者加工木料等，以电带动生产。解决好电网建设问题，也是发展农村各项事业的基础保证。

第二，加强文化教育基础设施建设，大力建设农村文化服务体系。文化基础设施的建设，对于消除由于缺乏知识而导致的民间信仰具有决定性作用。必须加强乡镇文化站建设，落实各村文化室建设，务必形成乡、村两级文化室。建设图书阅览室，购置切合村民实际生产、生活的书籍，为他们提供理论、技术支持。图书室也可以成为民间信仰情感的心理疏导场所。作为民间信仰意识中的非理性因素，民间信仰中比较浓厚的、原始的信仰情感，实际上是人们对未知领域和超自然力恐惧、敬畏、依赖等情感的反映。对这些情感如果不及时加以引导，则很容易导致信仰者的迷信，从而控制信仰者的精神世界，造成信仰者的片面单向思维方式和不健康的心理。因此，建立有效机制对信仰者进行心理疏导，一是要疏通宗教信仰的主渠道、全面贯彻执行党的宗教信仰自由的方针，引导群众树立正确的宗教信仰观，科学对待现实生活中的宗教情感问题。二是要建立社会互相关怀制度，帮助群众正确认识和有效抵御社会风险。三是要开展经常性的思想工作，建立社会工作网络，设立社区心理医疗点等，及时地帮助信仰者克服心理和精神障碍。以图书室为重点，可以开展这些疏导工作。

实施广播电视“村村通”和农村电影放映工程，进一步健全“文化下乡”制度。在网络迅速发展的时代，可以构建强大的媒介传播网络，向广大民众传播科学的生产、生活知识，有效解决他们在生产、生活中遇到的问题，避免转向民间信仰，向鬼神求解。目前土族社会中，电视机虽然得到了普遍的购置，但是信号转播网络建设没有及时跟上，有些村民只能收看极少的一两个台，也是中央一台、电影频道或者娱乐频道，而与村民生产有极大关系的、可以为村民的生产提供技术指导、接受新技术的诸如中央七台没有转播，不能不说是一大缺憾。

要逐步地建立、完善农村体育场所及必要的设施，并根据地方文化特色，定期或者不定期地组织农民开展地方特色的文娱比赛，同样也可以开展诸如各村之间的篮球比赛等。丰富业余时间的文化生活，引导农民树立科学的强身、健体意识，让大家在劳动之余享受高品位的文化生活，引导远离麻将等赌博活动，减少无谓的酒场活动，在文化熏陶下逐渐树立科学的价值观、伦理观、宗教观等。

（二）发展科学教育，转变思维模式

首先，发挥科学力量，促进民间信仰消极因素的消失速度。“破除粗俗的鬼神迷信最需要的，是形而下的实际经验范围内的科学，而不是形而上的玄虚奥妙无从捉摸的无神论。无神论作为一种真理的展开和论证形式，当然是应该宣传的。但是，真理的内容和形式很多，并不是任何情况下全都应该同样宣传的。”[①] 在仅仅宣传无神论并不能产生明显作用的情况下，我们应该大力宣传科学，培养科学解决实际问题。在掌握了一些民间信仰事象的“原理”以后，民众对于它的信仰程度就会有所减弱。发展科学思想，是减弱民间信仰消极因素的从根本上起作用的措施。而发展科学素养，就要发展教育。从现状来看，土族民众沉浸在民间信仰中的人绝大多数是文化素养不高的人，不能对于民间信仰事象作出正确解释。“光靠命令禁止并不管用，仅仅说它是迷信也不管用。……当下的民间信仰如果只是一古脑儿当作‘邪教’、‘迷信’来打发，那恐怕后患无穷，因为这里有几千年来一直习惯的思路、信奉的理想和赖以生存的信心，‘百姓日用而不知’，如水之于鱼，除非有另一套思路理想与信心来取代。可是，这种‘取代’要靠文化素养的提高，而文化素养的提高又岂是一朝一夕的事，又岂是靠法律、制度或行政手段可以强行解决的事？”[②] 发展民族教育事业，大力提高民族文化知识素养，即使再难再长，总得需要起步并一点一滴地积累。而且不能因为不是一朝一夕的事情，就放任自流，还是需要针对性的进行管理，长远管理与短期管理相结合。

其次，做好土族民间信仰的价值引导，正确引导民众的信仰生活。引导人们的宗教信仰，既要倡导科学精神，也要倡导人文精神，重视人文关怀。倡导科学精神与人文精神相结合。土族人口绝大多数分布在乡村，思想文化素质相对较低，不少人思想观念陈旧，精神生活比较贫乏。这种社会现实，是民间信仰存活的客观条件。以人的全面发展为目的，通过文学、艺术、道德教育等人文学科丰富的文化内容为各个个体提供文化养料，丰富人文精神，提升精神世界，使个体成为身心健康、人格完善的人。同时，加强科学教育，强化在土族社会中的科学知识的输入，尤其是

① 钟国发：《神圣的突破：从世界文明的视野看儒佛道三元一体格局的由来》，四川人民出版社2003年版，第767页。

② 葛兆光：《认识中国民间信仰的真实图景》，《寻根》1996年第5期。

具有针对性的、与土族社会的经济发展密切相关的科学知识的输入，与土族社会中的需要改变的社会观念相关的人文知识的输入，在不断的努力之下，让每一个土族民众能够体现科学理性的求真、求善、求美，达到科学与人文的双重进步。只有科学精神与人文精神相结合，才能促进现代人的全面自由发展，从而引导人们从宗教信仰中走出来。

在宗教信仰自由的政策面前，反对通过各种强制性手段试图改变人们的信仰，但是，不排除利用社会主流信仰的导化作用，有效引导人们进行正确的信仰选择。从实际情况来看，土族社会发展现状的客观现实是科学、教育、医疗事业还不发达，加上由于文化传统的影响，不少民众把转变命运的希望寄托于鬼神。虽然土族村落大多地处山村，但要以实现人的全面自由发展为长远目标，应立足于现实生活关系，必须对人们的宗教信仰进行正确的价值引导，引导人们在现实生活中调整自己的心态，积极地面对人生，努力适应社会的变化，在社会主义现代化建设中实现自我价值，在生活实践中去实现自身的完善。

第三，面对纷繁复杂的社会生活，开展个体的文化心理自我调适，进行有效的社会文化调适，使人们从虚幻的宗教中走出来，回归现实生活，努力适应社会现实，创造美好生活。其中，文化心理的自我调适中，努力做到不断提高自我的适应能力，以从容的心态面对人生。面对不断的社会文化变迁，尤其是近些年的社会转型，消极社会文化心理极易产生，并促使人们在宗教中寻找答案。为了积极面对社会转型，适应全球化、信息化时代，必须引导民众主动接受各种知识，拓展自身快速摄取信息的能力，广泛的社会交往与沟通能力，全面的协调能力，高度的分析与综合解决问题的能力，良好的创新能力等各种适应能力。获得这些能力之后，以从容心态面对，调解自我，摆脱心理困惑，保持良好的心态，进而消除和排解由文化震荡带来的紧张、焦虑、困惑、迷惘等消极的文化心理问题。同时，在融入到这个社会的各种活动中时，要保持平和心态，自我定位要适当。要引导人们在社会需要与自我能力之间进行正确的定位，真实地、公正地看待自我人格特质，走出心理误区，消除与他人盲目攀比的心理，以自信的心态定向自我、定位职业、创造人生。在社会生活中由于对社会压力、文化变迁不适应，造成失落、失望、无助、焦虑、孤独、恐惧和忧伤等情绪时，采取自我暗示、精神发泄、自信训练及放松练习等方法来自觉地排解不良情绪。构建以社会主义为核心、以集体主义为基本原则，导向明确、结构严整的社会价值体系的社会主流价值观，成为为社会成员提供明确的价值标准参照系，将改变因价值失范而导致的社会心理失衡和无序的状况，从而引导人们从宗教信仰中走出来，并使一些人不再投入到宗教中去。

开展有效的社会文化调适。目前社会，利益主体多样化，人们的价值观念、价值取向势必呈现多元化的态势。在多向选择的可能性下，有的人选择了与社会发展相协调、相一致的价值观念而形成积极进取、开拓创新的良好社会心态，有的人则在多元选择中处于困惑状态而滋长了及时行乐、不思进取的心态，甚至利欲熏心、急功近利、见利忘义，而对真理、理想、道德等一切美好的东西都失去了兴趣。因此，在确定价值准则多元性、开放性的同时，合理的价值取向是调节社会文化心理与引导人们宗教信仰的必要手段。只有于多元中求同一，于多变中求稳定，树立科学的世界观、人生观和价值观，才能铸成健康的社会心理，引导人们的宗教信仰。联系土族社会文化实际，深入持久地开展各种形式的爱国主义、集体主义教育，社会公德和家庭美德的宣传教育，有助于在国家、集体和个人的关系中，在公共生活、家庭生活中，树立起正确的人生价值目标和价值道德规范，形成健康的社会心理，从而引导人们的宗教信仰。在坚持主导价值观念的一元性，强化国家凝聚力的同时，应承认价值取向多样化的历史必然性和合理性，坚持价值观一元对多元的规范与引导，整合传统与现代价值观念，构建能为大多数社会成员接受的社会价值体系。这是引导人们宗教信仰的根本。传统价值观作为一种渊源的东西，是任何一个继之而起的新的社会价值体系所必须对接和承袭的，它构成我们重塑新的社会价值体系的历史前提。

可以利用现代传媒，进行正确的舆论引导。在信息化高度发达的今天，电视、报纸、影视和互联网在人们的生活中起着越来越重要的作用，这些舆论工具深刻影响着人们的认识水平。有效地利用传媒工具，把思想教育、文化调适等内容渗透到人们的日常生活之中，融入到人们的文化娱乐活动之中，寓教于乐，形成良好的思想舆论环境，用环境熏陶教育，使人们在潜移默化中达到认同。有效借助这些舆论工具，使不良的社会文化心态得以调适和矫正，将会有力地促进移风易俗工作，引导积极的价值导向的形成，营造良好的社会氛围。此外，各级政府要注重方针政策对人们进行价值评价和价值选择具有的极大指导作用。任何方针政策的制定，都必须充分体现人民群众的根本利益和社会主义价值取向，否则，就会造成价值选择的错误和社会心理的失衡。方针政策和制度机制能有效地调整社会价值取向，因此，要制定与完善各种方针政策和制度机制，充分发挥方针政策对社会价值观的调整作用。

同时，我国的社会主义精神文明建设需要发掘宗教道德中的积极因素，使之有利于我们的现代化建设。对宗教文化的历史必然性及其思想体系进行客观、公允的分析和价值判断，其中的积极因素我们要充分肯定与大力弘扬，这必将有助于加强中华民族文化的亲和力，进而强化中华民族的政治凝聚力。要依据宗教文化的特点和社会主义市场经济发展的需要，积极引导宗教与社会主义相适应，弘扬宗教文化的积极因素，消除宗教文化中的消极因素，保证社会主义精神文明建设的健康发展。

（三）发展经济，改善经济基础

土族广大民众的生存环境，绝大部分都是以农为主、农牧兼有的生计类型。其中，农业生产占据很大比重，农业生产的有效发展，对于改变土族社会经济生活具有无可比拟的重要性。而目前土族社会的农业经济状况仍然属于传统的农业经济，亟需产业结构调整，升级产业方式。要做好这些工作，务必从农民的角度出发，切实保障农民权益，确确实实为农民谋福利。只有这样，才能广泛调动广大农民的积极性、主动性、创造性，才能为发展土乡经济，构建农村和谐社会奠定牢固的经济基石。

第一，牢固树立现代农业意识，以发展现代农业为目标，大力发展现代农业经济。现代农业是以广泛采用现代科学技术、普遍使用现代生产工具、全面实行现代经营管理、高度重视生态环境保护等为主要标志的发达农业，是实现了农民组织化、生产规模化、技术现代化、产品标准化、经营产业化和发展生态化，并且具有广阔发展前景的朝阳产业。现代农业以现代物质条件装备农业，用现代科学技术改造农业，用现代产业体系提升农业，用现代经营形式推进农业，用现代发展理念引领农业，培养新型农民发展农业，着力提高农业水利化、机械化和信息化水平，提高土地产出率、资源利用率和农业劳动生产率，提高农业素质、效益和竞争力，努力走出一条符合实际的新型农业现代化道路。发展现代农业，推进现代农业建设，是促进农民增加收入的基本途径，是提高农业综合生产能力的重要举措，是建设社会主义新农村的产业基础，是提升农村生产力，促进农村地区又好又快发展的关键，也是破解农村诸多问题、构建农村和谐社会的关键。

发展现代农业，可以考虑用发展工业的思路发展农业，以工业化的生产组织方式为手段，充分发挥各类市场主体的积极性，注重发展新型农用工业，不断提升农业物质装备水平，合力推进农村工业化、城镇化和现代化。工业化生产，同时意味着以产业化的形式经营农业，以解决小生产与大市场的矛盾，促进农民增收，提升农业整体素质。

第二，积极主动引进农业科技。现代农业根本动力在于科技创新，发展离不开科技的支撑与引领。农业科技工作要全面落实“自主创新、重点跨越、支撑发展、引领未来”的科技工作方针。坚持原始创新、集成创新和引进消化吸收再创新等不同创新途径的有机结合；坚持加强新农村建设一线的力量，调动农业科技乃至整个科技力量，全面为新农村建设服务；坚持不断增强农业科技自主创新能力，促进现代农业。围绕农业产业结构、种植业结构和农产品结构三个层次的调整，优化结构，增加产量，提高质量，增加效益，致富农民。同时，条件具备的乡镇，可以抢先发展各种农业。比如，互助土族自治县凭借与省会西宁地理位置接近的地缘优势，借助目前已经成型的土乡旅游，可以扩大农家乐旅游内涵，走生态采摘农业的道路；大通回族土族自治县，借助与西宁城北区毗邻的优势，将此优势不断扩大化，做好西宁“后花园”的农业产业服务功能；民和土族聚居区三川，着重突出“高原江南”的自然条件优势，发展集生态农业、黄河水上旅游、土族风情民俗村、考古文化考察等为一体的多元文化景观，旅游依托农业，农业为旅游提供物质资源保障，加快农村二、三产业发展。依靠专业化促进社会分工分业，相邻村落突出“一村一品”，扩展生产规模，提高劳动效率。做精“一产”，做强“二产”，做活“三产”，不断提高非农经济比重，优化农村经济结构。多业并举，将极大地推进土族社会经济发展，在就业增收的同时，一定程度上有可以完成传统优秀文化的传承。另外，构建农业技术推广体系。目前，有些仅有的机构也是以利益最大化为目标，只是从事简单的销售种子、农药、化肥等业务，而且受到业务素质的限制，不能对实际生产中的问题给予具体奏效的指导意见，而且对于新的农业技术的推广还是空白。不能与实际结合，想村民之所想。

第三，构建农业服务机制，为现代农业发展提供强有力的保障。充分发挥政府与市场两方面的作用，充分调动政策、资金、舆论导向等各种社会因素投入现代农业，支持和关注农业科技的发展。同时，地方政府要下大力气重视农业发展，抓好农业基础，做好优劣势的精准分析，发扬各区域的优势，消解劣势限制，有针对性的调研，构建有效服务机制。首先，以农业标准化作为切入点，拓展市场化营销深度和广度。其次，深度开发国际国内市场，拓展出口渠道，建立营销网络。第三，建立以大型批发市场为核心的农产品流通体系，发展连锁经营、物流配送、电子商务等现代流通业态，培育经纪人队伍，提高农业组织化程度和市场竞争力。第四，争创名牌、品牌。新创一批名牌、品牌，使更多的农产品获得行销各地市场的通行证。我们有理由相信，突出高原生态有机农业的招牌，会给各个土乡带来经济发展的新局面。

第四，创造良好的制度环境，为农业经济发展提供良好社会环境。农村社会历史积淀的传统制度，对于维护农村日常运转有较好效果，但是，面临直接进入农村的现代的运作方式，传统方式显然失灵了。因此，针对现代经济方式，需要建立相配套的新方式来积极应对。首先，完善农业补贴制度。近几年实行的多种农业补贴，使农民得到了实实在在的实惠，对于国家心存感激，对于维持社会稳定效果明显。不过，好的制度在地方实施过程中走样现象严重，补贴资金发放过程中有些地方出现发放不及时、资金截留等问题，广大农民获知以后对于基层政府的形象多抱批评态度。如果这种情形不能改变，长期积累，极易引发群体事件，危害区域社会稳定。在完善各种农业补贴的对象、范围及运作方式后，明确公告，做到从上到下公开透明。一则防止基层政府作伪，一则对于民众情绪予以疏导。其次，建立有效的农村融资环境。目前，许多民众创业缺乏资金支持，许多项目无法启动。有效的融资环境，对于促进农村经济发展的作用不可小视。现有基础上，对农村信用社体制加大改革力度，进一步完善运行机制，提高农户贷款的覆盖面。加大农业银行在农村的服务范围，农业发展银行重新定位，为支持农业综合开发、农村基础设施建设、产业结构调整给予大力支持。可通过财政贴息制度和必要的税收优惠，支持农业项目开发。鼓励、支持农村小额信贷机构发展，培育农村民间金融机构。从根本上解决“贷款难”问题。

只有经济发展水平不断提高，物质生活水平才会不断改善，固有习俗才有可能得到变革，向积极方面发展。我们若要抑制和减弱民间信仰在土族社会中的消极作用，无非就是两种办法：一是发展经济，让民众过上富足的生活，不必为生活而祈求上天的恩赐时，他们的民间信仰欲望就会逐渐减弱；二是积极发展民族教育，开启民智。而这两个目标互相联系，经济是教育发展的基础，教育发展是提高经济水平的基础。发展经济和教育目标的完成，需要社会多方面的精诚合作，多方努力。

（四）推进农村民主政治建设，引导农民自主参与农村和谐社会构建

农民遭遇一切不公平待遇的根源在于政治上的不平等——农民没有城镇居民所具有的那些参政、议政甚至执政的机会、场合与渠道。这一点，同时也表现为土族社会中广大民众的主体性表现得欠缺。因此，要努力建设社会主义农村的民主政治，引导广大民众认识到政治生活的重要性，并提高民众的政治意识、政治地位，让大家认识到自己应该享有的权利，能够真正成为自己的政治权利的主体。第一，广泛开展农村民主政治建设宣传。长期有力的开展此项工作，使得民主政治的意识深入人心，不再让政治权利被别人代为执行，不再让民主政治在农村成为空谈。农民问题的解决归根结底离不开广大农民群众的积极参与，关键则在于“要使群众认识自己的利益，并且团结起来，为自己的利益而奋斗”。即不断提高农民参与组织化的热情、水平和能力。为此，可以适当在各级人民代表大会和政治协商会议中，乃至于党代会中增设农民代表的名额，增强农民在国家政治机构中的话语权，真正行使当家做主的权利。第二，鼓励民众处理各种有利于农村经济、政治、社会文化发展的社团组织，并依此为据点，对外，可以培养和增强农民在现代市场经济体制中争取利益分配的能力。对内，可以发挥其应有的政治参与功能，整合、统领各经济组织、推广农业技术和农业教育等经济功能，而且还发挥维护农民权益，防止农民的各方面利益被侵害，有效保障农民利益的社会功能。第三，真正贯彻落实村民自治制度。要完善民主选举制度，加强民主决策管理，引导民主决策，强化民主监督。近年来，土族社会中同样也出现了村委会选举中的贿选举动。为了保障农村民主政治建设的顺利进行，保护刚刚起步的农民的民主政治意识，县乡级政府要花大力气，做好村级民主政治建设，尤其在换届选举等重要民主活动中，加强宣传、监督、指导，让农村民主政治走上健康发展的道路。

让人们值得欣慰的是，随着社会发展，土族民众的思想观念和就业方式、经营活动和生计方式等正在发生深刻变化，特别是随着城乡交流不断扩大，农民的视野不断扩展，民主法制意识、政治参与意识不断增强，对

缩小城乡差距、加快农村发展、进一步改善生产生活条件的愿望更加迫切，对建设社会主义新农村充满了期待。正值此时，党和政府新农村建设也开始了，广大民众十分感念。在如此惠民的好政策面临执行时，只有之一民众的主体性，顺应他们的愿望和期待，进一步调整完善相关政策，安排有关事项特别是涉及各村的有关建设项目时，多与他们商量，吸收民间的智慧，只会让工作开展得越来越顺利，建设效果也会越来越好。

要特别重视民间智慧在建设和谐社会中的运用。广大民中长期生活于自己的家乡，对于家乡的生存环境有着比谁都深刻的理解，只有他们懂得最需要什么，最应该解决什么问题，也最难过提出最合理的建设意见。一些被远离民间的知识分子、官僚主义往往视为愚昧落后的民间，蕴藏着无限的创造力，是推动生产力发展最活跃、最积极的因素。值此社会主义和谐社会建设、社会主义新农村建设普遍展开之际，发展农业和农村经济，实现生产发展、生活宽裕、乡风文明、村容整洁、管理民主的目标，仍然要依靠广大民众群众的积极参与和大胆探索。要充分尊重群众首创精神，鼓励他们围绕发展农村经济继续大胆探索、大胆实践，并及时总结他们创造的新鲜经验，注重激发社会活力。全面贯彻尊重劳动、尊重知识、尊重人才、尊重创造的方针，不断增强全社会的创造活力。要大力支持农民按照自愿、民主的原则发展多种形式的专业合作经济组织，积极引导、促进农村多种经济成分共同发展。例如，民和土族聚居区中，这些年从中川乡辛家村开始，每年年底以村为单位举办“老年会”，将超过 60 岁的老人邀请在一起，进行团拜，给老人敬酒、表演节目，已经形成了村内敬老爱老的良好风尚。要在全社会大力提倡团结互助、扶贫济困的良好风尚，形成平等友爱、融洽和谐的人际环境。要坚持最广泛最充分地调动一切积极因素，不断提高构建社会主义和谐社会的能力。

在建设民主政治时，需要注意健全村务公开制度，把诸如计划生育政策落实、救灾救济款物发放、宅基地使用、村干部报酬等村务及时向村民公开，确保农民群众真正享有知情权、参与权、表达权、监督权，真正把农民群众作为建设社会主义新农村的主体，才能把广大农民群众的积极性和创造性充分调动起来，从而为推动新农村建设提供源源不断的强大动力。

在建设民主政治时，要努力实现社会公正。社会公正是人类崇尚和追求的基本信念，是社会和谐的基础。社会文化生活的失范以及社会不公平现象，是当前公众不良心理的重要根源。它不仅直接引起人们价值观念的混乱，而且还使公众产生了强烈的不公平感、不平衡心理。如果这一状况得不到改变，将会使更多的公众为获得心理平衡，而到宗教中去寻求。因此，要正确地调适这些不良心理，必须努力实现社会公正。首先，运用公共权力以社会公正人的角色参与社会行为，对社会资源即社会利益进行公正地分配。并且，通过提供合理的利益获得渠道，保障社会成员在利益获得方面的同等机遇。其次，建立健全利益协调机制，充分发挥国家政策在协调物质利益上的宏观调控作用。加大扶贫力度，对弱势群体实行利益政策倾斜，体现维护弱势群体的社会公正。再次，建立完善规范的收入分配制度，防止贫富差距过大。同时加大反腐倡廉的力度，完善法规、法律，对剥夺贫困阶层或采取非法手段致富的行为，严加惩治。

（五）构建满足群众实际需要的保障体系，疏导心理危机

满足民众实际需要的保障体系，是疏导心理危机，引导民间信仰消解"神圣化"的有效路径。在各种实际需要基本得到合理保障的情况下，广大民众的心理危机亦会随之减弱乃至于消失。那么，他们无力掌控自己生活局面的窘境不再困扰他们，也就没有任何必要向"神灵"卑躬屈膝的祈求了！所以，建立、完善农村社会保障制度，同样是引导民间信仰与社会和谐相处的又一重要途径。

最为重要的一点，切实关注弱势群体的需要。弱势群体是最容易进入到民间信仰中去寻求精神支撑的群体。而在社会转型期，一些民众面临着疾病或生活的压力，出现了一些弱势群体，包括不能得到较好赡养的老年人、有疾病却因各种原因无法医治的人员、寻求发展而始终得不到好结果的中年人、学习成绩优秀可因家庭经济状况差而辍学的学生等。就目前来看，要积极推进和加强社会保障机制的改革与完善，以缓解弱势群体因经济困顿而引起的无助、失望、悲观等心理。激烈的社会竞争中，弱势群体因其条件限制更多时候处于劣势，其失落、悲观心理也就不可避免了。他们需要精神方面的支持，这就要求我们在大力颂扬强者时，也应看到弱者的努力，尊重他们的价值。要弘扬社会正气，要充分体现社会弱势群体的利益，扶正压邪。

第一，完善农村最低生活保障制度，改革农村基本救济体系。目前，土族社会现实中，随着计划生育工作的不断纵深推进，人口控制效果日益凸显。在积极贡献之外，不可忽视的一个问题是，随着计划生育工作开始

后的子女们逐渐成为社会中坚，对于老人的赡养成为一个社会问题。正常情况下，绝大多数家庭都是一子一女，随着女孩子的出嫁，男孩子成为这个家庭的中坚力量。既要赡养老人，又要承担赋予下一代的主要责任。有些有能力的“中坚”到不存在问题，但有些谋生能力较弱的“中坚”以一己之力承担上面赡养老人，下面抚养孩子的重担。此种情况下，作为老人，自然将一些注意力有转移到求神拜佛上来。而需要注意的是“双女户”，维持家庭生活质量不至于下降的难度越来越大。其中，有些计划生育后，由于这种不可测因素导致膝下无子女的现象也有一部分，这些老人更是面临生活种种压力。有些失去劳动能力又没有生活来源的老人，需要享受各种社会保障以维持基本的生存权利。最低生活保障制度是以保障公民基本生存权利为目的的社会救助制度，是社会保障体系中的最后一道“安全网”。

第二，设计建立切实可行的养老保险制度。在目前的养老制度基础上，普遍推广基本养老保险制度，在加大政府补贴基础上可以考虑强制全民保险。在参加基本养老保险之外，根据具有多种选择的设计方案，根据个人经济基础和意愿，鼓励个人缴纳补充养老保险费，购买商业养老保险。

第三，完善现行农村合作医疗保险制度。目前，民间信仰中求神拜佛的很大一部分人，就是由于疾病。年轻人因为经济原因不能为长辈医治好疾病而求神，老人等为自己、家人的健康而拜佛。构建医疗体系，真正解决了看病难的问题，就有很大一部分人从民间信仰中退出了。本着突出大病统筹为主，重点解决农民“无钱看病，大病等死”、“因病致贫，因病返贫”的问题，予以广大民众基本生存权利的保障，让危重病人能够及时得到治疗，让大病病人在临终之时，能够以较为体面的方式告别人世；政府要加大资助力度，发挥资金利益导向作用，激发农民参与的积极性；在逐渐建立完善乡镇卫生院——县级医院——省级医院等多级医疗保险体系后，更应注意对于最低层级的乡镇卫生院的软硬件建设，尤其是软件建设，鼓励具有一定专业水平的医生能够驻扎下来，将小病、常见病在这里得到处理。目前，令民众感到遗憾的是，乡镇医疗机构的医疗服务质量到服务态度均让民众感到寒心，他们宁可自费到同一条街上的私人诊所就诊也不愿到能够报销医疗费用的乡镇医疗机构。

第四，强化家庭保障功能。家庭保障具有历史传承积淀，符合民族文化传统，是土族农村社会保障体系的基础。要充分发挥家庭保障的功能，必须提升其“造血”功能。要进一步调整农村产业结构，加强农业基础设施建设，加大科技扶贫力度，提高土地产出效益，使农业增产、农民增收。同时，加强教育，为家庭保障提供长期的支撑。家庭保障主要依赖于子女的赡养，而子女的赡养能力往往决定于其就业状况，就业状况又决定于其受教育程度。但在土族乡村，儿童失学辍学的现象并不少见，上学难的问题比较突出。因此，应加大农村教育投入，提高农民子女的文化素质，增强其将来的就业能力，从源头着手，为家庭保障提升“造血”功能。

活动自由度是衡量人类生活质量的综合指标，生活质量是从微观角度来看的，决定个人生活质量的因素有财富、社会地位、社会声誉、个人素质等几个方面。个人活动自由度是衡量个人发展空间的综合指标，而对整个社会来说，则社会平均个人活动自由度就等于社会活动自由度，社会活动自由度可以看成是社会发展空间的综合指标①。人类发展的最终目标是要达到人类自由的王国。也就是要克服现实生活中诸多束缚、限制因素，尽力发展自由空间和时间，大力扩大人们的自主程度。这里，涉及民间信仰方面，就是要克服神灵对于人民的心灵的束缚，实际行动的限制。根本上就是要解决他们在医疗、生产、生活上的实际需求，大力消除民间信仰存在的原因，使其自动和在无声无息中悄然地改变。

此外，建立健全有效的文化心理疏导机制。社会转型期的各种社会矛盾和冲突，在各阶层内极易产生诸如焦虑、不满等消极文化心理，如果这些情绪不能及时得以释放，很容易聚集成危及社会秩序的巨大能量，成为社会不和谐因素。在有效的文化心理疏导下，人们的消极情绪得到合理的宣泄和释放，消除威胁社会稳定的不和谐因素。尝试建立医疗心理咨询机构，鼓励民众学会向心理专家求助，教育民众学会发泄、倾诉自己的感情，消除不满情绪，恢复心理平衡，最终达到促进社会稳定和发展的目的。这里，应该加强土族社会中公共生活，让大家具有高尚积极的公共娱乐文化生活，并在群体之中得到情绪的释放和有效调节。

（六）政府工作中将民间信仰纳入宗教管理范畴，分类管理

将民间信仰明确地纳入政府宗教管理工作范围是取得显著管理效果的

① 汪天文：《社会时间研究》，中国社会科学出版社2004年版，第59—60页。

根本基础。只有将其纳入管理范围，民间信仰的管理工作才会条理化、秩序化。其中，分级分类是管理的一条较好的方式。在对于各种庙宇进行登记造册的基础上，对于一些典型的庙宇及其活动进行重点指导管理，作为对于周边地区的示范，让规模较小的村庙等以此为模本开展工作。从制度上进行规范化管理，可以尝试着让区域的村庙等成立民间信仰事务管理委员会，定期、定点开展思想交流活动，利用交流机会让管理人员宣传宗教政策，给予积极引导。要建立健全重大民间信仰仪式活动的报告、准许制度和责任追究制度等，在举行仪式之前要进行审批备案，做到有章可循，增加组织者的责任心。这样，可以将正规的民间信仰意识发扬，使其正面作用“放大”而抑制消极作用的产生。例如，纳顿，作为区域文化的一个重要组成部分，也包含丰富的民间信仰内容，但是也可以体现一个地方民众的思维方式、文化传统、地方习俗，甚至可以代表一个民族的传统文化，是民族情感的一种寄托和延续的形式。我们在有所保留地限制迷信等成分基础上可以大张旗鼓地对其进行积极宣扬。

对民间信仰采取分类管理包含着分级管理的意思，管理部门建立层层负责、齐抓共管的模式，将民间信仰各种进行分类，指定人员分类负责一种类型，使其可以深入研究这种类型基础上能够更加深入有效地工作，如民和县可以让一个人负责汉族民间信仰，一个人负责土族民间信仰，一个人负责穆斯林的事宜。

基于村庙信仰据的社区性，村庙信仰的影响力远远大于其他形式的民间信仰。而且村庙信仰与村庙信仰共同体相对应。针对村庙信仰来开展具体工作，可抓住民间信仰工作的重点。可以分清主次，从纷繁复杂的民间信仰中理出工作头绪，取得工作实效。

此外，吸纳一批专业人员进入管理队伍。县一级管理机构，至少要充实1—2名宗教学，或者民俗学等相关专业的人员。对于已经在岗人员要进行一次宗教知识的系统培训，并建立长效机制，定期进行知识更新。在乡镇一级要常设民间信仰管理机构、人员，让他们会同县级机构开展调查研究，掌握具体细致的情况，并关注现状及其变化动态，做到实时了解民间信仰动态，针对性地提出方案。可以结合时势进行积极引导。对于危害社会的事情可以及时地处理在萌芽状态。

建立民间信仰引导机制，是建立在一定规律基础之上的一整套制度体制、行为规范有机结合形成的整体。因此，要建立起科学合理、切实可行的引导机制，一是要对当前我国社会互动的规律性与文化选择的规律性进行科学的研究，因为引导的过程，从社会学讲就是一个社会互动的过程，从文化学讲就是一个文化的选择过程，只有把握好其规律，才能通过社会互动将其引导到正确的方向上来，选择先进的科学的文化，而摒弃或改造落后的文化。二是对民间信仰的历史传承、核心价值观念、心理结构、思维方式、社会经济政治文化根源、信众主体结构等进行综合的分析研究，并从中把握其普遍性、规律性，从而使民间信仰的引导机制具有科学性。三是要通过大量的调查研究，掌握十分丰富、全面的第一手资料，并在此基础上对民间信仰的现状及其新特点、新趋势进行科学的把握和分析，使其具有可操作性。四是要对目前民间信仰中存在的各种复杂问题进行调查研究，使引导机制既符合我国的具体实际，符合社会主义的政治、经济、文化、宗教等具体的制度和相关政策，又面向实际能解决具体的现实问题，具有针对性。这样，才能让民间信仰为社会主义和谐社会的构建服务，完成民间信仰与社会主义社会的适应和民间信仰自身的发展、嬗变。

同时，还应加强民众心理管理。注重社情民意和群众舆论的调查。注意对民众满意度、信心指数、价值观变化、行为取向的监测和研究。反映民情、反馈民心、贴近群众，及时把握民众的心态，有利于及时、有效地处理各种社会问题，消除社会的不满、对立等消极的社会文化心态。

（七）健全法制建设，以法制为辅助手段依法管理

2001 年中共中央、国务院召开的全国宗教工作会议上，江泽民指出："要依法管理宗教事务。这是我们实行依法治国方略的必然要求。依法进行管理，就是要切实保障宗教信仰自由，保证正常宗教活动的有序进行，保护宗教团体的合法利益。我国实行政教分离的原则，任何宗教都没有超越宪法和法律的特权，都不能干预国家行政、司法和教育等国家职能的实施。宗教方面涉及国家利益和社会公共利益的事项和活动，必须纳入依法管理的范围。不能以宗教信仰自由和政教分离为借口，放弃或摆脱国家对宗教事务的管理。绝不允许恢复已被废除的宗教封建特权和宗教压迫剥削制度。绝不允许利用宗教反对党的领导和社会主义制度，破坏国家统一和国内各民族之间的团结。绝不允许利用宗教损害国家和社会的利益，妨碍其他公民的合法权利。依法管理宗教事务的要旨，是保护合法，制止非法，抵御渗透，打击犯罪。"党的十六大报告明确提出了"全面贯彻党的宗教信仰自由政策，依法管理宗教事务，积极引导宗教与社会主义社会相

适应，坚持独立自主自办的原则”的宗教工作基本方针和行动纲领。在社会主义社会，要依据国家的法律和政策对宗教事务管理，既严格禁止在宗教场所进行无神论宣传，又反对任何宗教组织和教徒在宗教活动场所以外布道、传道、宣传有神论，或者散发宗教传单和未经政府主管部门批准的宗教书刊、音像制品和其他物品；禁止强迫任何人特别是 18 岁以下的少年儿童参与民间信仰，禁止任何宗教组织用任何方式来我国传教，禁止宗教干预国家行政、干预司法、干预学校教育和社会公共教育。我们应当依法保护正常的宗教活动，但对在宗教外衣掩盖下与海外反动教会相勾结，建立非法组织的，我们必须坚决予以打击。宗教问题具有较强的敏感性、政策性和群众性，因此，在揭露和打击时应注意策略，讲究方式，防止势态扩大，影响社会稳定。归根结底是把民族、宗教工作搞好，为社会主义社会的建设创造安定团结的良好环境。

民间信仰不仅具有一定观念体系，而且具有特定的仪式活动和行为系统。民间信仰的仪式行为系统，既包括群体性的、大规模的祭祀、礼仪活动也包括个体性的人生礼仪、算命、抽签、卜卦、择时等行为。因此，对这些行为除了道德、行政手段规范外，还必须通过法律手段予以规范。首先，要禁止民间信仰中的政治化。以立法形式明文规定，对借助民间信仰散布政治谣言者予以打击，不得以各种形式干涉各级政府工作，参与各级政府政治工作，尤其是在村落中的民主选举等重要政治活动；其次，坚决禁止民间信仰中的商业化行为，对以盈利为目的的商业化行为（如村庙算命、打卦）要坚决予以取缔；第三，对借助民间信仰愚弄、欺骗他人，进行诈骗、谋财害命活动者要依法从重打击。对民间信仰进行有效的规范和监督，法制建设是一项重要的辅助措施。

对于民间信仰的法制化管理，有助于顺利解决无神论与有神论之间在意识形态上的冲突。对于民间信仰，只要它的各种活动符合政策规定，不触犯法律法规，可以相安无事；在触犯法律法规以后，只要严格按照法律规定，进行严格处理，不附加有神论与无神论之间的论争，不以意识形态来判断其对错以及错误程度等，处理起来以法律为准绳，只以法律为标准而不考虑其他因素，会顺利很多，会处理得让各方心服口服。我们要明确，民间信仰活动仍然是一种社会活动，它是被涵纳在社会活动之中的，而不是特殊处理在社会活动之外的。对它进行普遍化处理，而不刻意强调民间信仰的特殊性。因此，任何对于社会活动适用的法律法规，同样毫无疑义地适用于民间信仰活动的管理之上。只要违法，就可以用这些法律法规进行有效惩治。

加强对民间信仰社团组织的依法监管。目前，出现了一些以民间信仰为纽带形成的社团和民间信仰资源开发中形成的经济组织。考虑到这些社团和经济组织在没有进行有效的管理下可能带来的负面效应，必须建立相应的监管机制，由宗教、民政、文化、公安、工商、旅游等部门进行依法监管。首先，对于能够纳入我国现有宗教组织体系的人员和社团（如各种民间的佛教、道教组织）要尽量纳入相应的宗教协会组织统一管理；其次，对于目前还不能纳入现有宗教协会等组织的社团，宗教、部门和民政部门要根据有关宗教政策法规对其进行登记并纳入规范管理；第三，对于在开发民间信仰的文化资源中形成的文化团体或经济组织在按规定进行登记注册的基础上，由文化和工商部门等进行管理。

目前，更为重要的一点是，要将国家现有的一些关于宗教信仰的法律法规，要很好地在民间宗教场所进行长期的、深入的宣传。将宗教管理纳入法制的轨道，这是 20 世纪 90 年代初开始的一项新工程。1991 年 5 月，国务院宗教事务局和民政部联合印发《宗教社会团体登记管理实施办法》，在全国县以上行政区域，对所有宗教团体的法人资格、教务内容、人员数量、财产积累、资金来源等进行登记，作为今后宗教管理的法源依据。国务院 1994 年 1 月 144 号、145 号令颁布的《中华人民共和国境内外国人宗教活动管理规定》与《关于宗教活动场所管理条例》是全国性的宗教管理行政法规，是新中国成立以来我国政府管理宗教事务颁布的最为具体、明确的法律规定。《关于宗教活动场所管理条例》对宗教活动场所的正当权益及其对这些权益的维护做了具体的规定，并对侵犯其合法权益的行为规定了应当承担的责任。1994 年国务院《宗教活动场所登记办法》，1996 年国务院宗教局颁发《宗教活动场所年度检查办法》，2004 年 12 月，再次颁布有关宗教事务的法令条例——《宗教事务条例》。国家宗教事务局 2005 年颁发《宗教活动场所设立审批和登记办法》（同时废止 1994 年颁发的《宗教活动场所登记办法》）、2006 年颁发《宗教教职人员备案办法》和《宗教活动场所主要教职任职备案办法》、2007 年颁发《藏传佛教活佛转世管理办法》等。除了国家层面上的法规，省级政府结合实际同时也制定了相应法规。2009 年 7 月 31 日青海省第十一届人民代表大会常务委员会第十次会议通过了《青海省宗教事务条例》，各州县制定了相应的地区宗教事务管理条例。不是法律法规建设不够，而是现有法律法规的宣传不够。很多民众对于这些法律法规是十分陌生的，根本不知道还有这些规定。同时，要向广大信众说明，贯彻宗教信仰自由政策，并不是对宗教活动采取不负责任、放任自流的态度，甚至对利用宗教进行的违法活动也视而不见；加强对宗教事务的管理，不是对正常宗教活动还是非法活动不加区分，一概加以限制。我们相信，只要宣传到位，绝大多数民众是愿意在政策法规规定范围以内进行其民间信仰活动的。

（八）保护与开发并重，积极发挥民间信仰的和谐文化价值

民间信仰是传统文化的重要组成部分，有巨大的文化价值。因此，必须加以保护和开发利用，为社会的经济、政治、文化、人民生活服务。目前对文化价值的深层开发并不充分，有必要在总结经验的基础上，进一步拓展开发利用的深度和广度。需要做好民间信仰文化事象的抢救性记录、存档工作，避免这些文化现象从人们的视野中消失；对民间信仰中丰富的深层文化含义要进行挖掘、研究，深化对这些文化现象的理解，特别是要注意挖掘其有现实意义的积极因素，发挥其教育功能；要充分利用其文化价值，发展旅游事业，使其文化价值与经济价值都得到充分体现；利用其文化价值，发展文化产业，促进民间文化的繁荣和地区性的精神文明建设，做到在保护中开发，在开发中保护。但是，要做到二者得当，还需要深入工作。

土族民间信仰的很多成分，已经申报进入国家级、省级非物质文化遗产保护名录。土族民间信仰很大程度上以非物质文化遗产形式出现，所以，从“非遗”角度进行如何保护探讨，可能更能与时下形式相结合。为更好地加强我国非物质文化遗产的保护工作，国务院于 2005 年年底颁发了《关于加强文化遗产保护的通知》，决定每年 6 月的第二个星期六为我国“文化遗产日”。以国家文化遗产日的确立为标志，我国非物质文化遗产保护已进入全面的、整体性的发展阶段，非物质文化遗产保护工作已经上升为国家文化发展战略，我国的非物质文化遗产保护工作将走上广泛而深入的发展时期。包含、展现土族民间信仰的土族纳顿节、六月会等已经进入 2006 年颁布的第一批国家级非物质文化遗产名录，而如“勃纳顿”等进入了省级保护名录。目前尚未从非物质文化遗产保护与开发的角度开展研究，而对其展开有效的保护和开发的研究，讨论如何在做好非遗保护的同时，能够与社会主义社会相适应不仅十分必要，而且也非常

迫切。

土族民间信仰在土族传统文化中具有重要的文化价值与保护意义。非物质文化遗产对于当代社会具有重要的文化价值。保护和利用好非物质文化遗产，对于构建和谐社会、培育民族精神、建设先进文化、全面推动人类文明对话和社会的可持续发展，具有十分重要的意义。可以有效增强人们了解和认识传统文化的程度，使民族文化传统绵延不断，充分激发本身的合理文化内涵，转换成为推动当前社会文化发展的重要文化资源。

非遗视野下的土族民间信仰保护要遵循人本原则、活态保护原则。保护理念，是原则的延伸。保护理念之一是政府、学界、民间主体各归其位。保护工作中政府的主导、学者的参与是必不可少的，但也要注意到，欠缺主体参与的非物质文化遗产保护是不完整的、不全面的。理念之二，尊重传承人的主体性和自主选择。理念三，对各种保护要素平等对待。即在保护时不可附加价值判断前提，诸如区分保护对象中的精华与糟粕、先进与落后等的武断判断。

民间信仰的保护与发展策略选择：第一，政府主导，确定保护计划；第二，加强宣传，保护文化生态环境；第三，保护、培育传承人，让主体——广大民众自主参与；第四，保护中求发展，发展促进保护；第五，充分发挥民间保护机制，创新有效保护机制。

（九）“积极引导宗教与社会主义社会相适应”，弘扬民族文化积极因素，削弱消极因素

“积极引导宗教与社会主义社会相适应”，就是考虑如何发挥宗教的正面社会功能和积极意义，号召宗教人士努力挖掘、弘扬各宗教中的积极因素，为社会稳定、民族团结、祖国统一、经济发展多作贡献，同时还要抵制宗教的消极作用，把其负面影响限制在最小的范围内。在这种“积极引导”中，求同存异，增进彼此的沟通和理解；保持开放对话的姿态，促进与宗教界人士的合作与发展。因此，这种“积极引导”必须“鼓励支持一切有利于解放和发展社会主义社会生产力的思想道德，一切有利于国家统一、民族团结、社会进步的思想道德，一切有利于追求真善美、抵制假恶丑、弘扬正气的思想道德，一切有利于履行公民权利与义务、用诚实劳动争取美好生活的思想道德”。如果我们的宗教工作和研究仍局限于过去的思想认识框架，仅从负面、消极的意义上来看宗教，以宗教的逐渐减弱和势必消亡作为考虑现阶段问题的基点，则会出现偏差和失误。据

此，要重新审视宗教文化的价值和意义，看到其与精神文明建设的内在联系，客观、正确地把宗教文化的精华作为我国当前社会主义文化和精神文明中的一个组成部分。因此，引导宗教与社会主义社会相适应，关键是要发挥宗教文化的积极作用，抵制其消极作用，推动社会主义和谐社会的建设。

民间信仰在目前仍然具有其独特的、无法取代的社会功能，在现代社会中有许多正功能。按照功能理论，宗教涉及的是超出日常生活世界范围的经验，即对于某种来世的信仰和反应。因此，宗教恰恰是知识和技术不能提供所需要的适应性手段或调整机制的那些人类生活领域中才有社会学意义。

民间信仰在土族历史上曾起过非常重要的作用，它既承担着维系社会秩序的作用，也发挥着动员社会、凝聚人心的社会功能。民间信仰同时也蕴含着丰富人文意蕴，在一定程度上可以促使社会生活形成健康的发展机制。保持民间信仰历史因革的连续性，充分发挥民间信仰作为沟通理论与大众生活的载体作用，发挥其对民众生活的提升与引导作用，是当前民间信仰研究的当务之急。如何做好传统与现代的转型时，不能毫无批判地接受民间信仰，也不能全盘否定，要以理性的精神来判断和选择。在新旧结合的过程中，我们要有一个选择消化的过程，既要注重立足传统，又要面向现代。

正功能如社会认识、群体整合、行为规范、心理消解、社会互助、道德教化等需要发挥，而负功能，如愚弄群众、导致迷信、强化神权、削弱政权、思想误导、危害社会等需要积极消除。当前，须对民间信仰在土族现实社会生活中的各种具体社会功能进行深入的调查研究，从正反两个方面进行具体的分析。在此基础上，制订出符合实际和能够有效操作的方案，对其积极功能进行利用，对其负面功能坚决清除，使其为社会主义的发展与稳定服务。土族民间信仰源远流长，对土族民众的社会生活，特别是思维方式有着重大影响，如何正确看待民间信仰的正负面影响，扬利抑弊，是党和政府制定宗教政策中不可忽视的一项重要工作。

首先，发挥民间信仰的社会功能。根据民间信仰具有的整合功能、行为规范功能、心理调节功能、艺术功能、认识功能、历史文化功能等功能，努力调动民间信仰的正面功能和积极影响，尽量避免其可能的负面功能和消极影响，以便最大限度地发挥其在维护稳定、造福社会、安抚人心、补益德治、增强诚信、有益教化方面的积极作用。一是发挥民间信仰对于构建和谐社会的积极作用。实际上，在社会主义初级阶段，民间信仰的道德规范可以成为调整社会秩序、维护社会稳定、促进社会发展的文化资源，成为社会主义道德的重要补充。诸如乐善好施，买卖公平，孝敬父母，诚恳待人等道德规范完全可以转换为构建和谐社会的丰富资源。二是发挥民间信仰的道德教化作用。研究表明，宗教是道德教育最有效的力量之一。一方面宗教教义和宗教历史中包含了丰富的道德内容，长期以来已成为人的心理和精神的组成部分。另一方面各宗教场所负责人一般都有很强的人格魅力，在信徒中有较高的道德威望，他们的榜样作用对信徒有着很强的影响力和号召力。土族民间信仰的道德作用，同样适用。这对于构建稳定有序、安定团结的和谐社会，具有重要的意义。民间信仰提倡的道德通过神的激励和惩罚，来加强信众遵奉道德诫命的必要感，让信众更好地接受教化，给信众尤其是广大弱势群体提供一种重要的心理补偿，使他们在幻想中获得了在现实世界中所没有的平等与和谐感。与此同时，在社会主义条件下，发扬民间信仰提倡的道德规范，进行扶危济困、救助弱势群体等方面也能够发挥积极作用。这在一定程度上成为融合人际关系，消解社会矛盾的润滑剂，客观上起到了缓解、缓冲社会矛盾的作用。民间信仰以追求人自身的和谐为基础，以加强个人的道德自律求得内心安宁与和平，以善行去谋求人与人、人与社会、人与自然的安宁与和平。在客观上起到了缓和与调整人与人、人与自然、个人与社会之间相互关系，维护社会安定和谐的教化作用。三是发挥不同信仰群众的和谐推动作用。土族民间信仰注重道德，乐于兼容，善于互补，和谐共存。历史上与其他宗教之间，与其他信仰的民族之间，始终保持着一种和谐关系。这是一种极具价值的历史遗产，需要我们继承，为构建社会主义和谐社会服务。四是发挥民间信仰独特的文化传承和文化展示作用。民间信仰内容极其丰富，不仅具有社会文化的结构和形态，而且包含如哲学、文学、艺术、教育、道德、法律、制度、习俗等知识。更是蕴含着丰厚精神文化资源，具有重要的思想、伦理、审美和知识价值，需要我们去发掘、整理和研究、利用。五是发挥民间信仰的心理慰藉作用。民间信仰，或者宗教在与个人的关系上，它是心理健康甚至身体健康的一个可靠根源。它不分年龄、性别和种族、民族，对人们有着舒缓精神危机、宽慰人心、缓和情绪、化解矛盾的作用。土族民间信仰的心理慰藉作用在当下也是凸显无遗。

其次，发挥民间信仰资源的积极作用。让从事民间信仰活动的本民族的人员，积极整理、发掘已有道德规范、文化资源，并就时代的发展，整理伦理资源、道德资源，提出如何为社会发展提供更有力的支持，与社会发展相协调。我国社会主义社会的宗教，必须积极地与社会主义社会的经济、政治、文化等相适应，否则，其生存和发展就会受到一定的限制。除了发掘弘扬宗教教规教义中的积极思想外，宗教界还根据时代要求，对一些传统经典进行了新的阐释，使一些传统的经典在社会主义社会中焕发出新的思想光芒。如佛教倡导“庄严国土、利乐有情”，基督教倡导“荣神益人”，道教倡导“慈爱和同，济世度人”，天主教倡导“爱国是天主的戒命”，伊斯兰教号召信徒做一个吉庆、幸福、有价值的穆斯林。在这些思想影响下，广大信教群众充分发挥他们的主观能动性，积极投身于社会主义建设，宗教团体也积极参与抗灾济贫、慈善公益、文化交流活动，得到了社会各界的好评。

第三，鼓励发挥民间信仰神职人员和组织人员的作用。他们是民间信仰的重要组成部分，是民间信仰得以存在与发展的主体，他们在民间信仰的存在与发展中起到关键性作用。江泽民同志在 2001 年全国宗教工作会议的讲话中指出：“我国信仰各种宗教的群众有一亿多，他们也是建设有中国特色社会主义的积极力量。”如果我们引导得好，相适应，就成为建设社会主义现代化的一支重要力量。其一，要做好宗教界爱国人士的统战工作，注意发挥他们的积极作用。争取、团结了他们，就能争取、团结广大的信众。其二，要重视他们在联系党和政府与信众中的桥梁作用，在社会主义和谐社会的建设中应最大限度地调动起神职人员和组织人员的积极性、主动性，发挥他们的桥梁与纽带作用。

想方设法，在不干涉民间信仰自由前提下，积极抑制民间信仰的消极作用。总体上来说，民间信仰在土族社会发展过程中，在社会主义现代化建设中是起这一定的积极推动作用。但我们又不能否认，民间信仰从本质上仍然是对客观世界的一种歪曲的、虚幻的反映，是以唯心主义世界观为基础的，在一定范围内、一定程度上仍有消极作用。所以，我们在发扬积极因素的同时，必须注意加强引导，积极消除消极因素的负面影响。

民间信仰发达，万物有灵，唯灵是信，民众的民间文化即非物质文化遗产中羼杂了许多民间信仰的因素，有的甚至是民间信仰成为非物质文化遗产事象的基调和驱动力。如纳顿，是为庆祝丰收酬谢神灵而以舞谢神的；而作为“文化空间”的纳顿会场，以俗神信仰为理念，既是民众展示社团凝聚力和散发剩余精力的场所，又是通过俗神信仰寄托他们的希望与希冀的时机，如果将民众对某些民间俗神的崇拜剥离掉，那么纳顿就不存在了。民间信仰的弥漫性特点，注定了民间信仰与民间文化永远处于难解难分的胶合状态，而这种状况的普遍存在，是大多数非物质文化遗产即民间文化发展的历史合理性和历史必然性之所在，没有民间信仰的参与或影响，反倒是不可理解的了。而在某种情况下，民间信仰甚至是作为民间文化发展的内驱力而存在，这也是人力所无法更易的、“不可抗拒”的规律。我们不能也无权看到民众的民间信仰中既包含着理信、也夹杂着迷信，就嫌弃我们的民众落后和愚昧。① 因此，首先要对民间信仰中的积极因素、消极因素进行准确的把握，不能搞“一刀切”，不能“一棒子”打死。在鼓励学术界、民间信仰的神职人员以及组织人员、信众、政府管理机构进行广泛调查研究基础上，明辨积极与消极因素，能够有效分离开来的，对消极因素针对性的制定一些能够为信众所接受的消除方法。

中国民间信仰与大量的经济活动相伴随是一个事实，可以在现代化的过程中成为实用主义的动力。民间信仰在民众中常常是与现代化的手段一同为人们所利用，在此方面最为突出的表现，是民俗医疗与西方医疗并行不悖的事实。民间信仰活动与现代化的经济活动配合起来，民间信仰的内在动力就在于“趋福避祸”，故而现代性的生活如果与民众对各种“福祉”追求相吻合，就一定会得到民间信仰的多方支持，同时民间信仰也会在一定程度上成为人们参与现代化社会建构的内在动力。中国民众所追求的“福如东海”、“寿比南山”、“光宗耀祖”，等等，哪一项与现代生活有抵触呢?② “一旦还原到民间信仰的‘底色’，就不能不承认，‘公正、生存、安居、乐业、财富、健康、长命、消灾、避祸’，这样几个有限的字眼，就足以概括几乎所有民间信仰的精神诉求。而这样的一些诉求，又几乎无一不是建构和谐社会的‘基本因子’。”③ 如果对于土族民间信仰的目标进行一个简单的分类的话，“生存”、“家庭”、“健康”、“求

---

① 刘锡诚：《非物质文化遗产与民间信仰》（http：//www. studytimes. com. cn/chinese/zhuanti/xxsb/1074995. html）。

② 范丽珠：《中国民间文化的现代价值》（http：//www. guoxue. com/ws/ShowArticle. asp? ArticleID = 1766）。

③ 王育济：《特约评论人语》，《文史哲》2006 年第 1 期。

嗣”构成了主要内容。那么，作为人们生活一部分的民间信仰，在支持人们的信心、安全感和满足感上有什么作用？它如何建构人们对于“生存”、“家庭”、“健康”、“求嗣”的观念？据粗略调查，在纳顿节上还愿祭祀的个人或家庭，一是出门求财后真的有所收获的人，一是祈求平安后获得平安的；而在清明祭祖仪式上，还愿的就是求嗣成功的家庭。而集体的民间信仰，一方面与实际需要相关，如求雨的仪式；一方面与历史的传统相关，如祭鬼的活动；近来也有一些与集体的荣誉与安全相关，比如家族集体捐资修庙。

总之，我们要立足当前，着眼长远，因势利导，认识到民间信仰长期存在的客观事实及其存在和发展的原因，把握住民间信仰存在和发展的规律，管理好涉及社会公共利益的民间信仰事务，发挥民间信仰应该和可以发挥的积极作用，防范和限制其已经和可能出现的消极作用，化冲突因素为和谐因素。引导民间信仰与时代特征和社会发展需要相一致，挖掘整顿、转化利用民间信仰中一切积极的、向上的文化因素，使之成为当地人们的价值观念和人文精神的补充，使之服务于国家和社会。我们的最终目的是让民间信仰文化在社会主义和谐社会的构建和精神文明建设中发光、发热。

（十）加强思想政治教育工作

农村思想工作应该成为新农村建设的重要内容，是落实各项方针政策、不断推进农村政治、经济、社会良好发展的重要保证。可是，目前，存在一些问题，比如一些领导对农村思想教育工作重视不够，“两手抓”只是表现为抓经济，由此，有些地方只考虑能够发展经济的实用技术教育，思想政治教育开展少。而在极少开展的教育内容上，讲大道理多，鲜活事例少，不能根据实际，针对问题。上面安排，下面才干，而且不考虑形式，沿袭了长久的教育方式。此外，教育不能形成长效机制，只是上面有要求后，集中培训多，经常性学习少。

近几年来，各地都把经济建设提到了前所未有的高度，抓招商引资，抓农民致富。纷纷加大了实用技术、致富创业教育，加强了对农民工群众和党员的再就业培训，而忽视了思想政治教育工作。很多基层组织对思想政治教育工作重视不够，抓教育时松时紧，过分依赖上级的文件指示精神，没有自己的系统规划，经常性教育的长效机制不健全、不到位。教学内容和形式陈旧，缺乏创新。很少通过用身边的人和事来引导党员干部，寓教于乐，使学习者感到可亲可信可行，内容不够丰富、形式不够多样。更为重要的一点，这些教育更多的是围绕党员教育开展，或者换句话说，只是对农村党员开展思想政治教育，而把更广大的一般群众没有纳入到思想政治教育工作的范围中来。由此，造成农村思想政治教育工作出现上述一些问题。而这些问题的长期存在，必将影响到和谐社会建设，影响到民间信仰积极因素的发扬，消极因素的消除。

要做好农村思想政治工作，就要找准农村思想政治教育的切入点，准确把握当前农民思想观念的变化，弄清他们在想什么、盼什么、要什么，有针对性地做好思想政治教育工作。把握农村思想政治教育的结合点，把思想政治教育与农村其他工作有机结合起来，尤其是同加快农村经济发展、为农民办实事办好事、抓好基层组织建设等工作紧密结合起来。激发农村思想政治教育的兴奋点，抓住农民最感兴趣的方面，不断改进创新内容与形式，让农民在喜闻乐见的形式中受到启发和教育。

提高农民整体素质，培养造就有文化、懂技术、会经营的新型农民，是构建农村和谐社会的迫切需要。近年来，农民的物质生活水平有了较大提升，但农民的整体素质还有待提高，农村思想政治教育的针对性、实效性还有待增强。充实思想教育的内容，克服其内容的空洞化。在选择和确定思想教育的内容时，针对不同层次的人提出不同的教育要求，设计不同的教育方案，绝不能搞一刀切。针对农民对农村和谐社会建设的疑虑，用事实宣传更有效。农民忠厚、实在，理论修养差，政策理解水平不高。对他们大讲特讲诸如构建农村和谐社会的伟大意义、理论依据，他们肯定不配合。但如果用周围的致富经验、创业经历来宣传，他们很感兴趣，很乐意积极配合。因为预期实惠看得见、摸得着，并且区域内的利益结构平衡正在打破，农民会产生危机感，就会有积极主动的行动。首先，把思想政治教育与加快农村经济发展紧密结合起来。只有通过大力发展农村经济，千方百计增加农民收入，给农民带来看得见、摸得着的物质利益，思想政治教育才有说服力和感召力。其次，把思想政治教育与为农民办实事办好事紧密结合起来。力戒“假大空”的说教，深入基层、深入群众，切实帮助农民解决实际困难，努力做到“认认真真访民情，诚诚恳恳听民意，实实在在帮民富，兢兢业业保民安”。第三，把思想政治教育与抓好基层组织建设紧密结合起来。对农民的思想政治教育，主要靠基层组织和广大基层干部去做。当前农村思想政治工作中存在的一些问题，与有的基层组织软弱涣散和有的基层干部素质不高、作风不正有很大关系。加强对农民的思想政治教育，必须大力加强基层组织建设，切实改进基层干部的作风。基层组织坚强有力，广大基层干部的先锋模范作用得到充分发挥，思想政治教育工作就能顺利开展，并抓出实效。

改进思想教育的模式与方法。首先，调整传统的思想教育的目标模式，把培养受教育者的主体理性、主体智慧和主体能力纳入思想教育的目标系统。改变过去的单向教育模式为教育者与受教育者之间的互动教育模式，使思想教育成为教育者与受教育者之间的一种特定的观念、情感交流活动。其次，要利用文化传媒舆论，改变过去那种以灌输为重心、以说教为特征的思想教育方式。从农民的意愿出发，密切联系农民最关心、最直接、最现实的利益问题，抓住农民最感兴趣的方面，不断改进创新思想政治教育的内容与形式，让农民在喜闻乐见的形式中受到启发和教育。坚持正面教育为主，善于用积极因素克服消极因素，准确、及时地宣传党的路线方针政策，实事求是地反映社会生活的主流，让农民用创造新生活的业绩教育自己，形成鼓舞人们前进的巨大精神力量。思想政治教育要做得细致深入，为农民群众所接受，很重要的就是凡是需要动员群众做的，党员特别是党员干部必须从自己做起。作为教育者，应首先受教育，切实提高素质，增强做好群众工作的能力和本领，真正体现先进性，以实际行动增强思想政治教育的说服力、感染力和影响力。

做好短期培训与长期培养相结合。思想政治教育工作是一项系统工程，既要注重短期的集中培训，又要建立长期的经常性教育培养机制。特别注重将短期培训活动和建立长效教育机制相结合，一方面针对不同时期的中心工作和任务以及农村中存在的较为普遍的思想问题，开展相应的集中学习教育活动，如针对宣传党的十七大、十七届三中全会精神举办一系列培训班、专题讲座、报告会等，另一方面要注重建立完善的教育、管理、监督、服务相结合的制度化、规范化的长效机制，如为党员干部的自主学习制定长期学习计划，开办农民学校等。

加强和改进信仰教育。宗教并非天生的，而是人们面对不可捉摸的现实寻求的一种精神依靠，并由此在人们心灵深处建立一种依赖感的产物。在社会主义社会宗教存在有其客观的现实基础，我们应以发展的眼光去审视宗教历史发展的规律，才能正确地引导它为社会主义服务。土族民间信仰问题的复杂性、长期性、群众性，关系到民族团结、文化继承、公民的基本权利等重大问题，必须认真对待。正视民间信仰长期存在的客观事实，科学理性地对待广大信众，才能发挥民间信仰的积极功能，消除消极影响。

在承认宗教在我国社会主义社会仍将长期存在的基础上，基于维护国家安定团结、长治久安的现实眼光来看待、研究和处理好宗教问题。首先，要改变过去仅从负面、消极的意义上来看宗教，以宗教的逐渐减弱和势必消亡作为考虑现阶段问题的基点。在客观看待土族民间信仰长期存在的基础上，认真对待，理性分析，条分缕析，将积极因素、消极因素等予以明确认识，并要有逐步消除消极因素的思想准备，不能妄想在短期内彻底消除消极影响。第二，明确各种宗教信仰的多元和谐共存。对于不愿意确立科学信仰，愿意信仰宗教的人，应对他们开展正确的宗教信仰教育，坚持马克思主义宗教观，多方位输送各种宗教的"正知"，而不是"邪见"，让民众在信仰时能够理性信仰，理性看待自己的信仰。因为，土族民众普遍信仰宗教、信仰民间信仰，但很多人对这些相关知识却知之甚少，或一知半解。所以，编写适合农村民众的宗教学知识读本，在媒体上对民众进行宗教知识的宣传显得十分必要。一个人接受的人文教育越多，对各种宗教和教派的来龙去脉了解得越多，就越可能形成较宽容的宗教观，越能形成对待宗教的正确态度。一个社会所具有的文化教育事业越发达，宗教知识与民族知识越普及，就越容易形成不同文化之间、不同信仰之间互相尊重的社会氛围。这种社会氛围是积极引导宗教与社会主义社会相适应的重要条件。

在社会主义市场经济大力发展的时期，必须要加强社会主义精神文明的建设。随着市场经济的深入发展，导致人们的利益分化和道德追求的多样化，如果不注意精神文明建设，忽视人民的精神市场而随意、直接地扔给伴随市场经济而兴起的世俗价值体系，那将是很危险的。"在中国现代化过程中，马克思主义终极关怀所未及的那部分精神市场，如果完全丢给伴随市场经济而兴的世俗价值体系，那将是人类的悲哀。西方人已深受所谓现代性精神迷失的困扰，我们岂应重蹈覆辙？因此，发挥宗教伦理的积极作用，就非常必要了。"① 这里需要让民间信仰与社会主义主流意识形态协调。作为一种亚文化，某些民间信仰与社会主义主流意识形态的矛

---

① 钟国发：《神圣的突破：从世界文明的视野看儒佛道三元一体格局的由来》，四川人民出版社2003年版，第767页。

盾、冲突已日益明显，其原因是十分复杂的。因此，必须通过思想教育、政策宣传、法律约束等多种方式引导民间信仰与社会主义主流意识形态相适应，形成两者的协调。

三　构建和谐社会的机制探索

建设和谐文化，是构建社会主义和谐社会的重要任务。所谓和谐文化，是指一种以和谐为思想内核和价值取向，以倡导、奉行和谐理念为主要内容的文化形态、文化现象。和谐社会是和谐文化的源泉、动力和基础；和谐文化是和谐社会的精神向导和支撑，是和谐社会建设中一项基础性、先导性的工作。建设和谐文化，最核心的就是要倡导和谐理念，培育和谐精神。和谐源自内心、成于道德、要靠法律保障。和谐要有理念引导，要有精神支撑，所以要倡导和谐理念、培育和谐精神；和谐要靠道德成就，要靠文化熏陶，所以要提升道德素养，建设和谐文化。宗教本身具有许多和谐因素，它的社会功能的正面发挥，在很大程度上就是在倡导和谐理念，培育和谐精神，促进社会和谐[①]。这里，系统说明了和谐社会建设与和谐文化的关系，同时，指出了宗教在和谐社会建设中的重要作用。土族社会中和谐社会建设是一项涉及土族乡村工作方方面面的系统工程，必须与其他工作实现有机结合。其中作为本书主旨的民间信仰在构建和谐社会中的角色，如何引导民间信仰与土族和谐社会建设相适应，同样是一项系统工程。突出民间信仰的积极因素，削弱民间信仰的负面影响，是涉及政治、经济、教育、文化、医疗卫生等多方面的协同工作。基于民间信仰的长期性、群众性、复杂性，需要构建长期有效的各种社会工作机制，做好长期规划，不能因人事变动而不能持续，而且，规划中注意按照近期、中期、长期的不同阶段，制定切实可行的措施，以期能够有效地引导民间信仰与社会相适应，积极构建土族乡村和谐社会。

一是构建政策护农机制。“护农”，一要保护农业发展，一要保护农村发展，一要保护农民的全面发展。土族乡村，是土族民众聚居的主要地区，而乡村基于农业而存在。农业发展状况的好坏，直接决定土族乡村的面貌。所以，如何发展农业，是首先要考虑的大问题。根据目前社会发展

---

① 张训谋：《发挥宗教文化在促进社会和谐方面的积极作用》，载社会问题研究丛书编辑委员会编《文化安全与社会和谐》，知识产权出版社 2008 年版，第 289 页。

状况，需要创新刚性的“惠农”制度体系，探求制度“惠农”，制度“护农”的方法体系，做到“有章可循，有法可依”。以制度来促进涉农政策的执行：第一，要完善各种农业补贴的投入、发放与管理制度。虽然目前有多种农业补贴发放，但尚存在发放渠道不够透明，“半路截留”等问题，对于本身不多的款项再截留一部分，让群众十分不满。二是要完善农村和谐社会建设资金投入与管理制度。明确融资渠道、方式，细化新农村建设中政府、社会、农民出资比例，做好科学的预算和规划，做到专款专用，提高使用效率，合理调度建设资金，保证新农村建设的整体平衡推进。重要的是，改革农村农民贷款制度，灵活放款，大力支持农民创业。许多土族农民勤劳吃苦，有很多致富想法，苦于没有资金支持而搁浅。

其中重要一点，构建工业反哺农业的护农机制。根据利益均衡理论，在工业化的初始阶段，农业应该支持工业，为工业发展提供大部分积累，但当工业有了相当程度发展后，就应回过头来反哺农业，扶持农村，从而实现工业与农业、城市与农村的协调发展。改革开放以来，我国的工业实现了持续高速增长，工业化步伐显著加快，不断发达的工业已具有相当基础，工业反哺农业时机成熟。此时，国家就应及时调整经济发展战略，采取积极的财政政策重点向农村、农业倾斜，构建工业反哺农业、城市支持农村的分配格局，促进城乡统筹协调发展。唯有坚持工业反哺农业，巩固、完善、加强支农惠农政策，切实加大农业投入，积极推进现代农业建设，强化农村公共服务，深化农村综合改革，才能又好又快地发展农村经济，引导新农村建设健康推进。

在运用刚性政策的同时，需要运用政策的柔性，即政策的灵活性，做到既坚持原则，有能够灵活运用。各种政策的制定要摸清政策对象的状况，要遵循“因地制宜，因人而异”的原则，尊重地域差异，尊重不同群体差异，有的放矢。把刚性制度与当地具体政策结合起来，找准农村和谐社会建设的切入点，探求总结多样化的发展路径与模式，做出符合农民意愿的行动。当农民的利益和活动有制度的保证，政策的支持时，农民就能真正感受到党和政府的贴心关怀与温暖，农民就会从消极与被动的阴影中走出来，投入到社会主义农村和谐社会建设的实中来，真正发挥其积极性、主动性、创造性。

第二，构建培养新式农民机制。农民问题是农村问题的软件，更是根本核心问题。过去，农民中年轻一代在结束了义务教育阶段之后，对获得教育望而却步。相对于微薄的收入，教育费用非常之高，无论是对现代农业知识方面的教育，或是对参与经济有关的职业教育，农民都是无能为力的。农民素质的整体提高，才是农村发展的根本动力。新式农民是农村获得整体发展的依靠，而素质是农民增产增收的本钱。培养新式农民，首先要加快农村教育事业发展。农村教育是农民学科学、学技术，实现职业转化的必要的文化基础，发展农村教育是培育新型农民的重要途径。因此，要从战略和全局的高度，把农村教育摆到整个教育发展的优先地位，加快发展步伐，进一步巩固和普及农村九年制义务教育，发展职业教育，办好学前教育和特殊教育，开展多样化的成人教育和继续教育，加快发展农村现代远程教育。通过多层次、多形式的农民教育，使农村大批劳动力的科技文化素质达到新型农民的培养要求。

三是构建农村和谐文化建设机制。为了满足群众的基本文化需求，政府主导，按照公益性、基本性、均等性、便利性的要求，加强文化基础设施建设，完善乡村公共文化服务网络，让群众广泛享有免费或优惠的基本公共文化服务。一是构建公共文化服务体系。以公共财政为支撑，以公益性文化单位为骨干，以所有群众为服务对象，保障群众看电视、读书看报、进行公共文化鉴赏、参与公共文化活动等基本文化权益，完善覆盖城乡、结构合理、功能健全、实用高效的公共文化服务体系。把主要公共文化产品和服务项目、公益性文化活动纳入公共财政经常性支出预算，采取政府采购、项目补贴、定向资助、贷款贴息、税收减免等政策措施鼓励各类文化企业参与公共文化服务。鼓励国家投资、资助或拥有版权的文化产品无偿用于公共文化服务。统筹规划和建设基层公共文化服务设施，坚持项目建设和运行管理并重，实现资源整合、共建共享。加强社区公共文化设施建设，把社区文化中心建设纳入城乡规划和设计，拓展投资渠道。引导和鼓励社会力量通过兴办实体、资助项目、赞助活动、提供设施等形式参与公共文化服务。制定公共文化服务指标体系和绩效考核办法。二是建设优秀传统文化传承体系。要全面认识传统文化，取其精华、去其糟粕，古为今用、推陈出新，坚持保护利用、普及弘扬并重，加强对优秀传统文化思想价值的挖掘和阐发，维护民族文化基本元素，使优秀传统文化成为新时代鼓舞人民前进的精神力量。加强国家重大文化和自然遗产地、重点文物保护单位、历史文化名城名镇名村保护建设，抓好非物质文化遗产保护传承。深入挖掘民族传统节日文化内涵，广泛开展优秀传统文化教育普及活动。发挥国民教育在文化传承创新中的基础性作用，增加优秀传统文化课程内容，加强优秀传统文化教学研究基地建设。繁荣发展少数民族文化事业，开展少数民族特色文化保护工作。三是加快城乡文化一体化建设。加强县级文化馆和图书馆、乡镇综合文化站、村文化室建设，深入实施广播电视村村通、文化信息资源共享、农村电影放映、农家书屋等文化惠民工程，扩大覆盖、消除盲点、提高标准、完善服务、改进管理。加大对土族地区文化服务网络建设支持和帮扶力度。深入开展全民阅读、全民健身活动，推动文化科技卫生“三下乡”、科教文体法律卫生“四进社区”、“送欢乐下基层”等活动经常化。引导企业、社区积极开展面向农民工的公益性文化活动，尽快把农民工纳入城市公共文化服务体系。建立以城带乡联动机制，合理配置城乡文化资源，鼓励城市对农村进行文化帮扶，把支持农村文化建设作为创建文明城市基本指标。鼓励文化单位面向农村提供流动服务、网点服务，推动媒体办好农村版和农村频率频道，做好主要党报党刊在农村基层发行和赠阅工作。扶持文化企业以连锁方式加强基层和农村文化网点建设，推动电影院线、演出院线向市县延伸，支持演艺团体深入基层和农村演出。中央、省、市三级设立农村文化建设专项资金，保证一定数量的中央转移支付资金用于乡镇和村文化建设。

第四，构建组织推动机制。当前市场经济体制下，农民面对各种市场体制，面对复杂的官—商官僚体系、偏见的金融政策、缺失的职业培训和支持，单个农民开创未来、谋取幸福生活的机会和能力十分欠缺。农民组织化程度越高，自身利益诉求的能力越强，自我发展能力、化解矛盾的能力也越强，得到的幸福感、满意度也越大。发展农民组织有利于推进农业现代化进程，有利于提高农业市场化水平，有利于形成农民的互助、互济机制，缓解农村公共产品严重匮乏的矛盾，有助于化解农村社会矛盾，有利于建设和谐社会。因此，其一，鼓励农民处理各种有利于自身发展的各类民间组织，政府可以牵线搭桥，引导、规范，使之形成科学的管理方法和运作模式，要加强对农民专业组织的扶持力度，促进其健康发展。其二，要进一步完善村民自治组织，要努力改变“行政化”的倾向，使其具有“草根性”。围绕新农村建设的目标规划和年度工作任务，村党组织、村委会引领农民群众做好各项工作。畅通组织推动的各种渠道，在农民党员队伍中开展带头致富、带领群众致富的“双带”活动，在村民代表中开展关心村务、关心群众的“双关”活动，在团员青年中开展争当创业标兵、争当致富能手的“双争”活动等。通过选拔创业致富能人、选聘大学毕业生、选派机关企事业优秀干部到村任职，优化村级组织班子结构，做到“有人管事”。建立健全征求意见、议事决策、执行实施、承诺考评、财务管理、村务公开等制度。

第五，构建典型带动机制。民间从众心理盛行，民众看重区域内利益平衡，追求区域一致性。当某地示范成功，这种利益结构的平衡性被打破，农民就会主动学习，改变这种态势，从而引起“羊群效应”。因此，在慎选示范项目，慎选示范地点和示范农户，精心组织，科学管理，争取成功后，将示范经验推广起来很容易。而且，用事实宣传更有效，用临县、临乡、临村的致富经验、创业经历作为经验来推广，因为预期实惠看得见、摸得着，并且区域内的利益结构平衡正在打破，农民会产生危机感，就会有积极主动的行动。因此，在和谐社会建设进程中，在树立典型基础上，充分发挥典型带动作用。坚持分类指导，积极培育、宣传、推广不同层次的先进典型，带动和谐社会建设整体工作的不断提高。其一，培育一批示范村。确定一批基础较好的示范村，省、县、乡共同联动，为这些村出谋划策，负责指导制订方案，加强培训，完善制度，抓好落实。其二，提升一批重点村。选择一批在某个或若干方面做得较好的村进行重点培育，由省、县、乡共同对有关工作开展指导。其三，转化一批薄弱村。针对工作基础差、各方面作用发挥难的相对后进薄弱村存在的问题，选派优秀干部到薄弱村任职，帮助加强组织建设、提高队伍素质、健全各项制度、发展集体经济。

第六，构建上下联动机制。引导民间信仰与社会主义社会相适应，需要省、县、乡（镇）、村良性联动起来，积极发挥各自优势，为共同构建和谐社会做出努力。构建省、县、乡（镇）、村联动工作格局，上级有关部门依托乡镇和村级组织，指导帮促所对应的村级组织发挥作用。首先，抓组织协调。努力发挥目前已有的类似定点扶贫关系的联动作用，积极拓展这种关系，并使之常态化、实用化，而不仅仅停留在临时性的、短期帮扶，而且要扩大帮扶范围、帮扶对象，从救济扶贫的圈子中跳出来，站在帮助构建和谐社会的高度来发挥作用。省、县、乡应成立相应的工作领导协调小组，督促建立由组织部门、涉农单位、群团组织、宗教事务局、医疗卫生部门等组成的联席会议制度，履行组织、指导、协调、督查的职能，本着真心帮扶的态度，帮助解决实际问题，逐步走上和谐农村的道路。其次，抓工作运行。在做好各级组织协调后，就要抓落实，抓工作运行。建立、完善各类组织工作的相关制度，完善各类组织的具体举措和程序。最后，抓服务帮促。各级各有关部门发挥各自优势，加大对村级相关组织和人员的服务帮促力度，从经济帮扶转向全面帮扶，尤其要针对土族乡村实际抓农村文化帮扶，医疗帮扶等，努力加快新农村建设步伐。

第七，构建民间信仰观念体系的批判和“移易改造”机制。民间信仰的思想基础和核心观念是有神论，包括前定宿命论、万物有灵论、因果报应论、阴阳和人鬼两重世界的宇宙观，等等。作为民间信仰观念体系核心的鬼神观念从本质上看是消极颓废的，对人们的精神具有毒害性。因此，我们必须对其进行科学的分析和引导。一是必须以辩证唯物论和科学无神论思想为指导，以现代科学为武器，对其进行彻底的批判。在人们思想上建立一种自觉抵制和科学甄别的思想理论基础。二是要进行马克思主义宗教观教育，帮助人们正确地认识宗教现象，正确对待宗教问题，建立起科学的认识论基础。三是要善于利用民间信仰的形式，用一些与时代相一致的新的价值观念，对其合理因素进行“移易改造”，在批判糟粕的同时，赋予其积极的价值观念。例如把对山神崇拜改造转化为保护山林，保护环境的价值观念；自然崇拜中的水崇拜等改造转化为生态伦理价值观念；祖先崇拜改造转化为尊老爱老的伦理价值观念等。

民间信仰及其影响下的观念与精神，是否有助于现代经济的发展，是否有助于更趋合理的人际关系的形成，是否能够成为一种新的社会保障和心理支持系统？通过我们对民间信仰进行更进一步的分析，我们会得到一个明确的答案，这也是以后需要继续深入的课题。

民间信仰，毕竟反映出的是一个社会、一个民族的思维层次、文化价值观念和文化品位的较低坐标位置，对它的泛滥与隐患熟视无睹，听之任之，显然不利于我国精神文明建设的顺利开展。因此，加强群众性的政治思想工作，向人民群众进行科学的世界观教育，开展丰富多彩的文化体育活动，搞好两个文明建设，逐步消除唯心主义的神灵崇拜得以存在的社会根源和认识根源，是摆在我们面前一项艰巨而复杂的工作，愿我们共同努力。

“中国是一个多民族、多宗教的国家。56个民族平等相待，佛教、道教、伊斯兰教、天主教、基督教各教和谐共处。这是中华民族讲信修睦，崇尚和平的文化传统所决定的。‘和’是中国传统文化的特征向量，是古代先哲的生命信仰和思维基础。‘和’的精神，是一种承认，一种尊重，一种感恩，一种圆融；‘和’的内涵，是人心和善，家庭和睦，社会和谐，世界和平；‘和’的基础，是和而不同，互相包容，求同存异，共生共长；‘和’的佳境，是各美其美，美人之美，美美与共，天下和美。中国传统文化‘以和为贵’，成功吸收了印度佛教，容纳了伊斯兰教和基督教，形成了历史上多民族多宗教共生共长的良性文化生态。这个‘东方模式’有着丰富的实践经验。中国传统文化对其他文化一直保持开放和包容的心态。中国现有的五种主要宗教，除道教外，其他各大宗教均在不同时期由国外传入，在中国生根、发展。历史上，各民族和睦共处，各宗教和谐共生是主旋律。”① 土族社会中，各种宗教形式同样和谐共处，土族民众对于各种宗教兼容并蓄，为了构建民众各自内心安宁，社会和谐发挥了一定的积极作用。而且，多种宗教形式的共存共生，本身就是一种和谐的表现。我们相信，通过一定的努力，发扬民间信仰的和谐因素，对于构建土族社会和谐、土族社会的社会主义新农村具有一定的贡献！

① 叶小文：《宗教对话、世界和平与和谐社会》，《北京大学学报》（哲学社会科学版）2007年第1期。

参考书目

1. ［英］E. E. 埃文斯·普理查德：《原始宗教理论》，孙尚扬译，商务印书馆 2001 年版。

2. ［英］马林诺夫斯基：《文化论》，费孝通译，华夏出版社 2002 年版。

3. ［英］马林诺夫斯基：《巫术科学宗教与神话》，李安宅译，中国民间文艺出版社 1986 年版。

4. ［英］拉德克利夫·布朗：《社会人类学方法》，夏建中译，华夏出版社 2002 年版。

5. ［英］埃德蒙德·利奇：《文化与交流》，郭凡、邹和译，上海人民出版社 2000 年版。

6. ［英］弗雷泽：金枝，中国民间文艺出版社 1987 年版。

7. ［英］菲奥纳·鲍伊：《宗教人类学导论》，金泽、何其敏译，中国人民大学出版社 2004 年版。

8. ［英］布赖恩·莫利斯：《宗教人类学》，周国黎译，今日中国出版社 1992 年版。

9. ［英］R. R. 马雷特：《心理学与民俗学》，张频凡、汪宁红译，山东人民出版社 1988 年版。

10. ［美］克利福德·格尔兹：《文化的解释》，纳日碧力戈等译，上海人民出版社 1999 年版。

11. ［美］克莱德·M. 伍兹：《文化变迁》，何瑞福译，河北人民出版社 1989 年版。

12. ［美］斯特伦：《人与神——宗教生活的理解》，金泽、何其敏译，上海人民出版社 1991 年版。

13. ［美］韩森：变迁之神：《南宋时期的民间信仰》，浙江人民出版社 1999 年版。

14. ［美］托马斯·F. 奥戴等：《宗教社会学》，刘润忠译，中国社会科学出版社 1990 年版。

15. ［美］杜赞奇：《文化、权力与国家》，江苏人民出版社 1988 年版。

16. ［美］克特·W. 巴克主编：《社会心理学》，南开大学出版社 1986 年版。

17. ［美］露丝·本尼迪克特：《文化模式》，华夏出版社 1987 年版。

18. ［法］E. 杜尔干：《宗教生活的初级形式》，林宗锦等译，中央民族大学出版社 1999 年版。

19. ［法］保罗·里克尔：《恶的象征》，公车译，世纪出版集团上海人民出版社 2005 年版。

20. ［法］列维—斯特劳斯：《野性的思维》，李幼蒸译，商务印书馆 1987 年版。

21. ［法］列维·布留尔：《原始思维》，丁由译，商务印书馆 1981 年版。

22. ［德］恩斯特·卡西尔：《人论》，甘阳译，上海译文出版社 1985 年版。

23. ［日］渡边欣雄：《汉族的民俗宗教》，周星译，天津人民出版社 1998 年版。

24. ［日］绫部恒雄：《文化人类学的十五种理论》，贵州人民出版社 1988 年版。

25. ［比利时］许让：《甘肃土人的婚姻》，费孝通等译，辽宁教育出版社 1998 年版。

26. 费孝通：《乡土中国》，生活·读书·新知三联书店 1985 年版。

27. 费孝通：《生育制度》，商务印书馆 1999 年版。

28. 钟敬文主编：《民俗学概论》，上海文艺出版社 1998 年版。

29. 王铭铭：《走在乡土上：历史人类学札记》，中国人民大学出版社 2003 年版。

30. 王铭铭：《社会人类学与中国研究》，三联出版社 1997 年版。

31. 王铭铭、潘忠党主编：《象征与社会》，天津人民出版社 1997 年版。

32. 顾希佳：《社会民俗学》，黑龙江人民出版社 2003 年版。

33. 乌丙安：《中国民俗学（新版）》，辽宁大学出版社 1999 年版。

34. 乌丙安：《民俗学原理》，辽宁教育出版社 2001 年版。

35. 马西沙、韩秉方：《中国民间宗教史》，上海人民出版社 1992 年版。

36. 李亦园：《李亦园自选集》，上海教育出版 2002 年版。

37. 刘晓春：《仪式与象征的秩序》，商务印书馆 2003 年版。

38. 赵世瑜：《狂欢与日常——明清以来的庙会与民间社会》，生活·读书·新知三联书店 2002 年版。

39. 郭于华主编：《仪式与社会变迁》，社会科学文献出版社 2000 年版。

40. 张国刚：《佛学与隋唐社会》，河北人民出版社 2002 年版。

41. 梁丽萍：《中国人的宗教心理》，社会科学文献出版社 2004 年版。

42. 顾伟康：《宗教协调论》，学林出版社 1992 年版。

43. 钟国发：《神圣的突破：从世界文明的视野看儒佛道三元一体格局的由来》，四川人民出版社 2003 年版。

44. 乔健、潘乃谷主编：《中国人的观念与行为》，天津人民出版社 1995 年版。

45. 宋兆麟：《巫与民间信仰》，中国华侨出版社 1990 年版。

46. 郑杭生：《社会学概论新修（第三版）》，中国人民大学出版社 2003 年版。

47. 上海民间文艺家协会等编：《中国民间文化（95/2）——地方神信仰》，学林出版社 1995 年版。

48. 王景琳、徐匋主编：《中国民间信仰风俗辞典（2 版）》，中国文联出版公司 1997 年版。

49. 吕大吉：《宗教学通论新编》，中国社会科学出版社 1998 年版（2002. 2 重印）。

50. 吕大吉主编：《宗教学纲要》，高等教育出版社 2003 年版（2004 重印）。

51. 吕大吉：《宗教学通论》，中国社会科学出版社 1989 年版。

52. 张志刚主编：《宗教研究指要》，北京大学出版社 2005 年版。

53. 曹诗图、廖荣华等：《社会发展地理学概论》，中国地质大学出版社 1992 年版。

54. 陈慧琳主编：《人文地理学》，科学出版社 2001 年版。

55. 王绍周总主编：《中国民族建筑（第二卷 青海编）》，江苏科学技术出版社 1998 年版。

56. 迪木拉提·奥玛尔：《阿尔泰语系诸民族萨满教研究》，新疆人民出版社 1995 年版。

57. 高丙中、纳日碧力戈等：《现代化与民族生活方式的变迁》，天津人民出版社 1997 年版。

58. 赵嘉文、马戎主编：《民族发展与社会变迁》，民族出版社 2001 年版。

59. 马昌仪：《中国灵魂信仰》，上海文艺出版社 2000 年版。

60. 张紫晨：《中国巫术》，生活·读书·新知上海三联书店 1990 年版。

61. 乔继堂：《中国人的偶像崇拜》，百观出版社中华民国 82 年版。

62. 傅才武：《中国人的信仰与崇拜》，湖北教育出版社 1999 年版。

63. 邓启耀：《中国神话的思维结构（2 版）》，重庆出版社 2004 年版。

64. 赖亚生：《神秘的鬼魂世界：中国鬼文化探秘》，人民中国出版社 1993 年版。

65. 佟德富：《中国少数民族哲学概论》，中央民族大学出版社 1997 年版。

66. 刘仲宇：《中国精怪文化》，上海人民出版社 1997 年版。

67. 丹珠昂奔：《藏族神灵论》，中国社会出版社出版 1990 年版。

68. 高国藩：《中国巫术史》，上海人民出版社 1999 年版。

69. 富育光：《萨满教与神话》，辽宁大学出版社 1990 年版。

70. 富育光、孟慧英：《满族萨满教研究》，北京大学出版社 1991 年版。

71. 叶舒宪：《中国神话哲学》，中国社会科学出版社 1992 年版。

72. 刘锡诚：《中国原始艺术》，上海文艺出版社 1998 年版。

73. 王昱、李庆涛编：《青海风土概况调查集》，青海人民出版社 1985 年版。

74. 王迅、苏赫巴鲁：《蒙古族风俗志（上）》，中央民族学院出版社 1990 年版。

75. 宋全：《中国少数民族民间禁忌（2 版）》，中央民族大学出版社 1999 年版。

76. 刘守华主编：《文化学通论》，高等教育出版社 1992 年版。

77. 林河：《中国巫傩史》，花城出版社 2001 年版。

78. 汤惠生：《青藏高原古代文明》，三秦出版社 2003 年版。

79. 武文：《文化学论纲》，兰州大学出版社 2000 年版。

80. 何星亮：《中国图腾文化》，中国社会科学出版社 1992 年版。

81. 司马云杰：《文化社会学》，山东人民出版社 1987 年版。

82. 朱存明：《汉画像的象征世界》，人民文学出版社 2005 年版。

83. 郭于华主编：《仪式与社会变迁》，社会科学文献出版社 2000 年版。

84. 张国刚：《佛学与隋唐社会》，河北人民出版社 2002 年版。

85. 国家民委、民族问题五种丛书编辑委员会青海省编辑组：《青海土族社会历史调查》，青海人民出版社 1985 年版。

86. 芈一之：《青海民族史入门》，青海人民出版社 1987 年版。

87. 《土族简史》编写组：《土族简史》，青海人民出版社 1982 年版。

88. 李克郁、李美玲：《河湟蒙古尔人》，青海人民出版社 2005 年版。

89. 李克郁：《土族（蒙古尔）源流考》，青海人民出版社 1993 年版。

90. 李克郁、李美玲、李永翎：《土族婚丧文化》，青海人民出版社 2003 年版。

91. 吕建福：《土族史》，中国社会科学出版社 2002 年版。

92. 马光星等：《人神狂欢——黄河上游民间傩》，青海人民出版社 2004 年版。

93. 秦永章：《甘宁青地区多民族格局形成史研究》，民族出版社 2005 年版。

94. 鄂崇荣：《土族民间信仰解读》，甘肃民族出版社 2009 年版。

95. 蒲文成主编：《甘青藏传佛教教寺院》，青海人民出版社 1990 年版。

96. 互助土族自治县志编纂委员会：《互助县志》，青海人民出版社 1993 年版。

97. 民和回族土族自治县志编纂委员会编：《民和县志》，陕西人民出版社 1993 年版。

98. 同仁县志编纂委员会：《同仁县志（上、下册）》，三秦出版社2001年版。

99. 大通回族土族自治县志编纂委员会：《大通县志》，陕西人民出版社1993年版。

100. 赵存禄主编：《中国民间文学集成青海卷民和歌谣集》（1991，内部刊物）。

101. 中央民族学院研究部编：《中国民族问题研究辑刊》（第三辑）（内部刊物）1953年版。

102. 青海民族学院民族研究所编印：《土族族源讨论集》（内部刊物）1982年版。

后　记

付梓之际，感动、感激、感触良多……

身为三川土族人，从小听着黄河涛声成长，既有黄河那母亲般抚爱的感受，几度也有黄河洪水的威胁，家乡的山山水水早已融入到了骨髓之中。浓厚的乡土文化氛围自小就弥漫在整个生命的时空，虽无意识，但也懵懂之间悄然接受了许多。岁月荏苒，孩提时代、求学时期、教学之余，不同时段对于本民族传统文化的态度无声地发生着转变，从最初的熟视无睹、习以为常转换到自觉关注和思考，到开始从事研究时，又拓展范围，以土族民间信仰研究为主题申报获得国家社会科学基金项目。项目申报成功，在短暂的喜悦之后，随之而来的是如何实施调查、如何完成写作、如何能够顺利结项等一系列现实问题……

经过努力，课题终于结项，并获得较为令人满意的等级良好。付梓之际，首先要感谢所有的土族乡亲。说到底，关于土族文化的绵延传承都要归功于承载它的土族乡亲，没有他们代代传承，还奢谈什么调查研究？自从开始调查以来，得到了民和、互助、同仁、天祝、卓尼等土族聚居区太多太多乡亲们的支持和关爱，有些乡亲是相识相熟的，更多的乡亲只是随缘相见，还没来得及问上名姓就已汇入人海之中。在民和的调查中，在各个村落的纳顿会场，令我感动的是参与纳顿表演的耄耋老者、繁忙的中年人乃至于热情参与的小孩子们。平时走路还需要拄拐杖的老人们，在这一天精神焕发，健步跳起会手舞，一招一式无不随着锣鼓声整齐划一，收放自如，似乎有一股神奇的力量支撑着他们，莫非就是神圣的民间信仰的神灵？同仁六月会调查中，各种事务缠身的在外工作的人们撇开所有事情回到了家乡，有些甚至专心投入到舞蹈表演，神圣表情写在脸上；而看来还在是幼儿园的小孩子们，说不上跳六月会的目的，但他们还是来了，自小熏染特有的节日习俗，稚气而努力，中规中矩地完成着表演，从他们身上看到了传承的希望。互助调查中，“勃”的表演带给我土族先民古老的萨满信仰的气息，不得不回想先民艰辛的迁徙！最值得尊敬的法拉，在三川土族纳顿中仍然以年迈的身影，在纳顿节的最后往返奔波，仍然以传统的规范完成各项仪式。还有无数乡亲，以各种各样的方式，实践、传承着民间信仰。你们的活态传承，是我的调查得以成功的根本！

诚挚感谢青海省社会科学院院长赵宗福教授促成成果出版！没有他的尽心策划，该成果的出版绝不会如此快速、顺利。而且，赵院长在本课题获批之时，还是青海师范大学副校长，为课题提出过许多非常宝贵的指导意见。在此，向赵院长致以诚挚敬意！

感谢青海师范大学、人文学院的领导，为本课题的调查研究提供了诸多便利！感谢科技处组织开题，使得本课题顺利实施，少走了许多弯路。感谢赵宗福博士担任开题主席予以开题，感谢参与开题的青海文联马光星先生，青海民族大学索端智博士、星全成研究员、唐仲山教授，青海师范大学人文学院米海萍教授、贺喜焱副教授，你们明灯般的建议为我照亮了研究道路。

感谢中国社会科学出版社，在专业书籍的读者群落日益萎缩的今天，还能够承担本书的出版工作！感谢为此付出辛勤工作的责任编辑刘艳女士！

最后，还要感谢家人的无私支持！爱妻辛总秀在完成教学工作同时，包揽家务以及孩子的学习辅导，让我能够放心长期在山野间完成调查，而我外出时，几乎每天的电话让我感受到了关爱的伟大力量，支持我继续在研究道路上前行；本课题的研究阶段，正是爱女文玉侠的美好童年，每次乡间与她通话时对我的关心，让我无法敷衍调查，而每次调查归来的那句问候让我无比感动！谢谢女儿！

土族民间信仰研究开始受到方方面面的重视，但是，作为一个纷繁复杂的精神世界，如何能够时空纵横之间，比较准确、细致地把握其精神内涵，切准民间信仰与社会互动的有效方式，并以此讨论如何做到民间信仰与社会之间良性互动，是一条还需认真调查思考研究的问题！而民间信仰作为承载着诸多土族传统文化的文化现象，如何切实有效地进行保护，目前还没有一条现成的可循之路。祈望这是一个契机。

我为民间智慧而感动，感谢民间！

文忠祥　谨识

2012 年 11 月 8 日